최신 무역학원론

하웅수 | 안영철 | 이양기 공저

도서출판 두남

머리말 ······ Preface

대학에 첫발을 내딛던 1학년 때의 지도교수이시면서 25여 년 동안 제자가 능력 있는 행정조교와 모교의 교수로 성장할 수 있도록 물심양면으로 이끌어 주신 하웅수 교수님께서 정년퇴임을 하신지도 벌써 1년이 되었다. 교수님의 학문적 업적을 기리고 더 많은 동학제자들에게 교수님께서 30여 년 동안 쌓아 오신 그 업적을 물려주기 위하여 지금까지 집필해 오신 교수님의 저서를 새롭게 편성하여 『최신 무역학원론』으로 출판하게 된 것을 무궁한 영광으로 생각한다.

본 저서는 '무역학의 이론분야인 국제경제와 실무분야인 무역경영의 조화 달성'이라는 대의를 품고 집필하게 되었다. 기존의 저서들이 국제경제학을 전공하신 교수님들께서 집필하시다보니 국제경제학의 완성도는 높은 반면에 무역경영은 완성도 측면에서 미흡한 감이 적지 않았다. 이에 필자들은 국제경제는 보다 간결하게 정리하였고 무역경영의 내용은 대폭 보완함으로써 이론과 실무가 균형을 이루는 교재를 집필하기로 결정하였다.

『최신 무역학원론』 출간의 기본적인 목표는 쉽고 명쾌하면서도 기본서로서의 역할을 충실히 수행할 수 있는 교재를 만드는 것이다. 서편과 총 4편으로 구성된 본서는 국제경제와 무역경영분야의 기본 골격과 내용을 『신무역학원론』(하웅수, 1987)과 『국제무역의 이론과 실제』(하웅수 · 안영철, 2011)에 기초하고 있다. 서편은 하웅수 교수님, 제1편의 국제경제와 제2편의 국제무역정책은 안영철 교수님, 제3편 국제경영과 제4편 국제상거래는 본인이 각각 집필하였다.

본서가 새로운 책으로 탄생하기까지 여러분들의 관심과 도움이 있었다. 먼저 본서의 구성에서부터 내용의 검토와 교정에 이르기까지 소중한 시간과 조언을 아끼지 않은 김철수, 신학승, 김종영 박사님의 노고에 감사를 표한다. 연구와 논문준비로 바쁜 와중에도 원고정리와 교정에 소중한 시간을 할애해준 최지호, 박지은, 강경래 석사과정생에게도 고마움을 전하는 바이다. 그리고 짧은 기간임에도 불구하고 예정된 시기에 책이 출간될 수 있도록 지원을 아끼지 않으신 도서출판 두남 전두표 사장님, 이승구 상무님과 편집부 여러분에게 깊이 감사드린다.

마지막으로 미래가 불투명한 오랜 동안 부족한 살림살이에도 불구하고 연구와 교육에 몰두할 수 있도록 끊임없는 인내와 헌신으로 훌륭한 제자들과 같은 길을 갈 수 있도록 내조를 아끼지 않은 아내와 건강하게 잘 자라고 있는 병관, 서하 두 자녀에게 고마움을 표한다.

2014년 2월

공저자 이양기

차 례 …… Contents

서편 무역학의 체계

제1편 국제경제

제2편 국제무역정책

제3편 국제경영

제4편 국제상거래

서 편

무역학의 체계

서편 무역학의 체계

무역학은 우리나라의 특수한 경제여건 하에서 탄생된 새로운 분야의 학문이다. 미국·일본·유럽 등 선진국에서는 무역학이 독립되어 있지 않지만 무역학이 우리나라에서 처음으로 생성되게 된 것은, 우리나라가 경제적 후진상태의 극복과 경제발전을 무역을 통해 달성하고자 하는 전략을 채택함에 따라 이에 대한 체계적 연구가 필요하였기 때문이다.

한국은 1990년대 중반까지 비약적인 성장을 이루었다. 수출을 중심으로 하는 성장정책이 이러한 성장의 바탕이 되었다. 2000년대 들어오면서 동남아시아의 국가들을 포함한 많은 신흥 개발도상 국가들은 후진국을 탈피하기 위하여 한국의 수출주도성장정책을 벤치마킹하고 있으며 이와 더불어 수출주도성장정책의 학문적 배경이 되는 무역학에도 높은 관심을 보이고 있다.

무역학을 다루는 무역학과는 1958년 국립부산대학교에서 최초로 개설되었으며 지금에 와서는 무역학과를 개설하고 있지 않은 대학이 거의 없을 정도가 되었다. 무역학의 연구대상은 계속 확대되고 있으며 그 학문적 수준도 이제 상당한 정도에 이르고 있다. 무역입국 외의 다른 대안이 없는 우리나라의 입장에서 볼 때 무역학의 중요성은 앞으로 더욱 커질 것으로 전망된다.

본장에서는 독립된 학문으로서의 무역학이 왜 필요한가를 고찰하고 이어 무역학이 어떤 체계를 갖는 학문인가를 살펴보기로 한다.

제1장 무역학의 필요성

무역학이 우리나라에서 독립된 학문으로 등장하게 된 배경과 이유는 다음과 같으며, 이는 또한 우리나라에서 무역학이 왜 필요한가를 말해 주는 것이기도 하다.

1. 우리나라의 경제구조는 수출주도형으로 되어 있어 무역이 차지하는 비중이 매우 크다. 따라서 무역에 관한 제반 문제점을 규명하여 이를 해결하기 위해서는 무역에 관한 전문적이고 체계적인 연구가 필요하다. 무역의존도가 매우 높은 우리나라의 특수성을 반영하여 무역의 필요성이 그다지 크지 않은 여타 국가의 학문체계에만 매달리지 않고, 무역학이란 독립된 학문분야를 발전시켜 나가고 있음은 매우 진취적인 자세라고 평가할 수 있을 것이다.

2. 개발도상에 있는 우리나라의 무역은 이론·실무·경영에 있어서 선진국과는 상당한 차이가 있으므로 무역학을 통해 이를 철저히 연구할 필요가 있다.

3. 무역거래는 외국과의 거래이므로 다양한 외국어를 능숙하게 구사할 수 있는 능력의 배양이 매우 중요하다. 그러므로 무역학 교육에서는 영·일·불·독·중·스페인어 등 주요 외국어에 대한 훈련이 주요 과제로 된다.

4. 세계시장은 복잡 다양한 수많은 국가로 구성되어 있으며, 또 국제경제거래의 폭과 다양성이 날로 확대되고 있다. 그러므로 이에 대처해 나가기 위해서는 국제거래에 관한 관계법규와 국제관습 등에 대해 폭넓은 지식을 갖춘 전문인을 양성하지 않으면 안 된다.

5. 무역거래는 광범위한 세계시장을 상대로 하고 있으므로 이들 세계 시장을 지역별로 연구할 필요가 있다. 지역경제에 관한 연구에 있어서는 각 개별시장의 역사적 배경·정치·사회·경제·문화·관습 등 시장진출에 필요한 모든 지식이 포함되는 바, 이 역시 무역학이 다루지 않으면 안 될 과제인 것이다.

6. 최근에 들어 기술제휴·외자유입·직접 및 합작투자·건설 및 플랜트수출 등 복잡하고 까다로운 국제규약이 수없이 체결되고 있다. 따라서 이들 국제계약에 관한 법규 및 실무분야에서의 체계적 연구가 필요한 바, 이 역시 무역학이 다루어야 할 분야 중의 하나이다.

7. 통신과 운송의 발달로 세계가 통합되면서 한 국가의 문제는 더 이상 한 국가만의 문제가 아닌 상태로 발전하면서 무역학은 더 이상 국가와 국가의 관계를 보여주는 학문의 수준에 머물러 있지 않고 세계에서 발생하는 경제문제를 공동으로 해결하는 영역에 이르고 있다. 세계의 문제를 해결하는 방법도 역시 대응정책에 대한 무역이라는 해결방법이 제시되기 때문이다.

제2장 무역학의 체계

최근까지의 무역학의 체계를 국제경제론·국제경영론·무역실무론의 세 부분으로 구성되는 것으로 파악하여 왔다.

그러나 오늘날 국제경제거래의 양상이 매우 다양해지고 있어 무역학의 체계도 이를 반영하여 확장될 필요가 있으므로 본서는 무역학의 체계를 <표 1>과 같이 파악하였다.

<표 1>에서 보듯이 무역학은 무역이론과 무역실무로 크게 대별되며 그 안에서 무역이론은 국제경제론과 국제지역경제론 그리고 무역실무로는 무역경영론, 무역상학론으로 다시 중분류된다. 다시 국제경제론은 무역이론, 무역정책론과 국제금융론으로 나뉘고 국제지역경제론은 다시 지역경제론과 국제경제관계론으로 나뉜다. 무역경영론은 국제경영론과 무역경영론으로 나뉘며 상학적 연구의 실무와 법의 구분에 따라 무역상학은 무역실무론과 무역계약론으로 나뉜다. 각 분야별 연구대상은 <표 2>와 같다.

무역학의 구성분야와 연구대상은 이처럼 공범위하다. 그러므로 무역학에 관한 교육을 제대로 수행하기 위해서는 단일학과의 시스템으로서는 감당하기 어렵다는 것을 알 수 있다. 따라서 무역학의 본래의 연구 및 교육이 효율적으로 이루어지기 위해서는 독립된 무역대학으로의 확장이 불가피하며, 우리나라가 무역입국 외의 다른 전략을 생각할 수 없는 입장임을 아울러 감안할 때, 이 문제에 대한 진지한 검토가 있어야 한다고 본다.

무역학의 각 분야별 성격은 다음과 같다.

▌표 1▌ 무역학의 체계

무역학
- 경제학적 연구분야 (국민경제의 입장에서 연구) ······ 국제경제론
- 경제·경영의 복합적 연구분야 (각국 시장에 대한 연구) ······ 지역경제론
- 경영학적 연구분야 (국제기업의 경영을 연구) ······ 국제경영론
- 경영·상학의 복합적 연구분야 (무역기업의 경영을 연구) ······ 무역경영론
- 상학적 연구분야 무역실무론 (무역의 실무를 연구) ······ 국제상거래론
- 법·상학적 연구분야 (국제법 및 국제계약에 관한 연구) ······ 국제계약론
- 기타 연구분야 ······ 한국무역론 외

▌표 2▌ 무역학의 각 분야별 연구대상

분 야	연구 대상
국제무역론	순수무역론, 국제요소이동론
무역정책론	관세론, 경제통합론 등
국제금융론	국제수지론, 외환론 등
국제경제관계론	신보호무역론, 국제경제기구론, 경제통합론, 남북문제, 동서문제
지역경제론	북미시장 연구, 유럽시장 연구, 일본시장 연구, 동남아 및 호주권 시장 연구, 신흥공업국 연구, 저개발권시장 연구, 경제통합권시장 연구, 공산권시장 연구
국제경영론	국제기업관리론, 국제마케팅론, 국제재무관리론, 국제인사관리론, 국제조직관리론, 국제생산관리론
무역경영론	무역금융론, 무역회계론, 수출마아케팅론
국제상거래론	상품학, 신용장론, 해운론, 무역보험론, 국내무역관계법, 무역상품학, 무역결제론, 무역외국어(영어, 일어, 불어, 독어, 스페인어, 중국어)
국제계약론	국제계약론, 국제법, 국제관습, 상사중재론
기타분야	한국무역론, 국제경제사, 국제교통론, 국제자원론

1. 국제경제론

국제경제론은 국가 간의 경제교류를 연구대상으로 하며 국제미시경제와 국제거시경제를 다룬다. 구체적으로 국제무역론, 무역정책론, 국제금융론의 세 부문으로 구성

된다.

국제무역론은 국가 간의 상품거래 및 노동·자본 등의 요소이동과 관련하여 국가 간에 무역의 발생원인과 교역의 패턴 그리고 그 효과를 다룬다. 무역정책론은 무역의 흐름에 제약을 가하게 되는 이유와 그 결과 발생하게 되는 경제적 효과 등의 문제를 다룬다.

국제무역론과 무역정책론이 교역과 정책을 통해서 국가 간에 이루어지는 재화의 수요와 공급을 다루는 데 반해, 국제금융론은 이와 표리의 관계에 있는 화폐의 흐름을 다룬다. 즉 환율의 결정요인과 국제수지 불균형의 조정 그리고 국가 간의 자본이동의 원인과 영향 등을 다룬다.

2. 지역경제론

지역경제론은 각 지역의 경제를 다루는 지역경제론과 국제경제관계를 다루는 국제경제관계론으로 나누어진다. 지역경제론이 대두된 배경은 해외시장에 적극적으로 진출하기 위해서는 정치·경제·사회·문화·관습이 서로 다른 개별국가 및 지역에 대해 특별한 연구를 할 필요가 있기 때문이다. 여기에는 개별 국가의 역사적 배경에서부터 정치·경제·사회·문화·관습에 이르기까지 시장진출에 필요한 모든 정보의 수집·분석이 포함된다.

국제경제관계론은 국제무역과 국제금융이 혼합되어 있는 국제경제문제를 다루며 이는 대개 국제정치와 밀접하게 관련되어 있다. 남북문제, 동서문제, 다국적기업, 경제통합 등이 그 예이다.

3. 무역경영론

무역경영론은 국제경영과 무역경영으로 구분된다. 국제경영론은 국내기업이 해외에서 기업경영활동을 하게 될 때 국내에서 직면하게 되는 다양한 문제 즉 소득수준, 화폐, 가용자원, 산업화의 정도, 정치제도, 정부의 기업에 대한 역할, 무역과 투자에 관한 정부정책, 세법, 경쟁의 정도 등의 다양성으로 인해서 생기는 국가 간의 이질성을 파악하여 이를 기업의 국제경영에 적극 활용하여야 할 필요성이 있었다. 이러한 기업의 국제경영전략을 논의하는 것이 국제경영론의 주된 목적이다.

무역경영론은 종래에는 무역실무론과 같은 범주에서 다루어져 왔으나 이는 경영·상학의 복합적 성격을 갖고 있기 때문에 상학의 성격을 갖는 무역실무와는 별개의 분야로 취급하는 것이 타당하다.

무역경영론은 무역기업의 경영활동을 다루는 바, 무역기업이 해외에 진출하여 국제기업으로 발전하면 그 폭이 확대되어 국제경영론의 범주 속에 편입되게 된다.

4. 국제상거래론

국제상거래론은 무역기업이 다루는 일체의 국제상거래를 상학적으로 분석한다. 국제상거래론은 지금까지는 너무 현실에 치우쳐 학문의식과 원리의식이 결여되었으며, 국제상거래에 관한 현실의 잡다한 소재를 정리 분류하고 체계화시키지 못했다. 다시 말해서 지금까지의 국제상거래론은 구체적·경험적·역사적인 국제상거래의 사실문제에 치우쳐 있었으며, 이들 문제의 기술·해설에 그쳤다고 해도 과언이 아니다.

그러므로 앞으로의 국제상거래에 관한 연구는 실천성만이 강조되고 이론성이 결여되는 실무편람에 머물러서는 안 될 것이며, 국제상거래의 문제를 보다 차원 높은 문제의식과 기본원리의 바탕 위에서 정리, 추상화·체계화함으로써 실천적이고 학문적인 형태로 통합시켜 나가야 할 과제를 안고 있다.

무역계약론은 국제상거래의 상학적 분석과 더불어 무역계약에 대한 법적인 그리고 사회문화적인 관계를 다루는 학문이다. 오늘날 우리 경제의 국제화 진전에 따라, 작게는 수출입계약에서부터 크게는 공장의 일괄수주계약에 이르기까지 갖가지 형태의 국제계약이 체결되고 있다. 그러나 국제법에 관한 소양과 지식이 매우 얕은 우리나라의 기업인들은 국제계약부문에서 큰 취약성을 보여 왔으며 그에 따른 유·무형의 손실은 매우 큰 것이었다. 그러므로 기술제휴, 건설수출, 플랜트수출, 차관, 용역, 직접 및 합작투자의 국제계약에 관한 기법과 실무지식, 그리고 국제경제거래에 관한 국제법과 국제관습을 익히는 것은 오늘날 국제화시대에서 매우 중요한 과제라고 할 수 있다.

제 1 편

국제경제

제1장 무역의 의의

제1절 무역의 개념

무역을 넓은 의미로 말할 때에는 상품 및 서비스의 수출입과 자본·노동·기술 등 생산요소의 국제적 이동, 즉 모든 국제경제거래를 의미한다. 좁은 의미의 무역은 상품의 수출입만을 가리킨다. 이 과정에서 한편으로 운송이라는 수단을 통해서 국제교역시장에서 상품이 거래되고 다른 한편으로는 은행이라는 수단을 통해서 국제금융시장에서 화폐가 거래되는 현상이 생긴다.

무역은 국제무역, 외국무역 또는 세계무역이라고도 불리 우는데 그 의미는 약간씩 다르다. 국제무역(international trade)은 국제간의 무역현상을 객관적으로 보는 것이며, 외국무역(overseas trade)은 무역현상을 자국을 중심으로 보는 것이며, 세계무역(world trade)은 전 세계 국가들 간의 무역을 한 묶음으로 보는 경우에 사용되는 용어이다.

제2절 무역의 특성

1 무역의 성격

무역은 국민경제를 기반으로 하는 개별기업이 세계경제의 '장'에서 행하는 상거래

활동이므로 경영경제, 국민경제, 세계경제의 세 가지 복합적인 성격을 가지고 있다.

교역행위인 무역은 국민경제에 기반을 두고 있으므로 본질적으로는 국민경제적 성격을 주축으로 하여 행해지는 것이지만, 개개의 국민경제가 모여 세계경제를 구성하는 것이며, 또한 무역을 실제로 담당하는 경영체로서의 기업은 세계경제의 장에서 그 나라의 국민경제를 구성하고 있는 것이다. 무역이 갖는 이와 같은 복합적 성격을 도식하면 [그림 1-1]과 같다.

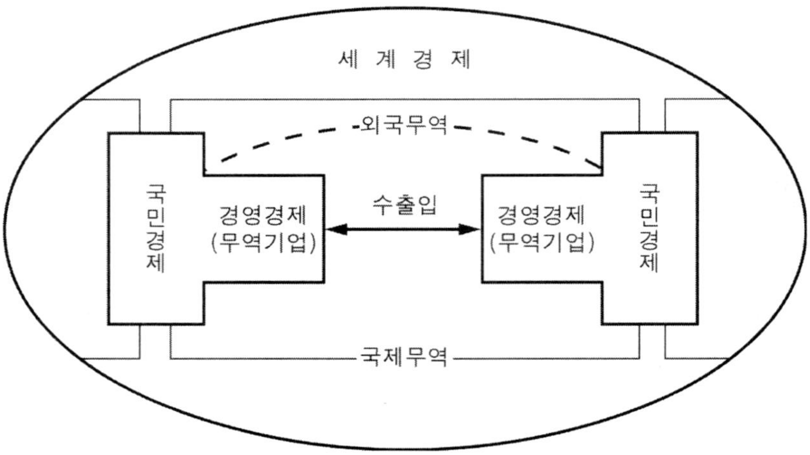

[그림 1-1] 무역의 복합적 성격

국제무역은 상품, 서비스, 자본을 거래의 대상으로 한다는 점에서는 국내거래와 차이가 없으나 거래당사자가 국가를 달리하므로 국내의 경우와는 다른 갖가지 문제가 생기게 된다. 국제거래가 국내경제가 다른 점은 다음과 같다.

첫째, 생산요소이동의 제한성이다. 무역거래에 있어서는 자본, 노동 등의 국가 간 이동이 국내거래와는 달리 제한된다.

둘째, 일국 내에서는 동일한 정부의 간섭이 적용되지만 무역의 경우에는 각국 정부가 서로 다른 무역정책, 관세제도, 노동법, 운임 제도를 채택하고 있으며 사회관습도 다르다.

셋째, 생산요소의 이동이 자유롭다고 하더라도 국가 간에는 생산·소비조건에 상위한 화폐가 사용된다. 또 각국 화폐간의 환율변동은 국제경제거래에 매우 복잡한 문제를 야기한다.

2. 무역의 역할

오늘날 대외무역은 경제행위에 있어서 부가결한 행위이다. 어떠한 국가도 외부세계와 고립된 폐쇄경제체제로는 존속할 수 없기 때문이다. 즉, 정보의 글로벌 네트워크에 따른 기업 및 은행 활동의 세계화뿐만 아니라 소비와 투자에 있어서도 세계화는 한 국가의 경제체제를 자연스럽게 개방경제체제로 만든다.

수출은 일반적으로 (1) 국제 분업의 이익을 얻게 하고, (2) 경제규모가 작은 국가들도 이른바 '규모의 산업'을 발전시킬 수 있게 하며, (3) 수출입으로써 자원 확보를 가능케 하는 등의 역할을 한다. 수출은 이른바 '성장의 원동력(engine of growth)'으로써 한국경제의 고도성장을 주도해 왔다. 일본의 경제발전에서 수출이 그 돌파구 역할을 했듯이, 우리나라도 60년대 초 이후 '빈곤의 굴레'에서 벗어나 신흥공업국으로 발돋움하는 데 있어서 수출이 주도적 역할을 해온 것이다. 우리나라에 있어서 수출은 위에서 언급한 역할 외에도 선진기술과 문물의 도입을 촉진시키고 한국인을 세계시장에 진출케 하는 데 큰 역할을 하였다.

수입은 (1) 자국에서 생산이 불가능한 재화를 획득할 수 있게 하며, (2) 자국에서 생각은 되지만 생산비가 외국에 비해 너무 비싼 것을 구입 가능케 하는 등의 역할을 한다. 수출의 증대와 수입의 억제가 국익을 증진시키는 첩경이 된다는 것이 중상주의 시대뿐만 아니라 현대의 많은 사람들의 사고방식이다. 그러나 이는 무역의 근본목적을 잘못 이해한 데서 나온 것이다. 즉 무역을 포함한 경제활동의 궁극적 목표는 국부의 증대에 있으므로 수출과 수입을 동시에 증대시키는 수단으로 간주되어야 하는 것이다.

우리나라는 국토가 협소하고 자연자원도 빈약하므로 공업화에 필요한 원자재의 해외의존도가 매우 높다. 예컨대, 원유, 원당, 천연고무, 양모 등은 전적으로 수입에 의존하며 원목의 대부분과 식량의 일부를 수입에 의존하고 있다. 또한 공업화, 특히 중화학공업화의 추진에 따라 기계설비 등의 자본재에 대한 수입의존도 또한 높다. 따라서 우리나라에서의 무역의 역할은 막중한 것이다.

제2장 고전학파 무역이론

제1절 서 론

1. 국제무역이론의 의의

무역은 왜 발생하며, 어떤 식으로 일어나며, 어떤 이익을 가져오는가? 한국은 석유 한 방울 안 나면서도 대도시의 도로는 자동차의 물결로 뒤덮여 있다. 한국의 소와 돼지는 미국 농부가 경작한 사료를 먹고 살찐다.

본장은 이 같은 국제무역 현상에 대한 원리를 다룬다. 우리가 무역이론을 공부하는 것은 다음 네 가지 문제에 대한 해답을 얻기 위해서이다.

첫째, 각국은 왜 무역을 행하는가? (무역발생의 원인)
둘째, 무역을 행함으로써 얻는 이익은 무엇인가? (무역이익)
셋째, 각국은 어떤 상품을 수출하며 어떤 상품을 수입하는가? (무역의 구조)
넷째, 수출상품과 수입상품은 어떤 가격으로 교환되는가? (교역조건)

이 같은 과제의 해명을 목적으로 하는 무역이론은 Adam Smith에 의해 최초로 제시되었으며, 그 후 많은 학자들이 이를 보완해왔다.

우리는 이 무역원리가 무엇을 해명하고자 하는 지에 대해 항상 염두에 두어야 하며 또 각각의 이론들이 어떤 한계점을 가지고 그 한계점이 어떻게 보완되고 해명되었는지에 대해 주목하여야 한다. David Ricardo는 Adam Smith에 의하여 설명되지 못했던 특수한 상황을 설명하면서 Adam Smith의 국제교역이 가지는 효과를 일반화하였다. 그와 마찬가지로 수많은 학자들이 각각의 시대에 있어서 비판되었던 자신의 앞 세대의 학자들의 논의를 해명하면서 국제무역의 논리를 발전시키고 강화하여 왔다. Krugman은 비교우위의 논리가 산업 간에서만 존재하는 것이 아니라 산업 내에서 발생한다는 사실을 증명하면서 동종 재화에 대한 국제무역을 해명하였다. 이와 같은 문제는 앞으로도 계속 발생할 것이고 뛰어난 학자에 의해서 이러한 문제는 계속 해명될 것이다.

무릇 경제이론이란 경제현상을 논리적·체계적으로 설명하는 것이다. 따라서 기존의 경제이론을 습득하고 터득한 후 변해 가는 현상에 대해 기존이론을 적용하면서 기존이론의 타당성을 비판하고 나아가 새로운 설명을 시도해야 한다. 대체로 경제이론에 대한 설명은 현재의 시점에서 가장 일반적으로 받아들여지고 있는 것을 중심으로 제시된다. 그러나 무역이론의 경우는 좀 특이하여, 무역이론이 「어떻게 변천해 왔는가」를 고찰하는 식으로 설명이 전개되는 것이 보통이다. 이런 방식은 무역의 원리에 대한 해답을 얻지 못한 채 혼란만 가중된 상태에서 끝나버리는 경우가 많다.

이 점을 고려하여, 본서는 무역이론의 전체적 흐름을 먼저 간명하게 정리한 후 각 이론을 구체적으로 살펴보고자 한다. 총괄적 설명에서 곁들인 도해와 몇 가지 총괄표가 무역이론의 체계적 이해에 도움이 되리라고 믿는다. 본서가 개론서인 만큼 각각의 무역이론에 대한 설명은 핵심적인 것을 모두 포함시키면서도 되도록 간략하게 설명하였다.

2. 국제무역이론의 흐름

무역의 원리는 비교우위론에 의해 설명된다. 비교우위론이란 각국은 자국이 비교우위를 갖는 상품을 특화, 수출해야 한다는 것이다. 비교우위론은 1817년 David Ricardo에 의해 처음 제시되었으며, 그 후 지금까지 국제무역의 원리를 설명하는 무역이론으로서 부동의 지위를 차지하고 있다. 이는 Adam Smith의 절대우위론이 갖는 한계점을 극복·발전시킨 것이다. Adam Smith는 체계를 갖춘 무역이론을 최초로 제시하였으나, 무역이론의 원형이 된 것은 David Ricardo가 제시한 비교우위론이다. Adam Smith 이전에는 무역에 관한 사상으로서 중상주의가 지배하고 있었으나, 이는 이론으로서의 체계를 갖추지 못한 것이었다.

비교우위론은 David Ricardo의 「고전적 비교우위론」과 E. Heckscher 및 B. Ohlin의 「근대적 비교우위론」으로 대별된다. David Ricardo는 <노동가치설>이란 가정에 입각하여 재화의 생산은 노동의 투입량에 의해 결정된다고 보았고 이 노동의 투입량의 크기가 생산비라고 보았다. David Ricardo는 생산비용을 단위비용으로 간주했다. 즉, 한 단위 생산에 들어가는 노동투입량은 언제나 일정하고 노동의 대가는 노동자당 일정하게 지급되는 것으로 간주했다. 따라서 한 단위 노동은 생산에 대한 일정한 단위비용이 된다. 이렇게 결정된 일국의 상품단위당 생산비의 비율을 타국과 비교하여 「상대적」으로 낮은 생산비를 가진 상품이 동종 상품의 생산에 대해 상대적으로 높은 생산비를 지불하는 교역상대국에 대해서 비교우위를 갖고 그 국가의 수출상품으로 된다고 보았다.

E. Heckscher와 B. Ohlin은 이 같은 비교우위를 결정짓는 요인은 각국이 보유하고 있는 생산요소 부존양의 크기의 비율 즉, 생산요소의 부존비율이 국가마다 다르기 때문에 각 국가는 자국에 풍부하게 부존되어있는 그래서 상대적으로 가격이 싼 요소를 집약적으로 사용해서 생산하는 재화에 비교우위가 있다고 보았다.

비교우위론이 David Ricardo에 의해 처음 수립된 이후 어떻게 발전해 왔는지를 보자. 이는 David Ricardo이론이 갖는 세 가지 취약점을 중심으로 고찰할 때 쉽게 그 흐름을 파악할 수 있다.

David Ricardo이론으로 표현되는 고전학파의 무역이론에는 다음 세 가지가 고려되지 않았다. (1) 비교우위의 결정요인에서 재화에 대한 수요가 고려되지 않았고 (2) 상품의 가치가 그 상품의 생산에 투입된 노동량에 의해 결정된다고 봄으로써 자본의 역할을 고려하지 않았다. 그리고 (3) 무역이 이루어질 때 상품의 국제교환비율이 어떻게 결정되는가에 대한 설명이 없었다.

David Ricardo이론의 노동가치설에 대해서 G. Haberler(1935, international trade)가 노동과 자본의 관계를 「기회비용」개념으로 설명하면서 생산비 결정의 요인으로 노동뿐만 아니라 자본이 고려됨을 증명하였다. G. Hecksher와 B. Ohlin은 노동과 자본의 부존비율에 의해서 생산비가 결정된다고 주장함으로써 비교우위론을 설명하였다. 상품의 국제교환비율에 대한 해명은 그 후 J. S Mill에 의해 행해졌다. J. S Mill은 「상호수요설」(theory of reciprocal demand)을 제시함으로써 무역이 이루어질 때 각국의 수출 공급의 크기가 교역상대국의 수입 수요의 크기와 일치할 때 교환비율이 결정된다는 것을 증명하였다. J. S Mill의 상호수요설은 A. Marshall에 의해 보완되었다. A. Marshall은 「오퍼곡선」을 도입하여 교역상품의 국제교환비율(혹은 교역조건)이 어떻게 결정되는지를 밝혔다.

H-O이론(이하 H-O이론)은 본래 요소부존비율이론만을 가리키는 것이었으나,

Stolpher와 Samuelson은 H-O이론에 근거하여 무역에 의한 재화의 상대가격의 일치는 각국의 생산요소의 가격을 균등화시킨다는 것을 증명했다. 따라서 전자를 제1명제 요소부존도이론으로 후자를 제2명제 요소가격균등화이론으로 구분해서 부르고 있다.

레온티에프(W. Leontief)는 H-O의 요소부존비율이론을 미국의 무역에 대해 실증적으로 검증해 본 결과 H-O의 이론과 반대되는 결과를 도출했다. 이를 「Leontief 역설」이라 하며, 이를 계기로 H-O이론의 적합성에 대한 의문을 품게 된 학자들에 의해 최근에 들어 새로운 무역이론이 다수 제시되고 있다.

무역의 원리에 관한 기타 이론에는 기술격차설, R&D이론, 제품수명주기설, Linder모델(대표적수요이론), 제품차별화론 등이 있으며, 이들 이론은 비록 무역이론의 주류를 이루는 H-O이론에 비해 그 적용범위가 제한적이긴 하지만 나름대로 무역의 원리를 제시하고 있다.

무역의 원리는 비교우위론에 의해 설명되며 오늘날 H-O이론은 국제교역을 설명하는 데 상당한 비중을 차지하고 있다. H-O이론이 얼마만큼의 적합성을 가지고 있는지는 모르지만 H-O이론은 개도국의 1차 산품 무역에 대해서는 잘 설명할 수 있으나 오늘날 세계무역의 대부분을 점하고 있는 공업국들 간의 공산품무역은 설명하지 못한다. 왜냐하면 공산품무역은 H-O이론에서 말하는 요소부존도의 차이보다도 기술격차, 규모의 경제, 상품차별화, 다국적기업에 의한 요소이동에 더 많이 기인하기 때문이다. 이와 같이 H-O의 요소부존비율이론이 비교우위의 결정요인을 근본적으로 설명해 주지 못하고 있으므로 H-O이론은 비교우위론에 대한 「하나의」설명일 뿐이며 비교우위론 그 자체로 간주할 수 없다. 요소부존도 차이가 없는 경우에도 이익을 가져오는 무역이 발생할 수 있기 때문이다. 이러한 모든 상황을 고려해 볼 때 무역현상을 설명할 수 있는 최근의 비교우위론은 다음과 같이 서술되어야 한다. 즉 「일국의 비교우위는 요소부존도, 규모의 경제, 기술격차, 상품차별화, 생산요소의 이동에 의해 발생한다」는 것이다. 그러므로 무역현상에 대한 설명은 어떤 단일의 무역이론에 의존할 것이 아니라 David Ricardo의 비교우위론을 포함해서 H-O의 이론과 최근의 기타 무역이론들을 종합적으로 고려함으로써 보다 적합하게 파악할 수 있다.

무역이론의 흐름에 대한 이해를 돕기 위하여 무역이론의 계통도를 [그림 2-1]로 정리하였다.

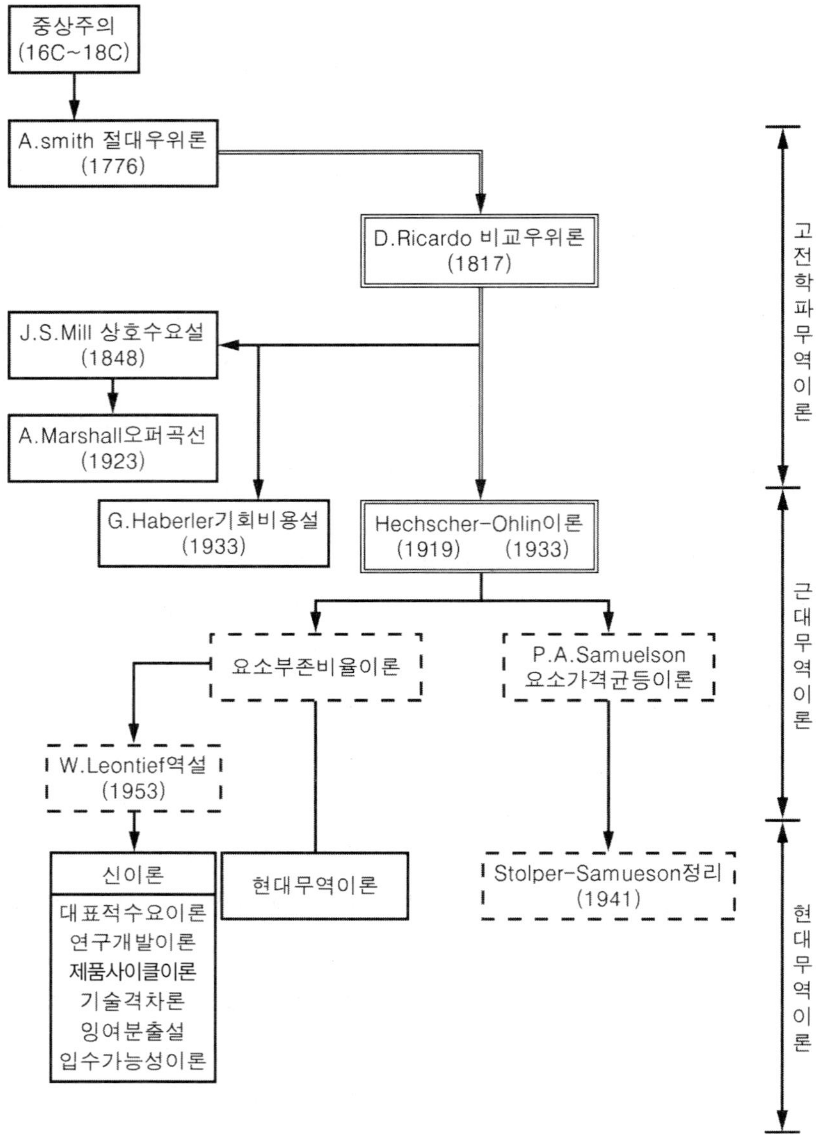

[그림 2-1] 무역이론의 계통도

제2절 국제무역의 비교우위론

1. 중상주의 무역론

1) 중상주의적 무역론의 개요

16세기에서 18세기 중엽까지의 기간에 걸쳐 영국, 스페인, 프랑스, 네덜란드 등에서는 중상주의적 무역관이 지배적이었다. 중상주의(mercantilism)는 국가지상주의를 취하여 국가에 의한 경제활동의 규제와 계획성을 강조하였으며, 국제무역으로 인한 금의 유출방지에 그 일차적인 목표를 두고 있었다. 중상주의자들은 국가가 부유하고 강력해지기 위한 가장 중요한 방법으로 수입을 억제하고 수출을 늘려야 한다고 생각했다. 중상주의자들은 수출을 증가시킴으로써 금을 많이 보유할수록 부유하고 강력한 국가가 된다고 생각하고 있었다. 그러므로 무역은 그 총량이 클 필요는 없으며 수출초과액 즉, 순수출이 크기만 하면 되는 것이었다.

2) 중상주의자의 국부에 대한 개념

중상주의자들의 국부에 대한 개념은 오늘날과 달랐다. 즉 중상주의자들은 국부를 그 나라가 보유하는 귀금속, 특히 금의 보유고에 의해 측정하였다. 그러나 오늘날에는 생산에 사용될 수 있는 인적자원, 인공자원(자본), 천연자원의 총 보유고에 의해 일국의 부를 측정하며, 일국의 부가 클수록 재화와 서비스의 흐름(flow)이 더 커지게 되어 그 나라의 생활수준이 더 높아지게 된다고 본다.

중상주의는 금을 국부로 간주했기 때문에 금의 축적을 옹호했다. 이 주장은 그 당시의 상황으로서는 어느 정도 타당한 이유를 가지고 있었다. 즉 그 당시 왕들은 금으로써 군대를 유지하고 군수품을 구매할 수 있었으며, 또 그의 권력 강화 및 식민지 확보에 필요한 군사력을 유지할 수 있었다.

또한 금보유량이 증가하면 금화의 유통량이 많아져 산업 활동이 더 활발해진다고 보았다. 따라서 각국은 수출을 증가하고 수입을 억제함으로써 금을 축적하여 생산 및 고용을 증대시키는 길이기도 했다.

3) 중상주의자들의 무역관

중상주의자들은 정부가 무역을 엄격히 규제해야 한다고 주장했다. 왜냐하면 국민

개개인이 하는 대로 내버려두면 그들은 금으로써 중국의 비단, 인도의 양념, 쿠바의 설탕을 수입하려 할지도 모른다. 즉 개개인의 사적 즐거움을 누리기 위해 자국 내에 축적되어 있는 귀금속을 소비하게 되는 것이다. 이러한 행위를 막기 위해 국가는 무역을 통제해야만 했다. 수출은 금을 유입시키므로 환영되었으나, 수입은 부의 원천인 귀금속을 유출시키므로 배척되었다. 그러므로 무역은 통제되어야 한다고 보았으며, 또한 무역량은 크기는 국부와 무관하다고 보았다.

그러나 Adam Smith는 이 같은 중상주의적 무역관을 배척했으며 세계 각국의 최선의 정책은 자유무역이라고 주장했다. 국방산업 등 특별한 몇 개의 산업에 대해서만 예외적으로 무역제한이 허용되어야 한다고 그는 주장했다.

4) 중상주의 무역관의 의의와 비판

중상주의자들은 수출초과를 달성하려고 하였으나 모든 나라가 동시에 수출초과를 이룰 수는 없다. 또한 일정 시점에서의 금의 양은 고정되어 있기 때문에 일국의 이익은 타국의 희생 하에서만 가능한 것이다.

중상주의는 18세기 말의 산업혁명에 의해 자본주의로 이행할 때까지 약 300년의 장기간에 걸쳐 취해진 정책이었으므로 시간의 경과와 더불어 그 양상이 변해갔다. 그 변화는 중금주의(bullionism), 무역차액주의, 상업보호주의의 순으로 나타났다. 일반적으로 중상주의라 할 때는 1620년 이후부터의 무역차액주의를 가리킨다. 중금주의 하에서는 개별상인에 의한 개별거래의 무역차액(화폐차액)에 중점을 두고 있었으나 1620년 이후로는 국가의 총체적 무역차액을 중요시하게 되었다. 중금주의를 비판하고 무역차액설을 주창한 대표적 인물인 Thomas Mun은 일국의 부는 금·은 유출을 금지함으로써 축적되는 것이 아니라 총수출이 총수입보다 얼마나 크느냐에 달려있다고 주장했다. 무역차액주의는 그 후 국내적으로는 산업보호정책으로 또 대외적으로는 식민지주의를 보다 강화하는 정책으로 변질되어 갔다. 이것이 18세기 중반부터 대두되기 시작한 산업보호주의이며 이로써 산업과 무역의 관계가 더욱 밀접해지게 되었다.

무역차액주의에 대한 비판은 John S. Chipman(1993)의 논문 “중상주의 이론: A Theory of Mercantilism”에 잘 나타나 있다. 중상주의의 일련의 정책들은 강력한 보호무역의 형태로써 식민지를 통해서 자국의 생산재를 강매할 소비처를 확보하고 자국을 보호하는 강력한 군사력을 장악하기 위한 조치이다. 이 논문에 제시된 Petty, Sir William(1691)의 보고서<아일랜드의 정치해석: The political anatomy in ireland,

London, p 83>에서 Petty, Sir William은 중상주의에 대한 다음과 같이 질문한다.

"외국재화의 수입을 통해서 자국 생산요소의 잉여가 발생할 때, 그 잉여요소로써 더 많은 재화를 생산할 수 있는 데 왜 수입을 제한하여 보다 많은 생산을 막는 것인가?"

이 질문에서 그는 단순한 무역차액주의가 실질적인 국내생산의 잉여를 만들지 못한다는 사실을 지적했다.

중상주의가 가지고 있는 문제가 심각했지만 한편으로는 중상주의가 경제문제를 현실적으로 다루었다는 점에서 너무나 과소평가되었다는 견해도 있다. 「스페인의 국내화폐가 고갈되고 국내 산업이 붕괴되고 극도의 빈곤상태를 벗어나지 못하게 되었다는 점 등의 원인이 과도한 수입에 있었다는 것을 예로 든다.」

중상주의는 일관성 있는 논리체계를 갖고 있지 않았으므로 학문으로서 완전히 성립된 것은 아니었다. 그 당시의 상인과 관료들 가운데 문제의식과 현실감각을 가지고 있는 사람들이 팸플릿으로 자기의 주장을 피력한 것을 후세에 종합하여 중상주의라고 부르고 있다.

2. Adam Smith의 절대우위설

1) 절대우위론의 개요

1776년 Adam Smith는 그의 유명한 저서 『국부론』(the Wealth of Nations)에서 중상주의자의 무역관을 비판하고, 세계 각국을 위한 가장 최선의 정책은 자유무역이라고 주장했다. 자유무역을 하게 되면 각국은 자국이 절대우위(absolute advantage)를 가지는 상품의 생산에 특화하여 수출하고, 절대열위(absolute disadvantage)를 가지는 상품은 수입할 수 있다고 그는 주장했다. 이와 같이 생산에 있어 국제적 특화가 행해지면 세계 전체의 생산량이 증가하며, 증가된 생산물은 무역당사국간에 배분된다. 따라서 일국은 타국의 희생에 의해 이익을 얻는 것이 아니라 모든 나라가 동시에 이익을 얻을 수 있게 된다는 것이다.

이와 같이 자국이 생산성에 있어서 절대적인 우위를 점하고 있는 상품을 수출하고 절대적인 열위에 있는 상품을 수입하는 것이 이익이라고 하는 학설을 「절대우위설」(absolute advantage theory) 또는 「절대생산비설」(absolute cost theory)이라고 한다.

그러나 이 이론은 교역하는 양 국가에 있어서 양 국가는 각각 다른 재화에 절대적인 비교우위 즉, 상대국보다 낮은 단위생산비를 투입할 때 교역이 이루어진다는 예시를 함으로써 그렇지 않은 경우를 설명하고 있지 않다. 그러나 Adam Smith의 절대우위론이 나온 지 40년 후, David Ricardo가 한 국가에서 두 재화 모두에 투입되는 단위생산비가 다른 나라에 비해서 낮은 경우에도 단위생산비 투입비율의 차이에 의해서 비교우위가 결정될 수 있다는 이론을 제시함으로써 비교우위의 법칙이 모든 세계무역을 설명할 수 있다는 것을 보였다.

2) 스미스의 절대우위론의 의의

Adam Smith이론은 영국이 프랑스, 스페인 등의 세력을 축출하여 인도, 캐나다, 아프리카의 대부분을 식민지화하고, 국내에서는 면방직공업이 발달하여 영국이 「세계의 공장」으로 되고, 유럽 전역에 걸쳐 새로운 이념과 과학적 발전이 급격히 이루어지는 시대적 배경에서 탄생되었다.

이와 같은 시대적 특성에서 Adam Smith의 교역론은 중상주의적 보호무역정책을 비판하고 자유무역정책을 주장했으며, 화폐(그 당시의 화폐는 귀금속)가 곧 부라는 관념 하에서 귀금속의 증대를 무역정책의 목표로 하고 있는 중상주의에 반대하여 Adam Smith는 국가의 「생산성」이 부이며 국민의 「노동」이 곧 부의 원천이라고 보았다.

그리고 국제무역이 국부에 공헌하는 방법에 대해서 Adam Smith는 국부, 즉 생산물의 증대는 노동의 생산력에 의존하며 그 생산력은 분업에 의해 증가된다고 보았다. 한편 분업이 발전하기 위해서는 시장의 규모가 확대되어야 하는데, 국제무역의 증대는 시장을 해외로 확대시킴으로써 다원화된 분업을 만들며, 이에 따라 노동의 생산력이 증대되어 국가의 부가 증대한다고 보았다.

3) 절대우위론의 내용

Adam Smith는 『국부론』에서 절대우위론을 이렇게 서술하고 있다.

『옷 만드는 사람은 자신이 신을 구두를 자기가 만들지 않고 이를 구둣가게에서 산다. 구두 만드는 사람은 자기가 입을 옷을 자기가 만들지 않고 옷가게에 맡긴다. 그들은 이렇게 하는 것이 이익이라고 알고 있다. 모든 개인행동의 현명함이 어떤 대왕국의 경우에는 어리석게 된다는 법은 거의 있을 수 없다. 만일 외국이 어떤 상품을 우리가 만드는 것보다 값싸게 공급해 준다면 우리가 다소나마 강점을 가지고 있는 산업부문의 생산물의 일부로써 그것을 외국으로부터 사는 편이 낫다.』

이 같은 Adam Smith의 설명은 요컨대 한 개인이 분업을 통해 특정 제품의 생산에 특화(specialization)할 필요성이 있는 것과 마찬가지로 한 국가도 여타국에 비해 절대우위가 있는 상품의 생산에 특화할 필요성이 있다는 것이다.

포도주는 프랑스산이 제일 맛있고, 콜크는 포르투칼에서만 생산되며, 가죽은 스페인제품이 제일 우수하다. 영국은 그런 것은 잘 만들지 못하지만 방직업이 발달되어 있으므로 의류제품은 더 잘 만들 수 있다. 이와 같이 각국마다 생산조건이 다르기 때문에 서로 무역을 하는 것이 안하는 것 보다 더 좋다는 논리이다.

4) 절대우위론의 한계점

Adam Smith의 절대우위론은 대등한 경제수준에 있는 국가들이 개개의 산업부문 간에 생산성의 차이가 존재하는 경우 무역에 의해 무역당사국 모두가 이익을 얻을 수 있다는 것은 설명이 된다. 그러나 A국이 모든 산업부문에 있어서 B국보다 생산성이 높은 수준에 있는 경우 A·B 양국 간에 상호이익을 가져오는 무역이 발생할 수 있는가에 대해서는 설명해 주지 못한다.

이 경우 절대우위론에 의하면 A국이 모든 재화를 생산해야 하고 B국은 아무것도 생산하지 말아야 한다는 논리가 성립하는 바, 절대우위론으로는 무역의 발생을 설명할 수 없게 된다. 이와 같이 절대우위론은 국제무역의 일부분을 설명하고 있을 뿐이다.

3. Ricardo의 비교생산비설

1) Ricardo이론의 개요

David Ricardo는 무역의 방향을 결정하는 것이 Adam Smith가 말하는 것처럼 생산비의 절대적 차이가 아니라 상대적 차이라고 주장했다. David Ricardo는 Adam Smith의 논리를 일반화시킴으로써 Adam Smith로부터 비롯된 국제무역에 관한 이론의 기초와 구조를 마련한 고전학파경제학의 공적은 David Ricardo에게 돌아가게 되었다.

David Ricardo는 Adam Smith의 절대우위론과는 달리, 일국이 타국에 비해 두 상품 모두의 생산성이 절대열위에 있을지라도 그 열위의 정도에 상대적 격차만 있으면, 그 중 한 상품을 특화·수출하고 다른 상품을 수입하는 것이 무역 당사국 모두에게 이익이 된다고 주장하였다.

즉 일국이 두 상품 모두 절대열위에 있더라도 열위의 정도가 낮은 상품에 비교우위(comparative advantage)를 가지며, 그 상대국은 두 상품 모두 절대우위에 있더라도 우위의 정도가 높은 상품에 비교우위를 갖게 되는바, 각국은 이 비교우위를 가진 상품을 수출하고 비교열위재를 수입하게 되면 두 나라 모두 무역이익을 얻게 된다는 것이다.

다시 말해서, 각국은 자국이 절대적으로 유리한 것을 집중적으로 생산해서 수출하면 모든 나라에 유익하다는 이론이며, 이를 「비교우위의 법칙」(law of comparative advantage)혹은 「비교생산비설」(theory of comparative cost)이라고 부른다. 넓은 의미에서 보면 절대우위론은 비교우위론의 특별한 경우라고 할 수 있다.

David Ricardo의 비교우위론은 국제무역론의 기본원칙으로 되어 왔으며 지금까지 이를 대체할 수 있는 이론이 나오지 않고 있다. David Ricardo이론의 뼈대는 그대로 계속 간직되어 오고 있으며 몇 가지 지엽적인 문제에 대해서는 많은 학자들이 이를 보완해 왔다.

2) 비교생산비설의 내용

David Ricardo의 비교생산비설을 설명하기에 앞서 먼저 그 자신이 이를 어떻게 설명하고 있는가를 보자. 이 이론에 대한 그 후의 사람들의 해석을 접하기 전에 David Ricardo 자신이 비교생산비설을 어떻게 이해하고 있는 지를 파악해 두는 것은 매우 중요하기 때문이다. 여기서는 그의 원문 중 가장 중요한 부분만 발췌하였다.

『완전한 자유무역제도 아래서는 각국은 당연히 그 자본과 노동을 자국에 있어 가장 유리한 용도에 투입한다. 이 같은 개별적인 이익의 추구는 전체이익을 증대시키며…<중략>…노동을 가장 효과적으로 또 가장 경제적으로 배분시킨다. 또 이는 생산물의 총량을 증가시키며, 전반적으로 이익을 확산시키며, 이익과 교류라는 공통의 끈으로써 여러 국가들을 결합시킨다. 포도주는 프랑스와 포르투칼에서, 곡물은 미국과 폴란드에서, 철물류와 기타 재화는 영국에서 만들어져야 한다고 하는 것은 바로 이 원리이다.

동일국내에서는 자본에 대한 이윤이 일반적으로 항상 같은 수준에 있다…<중략>…그러나 다른 나라들 간에는 그렇지 않다. 만약 요크셔에서 사용되는 자본의 이윤이 런던의 그것을 상회한다면 자본은 런던에서 요크셔로 빠르게 이동해서 그 이윤이 균등하게 될 것이다.』

영국은 옷감을 만드는 데 1년간 100명, 포도주를 생산하는 데 120명분의 노동을 필요로 한다고 하자. 따라서 영국은 옷감을 수출해서 포도주를 수입하는 편이 이익이라는 것을 발견하게 될 것이다.

포르투칼에서는 포도주 제조에 80명, 옷감제조에 90명의 노동이 필요하다고 하자. 따라서 포르투칼로서는 포도주를 수출하여 옷감을 수입해 오는 편이 유리할 것이다.

포르투칼이 수입하는 옷감이 보다 적은 노동으로 자국 내에서 생산될 수 있다고 할지라도 이 같은 교환이 발생하게 될 것이다. 포르투칼은 90명의 노동으로써 옷감을 만들 수 있지만, 그것을 만드는데 100명의 노동을 필요로 하는 타국으로부터 이를 수입하려 할 것이다. 왜냐하면 포르투칼은 자국의 자본을 포도주 생산에 사용하는 편이 오히려 유리하며, 이렇게 해서 생산한 포도주를 영국에 수출하면, 자국의 자본을 포도경작으로부터 옷감 생산으로 전환하는 경우에 비해 보다 많은 옷감을 영국으로부터 얻게 되기 때문이다.

그러므로 영국은 100명 노동의 생산물을 주고 80명 노동의 생산물을 받게 된다. 이런 식의 교환은 같은 나라의 개인들 간에는 발생하지 않는다. 영국인 100명의 노동이 같은 영국인 80명의 노동과 교환될 수는 없기 때문이다. 그러나 영국인 100명의 노동생산물은 포르투칼인 80명, 러시아인 60명, 혹은 동인도인 120명의 노동생산물과는 교환될 수 있다. 단일 국내의 경우와 국가 간의 경우가 이렇게 다른 것은, 자본이 일국으로부터 타국으로 이동하는 것은 곤란하다는 점과 동일국내에서는 자본이 한 지방에서 다른 지방으로 활발히 이동한다는 점에 기인한다.』

『그렇다면, 한 국가의 기계와 기술이 다른 이웃나라들의 기계와 기술보다 훨씬 우수하여 보다 훨씬 싼 노동으로 상품을 제조할 수 있다면 그 나라는 동 상품을 수출하여 자국이 필요로 하는 곡물의 일부를 수입—비록 곡물의 수출국보다 자국의 토지가 보다 비옥하고, 또 보다 적은 노동으로 곡물을 재배할 수 있다고 하더라도—하게 될 것이다.』

『갑과 을의 두 사람이 있는데 두 사람 모두 모자와 구두를 만들 수 있다. 갑은 을에 비해 두 가지 모두 우세하다. 모자제조에서는 을보다 20% 우세하고 구두제조에서는 33% 우세하다. 이 경우 갑은 전적으로 구두제조에만 종사하고 을은 모자제조에만 종사하는 것이 두 사람 모두의 이익이지 않겠는가?

(1) 비교생산비차

David Ricardo가 말한 내용을 정리하는 것이 <표 2-1>이다. 이 표는 포도주와 옷감의 1단위당 생산비를 나타내고 있다. 표에서 보듯 포르투칼은 두 상품 모두 절대적 우위에 있고 영국은 모두 절대적 열위에 있다. 그런데 포르투칼의 절대우위의 정도는 포도주와 옷감이 서로 다르다. 즉 포도주에서는 포르투칼의 생산비는 영국의 67%($\frac{80\text{명}}{120\text{명}}$)이며 옷감은 90%($\frac{90\text{명}}{100\text{명}}$)이다. 즉 포르투칼은 두 상품 모두 절대우위에 있으나 그 절대우위의 정도는 포도주 쪽이 크다.

▌표 2-1▌ 생산물 1단위당 생산비

	포르투갈	영국	영국의 생산량합계
포도주	80명	120명	2단위
옷감	90명	100명	2단위

바꿔 말해서 포르투칼에서는 옷감과 비교할 때 포도주 쪽이 영국보다 생산비가 상대적으로 낮다. 이와 같은 상태에 있을 때 포르투칼이 포도주에 비교우위를 갖고 있다고 말한다. 한편 영국은 두 상품 모두 절대열위에 있으나 절대열위의 정도는 차이가 있다. 포도주에서는 영국의 생산비가 포르투칼의 1.5배(120명/80명)이며, 옷감은 1.1배(100명/90명)이다. 즉 열위의 정도는 옷감 쪽이 낮다. 따라서 영국은 포도주와 비교할 때 옷감 쪽이 포르투칼보다 생산비가 상대적으로 낮으므로 옷감에 비교우위를 갖는다.

위의 설명은 다음과 같은 비율의 비교로 된다.

$$\frac{P\text{국의 포도주 단위생산비}(80\text{명})}{E\text{국의 포도주 단위생산비}(120\text{명})} < \frac{P\text{국의 옷감 단위생산비}(90\text{명})}{E\text{국의 옷감 단위생산비}(100\text{명})} \quad (2\text{-}1)$$

식 (6-1)의 관계로 나타내는 비교로 David Ricardo가 행한 것인바, 여기에는 문제가 있다. 즉 포르투칼의 노동자 한명과 영국의 노동자 한명이 같은 가치를 갖는다고 암묵적으로 가정하고 있는 것이다. 그러나 각국은 자연조건, 역사, 문화 등이 서로 다르기 때문에 모든 나라의 국민이 동일한 능력을 갖거나 동일한 노동을 행한다고 볼 수는 없으므로, 이 같은 가정이 성립될 가능성은 거의 없다. 따라서 David Ricardo 처럼 하나의 상품에 대해 두 나라의 생산비를 비교하는 것은 문제가 있다.

그런데 일국 내에서라면 포도주와 옷감의 생산비를 비교하는 것은 의미가 있다. 이제 식 (2-1)의 관계를 다음과 같이 변형해 보자.

$$\frac{P\text{국의 포도주 단위생산비}(80\text{명})}{P\text{국의 옷감 단위생산비}(90\text{명})} < \frac{E\text{국의 포도주 단위생산비}(120\text{명})}{E\text{국의 옷감 단위생산비}(100\text{명})} \quad (2\text{-}2)$$

식(6-2)의 관계는 다음과 같이 해석할 수 있다. 옷감과 비교할 때 포도주의 단위생산비는 포르투칼쪽이 싸고 영국 쪽이 높다. 즉 포르투칼은 포도주 쪽이 상대적으로 싸므로 포르투칼은 포도주에 비교우위를 갖는다. 한편 식(2-2)에서 분모와 분자를 바

꿔보면, 영국은 옷감 쪽이 상대적으로 싸며, 따라서 옷감에 비교우위를 가진다는 것을 알 수 있다. 이와 같이 일국내의 단위생산비의 비율을 타국의 그것과 비교하여 상대적으로 싼 상품에 비교우위를 갖는다는 것이 비교생산비설 내지 비교우위이론이다. 일국의 시장에서 완전경쟁이 이루어질 대 단위생산비(즉 평균생산비)는 가격과 일치하므로, 식(2-2)의 관계는 「일국내의 상품상대가격을 두 나라에 대해 비교해서 상대적으로 싼 상품이 비교우위를 갖는다」라고 바꾸어 말할 수 있다.

(2) 무역이익

비교생산비설에 따라 포르투칼은 포도주에 영국은 옷감에 완전특화할 때 어떤 이익이 발생하게 되는가? <표 2-1>에 나타나 있는 인수의 노동자만 있다고 하자. 즉 포르투칼은 170명, 영국은 220명이 총 노동자수이다. 또 평균생산비는 불변이라고 하자. 다시 말해 생산량의 크기에 관계없이 단위생산비는 언제나 <표 2-1>에 나타난 대로이다.

포르투칼은 포도주생산에 완전 특화하므로 옷감생산에 종사하던 90명이 포도주생산에 추가되어 170명으로 된다. 그런데 80명으로 1단위를 생산할 수 있으므로 포르투칼의 포도주 생산량은 이제 2.215단위가 된다. 한편 영국에서는 220명으로 옷감을 생산하므로 2.2단위의 옷감을 생산하게 된다. 국제분업, 즉 무역을 행하기 전에는 각국이 포도주와 옷감을 각각 1단위씩 생산하고 있었으므로 생산량의 합계는 포도주와 옷감이 각각 2단위씩이었다. 그런데 비교생산비설에 따라 국제분업을 행하게 되면 <표 2-2>에 나타나고 있는 대로, 포도주는 0.125단위 옷감은 0.2단위의 생산량 증가가 실현되게 된다. 이 무역이익이 포르투칼과 영국에 어떻게 배분되는가를 결정하는 것은 두 상품의 교역조건(국제교환비율)이 어떻게 결정되느냐에 달려 있다. 그러나 David Ricardo이론에서는 수요측면을 고려하지 않기 때문에 무역 후 두 상품의 가격비율을 알 수가 없다.

▌표 2-2▐ 무역에 의한 생산량의 증가

	포르투갈	영국	생산량 합계
포도주	170명=2.215단위	-	2.125단위
옷감	-	220명=2.2단위	2.2위

무역이익은 위에서와 같은 생산량합계의 증가라는 형태 외에도 생산요소의 절약이란 형태로 설명할 수도 있다. 생산량 합계가 국제분업을 행하기 전과 동량이라도 좋다고 한다면, 무역 후 포르투칼은 포도주 한 단위 옷감 한 단위를 소비하는 데 160명의 노동만 있으면 되며 영국은 200명의 노동으로 충분하다. 따라서 포르투칼은 10명, 영국은 20명의 노동을 절약할 수 있다.

(3) 상대가격차이의 중요성

이상과 같이 비교우위이론에 의하면 무역패턴의 결정(무엇을 수출하고 무엇을 수입하는가)은, 일국의 상품상대가격을 타국의 그것과 비교하여 상대적으로 싼 상품이 수출품으로 되고 상대적으로 비싼 상품이 수입품으로 된다.

상대가격의 양국 간 비교, 즉 단위생산비 비율의 양국 간 비교이기 때문에 각국의 가치기준이 달라도 상관이 없다. 예컨대 어떤 나라는 노동자수를 가치기준으로 하고 상대국은 토지면적을 가치기준으로 하여도 좋다. 각국의 가치기준에 따라서 양국 간의 상품상대가격이 형성된다.

이와 같이 두 나라의 가치기준이 다른 경우에는 절대우위가 있는지 없는지는 말할 수 없게 된다. 그러나 비교우위에 있어서는, 상품상대가격의 차이에 대해서 분명히 알 수 있게 된다. 따라서 비교우위이론은 절대생산비설과는 관계없이 성립될 수 있다는 것을 알 수 있다. 또한 비교우위이론은 노동자수를 비교한다는 곤란한 점을 내포하고 있는 노동가치설을 반드시 채택할 필요가 없는 것이다. 가치기준은 무엇이 되어도 좋으며, 어떤 상품으로 측정한 다른 상품의 상대가격을 알면 비교우위를 확정시킬 수 있는 것이다.

한편 <표 2-1>에서 영국의 옷감 단위생산비가 100명이 아니고 135명으로 되면, 두 나라의 상대가격은 동일하게 된다(80/90=120/135). 이렇게 되면 국제무역에 의한 이익은 발생하지 않는다. 또 <표 2-1>은 단위생산비의 형태로 나타낸 비교우위이론의 선례였으나, 단위생산비의 역수는 노동 1인당 생산성이다. 따라서 어떤 나라의 두 상품의 생산성비율을 상대국의 그것과 비교하여, 비율이 높은 상품에 비교우위를 갖는다고 표현할 수도 있다.[1)]

1) David Ricardo의 비교우위론에 대한 보다 구체적인 설명은 부록 1.1의 Torrence-Ricardo 비교우위론을 참조하시오.

3) Ricardo이론의 의의와 한계점

David Ricardo의 비교우위론이 갖는 의의는 다음 네 가지로 집약할 수 있다.

첫째, 무역패턴은 Adam Smith가 말하는 절대우위에 의해서가 아니라 비교우위에 의해서 결정됨을 밝혔다.

둘째, 이 이론은 국제무역의 원리를 잘 설명해 주고 있으며 오늘날에 이르기까지 계속 자유무역이론의 기본골격을 이루고 있다.

셋째, 이 이론은 경제학의 여타분야에서는 찾아볼 수 없는 고유의 이론으로서, 국제무역론을 경제학의 한 분야로 독립시킨 이론이다. David Ricardo 이후의 국제무역론의 발전은 대부분 이 이론을 더욱 발전시킨 것에 지나지 않는다고 해도 지나친 말이 아니다. 사회과학 부문에 있어서 이 정도로 오랜 진리로서의 생명력을 유지하고 있는 예는 찾아보기 쉽지 않다.

넷째, David Ricardo의 이론은 본래 일국의 특화문제를 실증적으로 설명하고자 하는 측면보다, (1) 세계사회의 관점에서 볼 때 어느 나라가 어떤 상품을 수출해야 하는가, (2) 이 같은 무역패턴은 무역당사국에 이익을 주는가 하는 두 가지 문제를 해결하려 했던 것이며, 따라서 이는 규범적 성격이 강한 이론이다. 이 점에서 David Ricardo이론은 비교우위론의 현대적 형태인 H-O이론과 분명히 구별된다.

그리고 David Ricardo의 비교생산비설은 다음과 같은 한계점을 갖고 있다.

첫째, David Ricardo는 비교생산비에 의해서 무역발생의 원인을 국가 간의 상품의 생산비비율 차이(혹은 달리 표현해서 상대가격의 차이) 때문이라고 설명했다. 그러나 그는 비교생산비가 발생하는 원인을 충분히 설명하지 못했다. 단지 그는 양국 간의 상대가격 차이가 「기후조건」의 차이 때문이라고만 설명하고 있는 바, 공산품의 생산성 격차가 기후조건만으로는 설명될 수 없는 것이다. 비교우위 발생의 원인이 무엇인가에 대한 이러한 David Ricardo이론의 한계는 그 후 E. Heckscher와 B. Ohlin에 의해 극복되었다. 즉 David Ricardo는 무역발생의 원인을 두 나라의 「생산비의 상대적 차이」에서 구하였고, E. Hecksher와 B. Ohlin은 「생산비의 상대적 차이의 원인」을 규명하였다.

둘째, David Ricardo이론에서는 무역이 이루어질 때 국제교환비율(교역조건)이 어떻게 결정되는가에 대해서는 전연 언급이 없다. 상품의 가격은 수요와 공급의 관계에서 결정되는데, David Ricardo는 상품의 생산측면(즉 공급측면)만을 다루고 수요측면은 무시하였기 때문에 무역 후 두 상품의 국제 교환비율이 최종적으로 어떻게 될 것인지를 알 수 없는 것이다. 따라서 David Ricardo는 양 국의 무역이익의 총량이 얼마인지를 밝혔으나 국제교환비율을 알 수 없기 때문에 그 무역이익이 양국 간에 어떻게 배분되는지를 말할 수 없었다. David Ricardo이론에서의 이 같은 한계는 그 후 J. S Mill의 「상호수요균등의 법칙」에 의해 극복되었다.

참고

그런데 J. Viner(1937년)는 David Ricardo이론에서는 무역 후 국제교환비율이 '추측컨대' 무역 전 양국 내에서의 두 상품의 생산비율의 중간에서 결정될 것이라고 한다. 즉 무역 전 두 상품의 생산비 비율은 옷감 : 포도주가 포르투칼에서는 90명 : 80명, 영국에서는 100명 : 120명이므로, 무역 전 두 상품의 국내에서의 교환비율은 옷감 : 포도주가 포르투칼은 1단위 : $\frac{90}{80}$(1.125)단위, 영국은 1단위 : $\frac{100}{120}$(0.833)단위로 된다. 무역이 발생하기 위해서는 포르투칼은 옷감 1단위 수입에 의해 1.125단위 미만의 포도주를 수출해야만 이익이 있을 것이며, 한편 영국의 경우는 옷감 1단위 수출에 대해 포도주가 0.833단위 초과 수입되어야만 이익이 있을 것이다. 따라서 교역조건의 상한은 옷감 1단위 : 포도주 1.125단위, 하한은 옷감 1단위 : 포도주 0.833단위가 될 것이다. 그 중간은 0.98단위가 된다. 이와 같이 국제교환비율이 무역 전 양국 국내교환비율의 중간인 옷감 1단위 : 포도주 0.98단위에서 결정될 때 각국은 얼마만큼의 이익을 얻게 되는가? 포르투칼은 무역전에는 옷감 1단위를 얻기 위해서는 포도주 1.125단위를 제공해야 했으나, 이제 무역이 발생하여 국제교환비율이 이렇게 결정되면 영국으로부터 옷감 1단위 수입에 대하여 포도주를 0.98단위만 제공하면 되므로 옷감 1단위당 포도주 0.145단위의 이익을 얻게 된다. 한편 영국은 옷감 1단위 수출에 대하여 포도주 0.147단위의 이익을 얻게 된다.

셋째, David Ricardo의 이론은 노동가치설(labor theory of value)이란 가정에 입각하고 있다는 점이다. 노동가치설이란 상품의 가치 혹은 가격은 그 상품의 생산에 투입된 노동량과 일치한다는 것이다. 이것이 함축하고 있는 의미는 (1) 노동이 유일한 생산요소이며 또 노동은 모든 상품의 생산에 동일한 고정비율로 사용되며, (2) 또 노동의 질은 동일하다는 것이다. 그러나 생산이 노동 하나에만 좌우되는 것이 아니며 생산요소에는 노동 외에도 자본, 토지 등이 있으며 또한 모든 상품의 생산이 노동이 동일한 고정비율로 사용되지도 않을 뿐만 아니라 노동의 질 또한 모든 지역의 사람들에게 있어서 다르기 때문이다.

David Ricardo가 노동가치설을 채택한 데 따른 문제점은 그 후 G. Haberler에 의해 극복되었다. G. Haberler는 가치 혹은 가격을 기회비용(opportunity cost)에 의해 파악함으로써, 비교생산비설이 노동가치설에 입각하지 않더라도 여전히 타당성이 있는 이론임을 입증하였다.

넷째, 그 후 F. List(1841)는 David Ricardo적인 자유무역론에 입각한 국제분업론의 타당성은 양국의 산업발달수준이 거의 동일한 경우에 한정된다고 비판하고, 후진국은 자국의 유치산업이 발달할 때까지는 보호무역정책을 취해야 한다고 주장하였다.

다섯째, 일국은 비교우위재를 수출하고 비교열위재를 수입해야 한다는 David Ricardo이론은 누구도 부정할 수 없는 탁견이지만, 일국의 경제가 계속적으로 발전해감에 따라 비교우위의 대상이 계속 변동할 수 있다는 사실을 고려하지 않은 것은 David Ricardo이론의 한계점이라 할 것이다. 즉 그의 이론에서는 일국의 생산성이 불변이라고 가정함으로써 비교우위재가 고정되는 것으로 되나, 현실적으로 볼 때 한국경제처럼 경제발전이 급속히 이루어지고 있는 경우 각 산업분야의 생산성이 향상되고 또 산업분야간의 생산성 격차가 변동되므로 비교우위재의 종류가 변하게 되는 것이다. 또한 David Ricardo이론에서는 자본·노동의 국제적 이동성이 없다고 가정하고 있다. 그러나, 예컨대 한국경제가 외국자본의 도입으로 경제발전을 실현하였다는 점과 노동력이 부족한 유럽에 상당한 수의 외국노동자가 유입되고 있는 점 등을 감안할 때 이 역시 타당한 가정이라고 할 수 없을 것이다. 따라서 오늘날에 있어 비교우위론이 설득력을 갖기 위해서는 비교우위의 결정이 정태적이고 고정적이 아니라 동태적으로 이루어지도록 그 이론이 확장되어야 할 것이다.

4) Ricardo이론의 확장(Ricardo-Ricardo 모형)

앞에서 설명한 <표 2-1>은 각국의 재화상대에 대한 상대적 생산비용의 우위가 서로 상이한 재화에 있다. 하지만 Adam Simth의 절대적 비교우위를 조금 더 강하게 비판하는 모형을 제시한다면 각국의 재화에 대한 상대적 생산비용의 우위가 동일한 재화에 있는 모형을 제시할 수 있다. 이 모형은 다음과 같은 <표 2-3>을 가진다.

a와 b는 옷과 와인에 대한 단위생산비용을 의미한다. 즉, 영국이 옷 한 단위를 생산하는 단위생산비용은 4단위이며 포르투갈이 와인 한 단위를 생산하는 단위생산비용은 10단위이다. 따라서 영국은 포르투갈에 비해 옷과 와인을 생산하는 데 있어서 동시에 작은 단위생산비용을 투입하여 생산할 수 있다. 그러므로 절대우위론의 관점에서 보면 영국은 포르투갈에 비해 옷과 와인의 생산 모두에 생산비 우위가 있는 것이다. 리카도의 주장에 의하면 이런 경우에도 교역은 양 국가에 교역이익을 제공한다는 것이다. 영국이 옷 한 단위와 와인 한 단위를 생산하는 데 투입하는 총 노동은 12단위이며 포르투갈은 16단위이다. 영국이 주어진 노동단위를 옷 생산에 특화한 경우 영국은 옷 3 단위를 생산할 수 있고 와인에 특화한 경우 와인을 1.5 단위 생산할 수 있다. 포르투갈은 각각 옷 2.67 단위와 와인 1.6 단위를 생산할 수 있다. 절대적 비교우위를 가진 영국은 불완전특화를 한다. 비교열위를 가진 포르투갈은 와인에 특화한다.

▌표 2-3▌ 상대적 생산비용의 우위가 동일한 재화에 있는 모형

상 품	생산단위비용(노동)	
	영국(E)	포르투갈(P)
옷	4(a_E)	6(a_P)
와인	8(b_E)	10(b_P)

그러면 영국이 옷 생산에 노동을 8단위 투입하면 옷 2단위와 와인 0.5단위를 생산할 수 있고 포르투갈은 와인을 1.6단위 생산한다. 그리고 양 국가는 옷과 와인을 1대 0.55로 교환한다. 그러면 영국은 옷 1단위와 와인 1.05단위 그리고 포르투갈도 역시 옷 1단위와 와인 1.05단위를 소비할 수 있다. 그 결과 양 국가는 각각 와인 0.05단위를 추가로 생산할 수 있다.

이러한 논리에는 중요한 내용들이 숨어 있다. 첫째, 재화가 반드시 1대1로 교환되지 않는다는 사실이다. 하지만 등가로 교환된다. 즉, 옷 1단위와 와인 0.55단위는 서로 등가로 교환되는 것이다. 둘째, 완전특화의 생산과 불완전 특화의 생산을 상호 비교할 수 없다는 것이다. 하지만 적어도 만족의 크기를 이야기할 때, 완전 특화 후 교역은 교역 이전과 비교해서도 만족의 증가를 표현할 수 없지만 불완전 특화 후의 교역은 적어도 교역 이전보다는 만족이 늘었다는 사실이다.

이러한 내용을 수식으로 표현하면 옷에 대한 특화의 경우 총노동 L은 단위비용 a와 옷 특화 생산단위의 곱이다. 즉, $12 = 3 \times 4$ 그러므로 와인에 대한 특화는 $12 = 1.5 \times 8$ 포르투갈의 경우 옷 생산에 대한 특화의 경우는 $16 = 2.67 \times 6$ 그리고 와인생산에 대한 특화의 경우는 $16 = 1.6 \times 10$이다.

5) 상대적 비교우위 이론의 전개

이러한 보완과정을 거친 David Ricardo이론은 그의 제자인 Torrence에 의해서 다음과 같이 발전되었다. 각국의 완전특화의 생산모형은 영국에 있어서 $L_E = a_E \times C_E$와 $L_E = b_E \times W_E$ 그리고 포르투갈에 있어서 $L_P = a_P \times C_P$와 $L_P = b_P \times W_P$로 표시할 수 있다. 이러한 결과는 다시 두 식을 연립하여 풀면 옷과 와인의 함수로 표시할 수 있다. 즉, $C_E = (b_E/a_E) \times W_E$ 와 $C_P = (b_P/a_P) \times W_P$로 표시된다. 이러한 상태에서 옷 한 단위 생산에 비교되는 와인의 생산을 표시하면 다음과 같은 [그림 2-2]로 나타낼 수 있다. [그림 2-2]로 부터 양 국가의 재화의 교환비율이 어디에 위치해야 하는 지 알 수 있다. 즉, 재화의 교환비율은 [0.5 ~ 0.6]사이에 놓일 수 있다. 그 사이에서 양 국가는 교역을 통한 이익을 가질 수 있다. 하지만 교환비율의 위치에 따라서 이익의 크기는 달라진다. 즉, 영국의 경우 교환비율이 0.6에 가까워질수록 이익은 점점 더 커진다. 그러나 0.6을 넘어서는 경우 포르투갈은 자급자족의 상태보다 적게 소비하게 되므로 교역을 포기할 것이다. 마찬가지로 교환 비율이 0.5에 가까워지면 질수록 포르투갈이 이익을 더 많이 누리게 되면 0.5이하가 되면 영국이 교역을 포기할 것이다.

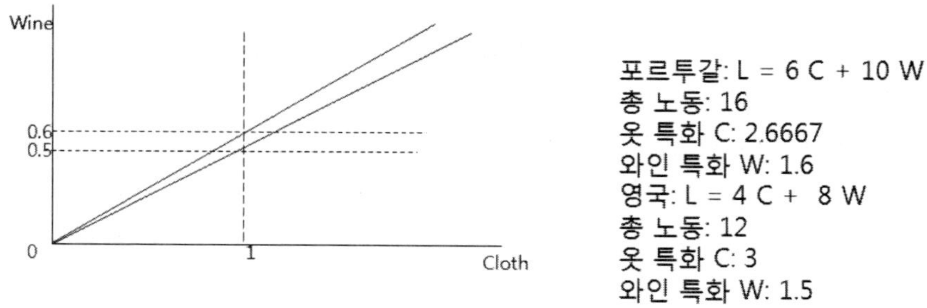

[그림 2–2] 영국과 포르투갈의 재화생산 비교함수

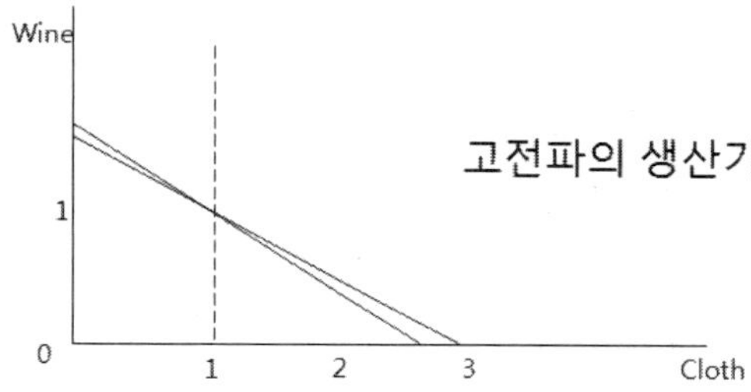

[그림 2–3] 영국과 포르투갈의 생산가능곡선

[그림 2-2]의 생산함수를 통해서 교역하는 양 국가의 생산가능곡선을 그릴 수 있다. 즉, 영국의 생산가능곡선은 $L_E = a_E \times C_E + b_E \times W_E$ 이고 포르투갈의 생산가능곡선은 $L_P = a_P \times C_P + b_P \times W_P$이다. <표 2-3>의 단위를 대입하면 영국의 생산가능곡선은 $12 = 4 \times C_E + 8 \times W_E$이고 포르투갈의 생산가능곡선은 $16 = 6 \times C_P + 10 \times W_P$이다. [그림 2-3]은 이러한 양 국가의 생산가능함수를 표시하고 그래프이다.

이제 양 국가의 생산가능곡선을 통해서 다음의 [그림 2-4]에 나타나 있는 세계의 생산가능곡선을 도출할 수 있다. 세계생산가능곡선 도출을 위한 전제조건은 2국 2재 모형이다. 즉, 세계에는 두 개의 국가만이 존재하고 재화는 두 개만이 존재한다는 전제를 가진 모형이다.[2)]

---

2) 이러한 전제조건의 이면에는 1800년대의 실존주의에 대한 타자와 주체에 관한 논리가 숨어있다. 나를 주체로 하고 나 아닌 모든 다른 존재를 객체로 하고 있는 것이다. 자국과 모든 다른 국가는 자국과 타국 혹은 자국인 E국과 타국인 P국으로 나뉘며 재화도 역시 한 재화와 그 재화가 아닌 모든 다른 재화 즉, C재와 C재가 아닌 다른 모든 재화로서 W재로 나뉜다.

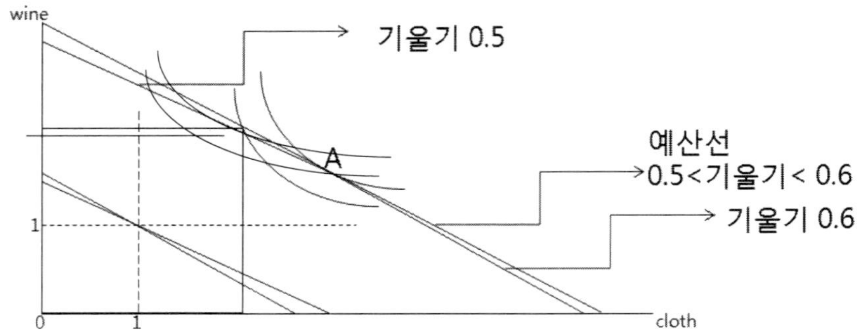

[그림 2-4] 세계의 생산가능곡선

[그림 2-4]는 세계의 생산가능곡선을 나타내고 있다. 양 국가의 모두 완전 특화를 하는 경우 A점에서 최고의 생산이 이루어지겠지만 이러한 생산은 특정 재화 즉, 와인소비를 교역이전보다 낮은 수준으로 떨어뜨리게 된다. 그러나 완전특화의 소비만족은 교역이전보다 높은 수준에서 형성될 수 있다. 하지만 다른 형태의 소비선호를 가지고 있는 경제에 있어서는 오히려 불완전 특화를 통해서 생산된 재화의 소비수준에서 A점의 소비보다 높은 소비선호를 충족시킬 수 있음을 알 수 있다.[3)]

6) Ricardo이론의 보완

David Ricardo이론은 그 후 다음과 같이 보완되었다.

첫째, 노동가치설이라는 잘못된 가정은 그 후 G. Haberler의 기회비용설에 의해 보완되었다. G. Haberler는 기회비용의 개념을 도입함으로써 David Ricardo의 비교생산비설이 노동가치설을 전제하지 않고도 타당하다는 것을 밝혔다.

즉 G. Haberler는 상품의 생산비를 David Ricardo처럼 투입노동량으로 측정하는 것이 아니라 기회비용으로 나타낸다. 기회비용이란 그 상품 한 단위를 생산하기 위해 생산을 포기해야 하는 다른 상품의 수량을 말한다. 예컨대 옷감 1단위를 생산하려면 포도주 3단위의 생산이 포기되어야 한다고 할 때 옷감 1단위의 기회비용은 포도주 3단위가 되는 것이다. G. Haberler는 기회비용에 의해 무역전 각국에서의 상품의 상대가격을 측정함으로써 어떤 상품이 비교우위에 있게 되는가를 밝혔다.

G. Haberler의 기회비용 개념도입은 또한 David Ricardo의 기회비용 개념도입은 또한 David Ricardo이론이 불변비용을 가정하고 있는 문제점(David Ricardo는 생산량

3) 다음 절에 나오는 소비무차별 곡선을 참조하라. 소비무차별 곡선을 이해하고 나서 다시 살펴본다면 더욱 높은 이해를 가질 수 있다.

의 규모에 관계없이 상품의 단위당 생산비는 일정하다고 보았음)을 극복할 수 있게 해주었다.

David Ricardo처럼 생산비가 불변(일정)이라고 가정하는 것은 첫째로, 실제 현실과는 맞지 않으며, 둘째로, 이렇게 가정할 경우 각국은 비교우위재에 「완전특화」할 때 최대의 이익을 얻게 된다는 결론이 나오는 바, 과거에 있어서나 오늘날에 있어서나 완전특화를 행하는 나라는 거의 없다. 예컨대 미국은 의류, 자동차, TV수상기의 대부분을 자국에서 생산하고 일부를 외국에서 수입한다.

이처럼 현실적으로는 David Ricardo가 가정한 것처럼 생산비가 불변비용하에 있지 않으며 일반적으로 체증비용이 지배하고 있다. G. Haberler가 도입한 기회비용개념은 「생산가능곡선」으로 표시할 수 있는 바, 이 곡선을 사용하면 불변비용조건 뿐만 아니라 체증비용하의 무역패턴도 설명할 수 있게 되므로 David Ricardo의 불변비용 가정이라는 문제점을 극복할 수 있게 되었던 것이다.

둘째, David Ricardo이론에서는 공급측면만 다루고 수요측면은 다루지 않았으므로 무역후에 국제교환비율이 어떻게 성립되는지를 설명할 수 없었던바, 이는 J. S Mill이 「상호수요균등의 법칙」을 도입함으로써 극복되었다.

David Ricardo는 수요측면을 다루지 않았으므로, ①무역전과 무역후의 일국의 생산·소비량이 어떻게 결정되는지를 파악할 수 없으며(수요와 공급 두 측면의 사정이 모두 파악되어야 생산량·소비량을 알 수 있음), ②무역후의 국제교환비율 및 무역량이 어떻게 결정되는지를 알 수 없다. J. S Mill이 「상호수요균등의 법칙」을 도입함으로써 파악할 수 있게 된 것은 위 ②의 사항, 즉 한 나라의 무역량(수출량과 수입량)과 상품의 국제교환 비율이다. ①의 사항은 G. Haberler의 생산가능곡선 도입과 그 훨씬 후의 무차별곡선 도입이 있은 후에 가능하게 되었다.

셋째, David Ricardo이론은 무역발생의 원인이 각 국내에서의 두 상품의 상대가격차이(=비교생산비차)에 있음을 밝혔으나 그 상대가격차이 그 자체가 발생하게 되는 원인이 무엇인가를 충분히 설명하지 못했다. David Ricardo는 그 원인을 단지 「기후조건」이라는 막연한 이유만에 돌리고 있다. 비교생산비차의 원인을 추구하는 연구는 G. Hecksher에 의해 처음으로 이루어졌으며, 그 후 이를 더욱 발전시킨 것은 B. Ohlin이므로 이를 H-O정리라고 부른다.

제3절 국제무역의 기초이론

1. 서론

지금까지 우리는 무역의 원리를 설명하는 무역이론이 어떻게 발전하여 왔는가를 고찰하였다. 무역의 원리는 비교우위론에 의해 설명되며 이 비교우위론은 David Ricardo에 의해 처음 제시된 이후 많은 경제학자들이 이를 보완하여 왔다는 것을 알았다. 여기서는 오늘날의 무역원리에 대해 고찰하고자 한다. 공급의 측면에서 G. Haberler의 기회비용설을 다룸으로써 기회비용이 증가하는 경우의 생산가능곡선을 다루고 수요의 측면에서 재화에 대한 소비무차별곡선을 이해하고 더 나아가 사회무차별곡선에 대해서 설명한다. 생산가능곡선과 사회무차별곡선이 주어져 있는 상황에서 폐쇄경제 하에서의 균형이 어떻게 이루어지는 지를 설명한다. 이런 설명은 무역의 개시를 통해서 교역하는 양 국가의 경제가 어떻게 균형을 이루며 무역을 통한 이익을 제시할 수 있다.

2. 생산가능곡선과 기회비용설

1) 생산가능곡선의 의미

생산가능곡선(production possibilities curve)이란 어느 일국이 모든 가용자원을 사용하여 생산할 수 있는 두 상품의 여러 가지 조합을 나타낸다. 생산가능곡선이 무역이론에 도입된 것은 G. Haberler에 의해서였다. G. Haberler는 David Ricardo의 비교우위설을 인정하면서도 그 기반을 이루고 있는 노동가치설을 배격하였다. 즉 G. Haberler는 상품의 생산비 혹은 상대가격을 투입노동량만으로 결정하는 노동가치설 대신에 상품의 생산비 혹은 상대가격을 기회비용(opportunity cost)에 의해 측정함으로써 비교우위론이 여전히 타당성 있는 이론임을 입증하였다.[4)]

기회비용이란 어떤 상품의 생산비를 그 상품을 생산함으로써 생산이 희생된 다른 상품의 양으로써 나타내는 개념이다. 예컨대 어느 나라가 식량을 100단위 더 생산하게 됨으로써 옷감생산을 300단위 줄이지 않을 수 없게 된다고 할 때 식량 1단위의

4) 원점에서 오목한 생산가능곡선의 도출은 부록 1.2의 신고전학파 세계의 생산가능곡선을 참조하시오.

기회비용은 옷감 3단위 된다.

기회비용은 생산가능곡선이란 분석도구에 의해 나타낼 수 있다. 생산가능곡선의 대표적 형태는 [그림 2-2]에서와 같이 생산량의 차이에 따라 상품의 단위당 기회비용이 불변인 경우, 체증하는 경우의 세 가지가 있다.

일반적으로 상품의 단위당생산비는 보통 체증한다. 즉 [그림 2-2]의 (b)에서 보듯이 옷감생산을 한 단위씩 증가시켜 갈 때 그 기회비용, 즉 희생되는 밀생산량은 더욱 커진다. 이처럼 체증생산비가 발생하는 이유는 생산에 투입될 생산요소의 총량, 즉 노동과 자본의 총량은 일정한데, 어느 한 상품, 예컨대 옷감생산을 증가시키면 옷감생산에 적합한 생산요소인 노동량은 점차 부족해지고 덜 적합한 요소인 자본량은 점점 풍부해지므로, 옷감 한 단위의 생산비는 점점 상승하게 되는 것이다. 반대로 밀 한 단위의 생산비는 점점 하락하게 된다.

2) 생산가능곡선의 도출

고전학파의 세계에서 신고전학파의 세계로 넘어오는 가정에는 두 가지의 큰 변화가 발생한다. 그 첫 번째는 자본에 대한 이해이며 두 번째는 소비에 대한 이해이다. 여기서 자본의 도입이 생산가능곡선에 대한 이해를 어떻게 변화시켰는지를 살펴보자. 자본은 금융자본과 산업자본으로 나눌 수 있으나 본서에서는 산업설비자본을 의미하는 산업자본만을 다룬다. 재화의 생산은 주어진 생산요소인 노동과 자본의 투입을 통해서 증가하고, 두 개의 주어진 재화를 특정한 양만큼 생산하기 위하여 생산요소들 즉 노동과 자본의 양이 일정하게 주어져 있어야 한다. 이런 상태에서 한 재화 C의 생산을 늘리기 위해서 그 재화에 투입되는 생산요소의 투입을 증가시켜야 한다. 이 재화의 생산을 증가시키기 위해 투입된 생산요소는 생산요소가 완전 고용되어 있다는 전제하에서는 다른 재화의 생산에 투입된 생산요소를 가져올 수밖에 없다. 따라서 다른 재화 W의 생산은 줄어든다.

하지만 초기의 신고전학파의 논증에서 지금 형태의 생산가능곡선이 바로 발견되었다고 할 수 없다. 따라서 초기의 신고전학파가 이해하는 생산가능곡선은 생산요소투입비율이 양 재화에 동일하다는 가정 하에서 이루어졌다. 즉, 생산요소투입비율이 두 재화의 생산에서 동일하다면 두 재화의 생산조합을 나타내는 궤적은 직선이 된다. [그림 2-5]는 이러한 형태의 생산가능곡선을 나타낸다. 에지워드 박스 내에 나타나 있는 대각선은 양 재화의 생산을 위해 투입되는 요소의 조합을 의미하는 두 재화의 등(생산)량 곡선의 접점의 궤적이 일정하다는 것을 의미한다. 이때 두 등량곡선의 접점에서 생산요소는 완전 고용되고 있으며 재화의 생산은 최적이 된다. 즉, 등량곡선의 접점은 주어진 생산요소의 조건에서 최적의 생산을 의미한다. 등량곡선은 동일한 양의 재화를 생산하기 위하여 투입되는 요소의 조합을 의미한다. 등량곡선이 원점에서 볼 때 볼록한 형태를 가지는 것은 요소의 희소성이 작용하기 때문이다. 즉, 일정한 양의 재화를 생산하기 위하여 특정한 양의 노동과 자본이 투입되고 있다고 전제하자. 이때 자본의 투입을 줄이고 동일한 양의 재화를 생산하기 위해서는 대체요소로써 노동의 투입을 증가시켜야 한다. 자본의 투입량이 줄어들고 노동의 투입량이 늘어날수록 자본에 희소성이 발생하여 이 재화에 투입되는 요소로써 자본의 가치는 높아지고 노동의 가치는 떨어진다. 역으로 표현하여 노동이 줄고 대체요소로써 자본을 늘리는 경우도 마찬가지다. 따라서 등량곡선은 원점에서 볼록한 곡선이 된다.

(1) 생산요소투입비율이 모든 재화에 일정하다고 가정하는 경우

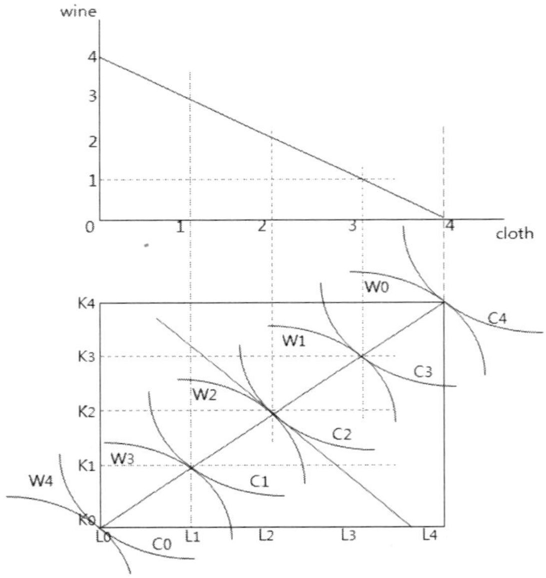

[그림 2-5] 일정 생산요소투입비율 하에서의 생산가능곡선

일국에 주어진 노동과 자본은 각각 4단위이며 노동 한 단위 L_1와 자본 한 단위 K_1가 옷 생산에 투입되고 노동 세 단위 L_3와 자본 세 단위 K_3가 와인 생산에 투입된다면 이러한 경제에서는 옷 한 단위 그리고 와인 세 단위가 생산될 것이다. 그리고 노동과 자본이 옷 생산에 점점 더 많이 투입될수록 옷의 생산은 증가하고 와인의 생산은 감소할 것이다. 이때 두 재화의 생산관계를 표시하는 것이 생산가능곡선이며 두

재화의 생산에 투입된 노동과 자본의 투입비율이 일정하기 때문에 생산가능곡선은 직선이 된다.

(2) 생산요소투입비율이 모든 재화에 일정하지 않다고 가정하는 경우

이제 생산요소의 투입비율이 일정하지 않다는 전제하에서 생산가능곡선을 도출해 보자. 노동과 자본이 일정한 비율로 투입될 때 두 재화의 생산은 최적이 되지 못하며 오히려 한 재화 C의 생산에 투입되고 있던 생산요소인 노동을 다른 재화 W재의 생산에 양보하고 대신 자본을 더 많이 투입하여 생산했을 때 W재의 생산은 증가하지 않지만 C재의 생산이 증가한다면 이 경제는 보다 효율적인 즉, 생산성이 높은 경제체제라고 할 수 있다. 이러한 보다 높은 생산성을 나타내는 생산요소의 조합을 연결하여 나타내는 곡선은 대각선 아래에 나타나는 완만한 곡선이다. 이러한 최적의 요소투입의 조합을 통하여 생산된 재화는 직선으로 나타나는 생산가능곡선보다 높은 생산을 보여주는 생산가능곡선이다. 무한히 많은 생산요소의 조합을 가정한다면 위의 생산가능곡선은 직선으로 표시될 수 있다.

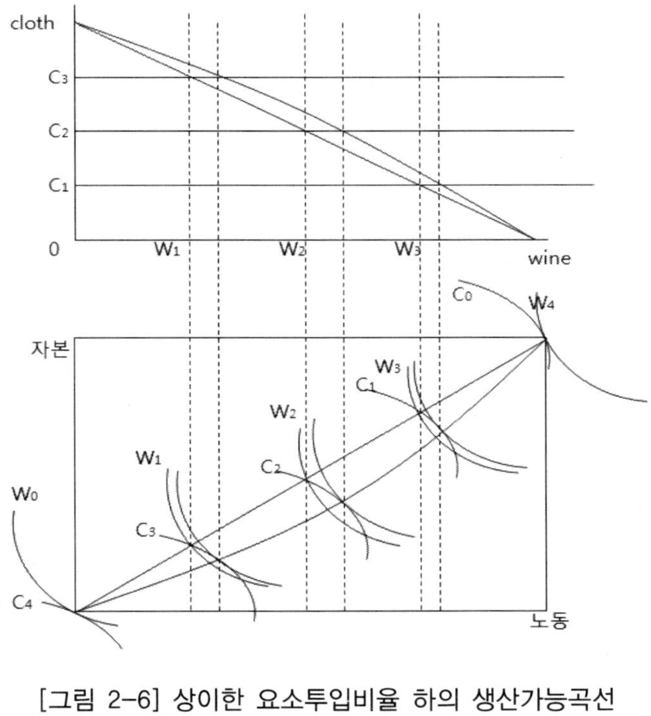

[그림 2-6] 상이한 요소투입비율 하의 생산가능곡선

두 재화의 등량곡선의 접점인 α는 C재와 W재의 기술적 한계대체율을 제공한다.

이 점에서 두 재화의 기술적 한계대체율은 일치한다. 여기서 기술적 대체는 자본이 노동을 대체한다는 의미로 해석할 수 있다. 그러므로 기술적 한계대체란 노동 한 단위를 포기할 때 대체되는 자본의 크기를 의미하고, 기술적 한계대체가 두 재화에서 동일하다는 의미는 C재의 생산에서 노동 한 단위를 포기하기 위하여 대체 투입되는 자본의 크기와 W재의 생산에서 노동 한 단위를 포기하기 위하여 대체 투입되는 자본의 크기는 동일하다는 의미이다. 한계대체율 일치의 의미는 C재에 대체 투입되는 자본은 W재에서 포기하는 자본이며 C재의 생산에서 포기되는 노동은 W재의 생산에 대체 투입되는 노동이라는 의미이다. 즉, C_2와 W_2의 등량곡선의 교점에서 투입되는 노동과 자본의 총량은 α점에서 생산되는 C재와 W재의 생산에 투입되는 노동과 자본의 총량과 다르지 않다. 하지만 α점에서 보다 많은 C재가 생산된다는 사실을 알 수 있다.

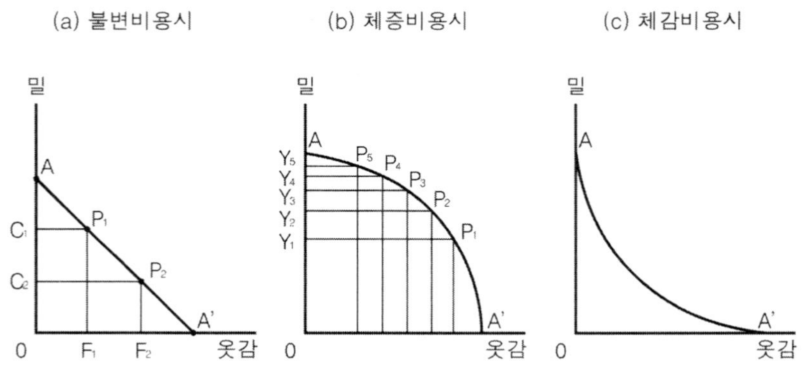

[그림 2-7] 생산가능곡선의 형태

2) 생산가능곡선과 기회비용

기회비용의 개념과 이를 타나내는 생산가능곡선에 대해 고찰하였으므로 이제 G. Haberler의 기회비용설, 즉 기회비용 개념에 의한 비교우위론의 내용을 고찰할 수 있게 되었다. G. Haberler의 기회비용설 (1) 상품의 생산비(혹은 가치 혹은 가격)를 투입노동량에 의해 측정하지 않고 기회비용으로 측정한다는 점에서 David Ricardo이론과 다르며, (2) 기회비용 개념을 생산가능곡선이란 분석도구를 사용하여 설명했다는 점에서 무역이론을 진일보시켰으나, G. Haberler는 기본적으로 수요조건을 무시하는 고전파적 입장을 취하고 있었으므로 그의 무역이론에는 무차별곡선이 도입되어 있지 않았으며, 이 점에서 현대무역이론과 다르다.

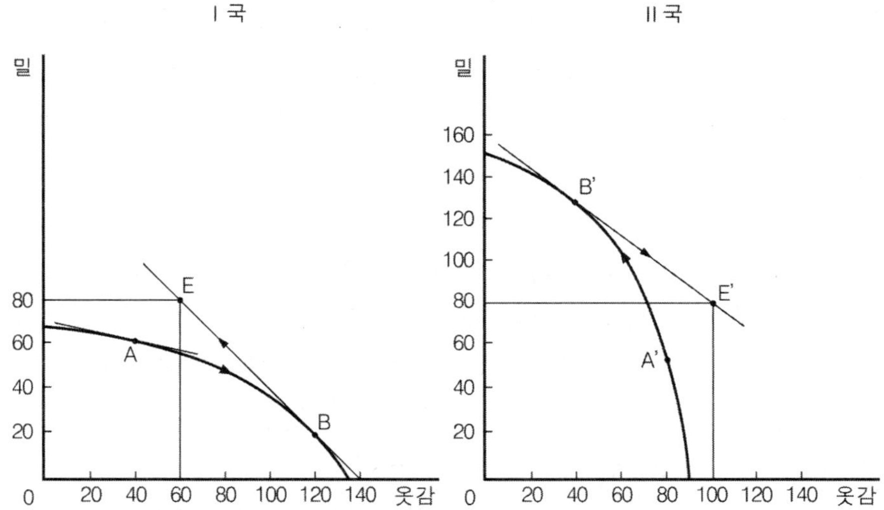

[그림 2-8] 하벌러의 기회비용설에 의한 무역원리

체증비용이 작용하는 경우를 중심으로 G. Haberler의 무역이론을 고찰해보자. [그림 2-8]은 I국과 Ⅱ국의 가상적인 생산가능곡선이다. 각국은 기회비용이 상품의 상대가격과 일치하는 점에서 생산을 행하게 된다. 무역발생 전 I국의 상대가격, 즉 옷감가격 : 밀의가격 = 1 : 4라고「가정」할 수밖에 없었다. I국은 그 생산가능곡선상의 A점(I국의 생산가능곡선상에서 옷감가격 : 밀가격 = 1 : 4로 되는 경우는 A점 밖에 없음)에서 생산 및 소비한다. 한편 Ⅱ국의 무역발생 전 상대가격은 옷감가격 : 밀가격 = 4 : 1(= 1 : 0.25)이라고 가정하면, A'점에서 생산 및 소비하고 있다. I국의 옷감가격이 Ⅱ국보다 상대적으로 낮고 Ⅱ국의 밀가격은 I국보다 상대적으로 낮다. 따라서 I국은 옷감에 비교우위를 가지며 Ⅱ국은 밀에 비교우위를 가진다. 노동가치설에 입각하는 David Ricardo이론이 투입노동량으로 따져 생산비(혹은 상대가격)를 측정하고 이 생산비(혹은 상대가격)의 양국 간 비교에 의해 비교우위를 결정하는 것인 반면, G. Haberler는 기회비용 개념에 의해 생산비(혹은 상대가격)를 결정하고 이 상대가격의 양국 간 비교에 의해 비교우위를 결정한다. 무역개시 후 상대가격이 옷감가격 : 밀가격 = 1: 0.25초과~4미만의 범위에서 결정된다면 양국은 모두 이익을 얻게 된다. 만일 무역 후 상대가격이 이 범위내인 1:1에서 결정된다면 I국은 생산점을 A점에서 B점으로 옮겨 옷감 120단위를 생산, 그 중 60단위를 Ⅱ국의 밀 60단위와 교환하여 E점에서 소비할 수 있다(주: 현대무역이론에서는 생산가능곡선상의 무역 후 생산점(E점)을 지나는 상대가격선과 무차별곡선이 접하는 점에서 무역후의 소비점이 결정되는데, 무차별곡선을 도입하지 않고 있는 G. Haberler이론에서는 무역후의 소비점을 단지 가정할 수밖에 없었다). 한편 Ⅱ국은 무역개시 후 생산점을 B'점으로 옮겨 밀 60단위를 I국의 옷감 60단위와 교환함으로써 B'점에서 소비하게 된다.

이와 같이 무역발생 전 양국 간에 상품상대가격의 차이만 있으면 각국은 상대가격이 낮은 상품, 즉 비교우위 재화를 특화, 수출함으로써 무역이익을 누릴 수 있다. 그러나 비교우위재의 생산을 증대시킴에 따라서 그 기회비용이 점점 커지게 되므로 특화는 무역후의 상품상대가격(즉 기회비용)이 일치할 때 까지만 계속된다. 즉 체증비용이 작용하는 조건 아래서는 완전특화가 아니라 불완전특화가 이루어지는 것이다. 예컨대 [그림 2-8]에서 I국은 무역전 A점에서 생산하고 있었으나, 무역이 발생하게 되면 비교우위재인 옷감생산을 증가시키고 비교열위재인 밀생산을 줄이게 되므로, 생산점은 생산가능곡선을 따라서 우측으로 이동한다. 그러나 옷감생산을 증대시킴에 따라 옷감의 단위당 기회비용이 점점 상승하게 되고, 반대로 생산이 감소되는 밀의 단위당 기회비용은 점점 하락하게 된다. Ⅱ국에서는 이와 반대로 된다. 그리하여 무역에 의해 두 상품의 상대가격(기회비용)이 양국에서 일치하는 점(I국은 B점, Ⅱ국은 B'점)까지만 특화가 이루어지는 것이다.

3. 무차별곡선

무차별곡선(indifference curve)이란 소비자에게 동일한 만족을 주는 두 가지 상품의 여러 가지 조합을 나타내는 좌표상의 점들을 연결한 곡선이다. 무역발생전의 각국의 생산점, 소비점 및 상품상대가격을 결정하기 위해서는 생산가능곡선과 더불어 무차별곡선이 필요하다. 또 무역개시후의 각국의 소비점을 결정하기 위해서도 무차별곡선이 필요하다.

수요조건을 나타내주는 무차별곡선이 무역이론에 도입됨으로써 무역이론은 비로소 공급과 수요의 두 측면을 동시에 고려하여 양자 간의 관계에 의해 무역의 원리를 설명할 수 있게 되었다. 무차별곡선이 무역이론에 도입된 것은 현대에 들어서부터이며, G. Haberler의 기회비용설은 물론 H-O이론에서도 무차별곡선의 이용은 없었다.

무차별곡선의 의미와 특성에 대하여 살펴보자. 지금 소비자에게 동일한 만족을 주는 밀과 옷감의 조합이 <표 2-4>와 같다고 하자. 이 표에 나타난 네 가지 조합을 좌표 상에 나타내면 [그림 2-9]와 같은 곡선이 얻어지는데 이 곡선이 무차별곡선이다.

이러한 무차별곡선은 만족의 수준을 달리하면서 무수히 많이 존재할 수 있다. 이와 같이 하여 얻어진 무차별곡선의 군을 무차별지도(indifference map)라 한다(그림 2-10).

▌표 2-4▌ 동일한 만족을 주는 밀과 옷감의 조합

	A	B	C	D
밀	1	2	3	6
옷감	6	3	2	1

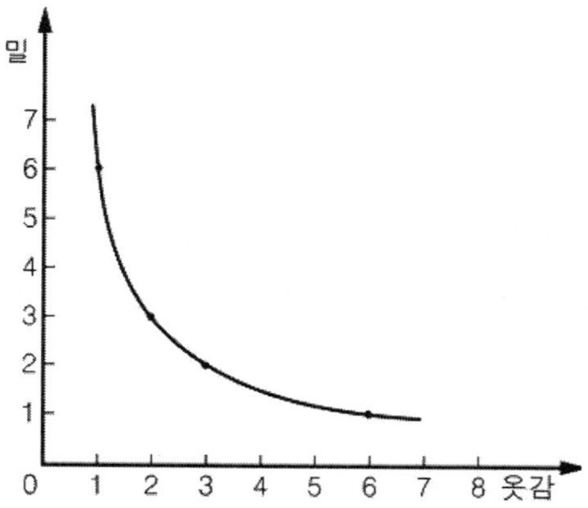

[그림 2-9] 무차별곡선

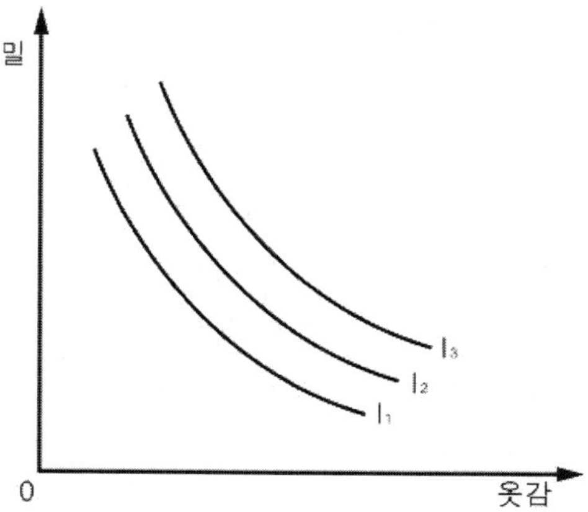

[그림 2-10] 무차별지도

무차별곡선은 다음과 같은 특성을 갖고 있다.

첫째, 무차별곡선은 우하향하는 형태를 취한다. 이것은 동일한 무차별곡선상에서 만족수준을 불변으로 유지하기 위해서는 한 재화의 소비량이 증가할 때 다른 재화의 소비량은 감소하여야 한다는 것을 의미한다.

둘째, 무차별곡선은 원점에서 거리가 멀어질수록 더욱 큰 만족수준을 나타낸다. 무차별곡선 원점에서 멀리 있다 함은 적어도 두 재화 중에서 어느 한 재화의 소비량이 증대되었다는 것을 의미하기 때문이다.

셋째, 무차별곡선은 서로 교차하지 않는다. 그 이유는 다음과 같다. 무차별곡선이 서로 다르면 만족도가 달라져야 하는데, 두 무차별곡선이 교차하게 되면 교차점에서의 두 곡선의 만족도 동일하게 되기 때문이다.

4. Mill의 상호수요설

David Ricardo이론은 양국이 무역을 행함으로써 얻게 되는 무역이익의 총량이 얼마인가를 밝혔으나 이 무역이익이 양국 간에 어떻게 배분되는가에 대해서는 언급하지 않았다. 무역이익의 배분을 밝히기 위해서는 무역에 의해 두 상품의 국제교환비율(교역조건)이 어떻게 결정되는가를 알아야 한다. 그러나 David Ricardo는 공급측면만 다루고 수요측면은 무시하였기 때문에 그의 이론으로서는 이 비율을 알 수 없으며, 단지 이 비율이 무역전 양국의 생산비율 '사이'에 존재한다는 사실만 알 수 있을 뿐이다.

J. S Mill은 수요조건을 처음으로 무역이론에 도입하여 국제교환비율이 어떻게 결정되며 이에 따라 무역이익이 무역당사국에 어떻게 배분되는가를 밝힘으로써 David Ricardo이론의 결함을 보완하였다. 그의 이 이론을 「상호수요설」(theory of reciprocal demand)이라고 한다.

앞서 본 David Ricardo이론에서는 영국과 포르투칼사이에 무역이 행해질 때 두 상품의 교환비율이 옷감 1단위에 대해 포도주 0.833 ~ 1.125단위 사이에서 결정되리라는 것을 알 수 있으나 정확히 어느 점에서 결정되는가는 알 수가 없다. 이와 같이 David Ricardo는 교역조건이 결정되는 상하한의 범위를 설정하는 데 그쳤으나 그 후 J. S Mill은 이 범위내의 어떤 비율에서 결정될 것인가를 밝혔던 것이다.

J. S Mill에 의하면 교역조건은 무역전 두 나라의 국내교환비율 범위 안에서 상호수요가 균등하게 되는 점에서 결정된다고 보았다. 상호수요가 균등하다는 것은 자국상품에 대한 외국의 수요크기와 외국상품에 대한 자국의 수요크기가 서로 일치하는 것을 의미한다. 이렇게 결정된 교역조건과 무역전 각국의 국내교환비율과의 관계에서 무역이익이 결정된다.

예컨대 어떤 나라의 수입수요가 타국의 수입수요에 비해 강한 경우에는 상대국 상품을 얻기 위해서는 수출량을 증가시키지 않으면 안되므로 교역조건은 불리하게 된다. 반대로 그 나라에 수입대체품이 많거나 수입품이 그다지 긴급하지 않은 경우에는 교역조건이 유리하게 결정된다.

그 후 A. Marshall과 Edgeworth는 오퍼곡선을 이용하여 J. S Mill의 상호수요설을 더욱 발전시켰다.

J. S Mill이 제시하고 있는 사례는 <표 2-5>와 같다. David Ricardo의 경우에는 생산물 1단위를 생산하는 데 필요한 노동량을 비교하였으나 J. S Mill은 일정노동량으로 생산할 수 있는 생산량을 비교하고 있다.

영국에서는 동일한 노동량을 투입하여 면포 100야드 또는 아마포 15야드를 생산할 수 있으며, 독일은 동일 노동량을 투입하여 면포 10야드 또는 아마포 20야드를 생산할 수 있다고 가정한다. 이 경우 영국은 면포에, 독일은 아마포에 비교우위를 가진다. 따라서 영국은 면포를 수출하고 아마포를 수입하며, 독일은 아마포를 수출하고 면포를 수입하는 무역패턴이 성립된다.

두 상품의 국제교환비율은 면포 10야드 : 아마포 15야드 초과~20야드 미만의 범위에서 결정될 것이다. 왜냐하면 두 상품의 무역전 국내교환비율이 영국에서는 면포 10야드 : 아마포 15야드이며, 독일은 면포 10야드 : 아마포 20야드이기 때문이다.

▮표 2-5▮ 밀의 생산량비교의 예시(동일노동량에 의한 생산가능량)

	영국	독일
면포	10야드	10야드
아마포	15야드	20야드

만약 국제교환비율이 면포(C) 10야드에 대해서 아마포(L) 17야드 (10C=17L)로 결정되었다고 하자. 그리고 이 때 독일 아마포에 대한 영국의 수요가 17야드의 1,000배이고 영국 면포에 대한 독일의 수요가 10야드의 1,000배라면 두 나라의 상호수요의 크기는 일치한다. 이 경우 무역이익을 보면 영국은 면포 10야드 수출에 대해 아마포 2야드가 되며 독일은 면포 10야드 수입에 대해 아마포 3야드가 된다.

교환비율 $10C=17L$일 때 :

영국 : 면포 10야드 × 1,000(수출)

(수출)아마포 17야드 × 1,000 : 독일

그런데 만약 교환비율이 10C=18L로 되었다고 가정하자. 이는 앞서의 교환비율 10C=17L에 비해서 영국이 수출하는 면포의 가격이 비싸졌음을 의미하며, 따라서 영국은 유리해지고 독일은 불리해졌음을 의미한다. 이에 따라 영국의 면포에 대한 독일의 수요량은 10C의 900배로 감소하고 영국의 면포공급량은 10C의 1,100배로 증가하여 면포의 초과공급이 발생하다. 한편 아마포의 상대가격은 하락하였으므로 독일의 아마포 공급량은 18L의 900배로 감소하고 영국의 아마포 수요량은 18L의 1,100배로 증가하여 아마포에 추과수요가 발생한다.

교환비율 $10C=18L$일 때 :

< 면포 > 독일의 면포수요량 : 면포 10야드 × 900

영국의 면포공급량 : 면포 10야드 × 1,100 면포의 초과공급 발생

< 아마포 > 영국의 아마포 수요량 : 아마포 18야드 × 1,100

독일의 아마포 공그량 : 아마포18야드 × 900 아마포의 초과수요 발생

이와 같이 10C=18L의 교환비율에서는 양국의 상호수요의 크기가 일치하지 않으므로, 시장경쟁이 작용하게 되어 면포가격은 하락하고 아마포 가격은 상승하게 됨으로써 교환비율은 원래의 10C=17L로 돌아가게 된다. 만약 교환비율이 10C=17L에서 10C=16L로 되었다고 가정하면, 위에서와 같은 원리로 면포에 초과수요, 아마포에 초과공급이 발생함으로써 다시 10C=17L의 교환비율로 돌아가게 된다. 결국 국제교환비율(교역조건)은 면포 10야드 : 아마포 17야드이며 이 비율에서 두 상품의 수요와 공급이 일치하게 된다.

5. Marshall의 오퍼곡선

J. S Mill의 상호수요설을 도표에 의해 정치화시킨 것이 A. Marshall과 F. Edgeworth이다. J. S Mill의 상호수요설에 의하면 상대국의 상품에 대한 수요의 강도를 자국이 공급하려는 상품의 양으로 표시할 수 있다. 즉 국제교환에 있어서 상대국 상품에 대한 수요가 강하면 많은 양의 자국상품을 제공하려 할 것이며, 반대로 수요

가 약하면 적은 양의 자국상품을 제공하려 할 것이다. 이것은 상대국의 경우에도 마찬가지다. A. Marshall은 J. S Mill의 상호수요설의 배후에 있는 이러한 관계 ―즉 교역조건이 변동할 때 각국은 얼마만큼의 수출과 수입을 하려고 하는가― 를 곡선으로 도식화하였으며 이를 「오퍼곡선」(offer curve) 또는 「Marshall 곡선」이라고 한다.

[그림 2-11]에서 A상품을 수출하고 B상품을 수입하는 I국의 offer곡선은 곡선OI으로 나타나고 있다. 교역조건이 O_a일 때 I국은 무역이익을 얻지 못하므로 무역을 하려고 하지 않으며 다라서 이 경우는 원점이다. 교역조건이 O_b, O_e……로 유리해짐에 따라서 수출입량은 증가한다. 교역조건이 유리해지면 일정량의 수출에 의해 보다 많은 수입을 얻을 수 있기 때문에, I국의 무역의향을 나타내는 점의 궤적은 그림의 OI와 같이 아래로 향해 볼록한 꼴이 된다.

무역은 한쪽 나라만의 의향으로 결정되는 것이 아니며 상대국인 Ⅱ국에 대해서도 오퍼곡선을 구할 필요가 있다. 이 경우 Ⅱ국에서는 B상품이 수출되고 A상품이 수입되므로 오퍼곡선은 아래쪽으로 오목하게 될 것이다. [그림 2-12]의 곡선OII가 그것이다. 양국의 의향을 동시에 만족시키는 것은 두 개의 오퍼곡선의 교점 P외에는 없다. 왜냐하면 P를 지나는 교역조건 O_a에서만 두 상품의 수요와 공급이 일치하며 교역수지의 균형이 이루어지기 때문이다. 즉 I국의 수출하고자 하는 A상품은 OD인 바, 이는 Ⅱ국이 바라는 수입량이며, 또 Ⅱ국이 수출하고자 하는 B상품은 PD인바, 이는 I국이 바라는 수입량인 것이다. 또 각국의 수출은 교역조건 O_a로 환산하면 각각의 수입과 같게 된다.

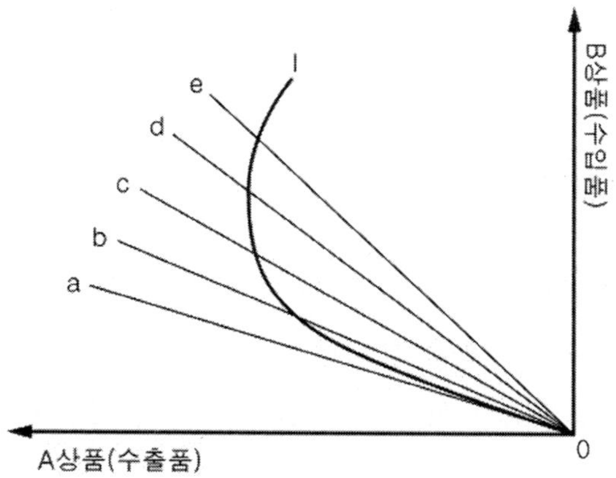

[그림 2-11] offer곡선

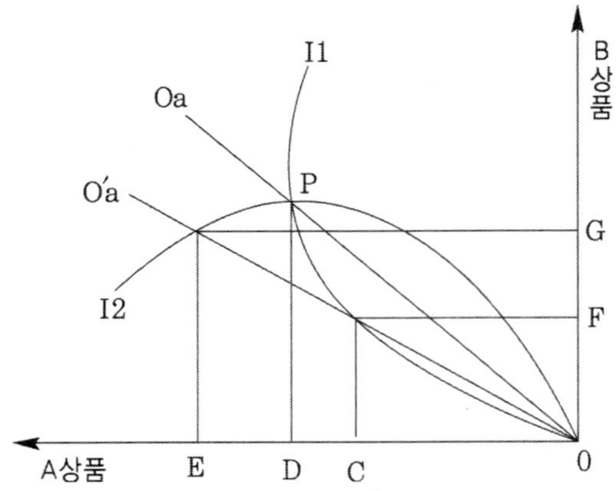

[그림 2-12] 교역조건의 결정

그런데 교역조건이 O_a' 인 경우에는 수요공급은 일치하지 않고 무역수지도 균형되지 않는다. 즉 A상품에 관해서 보면 I국의 수출공급량은 OC인데 Ⅱ국의 수입수요량은 OE이기 때문에 EC의 초과수요가 발생한다. B상품에서는 Ⅱ국의 수출공급량은 OG이나 I국의 수입수요량은 OF이므로 FG의 초과공급이 발생한다. 이처럼 상품마다 수급이 불균형하게 되면 교역조건이 변하게 된다. 즉 초과수요가 발생한 A상품가격은 상승하고 초과공급이 발생한 B상품가격은 하락하기 때문에 교역조건은 O_a쪽으로 움직인다. 교역조건이 O_a의 위쪽에 있는 경우에도 각 상품의 수급의 불일치가 교역조건을 O_a쪽으로 움직이게 한다.

이렇게 해서 결국 O_a로 낙착되며 이것이 균형교역조건이다. 교역조건은 O_a의 기울기에 의해 나타낼 수 있으며 이 기울기가 작을수록 교환비율은 I국에 불리해지고 Ⅱ국에 유리해진다.[5)]

6. 왈라스의 일반균형이론

(1) 폐쇄경제하의 일반균형

왈라스의 국제교역에 대한 일반균형이론은 먼저 폐쇄경제에 있어서 일반균형이론을 정리하는 것에서 시작한다. 일반균형이란 재화의 수요공급이 일치하는 상태에서 시장은 균형을 이룬다는 논리에서 시작한다. 즉, 재화의 공급은 재화의 생산량과 재

---

5) 지금까지 논의된 모든 신고전학파의 이론을 왈라스의 일반균형이론으로 설명할 수 있다. 부록 1.3 왈라스의 관점에서 본 국제무역을 참조하라.

화의 공급가격에 의해서 결정되고 재화의 소비량은 재화의 소비량과 소비가격에 의해서 결정되며 두 재화의 수요와 공급은 시장경제에 있어서 언제나 일치한다는 논리에 바탕을 두고 있다. 그러므로 두 재화의 경우에는 두 재화의 가격과 두 재화의 생산량은 두 재화의 가격과 두 재화의 소비량과 언제나 일치한다.

여기서 폐쇄경제를 상정했으므로 2국 2재의 모형에서 1국 2재 모형을 가정한다. 따라서 일국에 있어서 생산되는 두 재화는 판매자 가격과 소비자 가격이 일치하는 지점에서 교역이 이뤄진다. 따라서 두 재화의 공급가격과 소비가격은 일치한다고 가정한다. 이러한 논리는 다음과 같이 정리할 수 있다.

$$P_C{}^S C^S + P_W{}^S W^S = P_C{}^D C^D + P_W{}^D W^D \qquad (3.1)$$

여기서 각 재화의 공급은 노동과 자본의 투입량과 투입비용에 의해서 결정된다. 즉, C재와 W재의 판매가격은 다음과 같다.

$$P_L{}^C L^C + P_K{}^C K^C = P_C{}^S C^S \qquad (3.2)$$

$$P_L{}^W L^W + P_K{}^W K^W = P_W{}^S W^S \qquad (3.3)$$

위의 식을 합하고 양 산업에 투입된 요소의 가격은 동일하다고 가정하면 $P_L{}^C = P_L{}^W = P_L$ 이고 $P_K{}^C = P_K{}^C = P_K$이 되어 다음과 같은 소득방정식이 주어진다.

$$P_C{}^S C^S + P_W{}^S W^S = P_L(L^C + L^W) + P_K(K^C + K^W) = Y \qquad (3.4)$$

주어진 소득식에 의해서 소비가 결정된다. 즉, 노동과 자본을 투입한 생산 활동을 통해서 생산된 재화를 판매하여 얻게 된 판매수익은 노동과 자본의 소득으로 분배되고 이렇게 분배된 소득은 다시 판매된 재화를 소비하는 데 사용된다. 이때 소비가격은 판매가격($P_C{}^S = P_C{}^D$, $P_W{}^S = P_W{}^D$)과 일치한다. 즉, 생산자가 바로 소비자인 것이다.

$$P_C C^S + P_W W^S = Y = P_C C^D + P_C W^D \qquad (3.5)$$

이와 같은 과정을 거치셔 식(3.1)에서 제시된 총공급은 총수요와 일치가 증명된다. 따라서 식(3.1)은 폐쇄경제하의 일반균형식이라고 한다. 식(3.1)을 다시 정리하면 $P_C{}^S(C^S - C^D) = P_W{}^D(W^D - W^S)$가 되어 균형이 성립하기 위하여 양 재화의 수요와 공급이 일치하여야 한다($C^S - C^D = 0$, $W^D - W^S = 0$).

(2) 개방경제하의 일반균형

이제 개방경제하의 일반균형을 살펴보자. 개방경제하의 일반균형은 개방을 통하여 양 국가가 자립자족 상태에서 수요하던 재화의 자국가격이 양 국가의 교역을 통하여 일치하게 된다. 물론, 두 재화의 가격은 각각 낮은 수요가격을 향해서 이동한다. 그리고 높은 판매가격을 향해서 이동한다. 이러한 이동의 방향을 결정하는 것을 교역방향의 결정이라고 한다. 개방경제를 가정하고 있으므로 양 국가의 수요공급식을 다음과 같이 표시할 수 있다.

$$P_C^E C_E^S + P_W^E W_E^S = P_C^E C_E^D + P_W^E W_E^D \tag{3.6}$$

$$P_C^P C_P^S + P_W^P W_P^S = P_C^P C_P^D + P_W^P W_P^D \tag{3.7}$$

국제교역을 통해서 양 국가의 재화가격이 일치한다면 이젠 $P_C^E = P_C^P$와 $P_W^E = P_W^P$가 되고 따라서 양 국가의 수요공급식은 다음과 같이 변한다.

$$P_C C_E^S + P_W W_E^S = P_C C_E^D + P_W W_E^D \tag{3.8}$$

$$P_C C_P^S + P_W W_P^S = P_C C_P^D + P_W W_P^D \tag{3.9}$$

식 (3.8)과 (3.9)를 합하면 개방경제하에서 결정된 가격에서 세계의 총생산량과 총소비량이 결정된다. 즉, 다음과 같이 식(3.10)을 전개할 수 있다.

$$P_C(C_E^S + C_P^S) + P_W(W_E^S + W_P^S) = P_C(C_E^D + C_P^D) + P_W(W_E^D + W_P^D) \tag{3.10}$$

세계의 총생산량과 총소비량은 일치한다. 여기서 염두에 두어야 할 것은 자급자족의 상태에 비해서 세계의 총생산량과 총소비량은 증가하였다는 것이다. 동일 재화를 한 묶음으로 묶으면 식(3.10)은 다음과 같이 변형된다.

$$P_C[(C_E^S - C_E^D) - (C_P^D - C_P^S)] - P_W[(W_E^D - W_E^S) - (W_P^S - W_P^D)] = 0 \tag{3.11}$$

이 조건이 성립하기 위하여 C재에 대한 영국의 초과공급은 포르투갈의 초과수요와 일치$[(C_E^S - C_E^D) = (C_P^D - C_P^S)]$하여야 하고 W재에 대한 영국의 초과수요는 포르투갈의 초과공급과 일치$[(W_E^D - W_E^S) = (W_P^S - W_P^D)]$하여야 한다.

개방경제의 일반균형은 일국의 초과공급은 교역상대국의 초과수요와 일치한다는 것을 의미한다. 이 식을 다시 변형하면 다음의 식(3.12)을 얻을 수 있다.

$$[P_C(C_E^S - C_E^D) - P_W(W_E^D - W_E^S)] - [P_C(C_P^D - C_P^S) - P_W(W_P^S - W_P^D)] = 0 \quad (3.12)$$

그러므로 균형이 되기 위한 조건은 $P_C(C_E^S - C_E^D) - P_W(W_E^D - W_E^S) = 0$ 와 $P_C(C_P^D - C_P^S) - P_W(W_P^S - W_P^D) = 0$이어야 한다. 이 조건이 충족된다면 국제교역의 성립조건은 다음과 같다. $P_C/P_W = (W_E^D - W_E^S)/(C_E^S - C_E^D)$ 즉, C재와 W재에 대한 상대가격이 E국의 C재에 대한 초과공급 즉, 수출공급에 대한 W재의 초과수요 즉, 수입수요에 대한 비율과 같아야 한다. 마찬가지로 P국에 있어서 $P_C/P_W = (W_P^S - W_P^D)/(C_P^D - C_P^S)$ 즉, C재와 W재에 대한 상대가격이 P국의 C재에 대한 초과수요 즉, 수입수요에 대한 W재의 초과공급 즉, 수출공급에 대한 비율과 같아야 한다.

왈라스의 일반균형모형을 에지워드 박스에서 살펴보면 다음과 같은 [그림 2-13]를 도출할 수 있다. 일국은 수출재화를 생산한다고 하더라도 상대국의 수입수요로 인해 높아진 가격에서도 국내수요가 존재하므로 생산업자는 높아진 가격으로 국내수요와 해외의 수입수요를 충족시키는 재화를 생산한다. 그리고 해외의 생산업자는 비록 해외의 수출업자로 인해서 국내의 가격이 낮아져도 그 가격에 재화를 제공할 수 있는 생산업자는 수입품을 국내 생산한다. 따라서 한 재화는 세 가지의 영역으로 나누어질 수 있다. 즉, 수출재의 국내수요를 충족시키는 생산, 수출재의 해외수요를 충족시키는 생산 그리고 수출재의 수입가격에 맞추어서 수입국에서 수요를 감당할 수 있는 수입국의 생산이다. 2국 2재 모형을 가정하므로 왈라스 정리의 에지워드 박스는 다음의 [그림 2-13]에서 표현된 것과 같이 $3 \times 3 = 9$개의 영역으로 나뉜다.

(3) 부분균형분석의 틀과 왈라스의 정리로 교역의 효과

[그림 2-13]의 A 점은 양 국가의 특화점이며 E점은 양 국가의 소비점이다. 즉, E국은 C 재를 0a에서 생산해서 0b에서 국내 소비하고 ba만큼을 수출한다. P국은 C재를 ba만큼 수입하고 ac만큼을 국내에서 자체 생산하여 소비한다. 마찬가지로 P국은 W재를 0e만큼 생산해서 0d를 국내 소비하고 de만큼 수출한다. E국은 W재를 de만큼 수입하고 국내 소비를 위해 필요한 나머지 ec만큼은 국내 생산으로 충당한다.

이때 양 국가가 경험하는 교역조건은 두 재화의 국제상대가격이다. 이 교역조건을 나타내는 선은 A와 E를 직선으로 지나가는 선이다. 이 선의 기울기가 국제상대가격이 된다. 이 선을 A점의 위치에서 보면 두 재화의 한계이전율이며 이 이전율은 양 국가에서 동일하다. 그리고 E점의 위상에서 보면 두 재화의 한계대체율이 되며 이것은 양 국가에서 동일하다. 즉, 두 재화의 국제상대가격은 또한 양 국가의 한계이전율임과 동시에 한계대체율이 된다. 국제교역시장의 조건이 완전하다는 전제하에서 국제교역은 국제상대가격의 조건에서 양 국가의 한계이전율과 한계대체율을 동시에 일치시킨다.

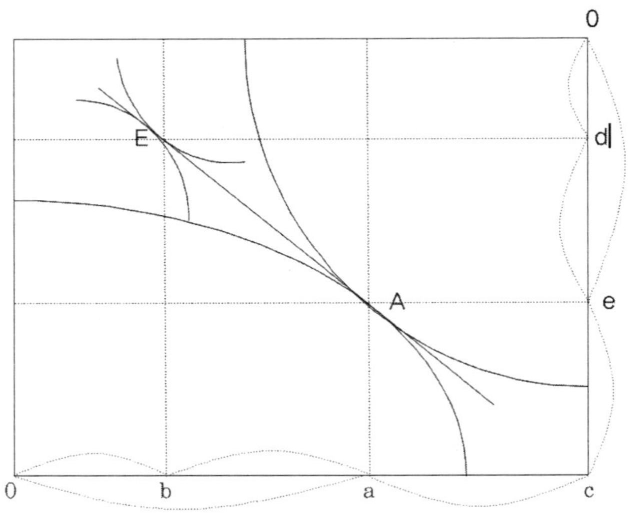

[그림 2-13] 왈라스 일반균형의 에지워드 박스

제4절 헥셔-오린이론

1. 서론

David Ricardo는 무역이 발생하게 되는 원인이 비교생산비차(혹은 비교우위)때문이라고 설명하였으나 비교생산비차가 발생하는 원인이 무엇인가에 대한 이론적 설명은 없었다. 즉 앞서 본 David Ricardo의 예에서 영국이 왜 옷감에 비교우위를 갖게 되는가에 대해서는 충분히 설명되지 않고, 다만 그것을 기후차이라는 막연한 이유만에 돌리고 있는 것이다. G. Hecksher와 B. Ohlin은 David Ricardo이론의 이 같은 불완전성을 보완하여, 비교우위가 결정되는 원인은 국가 간의 생산요소의 상대적 부존량(요소부존비율)의 차이 때문이라고 하였다. 즉 국가 간의 요소부존비율의 차이가 있고, 또 한편 상품 간에 요소집약도의 차이가 존재하기 때문에 「각국은 자국에 풍부하게 존재하는 요소를 집약적으로 사용하는 상품에 비교우위를 갖는다」는 것이다. 따라서 노동이 상대적으로 풍부한 국가는 노동집약적인 상품을 수출하고 자본이 상대적으로 풍부한 국가는 자본집약적인 상품을 수출한다는 결론에 도달하게 된다. 이를 「헥셔-올린이론」라 한다.

H-O이론은 두 개의 명제로 구성되어 있다. 하나는 앞서 본 무역의 발생원인에 관한 것으로 「요소부존비율이론」(factor endowment theory)이라고 불리 우며, 다른 하나는 무역이 이루어짐에 따라 발생되는 효과에 관한 것으로 「요소가격균등화명제」(factor-price equalization theorem)라고 불리 운다.

일반적으로 H-O이론이라고 할 때에는 제1명제인 요소부존비율이론을 가리킨다. 제2명제인 요소가격균등화명제는 후에 Samuelson이 H-O이론을 연구하는 과정에서 명확하게 되었다. 본래 H-O이론에서의 제2명제는 「무역이 이루어지면 각국의 생산요소가격은 어느 정도 균등화되는 방향으로 변한다」는 내용으로 되어 있다. 이는 정확하게 말하면 「생산요소가격의 불완전한 균등화 경향」에 관한 명제라고 할 수 있다. Samuelson은 이 명제를 이론적으로 규명한 결과, 무역이 생산요소 가격의 국가간 격차를 완전히 소멸시킨다는 「완전균등화」명제를 이끌어 냈다. 그래서 H-O이론은 Samuelson의 규명과 함께 「Hecksher-Ohlin-Samuelson이론」이란 표현을 써서 그 속에 요소부존비율이론과 요소가격균등화명제를 포함시키고 있다.

H-O이론이 갖는 의의는, (1) 비교우위의 결정요인을 분명히 밝혔으며, (2) David Ricardo이론이 노동이라는 단일생산요소를 가정하고 있는데 반해 노동과 자본의 2요소모델을 도입함으로써, 생산요소들 간의 소득배분과 산업 간의 생산요소배분과 같은 중요한 문제를 다룰 수 있게 되었으며, (3) David Ricardo이론에서는 기후, 지하자원과 같은 「특별한」 요소만을 중요시 하였으나 G. Hecksher와 B. Ohlin은 기후, 지하자원의 중요성은 인정하나 비록 이들 요인에 차이가 없더라도 비교생산비의 차이가 생길 수 있는 원인으로서 노동, 자본, 토지 등의 「일반적」 생산요소를 지적했다는 점에서 중요한 의의를 가지며, (4) David Ricardo이론과 더불어 무역이론의 두 기둥으로 되어 있으며 2차 세계대전 후 순수무역이론에 관한 논문은 거의 이 H-O이론의 골격을 채택하고 있다는 점을 들 수 있다.

2. 헥셔-올린이론의 내용

H-O이론은 비교생산비의 결정원인을 밝히는 요소부존비율이론과 무역에 의해 무역당사국의 생산비요소가격이 균등하게 된다는 요소가격균등화명제의 두 개의 명제

로 구성되어 있다.

1) 요소부존비율이론

무역이 발생하기 전 각국의 상품가격에 차이를 발생시키는 원인, 즉 비교우위의 결정원인에 있어서 공급측면에서 주요 원인은 다음 세 가지를 들 수 있다.

1. 자연자원의 존재량과 기후조건의 차이
2. 기술의 차이
3. 노동·자본·토지 등의 기본 생산요소의 존재량(=부존량=factor endowments)의 차이

G. Hecksher와 B. Ohlin은 이 세 가지 생산 요인 중 종래에는 그다지 주목하지 않고 있었던 (3)을 무역의 기초로서 중시하였다. (1), (2)가 매우 중요하기는 하지만 이들이 존재하지 않더라도 비교우위를 발생시키는 원인으로서 (3)이 있을 수 있다는 것을 지적했다는 점에 H-O이론의 중요한 의의가 있다.

이외에도 무역전 국가 간에 상품가격 차이를 발생시키는 공급측면의 요인으로서 (4) 규모에 관한 수확체증 혹은 체감의 존재, 그리고 (5) 수요측면의 요인으로서 사람들의 기호(taste)의 차이를 들 수 있다.

이상의 요인들 중에서 G. Hecksher와 B. Ohlin은 (3)의 기본적 생산요소의 부존량에 착안하여 다음과 같이 논하고 있다.

첫째, 각국의 기본적 생산요소의 부존량이 다르다. 즉 어떤 나라에서는 노동이 풍부하여 자금이 싸고, 다른 나라에서는 자본이 풍부하여 이자율이 낮다. 또 다른 나라에서는 토지가 풍부하기 때문에 지대가 낮다(국가 간의 요소부존비율의 차이).

둘째, 상품마다 그 한 단위의 생산에 필요한 기본적 생산요소의 량이 다르다. 즉 어떤 종류의 상품은 노동을 많이 필요로 하여 「노동집약적」(labor-intensive)이고, 다른 상품은 「자본집약적」(capital-intensive)이다(상품간의 요소집약도의 차이).

셋째, 그 결과 노동이 풍부한 나라에서는 노동집약적인 상품이 낮은 생산비로 생산되어 다른 나라에 수출된다. 한편 자본이 풍부한 나라는 자본집약적인 상품을 수출하게 된다. 즉 각국은 자국에 풍부한 생산요소를 많이 사용하는 상품을 수출하고, 희소한 생산요소를 많이 사용하는 상품을 수입한다(상품상대가격의 국별차이(비교생산비차) → 무역의 발생원인).

이와 같이 H-O이론은 기본적 생산요소의 부존량과 무역패턴의 관계를 밝혔다.

2) 요소가격균등화명제

H-O이론의 또 하나의 주요내용은 무역이 자유롭게 이루어진다면 노동과 자본 등의 요소가격은 국제적으로 균등화하는 경향이 있다는 것이다. 이것을 H-O이론의 제2명제라고 하며, 이는 Samuelson이 H-O이론을 검토하는 과정에서 도출되었다.

무역이 행해질 때, 일국은 자국에서 상대적으로 풍부한 생산요소를 많이 사용하는 상품을 수출하게 되므로 그 생산요소에 대한 수요가 증가하며, 이에 따라 그 생산요소의 가격이 상승하게 된다. 한편 그 나라는 상대적으로 희소한 생산요소를 집약적으로 사용하는 상품을 수입하게 되므로, 그 생산요소에 대한 수요가 감소하며, 따라서 그 생산요소의 가격은 하락하게 된다.

예컨대 어떤 나라에서는 그 무역상대국에 비해 노동이 풍부하고 자본이 희소하다고 하자. 무역이 발생하기 전에는 그 나라의 자금이 낮고 이자율, 이윤율이 높을 것이다. 따라서 노동집약재인 섬유제품 등의 가격은 낮고 자본집약재인 화학제품 등의 가격은 높을 것이다. 이 경우에 무역이 이루어지면, 이 나라로부터는 노동집약적인 상품이 수출되고 자본집약적인 상품이 수입된다. 그 결과 노동에 대한 수요가 증가하여 입금은 상승한다. 한편 수입의 증가와 더불어 자본집약적인 상품의 국내생산이 감소함에 따라 자본에 대한 수요가 감소하여 이자율, 이윤율은 하락한다.

무역상대국에서는 그 반대의 과정에 의해 자금이 하락하고 이자율, 이윤율은 상승할 것이다. 이와 같이 비록 생산요소가 국제적으로 이동하지 않더라도 국제무역의 결과 각국 간의 생산요소가격 차이가 무역전과 비교하여 어느 정도 균등화되는 경향이 있다는 것이 수요가격균등화명제의 내용이다.

이와 같은 H-O이론의 제2명제는 엄격히 말해서 「생산요소가격의 불완전균등화」이다. Samuelson은 이 점에 대한 분석을 더욱 진척시켜, 무역은 단지 각 생산요소의 가격을 국제적으로 균등화하는 방향으로 변화시킬 뿐 아니라, 생산요소의 국제간 격차를 완전히 소멸시킨다고 하는 「완전균등화의 명제」를 이끌어 내었다.

이와 같이 무역을 통해 요소가격의 국제균등화가 이루어지게 된다면, 국제간의 생산요소의 이동이 전연 없더라도 각 생산요소의 한계생산성은 모든 나라에서 동일하게 된다. 생산요소의 한계생산성이 균등화된다고 하는 것은 자원이 보다 효율적으로 이용된다는 것을 의미하는 것이므로, 자유무역은 무역당사국 전체의 자원의 최적배분을 실현한다고 하는 중요한 결론을 얻게 된다.

3. 레온티에프 역설

1) 내용

요소부존도의 차이가 비교우위를 결정한다는 H-O이론이 현실의 국제 무역 현상과 일치하는지의 여부에 대한 실증적 검증이 W. Leontief에 의해 최초로 행해진 바, 그 결과 H-O이론과는 반대되는 현상을 발견하게 되었는데 이를 「레온티에프역설」(Leontief Paradox)이라 한다.

Leontief는 200개 산업을 포함하는 투입·산출표와 1947년의 무역통계를 이용하여 미국의 수출산업과 수입경쟁 산업의 자본/노동비율을 계산하였다. 그 결과는 수입경쟁재의 자본집약도가 수출상품보다 약 1.3배 높게 나타났다. 이는 미국이 여타 국가들보다 자본이 풍부하다는 점을 고려할 때, H-O이론과는 반대되는 결과이다. 즉 자본이 상대적으로 풍부한 국가가 자본집약적인 재화를 수입하고 노동집약적인 재화를 수출하는 결과로 나타난 것이다.

2) 역설에 대한 논의의 두 방향

Leontief의 검증결과가 발표되자 이에 대한 많은 논의가 전개되었다. 국제경제학뿐만 아니라 경제학 전반에 걸쳐서 Leontief역설만큼 실증적 연구가 매우 중요한 기본이론의 이론적 의의에 대해 큰 파문을 던진 사례는 찾아보기 힘들다.

이 역설에 대한 논의는 두 가지 방향으로 나타났는데, 하나는 Leontief의 검증결과가 H-O이론과는 반대되는 것으로 나타났지만 그 결과를 엄밀히 분석해 볼 대 결국 H-O이론과 부합된다는 것이고, 다른 하나는 이 검증결과는 H-O이론이 현실적 적합성을 가지고 있지 않음을 말해 주는 것이라고 보고 이를 해결하기 위해 기술혁신 등을 반영하는 새로운 동태적 이론들을 제시하는 움직임이 그것이다.

3) 레온티에프역설에 대한 비판

Leontief의 검증결과에도 불구하고 H-O의 요소부존이론이 타당하다고 주장하는 학자들은 검증결과와 동이론간에 불일치가 발생하게 된 이유를 다음 네 가지로 제시하고 있다.

첫째, Leontief가 검증대상으로 했던 1947년도는 평상시와는 여건이 매우 다른 2차 세계대전 직후이기 때문에 조사대상년도로서 적합하지 않다는 점이다.

둘째, Leontief는 상품을 자본집약재와 노동집약재로만 분류하고 자연자원 집약재를 제외한 것은 타당하지 않다는 점이다. 즉 미국은 자원집약재를 많이 수입하는데 이 자원집약재는 자본집약적인 방법에 의해서 생산된다. 예를 들면 미국이 외국에서 수입하는 석유는 자본집약적으로 생산된다.

셋째, 미국의 관세정책이 Leontief의 연구가 편향된 결과로 나타나게 한 또 하나의 요인이라는 점이다. 관세는 수입품에 부과되는 세금이므로 수입을 감소시키고 수입대체품의 국내생산을 증가시키게 된다. 1654년에 행해진 Travis의 연구에 의하면 미국은 노동집약재 수입에 가장 높은 관세를 부과하고 있었다. 노동집약재에 대한 이같이 높은 관세부과로 인해 미국의 수입대체품의 노동집약도가 감소되었으며 이에 따라 Leontief역설이 발생하게 된 한 요인이 되었다는 것이다.

넷째, Leontief 검증결과가 현실과 다르게 나타나게 된 가장 중요한 요인은 그가 자본을 측정함에 있어 실물자본(기계, 장비, 건물 등)만 포함시키고 인적 자본(human capital)은 완전히 무시했다는 점이다. 인적 자본은 교육, 직업훈련, 건강 등에 대한 비용지출을 말하며 이는 노동의 생산성을 증가시킨다. 미국의 노동자들에게는 외국보다 많은 인적 자본이 포함되어 있기 때문에 실물자본에 인적 자본을 합하게 되면 분명히 미국의 수출품이 수입대체품에 비해 더 자본집약적으로 될 것이다(인적 자본에 대한 분석이 완전히 발전되어 보편화된 것은 1961년 이후이다).

4) 레온티에프역설의 의의

Leontief역설에 대한 논쟁의 현재의 상황은, Leontief의 검증결과만으로 H-O이론의 현실적 타당성을 부정할 수는 없다고 보며, 미국은 H-O이론에서와 같이 자본집약재를 수출하고 노동집약재를 수입하는 것으로 이해되고 있다.

그러나 H-O이론에 대한 검증은 아직 완결되지 않은 상태이며, 특히 미국 외의 국가들에 관한 검증결과들이 더 많이 나와 줄 것을 기대하고 있다. 풍부한 검증결과는 H-O이론의 재해석과 확장을 위해 끊임없는 자극제의 구실을 할 것이기 때문이다.

Leontief역설의 가장 큰 공적은 이를 계기로 많은 학자들이 H-O이론 자체의 한계점을 분명히 인식하게 됨에 따라 새로운 무역원리를 모색코자하는 움직임이 활발해지게 되었다는 점이다.

4. 헥셔-올린이론의 한계점

H-O이론은 그 이론전개에 있어서 여러 가정들을 전제로 하고 있다. 만일 이들 가

정들이 현실적으로 적합성이 없다면 H-O이론이 국제무역의 원리를 설명해 주는 이론이라고 볼 수 없게 된다.

H-O이론에서 특히 문제가 되는 가정으로서는, (1) 완전경쟁이 이루어지고 있다. 즉, 독점·과점이 존재하지 않는다. (2) 기술수준은 변동이 없으며 따라서 각국마다 생산함수가 동일하다. (3) 생산요소가 국가 간에 전연 이동하지 않는다는 세 가지를 들 수 있다.

그러나 위의 세 가정은 현실과는 동떨어진 것이다. 즉 첫째로, 현실적으로는 완전경쟁이 아니라 독점이나 과점이 존재하며, 둘째로, 오늘날 기술혁신이 눈부시게 일어나고 있으며 또 생산함수도 국가마다 다르고, 셋째로, 생산요소가 국제적으로 이동하고 있다.

독과점업체에 의한 대량생산은 규모의 경제를 초래하며 또 이들 업체에 의해 제품차별화(product differentiation)가 일어나고 있는바, 이런 경우에는 양국의 요소부존도가 비슷할 경우에도 무역이 발생할 수 있는 것이다. 또 기술혁신이 일어나거나 생산함수가 국가마다 다를 경우에도 요소부존도에 관계없이 양국 모두에 이익을 주는 무역이 발생할 수 있으며, 국제간의 생산요소의 이동성 역시 무역패턴에 영향을 미치는 것이다.

이와 같이 H-O이론이 취하고 있는 위의 세 가정은 현실과 맞지 않으며, 이들 세 가정을 버리게 되면 비교우위가 요소부존비율의 차이로 인해 발생한다는 H-O이론의 결론은 성립하지 않게 되는 것 이다.

그러면 H-O이론은 더 이상 국제무역에 대한 설명력을 갖지 못한다고 볼 수 있는가? 확실히, H-O이론은 무역에 대한 「근본적인」(fundamental) 설명력을 상실했다고 볼 수 있다. 다시 말해 H-O이론은 모든 국제무역 현상에 대해 그 원리를 포괄적으로 설명할 수는 없다.

H-O이론은 널리 알려져 표준화된 기술로써 생산되는 비차별적인(non-differentiated)상품의 무역에 대해서는 훌륭한 설명력을 갖고 있다. 이 같은 상품은 개발도상국들이 수출하는 농산물 등 1차산품(천연자원재, 식료품)과 단순공업제품들이며, 개도국들에서의 생산능력은 요소부존도와 밀접한 관계를 갖고 있다.

그러나 H-O이론은 오늘날 세계무역의 대부분을 점하고 있는 공업국들 간의 공산품 무역을 설명하지는 못한다. 이들 상품의 무역이 발생하게 되는 원인은 요소부존도 차이에 있는 것이 아니라 기술격차, 규모의 경제, 상품차별화, 요소의 이동인 것이다. 즉 H-O이론은 각국의 비교우위 여부가 요소부존도 차이에 의해 결정된다고 보았던 것이나, 실제로 오늘날 국제무역의 대종을 이루는 선진국무역에서 결정적인 영향을 미치고 있는 것은 위에서 든 항목들이다.

H-O이론은 국제적 특화가 이익이 된다는 것을 설명해주는 보다 근본적인 이론인 비교우위이론에 대한 '하나의' 주장일 뿐이다(only 'one' statement of the more fundamental theory of comparative advantage). 따라서 「비교우위론」은 위에서 본 최근의 무역양상과 H-O이론을 통합하여 「일국의 비교우위를 결정하는 요인은 요소부존도, 규모의 경제, 기술격차, 상품차별화, 생산요소의 이동이다」로 다시 기술할 필요가 있다. H-O의 요소부존이론이 비교우위에 대한 포괄적인 설명력을 갖지 못함에 따라 경제학자들은 최근 새로운 무역이론들을 제시하게 되었다.

5. 헥셔-올린이론의 그 후의 보완

H-O이론에 대해 그 후의 학자들이 보완 및 확충한 것으로는 다음 세 가지를 들 수 있다. 첫째는 Stolper와 Samuelson이 H-O이론을 관세가 소득분배에 미치는 효과에 적용시킨 「Stolper-Samuelson정리」(1941년), 둘째로 무역의 결과로 국가 간의 요소가격차이가 균등화되는 경향이 있다는 H-O이론의 제2명제를 더욱 발전시킨 Samuelson의 「요소가격균등화정리」(1949년), 셋째는 H-O이론의 제1명제인 「요소부존비율이론」을 실증적으로 검증한 「Leontief역설」(1953)이 그것이다. 위의 세 가지는 H-O이론의 기본틀 속에서 이를 보완 혹은 검증한 것이다.

그러나 H-O이론은 확장될 필요가 있다. 왜냐하면, H-O이론은 국제무역현상들에 대한 어떤 부분을 설명해 주지 못하기 때문이다. 특히 그 중에서도 공업국들간에서의 공산물무역을 해명해 주지 못한다. H-O이론의 기본모델로 해명되지 못하는 국제무역으로서는 (1) 산업내무역(intra-industry trade, 혹은 다르게 표현하면 차별화된 상품의 무역), (2) 규모의 경제(economics of scale)에 근거한 무역, (3) 기술격차와 제품사이클에 근거해서 발생하는 무역을 들 수 있다. 따라서 최근에 들어 이 같은 특수한 무역현상들을 설명하기 위한 새로운 이론들이 다수 등장하고 있다. 예컨대 대표적 수요이론, 기술격차설, 제품수명주기설 그리고 입수가능성이론 등이 그것이다.

제5절 현대무역이론

현대무역이론은 헥셔-오린 이론을 그 토대로 보완한 것이다. 헥셔-오린 이론은 동일한 상품에 대해서는 각국의 생산함수가 동일하고(각국의 기술수준이 동일하고), 또한 각국의 수요조건(기호)이 소득수준에 관계없이 비슷하고 따라서 양국의 무차별곡선이 동일하다고 가정하고 함)하고 있기 때문에 무역의 원리를 보다 포괄적으로 설명하는 현대무역이론에 있어서 헥셔-오린의 이론은 하나의 특수한 경우에 불과하다.

현대무역이론은 공급조건과 수요조건을 모두 고려한다. David Ricardo이론은 공급측면만 다루었고, J. S Mill은 수요측면만 다루었으며, G. Haberler 역시 공급측면만 다루었다. H-O이론은 공급과 수요의 두 측면을 모두 고려하고 있으나 양국의 수요조건이 동일하다고 가정하였다.

1. 현대무역이론

위에서 현대무역이론의 개요와 그 분석도구인 생산가능곡선 및 무차별곡선에 대해 살펴보았다. 이제 현대무역이론의 내용을 보자.

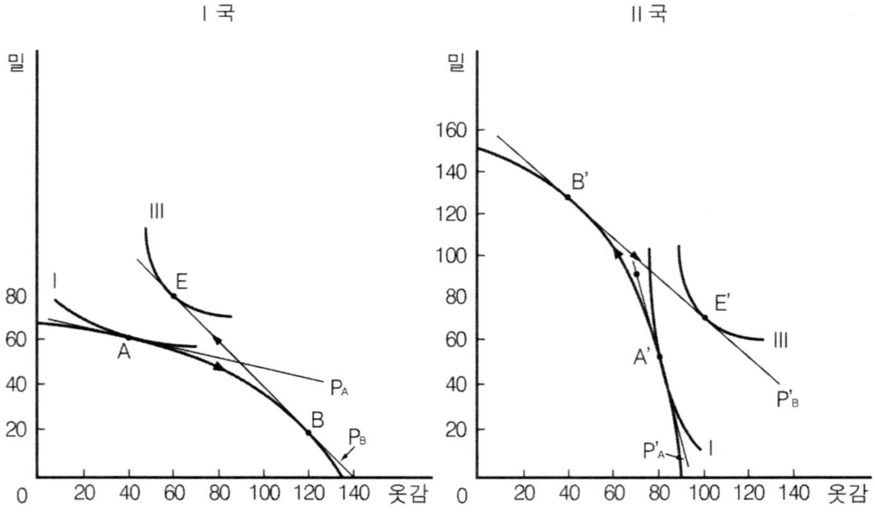

[그림 2-14] 현대무역론에서의 무역원리

설명의 편의를 위해 세계가 I, Ⅱ국의 두 나라로 구성되어 있고, 밀과 옷감의 두 상품만이 존재하며, 생산요소에는 노동과 자본만 있다고 하자. 그리고 I국은 자본에 비해 노동이 풍부하고 Ⅱ국은 자본이 상대적으로 풍부하며, 또 옷감은 노동집약재이고 밀은 자본집약재라고 하자.

이 때 양국의 생산가능곡선은 [그림 2-14]와 같이 나타난다. 무역이 발생하기 전에는 각국은 생산가능곡선이 가장 높은 무차별곡선에 도달하는 점, 즉 두 곡선의 접점에서 생산 및 소비한다. 이 때 두 곡선의 공통의 기울기는 무역전 각국에서의 두 상품의 상대가격을 나타낸다. 이 상대가격이 양국 간에 차이가 날 경우 양국 간에 유리한 무역이 발생할 수 있게 된다.

[그림 2-14]에서 무역전 I국은 A점(옷감 40단위, 밀 60단위)에서 생산 및 소비하고 있으며, 이 두 사품의 상대가격 즉 밀의가격 : 옷감가격 = 4 : 1로서 밀이 비싸다. Ⅱ국은 A'점(옷감 80단위, 밀 50단위)에서 생산 및 소비하며 그 상대가격 즉 밀의 가격 : 옷감가격 = 1 : 4로서 옷감이 비싸다. 무역전 양국 간에 두 상품의 상대가격에 차이가 있으므로 양국이 무역을 행하면 양국 모두 이익을 얻을 수 있다. I국은 Ⅱ국에 비해 옷감가격이 상대적으로 낮으므로 옷감에 비교우위를 가지며 Ⅱ국은 밀에 비교우위를 가지고 있다. 그러므로 양국은 자국의 비교우위재를 특화 생산하여 수출하고 비교열위재를 수입하면 양국모두 이익을 얻게 된다.

무역개시 후 두 상품의 상대가격이 옷감 : 밀= 1 : 1로 결정된다면,[6] I국은 생산을 A점에서 B점(옷감 120단위, 밀 20단위)으로 이동시킬 것이며, Ⅱ국은 A'점에서 B'점(옷감 40단위, 밀 130단위)으로 이동시킬 것이다.

그러면 무역 후 각국의 소비는 어디에서 이루어지는가? 그것은 무역후의 두 상품의 상대가격선(국제교환비율 혹은 교역조건)이 자국의 무차별곡선과 접하는 점에서 이루어진다. 왜냐하면 그 점이 각국에 대해 최대의 만족을 주는 점이기 때문이다. I국은 E점, Ⅱ국은 E'점에서 소비가 이루어진다. I국은 B점에서 옷감 120단위와 밀 20단위를 생산, 그 중 옷감 60단위를 수출하여 Ⅱ국의 식량 60단위와 교화(교환비율 1 : 1)함으로써 옷감 60단위와 식량 80단위를 소비할 수 있게 된 것이다. 한편 Ⅱ국은 B'에서 옷감 40단위와 밀 130단위를 생산, 그 중 밀 60단위를 수출하여 I국의 옷감 60단위와 교환함으로써 옷감 100단위와 밀 70단위를 소비(E'점)할 수 있게 된 것

6) 무역개시후의 이 상대가격은 옷감을 수출하는 I국의 입장에서 볼 때 무역전보다 옷감가격이 높아진 것이며 밀을 수출하는 Ⅱ국의 입장에서 볼 때 밀의 가격이 높아진 것이다. 무역후 두 상품의 상대가격이 정확하게 어떻게 결정되는지는 오퍼곡선에 의해 알 수 있다.

이다.

각국이 무역을 행함으로써 얻는 이익은 무역전과 무역후의 각국의 소비점을 비교하면 알 수 있다. I국은 옷감 20단위와 식량 20단위, II국 역시 옷감 20단위와 식량 20단위의 이익을 각각 얻게 되었다.

2. 무역에 관한 기술이론들

전통적인 무역이론에서는 기술수준이 변함없이 일정하다고 전제하고 있으며, 무역의 기초가 궁극적으로 노동생산성이나 생산요소의 부존도 차이에 기인한다고 보았다.

그러나 오늘날 기술의 발전은 세계무역에 매우 큰 영향을 미치고 있다. 즉 (1) 기술변화가 각국 간에 서로 다른 속도로 발생하고 있는데 이 기술변화로 인해 신제품이 등장하고 기존상품의 개선이 이루어지고 있으며, (2) 오늘날 기술변동의 영향을 받는 공산품이 세계수출의 약 60%를 차지하며 또 수출의 약 60%가 공산품으로 구성되어 있는 선진공업국들은 그 수출의 70% 이상을 다른 선진공업국들에게 수출하고 있다.

이와 같이 기술변화가 세계무역에 있어서의 비교우위의 방향과 무역패턴에 큰 영향을 주고 있다. 이에 따라 많은 학자들이 비교우위와 기술간에 강력한 관계가 있음을 주목하기 시작하여, 종전의 무역이론에서 간과되어 왔던 기술변화라는 동태적 요인을 반영하는 새로운 무역이론에서 간과되어 왔던 기술변화라는 동태적 요인을 반영하는 새로운 무역이론들을 제시하고 있다. 여기서는 무역에 있어서 기술의 중요성을 강조하는 이론들 중 대표적인 것으로 R&D이론, 기술격차설, 제품수명주기설에 대해 고찰하고자 한다.

1) R&D이론(연구·개발요소이론)

R&D이론은 연구·개발(research and development)활동이 무역의 방향을 결정하는 중요한 요소라고 보는 이론이다. 즉 신제품을 차례로 등장시켜 수출화하기 위해서는 R&D활동이 활발할 필요가 있다는 것이다. 여기서 R&D활동은 연구개발비의 지출과 R&D에 종사하는 인적요소의 두 가지로 구성된다고 보며, 그 측정은 상품 매출액에 대한 R&D비용의 비율과 총고용자수에 대한 R&D종사 과학자 및 기술자 수의 비율에 의하고 있다.

이 이론은 W. Gruber, D. Mehta, R. Vernon의 공동연구(1967년)와 D. Keesing의 독자적 연구(1967년)에 의해 수립되었다.

Gruber등의 공동연구에 의하면, 1962년 미구의 19개 산업 중 가장 강력한 연구개발활동을 행하고 있는 5개 산업(미국의 전체 R&D의 89.4%를 차지함)이 미국의 전체공산품수출의 72%를 점하고 있었다. 또한 연구 노력이 큰 산업일수록 신제품지향성이 큰 것으로 나타났다.

한편 D. Keesing은 수출과 높은 연구개발비지출, 그리고 수출과 높은 노동숙련도(과학자, 기술자의 높은 비중)간의 관계를 고찰하였다. 그 결과 연구노력이 가장 큰 상품그룹(컴퓨터, 전자, 핵에너지, 우주장비, 항공기)의 수출성향(내수와 수출을 합한 총판매액 중 수출이 점하는 비중으로 계산함)이 다른 산업들의 4배나 된다는 사실이 밝혀졌다. Keesing은 이와 같이 미국의 수출에서 기술요인이 매우 중요하다는 점을 지적했으며, 또한 미국의 기술상의 우위가 감소하거나 상실될 때 수출은 감소하거나 전연 이루어지지 않게 된다고 하였다.

Gruber 등의 공동연구와 Keesing의 연구를 종합해 보면, 미국이 비교우위를 가지는 상품은 요소부존도비율이론에서 말하는 노동집약적이거나 자본집약적인 것이 아니라 연구개발활동이 왕성하여 R&D집약적이고 또 고도기술을 요하는 상품이라는 것이다.

2) 기술격차론

M. V. Posner에 의해 주창된 기술격차론(technology gap theory)에 의하면 어떤 상품에 있어 기술혁신을 달성한 나라는 그 상품에 비교우위를 가지며, 타국이 그 생산기술을 모방할 때까지, 즉 타국과의 기술격차가 존재하는 기간 중에는 기술혁신국이 그 상품의 수출을 계속하게 된다고 한다.

그러나 기술혁신에 의한 수출독점은 계속될 수 없다. 다른 나라가 그 후 기술을 모방할 수 있게 되므로 기술격차는 해소되고 마침내는 모방국이 그 상품을 최초의 기술혁신국으로 역수출할 수 있게 된다.

1962~76년 기간 중의 전자계산기 무역은 기술격차의 중요성을 잘 설명해 주고 있다. 트랜지스터형 전자계산기는 1962년 미국에 의해 처음으로 개발되었으며 일본이 1964년에 이를 모방하였다.

이에 따라 미국의 전자계산기시장에서 양국의 경쟁이 시작되었는데, 미국시장에서의 일본의 점유율은 1967년의 17%를 시작으로 1971년에는 80%까지 이르렀다. 그러나 1971년 후부터는 떨어지기 시작하여 1974년에는 25%까지 내려갔다. 1975년부터 다시 상승하기 시작하여 1976년에는 40%에 이르렀다(연구는 1976년까지 행해짐).

경쟁적 우위가 이렇게 변동하게 된 것은 동제품에 대한 기술의 주도권이 변동했기 때문이다. 1962~66년 기간 중에는 미국의 기술이 우위에 있었다. 그러나 1967년에 일본의 Sharp사가 집적회로(IC)를 개발, 전자계산기의 부품수를 종전의 5,000개에서 1,000개미만으로 감소시켰다. 일본은 1969년에 이를 다시 57개로 감소시켰다. 그런데 1971년에는 미국의 Bowmar사가 단일칩(chip)계산기를 개발, 기술주도권을 되찾았다. 이에 따라 일본은 미국시장에서 큰 타격을 입게 되었다. 그러나 미국의 우위는 오래 계속되지 못했다. 1973년 일본 Sharp사에 의해 다시 기술혁신이 이루어져 부품수가 40개미만으로 감소되었기 때문이다. 이 혁신으로 일본의 시장점유율은 다시 상승하게 되었다.

3) 제품수명 사이클이론

제품수명 사이클이론(product-life 사이클 model)은 제품의 수명이 어떤 단계를 거치면서 변화해 간다는 제품수명주기(사이클)의 개념과 앞서의 R&D이론 및 기술격차론을 결합한 이론이며 R. Vernon(1966년)에 의해 주장되었다. 이 이론은 제품 사이클의 각 단계에 대응하여 국제무역패턴이 어떻게 변화해 가는가 — 다시 말해서 각 단계에서 제품의 생산 및 수출은 어떤 나라에 의해서 행해지는가를 밝히고 있다. 제품 사이클은 신제품의 도입기(생산이 서서히 증가하기 시작하는 기간), 성장기(생산이 급속하게 증가하는 기간), 성숙기(생산의 증가가 둔해지는 기간), 쇠퇴기(생산이 감소하는 기간)로 구분된다.

R. Vernon은 이 제품 사이클의 개념을 사용하여 미국의 공산품 수출패턴을 설명하고 있는데, 이 4단계 모델은 다음과 같다. 즉, (1) 미국이 어떤 신제품에 수출독점력을 갖는다. (2) 외국의 생산이 시작된다. (3) 외국에서 생산된 제품과 미국제품이 수출시장에서 경쟁하게 된다. (4) 미국은 마침내 그 상품을 수입하게 된다는 것이다.

요컨대 기술혁신에 의해 처음에는 수출이 이루어지게 되지만, 기술의 확산과 해외이전으로 인하여 마침내는 거꾸로 수입하기에 이른다는 것이다. [그림 2-15]와 [그림 2-16]은 국제무역의 제품 사이클모델을 기술혁신국과 모방국에 대해 각각 나타내고 있다.

[그림 2-15]에서, 혁신국은 O시점에서 신제품을 생산하기 시작하며 생산이 소비를 초과하게 되는 A시점부터 수출을 시작한다. 그러나 B시점부터는 외국에서도 생산이

이루어지므로 기술혁신국의 수출은 경쟁에 직면하기 시작한다. 다라서 혁신국에서는 생산액에서 점하는 수출의 비중이 감소하기 시작한다. 혁신국의 수출은 C시점에서 끝나게 되고 그 후부터는 오히려 이 제품을 외국으로부터 수입하기 시작한다.

[그림 2-16]에서, 기술모방국은 A'시점에서 혁신국으로부터 신제품을 수입하기 시작한다. 모방국이 선진국이면 A'시점은 [그림 2-15]의 A시점과 거의 일치하며, 개발도상국은 그보다 늦을 것이다. 모방국에서의 국내생산은 국내시장이 충분한 규모로 커지고 비용조건면에서 수입보다 생산이 유리하게 되는 B'시점에서 시작된다. 모방국이 선진국이면 B'시점이 B시점과 일치할 것이며, 개발도상국은 그보다 늦을 것이다. 국내생산으로 가격이 싸지고 판매촉진활동이 보다 강화되므로 소비는 더욱 빠른 속도로 증가하게 된다. 모방국은 생산이 소비를 초과하기 시작하는 C'시점에서 수출을 시작하게 되는데, 처음에는 제3국에 그 후에는 최초의 기술혁신국에 수출하게 된다. 그러므로 C'시점은 C시점보다 시간적으로 빨리 오게 된다.

제품 사이클의 각 단계별 특징을 공급측면에서의 요소요건과 수요측면에서의 시장요건에 관해 살펴보자. (1) 신제품의 도입기에는 과학자, 기술자, 숙련노동자에 주로 의존하므로 생산이 기술집약적이며, 한편 이 시기에는 신제품에 대한 대체품이 없으므로 수요의 가격탄력성이 작다. (2) 성장기에는 대량생산이 이루어지므로 요소투입은 숙련노동에서 반숙련노동으로 또 노동집약적인 것에서 자본집약적인 것으로 변동하며, 한편 대량소비가 이루어지고 경쟁기업의 수가 많아짐에 따라 수요의 가격탄력성이 커진다. (3) 성숙기에서는 생산이 자본집약적으로 되며 상품은 완전히 표준화된다.

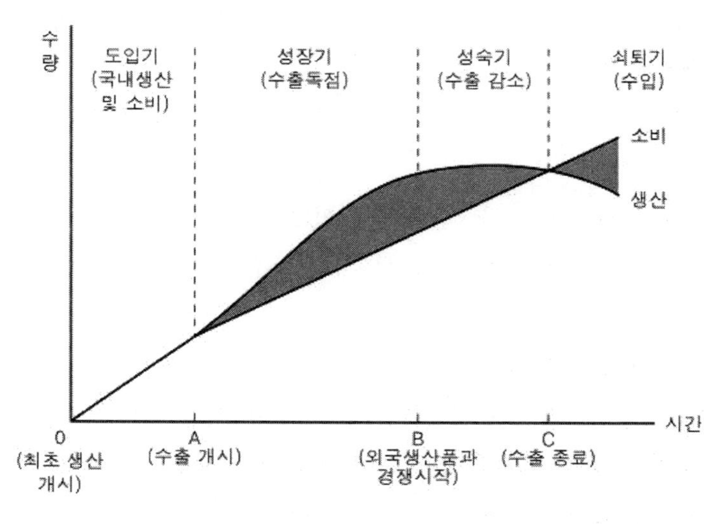

[그림 2-15] 기술혁신국에서의 국제무역의 제품 사이클 모델

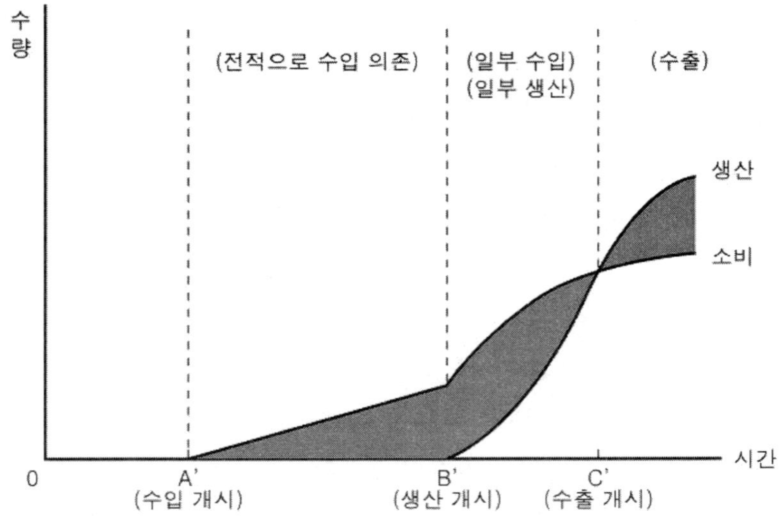

[그림 2-16] 기술모방국에서의 국제무역의 제품 사이클 모델

제품수명사이클이론은 무엇보다도 국제무역의 흐름을 동태적인 측면에서 파악하고 있다는 장점을 갖고 있으며, 1970년대 이후에 대두되고 있는 신보호주의를 설명하는 데 도움을 준다. 또 이 이론에 의해 우리나라 수출확대의 배경을 해명할 수 있다. 즉 어떤 상품이 표준화단계에 도달하여 선진국의 기술우위가 없어지게 되면 그 상품에 대한 비교우위는 어느 나라가 더 싸게 생산할 수 있는가(즉 어느 나라의 생산비가 더 낮은가)에 의해 결정된다. 이 점이 바로 1970년대에 들어서부터 노동비용이 싼 우리나라 등 신흥공업국(NICs)의 급속한 수출증가를 가능케 한 주된 배경인 것이다. 예컨대 전자제품의 경우, 초기에는 기술혁신을 이룩한 미국이 독점권을 누렸으나 성숙단계에 와서는 서유럽 및 일본이, 그리고 표준화단계에 들어서면서부터는 한국·대만·홍콩 등이 수출국으로 등장하였다는 사실은 이 이론의 적합성을 말해주는 것이라 하겠다.

㉄ 최근 유럽VTR시장에서 한국업체들이 싼 가격을 무기로 시장점유율을 확대시켜 나가고 있어, 유럽과 일본업체들에 큰 위협을 주고 있다. 한국업체들은 평균시장가격보다 20~30%나 싼 가격으로 VTR을 유럽시장에 수출, 시장점유율이 1985년의 1%에서 86년에는 9&, 87년 1.4분기 14%로 상승하고 있다. 이에 따라 유럽시장에서 유럽과 일본업체들이 누려오던 시장분할체제가 무너지고 있다.

이 이론에 대한 실증적 검증들에 의하면, 기술이 국제무역에서 매우 중요하며, 또 이 제품수명 사이클모델은 공산품무역의 원리에 대해 상당한 설명력을 갖고 있음이 밝혀졌다.

3. 린더모델(대표적 수요이론)

H-O의 요소부존비율이론에 의하면 무역은 국가 간의 생산비용구조의 차이에서 비롯되며 생산비용구조는 요소부존도의 차이에 기인한다고 한다. 그렇다면 세계무역의 대부분은 자본이 풍부한 공업국의 공산품과 토지 및 노동이 풍부한 비공업국의 일차산품간의 교환으로 구성될 것이다. 그러나 2차 세계대전 후의 무역현황을 보면 국제무역은 주로 공업국간의 공산품거래로 구성되어 있다. 예컨대 1984년의 경우 공업국들의 수출액 중 73%가 다른 공업국들로 수출되었다. 이는 H-O이론과 크게 어긋나는 것이다. 이에 따라 무역의 원리에 대한 H-O이론의 설명능력에 큰 의문이 생기게 되었다.

S. Liner는 공산품의 무역원리를 설명함에 있어 수요가 가장 중요한 역할을 한다고 강조했다. 즉 그는 일차산품의 무역에 대해서는 요소부존이론이 상당한 설명력을 제공해 주지만, 공산품무역에 대한 설명력은 거의 없으며 이는 공산품무역에 영향을 미치는 주요인이 국내의 수요조건이기 때문이라는 것이다.

Linder에 의하면 일국의 공산품 수출이 어떻게 구성되느냐 하는 것은 주로 국내의 수요조건에 달려 있다. 즉 공산품이 외국시장에서 판매되기 전에 국내에서 먼저 생산 및 판매되지 않으면 안 되며, 한편 국내에서의 생산 및 판매가 이루어지기 위해서는 국내시장에서 그 상품에 대한 충분한 수요[7]가 존재해야 한다. 즉 어떤 상품이 수출상품으로 될 수 있기 위한 가장 중요한 요인은 그 상품에 대한 국내시장의 크기이며, 따라서 국내수요가 충분히 뒷받침되지 않는 한 수출상품으로 될 수 없다는 것이다. 어떤 상품이 국내에 대규모의 시장기반을 갖고 있다는 사실은, 바꾸어 말해서 그 상품이 수출산업으로 되기 위한 비교우위의 조건(기술개발·경영능력·규모의 경제 등 면에서)을 갖추고 있다는 것을 의미한다.[8]

그리고 이 상품이 해외에 수출되기 위해서는 그 대상국에서 이 상품에 대한 수요가 존재해야 한다. 그 대상국의 수요조건이 수출국과 비슷할수록 수출이 일어날 수 있는 가능성이 커지게 된다. 그리고 무역당사국들이 비슷한 수요조건을 갖고 있다면

7) Linder는 이를 「대표적 수요」(representative demand)라고 부름.

8) 우리나라 수출상품들의 경우 초기부터 수출상품으로 육성된 경우가 대부분이며, 이처럼 국내수요에 의해 뒷받침되지 못하고 있다는 사실은 Linder이론에 비추어볼 때 큰 취약점이라고 볼 수 있을 것이다.

이들 나라는 상품의 품질수준이 비슷한 상품들을 구입하게 될 것이다. Linder는 공산품무역은 이처럼 무역당사국들 간에 「중복되는 수요」(중복수요, overlapping demand)가 존재하기 때문에 발생한다고 설명한다.

한편 Linder는 어떤 상품에 대한 선호(preference) 또는 기호(taste)는 구매력에 의해 뒷받침되어야만 유효하게 되므로, 공산품에 대한 수요가 소득에 의해 뒷받침될 때 비로소 유효수요(effective demand)로 된다고 주장한다. 따라서 국가간에 중복되는 수요패턴이 존재해야 공산품의 국제무역이 발생하게 된다는 사실은 더 나아가서, 소득수준이 비슷한 국가들이 무역상대국으로 되는 경향을 갖는다는 것을 말해 주는 것이기도 하다.

이와 같이 Linder는 수요의 역할을 강조함으로써, 무역의 원리에 대해 H-O의 요소부존설과는 반대되는 견해를 제시하고 있다. 그리고 그는 각국의 경제구조에 차이가 있을 때 무역의 가능성이 더 커지게 된다고 보는 H-O이론과는 달리 경제구조가 유사할 때 무역이 발생하게 된다고 본다.

Linder모델이 갖는 한계점은 다음 두 가지로 요약할 수 있다.

첫째, Linder는 공산품과 일차산품의 무역발생 원인이 다르다고 보았다. 그러나 제품주기설에서도 설명하고 있듯이 어떤 상품이 성숙단계에 있을 때에는 그 상품의 경쟁력을 좌우하는 것은 가격(=생산비)이다. 그런데 생산비를 결정짓는 기본요인은 공산품에 있어서나 일차산품에 있어서나 모두 요소부존도이다. 따라서 노동이 풍부한 나라는 노동집약적 상품에 비교우위를 갖는 것이다.

둘째, Linder에 의하면 각국은 자국시장을 위해서 처음으로 생산되는 상품만 수출한다고 한다. 그런데 오늘날 다국적기업들은 개발도상국에 공산품을 생산하는 자회사를 설립하고 있다. 이는 비공업국들이 국내시장에서 판매되지 않는 상품을 수출하는 경우도 있음을 말해 주는 것이다.

4. 제품차별화론

오늘날의 자동차 무역을 보면 미국의 Chevrolet, 유럽의 Volkswagen이나 Fiat, 일본의 Toyota, 한국의 Excel이나 Lemans이 각국 간에 수출 혹은 수입되고 있다. 오늘날 비슷한 경제구조를 가진 선진국들 간에 이와 같이 「차별화된 상품」(differentiated products), 즉 비슷하면서도 똑같지는 않은 상품들이 수출입되고 있다. 상품의 차별화로 인해 무역흐름이 큰 영향을 받고 있는 것이다. 이처럼 선진국들 간에 차별화된 상품의 무역이 발생하는 이유는 생산자들이 자국 내의 다수소비자의 기호에 맞춰 상품을 생산하고 소수소비자의 기호는 수입품에 의해 충족시키고 있기 때문이다. H-O이론으로는 이 같은 무역현상을 설명할 수 없다.

5. 입수가능성이론

사우디아라비아가 석유를 수출하고 칠레가 동을 수출하는 것은 석유와 구리의 매장량이 풍부하기 때문이며, 한국이 천연고무 혹은 전투기를 수입하는 것은 국내에서는 이들이 생산되지 않기 때문이다.

입수가능성이론이란 이와 같이 무엇을 수출하고 수입하느냐를 결정하는 것은 입수가능성(availability)이 있느냐 없느냐에 달려 있다고 보는 이론이다. 입수가능성이 없다는 것은, 자연조건이나 기술조건상 절대로 생산될 수 없는 경우거나 극히 비싼 생산비를 투입하지 않으면 생산될 수 없는 것을 의미한다. 입수가능성이 없는 상품은 수입될 것이며 있는 상품은 수출될 것이다. 입수가능성을 발생케 하는 요인으로서는 천연자원의 존재, 제품차별화, 생산기술의 진보, 신제품의 출현 등이 있다.

이 이론은 L. B. Kravis가 Leontief역설을 검토하는 과정에서 전개된 이론이다. 그는 미국이 해외에 자본을 투자하여 자국에서 입수할 수 없는 천연자원을 수입하는 바, 그 결과 미국의 수입상품 구성은 자본집약적이 될 가능성이 있다고 해석하고 있다. 석유나 희소광물과 같은 상품의 무역은 H-O의 요소부존비율이론 이외의 다른 요인, 즉 availability에 의해 잘 설명될 수 있다. 그러나 이 이론으로서는 보다 일반적인 상품의 무역에 대해서는 설명할 수 없다.

6. 스톨퍼-사무엘슨정리

S-S정리는 요소가격균등화 명제로부터 도출된 이론이다. 그 내용은 자유무역이 행해지면 그 나라에서 상대적으로 희소한 생산요소의 가격이 하락하게 되는 바, 그 하락을 막기 위해서는 수입되는 비교열위상품에 관세를 부과해야 한다는 것이다.

예컨대 노동이 상대적으로 희소한 미국은 무역이 이루어질 때 노동집약재를 수입하게 된다. 이에 따라 무역이 확대될수록 미국 노동자의 임금수준은 계속 떨어지고 자본의 가격(이자율)은 상승하게 되므로 노동자는 불리하게 된다. 이를 방지하기 위해서는 저자금국으로부터의 노동집약재 수입에 관세를 부과해야 한다는 것이다. 왜냐하면 관세를 부과하게 되면 미국의 노동집약재 가격이 상승하게 되고 이에 따라

동상품의 생산이 증대하게 되며 그 결과 노동에 대한 수요가 증가하게 되므로 자금이 상승한다는 것이다.

S-S정리는 그 후 보호무역의 이론적 근거가 되었다. 오늘날 선진국을 중심으로 보호무역주의가 강화되고 있고 이들 선진국에서 노동조합이 막강한 힘을 갖고 있음을 감안할 때 이 정리는 매우 중요한 현실적 중요성을 갖는다고 볼 수 있다.

제3장 외 환

수출과 수입 등의 국가 간 거래, 즉 국제거래를 행하는 것은 다른 한편으로 외화를 거래하는 행위이다. 상품과 상품을 결제하는 과정에서 상품은 화폐와도 교환되기 때문이다. 즉, 수출국의 상품은 수입국의 화폐와 교환되고 수입국의 화폐는 최종 정산의 과정에서 수출국의 화폐와 교환된다. 수출국은 이렇게 획득한 화폐로 교역상대국의 상품을 다시 수입하게 된다. 즉, 국제거래에서 또 다른 중요한 한 축은 화폐의 교환이다. 이때 문제가 되는 것은 각국이 사용하는 돈(통화)이 서로 다르다는 것이다. 서로 다른 돈으로 어떻게 대금을 결제할 수 있을 것인가?

제1절 외국환의 의미와 특징

1. 국제간의 결제

외국으로부터 물품을 수입하면 외국에 대금을 지급하여야 하며, 반대로 수출을 하면 외국으로부터 대금을 수취하게 된다. 또 우리나라 선박이 외국의 화물을 운반하거나 우리나라의 화물을 외국선박으로 수송하면 우리나라와 외국 사이에 운자의 수취·지급이 일어난다. 이러한 대금의 결제는 그것이 국내에서 이루어진다면 간단하다. 왜냐하면 국내의 어느 곳이라도 원화가 통용되기 때문이다. 그러나 국가 간의 결제는 그렇지 않다. 우리나라의 돈은 외국에서 통하지 않고 외국 돈은 우리나라에서 통용되지 않는다. 그렇다면 어떻게 해야 할 것인가? 국가 간의 대금결제를 순조롭게 이루어지게 하는 가장 일반적인 방법이 외국환에 의한 것이다.

그런데 외국환 외에도 국제간의 대금결제를 하는 방법이 전연 없는 것은 아니다. 예컨대 물품을 서로 교환하는 것도 지급의 한 가지 방법이다. 그러나 이 같은 방법은 상대방이 꼭 필요로 하는 물품을 잘 찾아낼 수 없다는 점에서 불편하며, 또 실제로 국가 간의 수많은 거래관계를 물물교환으로 전부 결제할 수는 없다. 또 다른 하나의 대금결제 방법으로서 금을 생각할 수 있다. 금은 세계공통의 화폐로서의 역할을 하고 있으므로 금으로써 대금을 결제하는 것도 가능할 것이다. 그러나 금에 의한 대금결제는 매우 번잡하므로 실제로는 사용되지 않는다.

따라서 이와 같이 물물교환이나 금거래에 의한 대금결제 방법은 매우 예외적인 경우에 사용될 뿐이며, 오늘날의 각국 간의 대금결제는 거의 외국환을 통해 이루어지고 있으므로 외국환에 대한 이해의 필요성이 커지고 있다.

2. 환거래의 의미

흔히 외국환(foreign exchange)이라고 하면 매우 복잡해서 전문가 외에는 이해하기 어려운 것으로 생각하고 있다. 확실히 외국환에는 여러 가지 대외거래가 포함되어 있어 국내에서의 통화거래에 비해 매우 복잡한 면도 있다. 그러나 외국환의 원리는 매우 간단하다. 이 원리만 이해하면 외국환과 관련된 다른 세세한 사항도 쉽게 이해할 수 있다.

외국환은 말할 필요도 없이 환의 일종이다. 그러므로 외국환을 알기 위해서는 우선 환의 의미를 알아야 한다. 「환」이란 「서로 떨어진 지역 간의 화차의 결제를 현금으로 직접 수송하지 않고 어음이나 수표에 의해 행하는 것」이다. 이 때 화차의 결제가 이루어지는 지역이, 예컨대 서울과 부산처럼 일국 내에 있는 경우를 「내국환」(domestic exchange)이라 하고, 부산과 동경처럼 서로 다른 나라이면 「외국환」이라 한다.

먼저 내국환에 대해서 살펴보자. 가령 서울의 A가 부산의 B로부터 상품을 구입하여 100만원의 채무가 있으며, 또 이와는 별도의 서울의 C가 부산의 D에게 상품을 팔아 100만원의 채권을 가지고 있다고 하자. 이 두 개의 채권과 채무를 결정함에 있어서는, [그림 1-1]의 「환을 이용하지 않는 경우」와 같이 A로부터 B에게, 또 D로부터 C에게 각각 100만원의 현금을 수송하면 모든 결제가 끝난다. 그러나 여기서 현금의 수송은 그렇게 간단한 문제가 아니다. 왜냐하면 현금의 수송 도중에 도난당하거나 열차사고가 발생할 위험이 있으며, 또 수송에 상당한 시간이 걸리는 등 그 불편이 매우 크다.

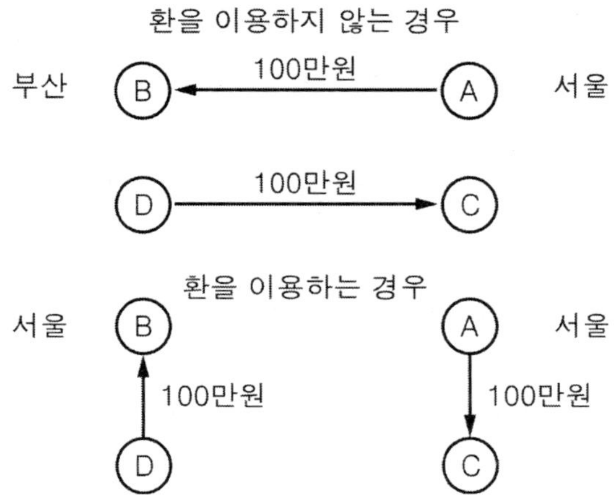

[그림 1-1]

이처럼 위험과 불편이 따르는 현금수송을 하지 않고도 화차의 결제를 편리하게 행할 수 있는 방법이 있다. 즉 서울의 A와 C, 그리고 부산의 B와 D가 서로 합의하여 서울의 A는 서울의 C에게 100만원을 지불하고 또 부산의 D는 부산의 B에게 100만원을 지불하면 되는 것이다. 이렇게 하면 서울과 부산 간에 현금을 수송하지 않고도 두 개의 채권·채무의 결제가 이루어지게 된다. 이와 같은 방법으로 서로 떨어진 지역 간의 화차를 결제하는 것이 「환」의 의미이다.

1) 환거래와 은행의 중개

이와 같이 서로 떨어진 지역 간의 화차의 결제를 하는 데는 현금을 수송하는 것보다는 환을 이용하는 편이 편리하다. 그러나 서로 떨어진 지역 간에 채권·채무를 갖고 있는 사람들이 환의 이용에 관해 하나하나 합의해야 한다면 이는 쉬운 일이 아니다. 또 앞의 예에서는 서울의 A가 부산의 B에게 100만원의 채무, 서울의 C가 부산의 D에게 똑같은 100만원의 채권이 있다고 가정하였지만, 실제로는 이처럼 그 금액의 꼭 들어맞는 경우는 드물다.

다시 말해서 (1) A대B, C대D라는 두 개의 채권·채무가 각각 100만원이라고 하는 것처럼 동액이 되는 경우는 드물다. (2) 또 이들 두 개의 채권·채무의 지급기일이 똑같은 경우도 거의 없다. (3) 그리고 채무자 A와 D 가운데 신용이 없는 사람이 있어 약속대로 지불을 하지 않게 되면, 4명이 합의하여 결정한 환에 의한 결제, 즉 환거래

(exchange transaction) 전체가 혼란에 빠질지도 모른다. 또한 A와 B가 C와D를 알지 못해 환거래를 위한 합의조차 불가능할지도 모른다.

이를 해결하기 위해서는 풍부한 자금과 두터운 신용을 가지고 있는 어떤 기관이 환거래를 중개할 필요가 있으며, 이 중개의 역할을 하는 것이 은행이다. 은행이 환거래의 중개기관으로서 적당한 이유는 다음과 같다.

(1) 은행은 국내 어디에도 지점 또는 거래은행이 있으므로 어떤 지역과의 환거래에도 응할 수 있다는 점, (2) 은행은 자금이 풍부하므로 어떠한 거액의 환거래에도 응할 수 있다는 점, (3) 은행은 신용이 높으므로 은행이 중개하고 있는 한 환거래에 불안이 없다는 점 등이다.

은행이 환거래를 어떻게 중개하는가를 앞의 예로써 설명해 보자. 은행이 중개하게 되면 A, B, C, D는 환거래에 대해 합의할 필요가 없다. 즉 A와 B가 C와 D를 몰라도 된다. 서울의 A가 부산의 B에게 100만원을 지불하려고 하는 경우, A는 자기의 거래은행인 한국상업은행 서울본점에 100만원을 지불하고, 동은행 부산지점 지불의 수표 100만원을 받아 이 수표를 부산의 B에게 우송한다. B는 이 수표와 교환으로 한국상업은행 부산지점으로부터 100만원을 받게 된다. 한편 부산의 D가 서울의 C에게 100만원의 채무를 지불하는 경우는, 위에서와 같이 한국상업은행 부산지점으로부터 서울본점 지불의 수표 100만원을 발행받아 이것을 서울의 C에게 보내면 된다.[9] 이렇게 하면 두 개의 채권·채무는 현금을 수송하지 않고도 결제가 이루어지는 것이다.

위에서 설명한 것은 송금환(또는 순환), 즉 채무자가 은행을 통해 채권자에게 돈을 송금함으로써 서울과 부산 간의 화차를 결제하는 방법이다. 이외에도 이와는 반대로 채권자가 은행을 통해 채무자로부터 돈을 받아내는 방법, 즉 「역환」(또는 추심환)의 방법도 있다. 송금환이나 역환은 결국 「환」의 한 가지 형식에 지나지 않으며 환 그 자체의 구조를 설명하는 경우에는 어느 쪽을 사용해도 상관이 없다.

2) 은행의 자금조정

은행이 중개를 하게 되면 서로 떨어진 지역 간의 채권·채무가 위에서 본대로 완전히 결제된다. 이 경우 은행은 어떤 문제를 안게 되는가? 환의 구조를 이해하기 위해

9) 최근에 와서 은행업무의 상당부분이 전산화됨에 따라 은행의 송금업무도 매우 간편하게 처리되고 있다. 즉 송금자는 송금할 돈을 은행에 지불하고 송금대상자의 온라인(on line) 번호만 알려주면 된다. 송금 수표를 발행하고 이를 상대방에게 우송할 필요가 없게 되어 시간과 경비가 크게 절약되게 되었다. 온라인 송금방식 역시 송금 「환」의 원리에 의한 것이란 점에서는 마찬가지다.

서는 이 관계를 알아둘 필요가 있다.

우선 서울의 A가 부산의 B에 대한 채무를 지불하기 위해 서울의 한국상업은행 서울본점으로부터 부산지점 지불의 수표 100만원을 발행받는 경우, 서울본점은 A로부터 100만원을 받으므로 현금보유가 100만원 증가된다. 한편 부산지점은 B에게 100만원을 지불하므로 현금이 100만원 감소한다. 이와는 반대로, 부산의 D가 서울의 C에게 은행을 통해 100만원을 송금하면, 한국상업은행 부산지점은 현금 100만원이 증가하며, 서울의 본점은 100만원의 현금이 감소한다. 이 경우 두 개의 채권·채무가 똑같이 100만원이므로 서울본점과 부산본점 모두 현금의 증감은 없다.

그런데 서울과 부산 간에는 이외에도 수많은 송금환의 거래가 있으며 이들 금액은 서로 다르다. 어느 한쪽에 송금환의 금액이 몰리게 되면, 서울본점에서는 현금이 남는데 부산지점에서는 부족하게 되거나 반대로 부산지점에서는 현금이 남는데 서울본점은 현금이 부족하게 된다. 그리고 지금까지의 설명에서는 서울과 부산 두 지역에 한정해서 보았으나 실제 환거래는 전국 각 지역 간에서 일어나고 있다. 따라서 전국에 흩어져 있는 은행의 각 지점 가운데 어떤 지역의 은행점포에서는 현금이 남고 어떤 지역에서는 현금이 부족하게 된다. 이와 같은 현금의 과부족이 작은 금액이면 몰라도 어느 정도 이상의 큰 금액이면 은행의 영업에 지장을 초래하게 된다. 그래서 은행에서는 다음과 같이 현금의 과부족을 조정한다.

은행은 중앙은행인 한국은행을 이용하여 과부족을 조정한다. 예컨대 어떤 은행의 서울본점은 현금이 남고 부산지점은 현금이 부족할 때, 서울본점은 한국은행을 통해 부산지점에 송금한다. 즉 한국은행본점에 현금을 불입하고, 해당은행의 부산지점은 같은 금액의 현금을 한국은행 부산지점으로부터 수취하는 것이다. 이와 같은 현금의 과부족의 조정은 수많은 은행점포들이 전국에 분포되어 있는 한국은행의 본지점을 상대로 이루어지고 있다. 이 경우 이들 은행들, 즉 시중은행은 한국은행에 대해 고객의 입장으로 되는 바, 이 같이 해서 시중은행의 각 지역의 본지점간의 현금의 과부족이 없어지게 된다.

이상에서 내국환을 예로 들어 환거래의 구조를 설명하였다. 요컨대 환이라는 화차결제방법을 통해서 전국 각 지역 간의 화차의 결제가 최대한도까지 현금수송없이 이루어지며, 서로 상살될 수 없는 최후의 잔액만이 한국은행의 현금수송에 의해 처리된다. 따라서 개인이나 기업으로서는 각종 화차의 결제를 함에 있어 다른 지역에 현금을 수송할 필요가 전혀 없으므로 환에 의한 화차결제방법이 얼마나 편리한 것인가를 쉽게 짐작할 수 있을 것이다.

제2절 외국환 거래

1. 외국환의 특징

지금까지 설명한 환의 원리는 외국환에도 적용된다. 특히 그것이 서로 떨어진 지역 간의 화차의 결제방법이라는 점과 그 거래에 관해 반드시 은행이 중개한다는 점은 전적으로 같다. 다른 점은 결제되는 화차가 일국내의 서로 떨어진 지역 간이 아니고 국가와 국가 간이라는 점이다. 이 때문에 외국환은 내국환에 비해 다음과 같은 점에서 특징을 갖고 있다.

첫째는, 환거래의 원인이다. 환거래의 원인이 되는 화차관계는 내국환의 경우에는 언제나 국내에 한정되며 채권자와 채무자가 모두 국내에 있다. 그러나 외국환의 경우에는 채권자와 채무자가 서로 다른 국가에 살고 있는 것이다.

둘째는, 환결제의 구조이다. 내국환의 경우에는 중앙은행인 한국은행이 각 지역 간의 환거래를 마무리하므로 결제의 구조가 비교적 간단하다. 그런데 외국환의 경우에는 그 거래가 세계적으로 일어나고 있을 뿐만 아니라 한국은행처럼 마지막 뒷처리를 할 수 있는 중심기관이 없다. 어떤 의미에서는 국제통화기금(IMF)이 이와 같은 역할을 한다고도 볼 수 있지만 그 작용은 내국환에서의 중앙은행과 비교할 바 못 된다. 외국환의 거래는 결제상의 중심기관 대신에 국제외환금융시장이 이용되고 있기 때문에 결제의 구조가 상당히 복잡하다.

셋째로, 외국환의 가장 중요한 특색은 환율의 문제가 발생한다는 것이다. 내국환은 거래가 국내에 한정되며 통용되는 통화의 종류가 모두 같다. 예를 들어 우리나라의 경우는 원화밖에 없다. 이에 반해 외국환은 다른 나라들 간의 화차결제이므로 종류가 다른 두 가지 환율의 문제가 발생하게 된다. 그리고 이것이 외국환을 복잡하게 만드는 또 하나의 원인이 된다.

2. 외국환결제의 방법

국가 간의 경제거래는 모두 외국환에 의해 결제된다. 여기서는 이 같은 거래가 실제로 어떤 방법과 절차에 의해 결제되는가를 살펴보고자 한다.

외국환을 이용하여 국가 간의 대금을 결제하는 방법에는 크게 나누어 두 가지 방법이 있다. 그 하나는, 외국에 돈을 지불해야 하는 사람(채무자)이 돈을 받는 입장에 있는 사람(채권자)에게 외국환은행(외국환업무를 취급하는 은행을 말하며 이하에서는 단지 은행이라고 표현하겠음)을 통해 돈을 보내는 경우이고, 다른 하나는 채권자 쪽이 은행을 통해 외국의 채무자로부터 돈을 받아내는 경우이다. 은행용어로는, 채무자로부터 채권자에게 돈을 보내는 앞의 경우를 송금환(혹은 순환)이라 부르고, 채권자가 채무자로부터 돈을 받아내는 후자의 경우를 역환(추심환)이라고 한다. 두 경우 모두 은행이 중개하고 있다. 은행이 중개하지 않으면 환거래가 잘 이루어질 수 없다는 것은 앞서 내국환에서 상세히 설명한 바 있다.

1) 송금환

송금환은 앞서 말한 대로 채무자가 채권자에게 돈을 보내는 것인데, 이것은 또 보통송금환, 우편환(mail transfer), 전신환(telegraphic transfer)의 세 가지로 나눌 수 있다.

먼저 보통송금환에 대해서 보자. 지금 서울의 A가 New York의 B에게 1만 달러를 송금한다고 가정하면, [그림 1-2]와 같은 거래가 이루어진다. 즉 A는 서울의 한국상업은행 본점에 1만 달러 상당하는 원화 800만원(이하, 대미국달러 환율을 1달러=\800으로 가정하여 설명)을 지불하고, 그 대신에 New York의 한국상업은행지점(지점이 없으면 거래의 약속이 있는 다른 은행이라도 상관없음) 지불의 1만 달러 수표(또는 일람불어음)를 받는다.

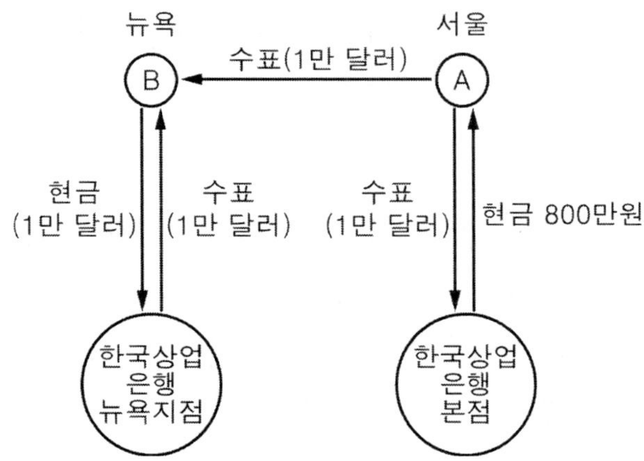

[그림 1-2] 송금환의 예

A는 이 수표를 우편으로 New York의 B에게 보내고, B는 이 수표를 New York의 한국상업은행지점에 제시하여 1만 달러를 받는다. 이것이 보통송금환에 의한 송금방

식이다.

우편환(mail transfer)의 송금은 다음과 같이 이루어진다. 서울의 A가 한국상업은행 본점에 1만 달러에 상당하는 원화를 지불한 경우에, 한국상업은행은 1만 달러의 수표를 A에게 인도해 주지 않고, 그 대신에 한국상업은행 New York지점에 서한을 보내 New York의 B에게 1만 달러를 지불하도록 지시한다. A가 수표를 받아 이를 직접 B에게 보낼 경우, 도중에서 분실될 위험이 있으므로 우편환이 보통송금환보다 안전하다고 볼 수 있다.

그런데 보통송금환이나 우편환의 경우 A가 송금수속을 시작한 때로부터 B가 돈을 받을 때까지 우편일수만큼의 시간이 걸린다. 그래서 급히 송금을 할 필요가 있는 경우에는 전신환(telegraphic transfer) 방법이 사용된다. 전신환은 다음과 같이 이루어진다.

서울의 A가 한국상업은행 본점에 1만 달러에 상당하는 원화를 지급하는 것은 보통송금환이나 우편환의 경우와 같으나, 전신환의 경우는 동은행이 A에게 수표를 인도해주는 대신 New York 지점에 전보를 쳐서 B에게 1만 달러를 지불하도록 지시한다. A자신도 B에게 전보를 쳐서 동행 New York 지점으로부터 1만 달러를 수려하도록 통지한다. 이렇게 하면, A가 서울에서 송금수속을 취한 다음날이나 늦어도 이틀 뒤에는 B가 New York에서 1만 달러를 수취하게 된다.

이상과 같은 송금환 방법은 국제수지 항목 중 무역외수지 관계의 대금을 결제하는 데 주로 사용된다. 무역수지 관계의 대금결제는 다음에서 보듯 어음에 의한 역환방식이 사용되는 것이 보통이다.

2) 역환

역환은 채권자가 은행을 통해 채무자로부터 돈을 받아내는 방식이다. 이는 채권자가 외국의 채무자에 대해 갖고 있는 채권(돈을 받을 권리)을 은행에 팔고, 은행이 채권자를 대신해서 채무자로부터 돈을 받아내는 방법이다. 역환에도 전신환을 이용하는 경우와 환어음을 이용하는 경우의 두 가지가 있다.

먼저 전신환에 대해서 보자. 서울의 A가 New York의 B에 대해 상품을 매각, 1만 달러의 채권을 갖고 있다고 가정한다. 이 채권을 전신환으로 결제하려 할 경우, A는 B에게 전보를 쳐서 1만 달러를 한일은행 New York지점(혹은 코레스 은행)에 지급하도록 지시한다. 동시에 A로부터 채권의 추심을 의뢰받은 서울의 한일은행본점은 동행 New York지점(또는 코레스은행)에 대해, B로부터 1만 달러를 받아내도록 전보를 지시한다. 이렇게 하여 New York에서 B로부터 1만 달러를 수령하게 되면 서울의 한일은행 본점은 A에게 1만 달러에 상당하는 원화를 지불한다.

다음으로 어음에 의한 역환의 경우를 살펴보면, 서울의 A가 New York의 B에 대해 앞의 전신환의 예에서와 같은 채권, 채무관계가 있을 경우, 서울의 A는 New York의 B를 지급인으로 하는 환어음을 발행하여 서울의 한일은행 본점에 추심(collection)을 의뢰한다.

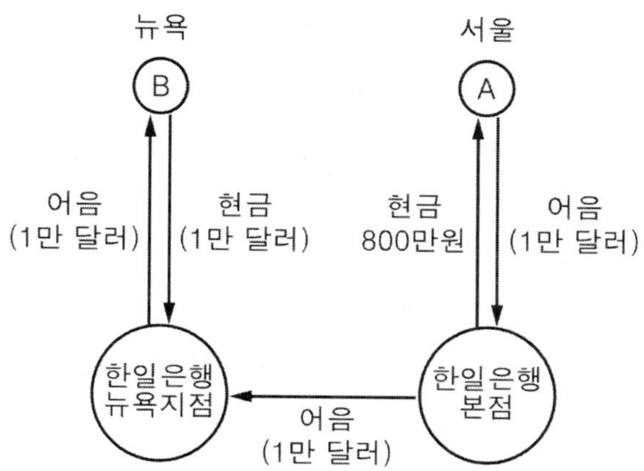

[그림 1-3] 역환의 예

동은행은 다시 New York지점(또는 코레스은행)에 추심을 의뢰한다. New York지점은 B로부터 대금을 회수하여 본점에 입금시킨다. 한일은행은 이를 A에게 지급한다.

3) 역환과 무역금융

역환에는 무역금융의 기능이 포함되어 있다. 아래의 예를 통해 이를 살펴보자. 서울의 A가 New York의 B에게 시계 1만 달러를 수출하는 계약을 체결했다고 가정하자. 이 경우 수출업자 A는 시계를 선적함과 동시에 대금을 수취하고 싶어할 것이며, 수입업자 B는 시계가 New York에 도착하고 난 후에 지불하려 할 것이다. 시계가 서울에서 New York까지 운반되는데는 상당한 기간이 걸리므로, A, B양자의 희망이 동시에 이루어지기란 불가능할 것으로 보인다. 그런데 역환을 사용하면 그것이 가능하다.

즉 수출업자 A는 1만 달러의 시계를 선적하면 선박회사로부터 선화증권(운송화물을 수령했다는 증서이며 이를 제시해야만 선박회사로부터 화물을 인도받을 수 있음)

을 받는다. 또 항해 중의 침몰 등 위험에 대처하여 수출업자 A는 시계를 보험에 부보하여 그 증거로서 보험회사는 보험증권(insurance policy)을 내준다. 그것이 끝나면 수출업자 A는 수입업자 B를 지급인으로 하고 은행을 수취인으로 하는 1만 달러의 외국환어음이라는 채권담보 때문에 은행은 수입업자 B가 1만 달러의 돈을 지불하지 않으면 선적서류를 인도해 주지 않으므로, B는 화물을 찾을 수 없게 된다.

한일은행 본점은 수출업자 A로부터 외국환어음을 매입할 때에 그 날로부터 그 어음 만기일까지 이자 1만 달러를 공제하고(이 이자는 적용하는 환율 속에 포함되어 있기 때문에 별도로 징수하지 않음) 잔액에 상당하는 원화를 A에게 지급한다. 이와 같이 이자를 떼고 어음을 매입(negotiating)하는 것을 할인이라고 한다. 외국환어음의 기한에는 일람불(제시받은 즉시 지급해야 함)과 일람후 30일, 60일, 90일 등이 있는데, 여기서는 일람후 90일이라고 하자.

서울의 한일은행 본점은 수출업자 A로부터 매입한 어음을 선적서류와 같이 New York지점(혹은 코레스은행)에 항공편으로 보낸다. New York의 한일은행지점은 어음과 선적서류가 도착하면 즉시 어음을 수입업자 B에게 제시하여 인수를 받아 둔다. 어음의 기한이 일람후 90일(90 days after sight)이라는 것은 수입업자 B가 어음을 인수한 날로부터 90일 되는 날까지 대금을 지급해야 한다는 것을 의미한다. 시계가 New York에 도착하면 B는 선화증권을 선박회사에 제시, 시계를 인도받으며, 어음인수 후 90일까지는 대금을 지급하여야 한다.

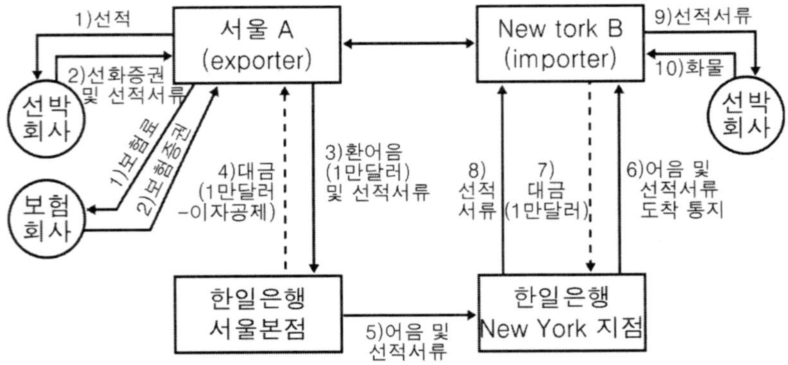

[그림 1-4] 역환에 의한 대금결제

이상의 역환에 의한 대금결제를 요약하면 [그림 1-4]와 같으며, 우리나라의 수입업자가 외국으로부터 수입할 때는 수출업자의 입장이 위의 경우와는 반대가 될 뿐 다른 차이가 없다.

이상에서 우린 역환에 의한 외국환거래를 살펴보았다. 여기서 우리는 역환거래가 가지는 독특한 기능(즉 서두에서 언급한 무역금융의 기능)을 볼 수 있다. 즉 예에서 서울의 수출업자 A와 New York의 수입어자 B가 역환에 의한 대금결제를 할 경우에 있어, 한일은행의 A로부터 환어음매입 자체는 그 어음을 외국의 B에게 제시하여 대금을 회수하기까지의 기간 동안 A에게 자금을 융통해주는 금융의 역할을 가지고 있는 것이다. 또 수입업자인 B역시 대금을 미리 지불하지 않고 수입화물이 도착할 때까지 그 대금을 사용할 수 있어 금융의 편리를 얻을 수 있다. 이와 같이 역환은 금융적 기능을 가지므로 상품의 수출입결제에는 주로 역환에 의한 대금결제 방법이 사용된다.

3. 외국환거래의 유형

1) 현물환거래와 선물환거래

앞에서 설명하였듯이 국제거래(국제수지의 내용이 되는 거래)는 송금환이나 역환 중의 하나에 의해 결제된다. 그런데 이러한 환결제가 화차의 결제라는 역할을 수행함에 있어서는 외화의 매매가 동시에 뒤따르게 된다. 예컨대 은행이 고객의 의뢰로 1만 달러의 송금환을 처리하는 경우, 은행은 그것에 상당하는 800만원의 원화를 수취함과 동시에 1만 달러의 외화를 지급하여야 한다. 즉 원화를 받고 외화를 파는 것이다. 또 은행이 수출자의 의뢰로 수출어음을 할인하는 때는, 800만원의 원화를 지급하고 1만 달러의 외화를 매입하는 것이다.[10)]

이와 같은 환결제에 따르는 외화의 매매를 중심으로 생각하는 경우 환거래는 현물환거래(sport transaction)와 선물환거래(forward transaction)의 두 가지로 나눠볼 수 있다. 현물환거래란 외화의 매매가 동시에(또는 늦어도 2영업일내에) 실행되는 경우이다. 즉 송금환은 고객이 은행에 원화를 지급하고 외화수표를 받으며, 역환은 수출업자의 수출어음을 은행이 할인하여 원화를 내주는 것이 외화매매의 실행이다. 지금까지는 송금환과 역환거래를 모두 현물환으로 설명해왔다. 그런데 실제로는 이 같은

10) 이와 같이 외국과의 환결제와 관련하여 외화매매가 반드시 일어나게 되는 것은, 송금환이나 역환의 금액이 외화로 표시되어 있기 때문이다. 앞으로 우리나라의 원화가 국제통화로 되고 또 환거래를 자국통화인 원화로만 표시하게 될 때에는 우리나라 측으로서는 원화의 유출입이 있을 뿐 외화의 매매는 일어나지 않는다. 그 대신 상대국인 외국측에서는 외화(원화)의 매매가 일어나게 된다.

현물환 외에 선물환거래라고 하는 것이 있다. 선물환거래는 외화의 매도자와 매입자(지금까지의 설명에서는 고객과 은행)가 장차 매매를 실행하기 위해 각종 조건을 미리 결정하여 거래를 약속하는 것이다. 이것을 환의 예약이라고 하며, 미리 합의하는 조건에는 외화의 종류(예: 달러 혹은 유로), 금액(5만 달러 2만 혹은 파운드), 환율(1달러 당 800원 혹은 805원), 매매의 실행시기(보통 6개월 이내임) 등이 있다. 이와 같이 선물환거래에서는 매매의 거래는 장래에 이루어지지만 그 거래조건만은 지금 약속해 둔다. 거래당사자가 후일에 가서 그 약속을 실행하는 것을 환예약의 실행이라고 한다.

수출입업자가 선물환거래를 행하는 가장 중요한 목적은 환율의 변동으로 인한 환위험(exchange risk)를 회피하려고 하는 것이다.[11] 예컨대 우리나라의 수출업자가 미국의 수입업자와 시계 1만 달러의 수출계약을 맺었다고 하자. 수출업자는 계약된 시계를 선적하고 수입업자 앞으로 수출환어음을 발행, 은행에서 할인하여 대금을 받는다. 그런데 만일 이 사이에 환율이 1$=\800에서 \790으로 변하게 되면 어떻게 될 것인가? 수출업자가 은행으로부터 받는 원화는 처음 예정된 800만원에서 790만원으로 10만원이나 줄어들게 되어 수출업자는 큰 손실을 입게 된다. 이 같은 위험을 피하기 위해서는 수출업자는, 수출계약을 체결함과 동시에 장래 1만 달러를 1달러=\800의 환율로 인도할 것을 은행과 약속해 둔다. 즉 선물환거래의 매매예약을 해두는 것이다. 이렇게 해두면 환율이 1$=\800의 환율로 원화를 지급해 주게 된다.

이는 수입에 대해서도 마찬가지이다. 즉 수입업자가 외국의 수출업자와 수입계약을 맺을 때는, 즉시 일정액의 외화를 선물거래로 은행으로부터 사두는 것이다. 그렇게 해두면, 그 후 화물이 도착하여 수입어음을 지급하는 경우, 환율이 어떻게 변하든간에 미리 약속한 환율로 원화를 은행에 지급하면 되는 것이다. 무역외거래의 경우에도 이와 같은 선물환거래로 환율변동의 위험을 피할 수 있다. 그런데 선물거래의 기간은 보통 최장 6개월이므로 그 이상의 기간에 대해서는 이용하기 어렵다.

한편 선물환거래는 투기를 목적으로 행해지기도 한다. 투기(speculation)란 시세변동을 예상하여 차익을 얻기 위하여 하는 매매거래이다. 예컨대 가까운 장래에 달러가치가 상승할 것으로 예상될 때는, 선물거래로 달러를 사둔다. 그 후 달러의 환시세

---

11) 1986년 상반기(1~6월 중) 환율변동에 따라 환차손 및 환차익을 보게 된 대표적 예를 보면 다음과 같다.
- 대한항공 : 순환차손 286억원(환차익 45억원, 환차손 331억원)
- 현대자동차 : 순환차손 98억원(환차익 23억, 환차손 121억원)
- 대림산업 : 순환차익 48억원(환차익 177억, 환차손 129억원)

가 예상대로 상승하면, 선물거래로 미리 사둔 이 달러를 파는 것이다. 그렇게 하면 현금을 전혀 지급하지 않고도 달러의 매입시세와 매도시세의 차액을 벌 수 있는 것이다(실제 선물계약을 할 때 지불해야 하는 수수료는 얼마 되지 않음). 가령, 선물거래의 환율을 1$=\900으로 되었을 때에 1만 달러를 팔면, 800만원과 900만원의 차액인 100만원을 받게 되는 것이다. 이와 반대로 달러의 시세가 떨어질 것이라고 예상될 때는, 선물거래로 달러를 팔고 나중에 다시 삼으로써 이익을 얻게 된다. 선물환거래는 이외에도 외국환은행이 행하는 각종 환조작에도 이용되며, 이에 대해서는 후술한다.

2) 대고객거래와 은행 간 거래

외국환거래는 대고객거래와 은행 간 거래로 구분된다. 대고객거래라고 하는 것은 은행이 수출입업자 등 일반고객을 상대로 하여 행하는 외국환거래로서 지금까지 송금환과 역환에 관해 설명해 온 것은 여기에 해당한다. 은행 간 거래라고 하는 것은 은행 간에 이루어지는 환거래이다. 은행 간 거래가 이루어지게 되는 이유는, 은행이 대고객거래만을 행하게 되면 자금 등의 면에서 여러 가지로 곤란한 일이 발생하게 되므로 이 같은 어려움을 피하기 위해서이다.

은행 간의 환거래 이치는 앞서 설명한 내국환의 경우와 비슷하다. 즉 내국환의 경우 은행이 고객의 요구에 따라 국내 각 지역에서 환거래를 하게 되면, 각 지역에서의 은행의 자금에 과부족이 생기게 된다는 것은 앞서 설명했거니와, 이는 외국환의 경우에도 마찬가지이다. 단, 외국환에서는 이에 따른 곤란이 보다 복잡한 모습으로 나타나게 된다. 더욱이 내국환의 경우라면 은행의 자금의 과부족을 한국은행과의 환거래로 간단히 조정할 수 있지만 외국환의 경우에는 이 같은 편리한 기관이 존재하지 않으며 그 대신에 은행은 은행 간 거래를 이용하는 것이다. 그런데 이 경우 상대하는 은행은 단지 국내의 환은행뿐만 아니라 해외의 환은행도 포함되므로 그 범위가 매우 넓어지게 된다. 은행원 외의 사람들은 이 같은 은행 간 거래가 별로 중요성이 없는 듯이 생각하는 경향이 있으나 실은 그렇지 않다. 은행 간 거래의 내용과 구조를 확실히 파악하지 못하면 전체적인 국제환결제의 구조를 제대로 이해할 수 없게 된다. 동시에 은행 간 거래는 「외환론」 중에서 가장 흥미로운 부분이기도 하다. 은행 간 거래에 대해서는 다음 항에서 상세히 살펴보고자 한다.

4. 외국환은행의 외국환조작

앞서 설명한대로 외국과의 대금결제는 그 원인이 무엇이든 송금환 또는 역환방법에 의해 이루어진다. 이로써 개인과 일반기업의 화차관계는 깨끗이 정리될 수 있다. 그러면 이 경우 외국환은행의 입장은 어떻게 되는가? 이 때 외국환은행은 외국환의 조작이라는 것을 행하게 된다. 여기서는 이에 대해 살펴본다.

1) 외국환조작의 의미와 목적

우선 역환의 경우에 대해서 보자. 가령 은행이 수출업자로부터 1만 달러의 수출어음을 1$=\800의 환율로 매입하였다면, 그것은 은행에 어떤 영향을 미치는가? 은행은 국내에서는 800만원을 수출업자에게 지급하는 대신에 외국으로부터 1만 달러의 외화를 받게 된다. 수입의 경우는 이와 반대로, 외국에 대해 외화를 지급하는 반면에 국내에서 수입업자로부터 원화를 받게 된다.

한편 송금환의 경우는 우리나라가 외국에 1만 달러를 송금하게 되면, 은행은 국내에서 송금인으로부터 800만원을 받는 대신에 외국에서 1만 달러의 외화를 수취인에게 지급한다. 외국으로부터 우리나라로 송금이 될 때는, 은행은 외국에서 외화를 수취하고 우리나라에서는 원화를 지급하게 된다.

이와 같이 대외수출이나 외국으로부터의 송금과 같이 우리나라 측의 외화수입으로 되는 거래에 있어서는, 은행은 외화자금이 늘고 원화자금이 줄어든다. 이에 반해 수입이나 대외송금과 같이 우리나라의 외화지급으로 되는 거래에 있어서는, 은행의 외화보유고가 줄어들고 원화자금이 늘어난다. 외국환거래라고 하는 것은 이처럼 외화나 원화의 어느 한쪽이 늘어나면 다른 쪽은 반드시 감소하고, 반대로 한쪽이 감소하면 다른 쪽이 늘어나게 되는 것이다.

은행으로서는 이 두 개의 자금이 균형을 이루는 것이 바람직하다. 그러나 실제로는 은행이 여러 고객의 요구에 따라 환거래를 하므로 어떤 때는 외화가 남고 원화가 부족하기도 하고, 또 어떤 때는 외화가 부족하고 원화가 남기도 한다. 수출거래가 수입거래보다 많으면 외화가 남고 원화는 부족해지며, 반대의 경우에는 외화가 부족해지고 원화가 남게 되는 것이다. 이러한 자금의 불균형이 어느 정도 이상이 되면 다음과 같이 은행영업에 지장을 초래하게 된다.

첫째로, 가령 외화가 남아돌고 원화가 부족하면 우리나라의 수출업자로부터 수출어음의 매입을 요구받아도 은행은 원화가 없어 이를 살 수 없게 된다. 한편 외화가 부족하면 대외지급을 못하게 된다.

둘째로, 외화와 원화가 전체로서는 균형되더라도, 미국 달러, 영국 파운드, 독일 유로화 등 외화의 종류가 한 가지만 있는 것이 아니라는 문제가 있다. 이들 외화 사이에도 적절한 균형을 갖출 필요가 있다. 영국 파운드화가 부족하면 파운드거래가 곤란해지는 것이다.

셋째로, 은행이 보유하는 외화는 언제나 환율변동의 위험이 있다. 예컨대 은행이 100만 달러의 외화를 보유하고 있을 때 환율이 지금까지의 1$=\800에서 \700원으로 변동하면, 보유외화는 8억 원에서 7억 원으로 감소되어 1억 원의 손실을 입게 된다. 이처럼 외화보유가 한쪽으로 치우치게 되면 매우 위험하다.

그러므로 은행으로서는, (1) 환거래 그 자체가 지장을 받지 않기 위해서, (2) 또 외환변동의 위험을 피하기 위해서, (3) 외화와 원화를 합친 자금 전체의 균형을 갖추기 위해 여러 가지 수단을 취하게 되는 것이다. 이들 수단을 통틀어 외국환조작(exchange operation)이라고 한다.

2) 외국환조작의 세 국면

은행은 어떤 식으로 환조작을 하는가? 내국환의 경우에는 은행의 환조작이 통화가 원화 밖에 없고 또 중앙은행인 한국은행이 존재하기 때문에 간단하지만, 외국환의 경우에는 원화와 여러 외화와의 관계가 있는데다가 국제적인 중앙은행이 없기 때문에 상당히 복잡하게 된다.

여기서는 은행의 외국환조작을 ① 외화자금의 조정, ② 원화자금의 조정, ③ 외화의 원화 관계의 조정이라는 세 국면으로 나누어 살펴보기로 한다.

(1) 외화자금의 조정

외국환거래에 있어서 외화와 외화의 움직임은 밀접한 관계를 갖고 있으나, 여기서는 먼저 외화자금의 조정에 대해서 알아보기로 한다. 이 경우 문제가 되는 것은 외화자금의 장소적 조정과 시간적 조정의 두 가지이다. 장소적 조정이란 은행이 세계 각지의 지점이나 거래은행에 보유하고 있는 여러 외화간의 불균형을 바로잡는 것이다. 예컨대 New York에서 달러자금이 남고 London에서 파운드 자금이 부족한 경우, 이를 조정하는 것이 장소적 조정이다. 시간적 조정이란 외화가 일시적으로 남을 때에는 이를 효율적으로 운용하고, 외화가 일시적으로 부족할 때는 이를 메우는 것을 말한다. 은행은 이 두 조정을 New York, London같은 국제금융의 중심시장을 이용하여

행하고 있다.

장소적 조정을 통해서 은행이 여러 종류의 외화를 보유하는 방법에는 분산주의와 집중주의의 두 가지가 있다. 분산주의란 외화자금을 세계 각지에 고르게 분산해 두는 방법이다. 가령 A지의 지점에서 자금이 남고 B지의 지점에서 자금이 부족한 경우에는 A로부터 B로 직접 송금하는 방법이다. 집중주의란 각지의 자금보유고를 최소한으로 하고 자금을 국제금융의 중심지로 집중시켜 두는 방법이다. 즉 세계 각지의 남는 자금은 원칙적으로 국제금융의 중심지로 보내고 부족할 경우에는 중심지로부터 각지로 송금한다.

은행들은 대개 집중주의를 취하고 있다. 그 이유는 다음과 같다. (1) 그 은행 전체의 외화자금이 중심지, 예컨대 New York은 세계 각국 간의 환거래가 활발하므로 다른 지역과의 자금거래가 손쉽게 이루어질 수 있으며, (2) 국제금융의 중심지에는 유력한 금융시장(금융거래가 이루어지는 장소)이 있으므로 여기에 외화자금을 모아두면 외화자금의 시간적 조정이 매우 쉽다.

참고로 국제금융의 중심시장이 되기 위한 조건을 살펴보면 (1) 그 나라의 경제력이 강하고, (2) 통화가치가 안정되어 있고, (3) 환매매가 자유롭게 이루어질 수 있으며, (4) 어음할인시장(다수의 금융기관 사이에 어음 등의 매매가 이루어지는 시장)이 발달해 있어야 한다는 등의 조건이 필요하다. 오늘날에는 New York이 국제금융의 중심지로서 압도적인 지위를 차지하고 있으며, London(1차 세계대전 전에는 최대의 국제금융 중심지였음), Frankfurt, Geneva 등도 중요한 국제금융 중심지로 되어 있다.

이와 같이 은행이 외화의 장소적 조정을 집중주의로 하면, 은행 전체로서의 외화의 과부족상태는 국제금융의 중심지에서의 보유외화상태에 나타나게 된다. 따라서 은행은 이 금융시장을 이용하여 자금의 시간적 조정을 행할 수 있게 된다. 은행의 시간적 조정이 어떻게 행해지는가를 보자.

은행이 외화자금에 여유가 있는 경우에는, 기일이 상당히 길고 지급이 확실한 어음이나 증권을 사든가 금융기관에 대해 단기화출을 행한다. 외화자금이 부족한 경우에는 보유하고 있는 어음이나 증권 등을 팔거나 화출금을 회수하며, 그래도 부족할 경우에는 다른 금융기관으로부터 차입을 한다.

한편 이와 같이 시간적 조정을 행함에 있어서도 국제금융중심지는 매우 유용한 역할을 한다. 왜냐하면 국제금융중심지에는 어음할인시장이 발달해 있고, 또한 국제금융시장에서는 언제나 우량한 어음·증권이 대량으로 매매되고 있기 때문이다. 따라서 은행은 이를 이용하면 외화의 시간적 조정을 원활하게 행할 수 있게 되는 것이다.

(2) 원화자금의 조정

원화자금은 외화자금과는 달리 자국통화에 관한한 것이므로 자금의 장소적 조정이라고 하는 것은 처음부터 발생하지 않는다. 따라서 문제가 되는 것은, 외화의 움직임과는 반대로, 즉 외화가 늘면 원화가 감소하고 외화가 줄면 원화가 증가한다는 관계에서, 남거나 부족하게 되는 원화자금의 시간적 조정 밖에 없다. 이 가운데 원화자금이 남는 경우는 문제가 되지 않지만 부족한 경우는 무역에 지장을 주게 된다. 특히 무역의존도가 높은 우리나라로서는 이는 중대한 문제가 된다. 우리나라에서는 이 문제를 해결하기 위해 일반은행이 취급한 수출입금융의 60%를 한국은행이 연이자율 7%의 저리로 지원해 주고 있다.

(3) 외화와 원화와의 관계조정

지금까지는 설명의 편의를 위해서, 은행이 행하는 자금조정을 외화와 원화에 대해 각각 별도로 살펴보았다. 그러나 앞서 본대로 외화와 원화의 움직임은 서로 반대로 나타나므로, 양자 간에 불균형이 존재할 경우 이를 별도로 조작하는 것만으로는 충분하지 못하며, 양자를 동시에 조작하면 훨씬 빠른 효과를 얻을 수 있다. 즉 외화가 남고 원화가 부족할 때 외화를 팔아 원화로 바꾸면 두 통화의 불균형은 일거에 해소된다. 그 반대의 경우, 즉 외화부족, 원화풍부 시에는 원화를 팔아 외화를 사면된다. 이것이 외화·원화관계 조정의 의미이다.

한편 은행의 환조작은 단지 외화와 원화의 자금상의 불균형을 시정하기 위해 필요할 뿐만 아니라, 은행이 환율변동의 위험을 피하기 위해서도 매우 중요한 것이다. 은행이 고객의 요구에 따라 현물환거래나 선물환거래를 포함하여 외화를 매매하게 되면, 달러나 유로 등 각각의 외화에 대해 매입액이 매도액을 초과하거나, 그 반대로 매도액이 매입액을 초과하기도 한다. 외화의 매입합계가 매도합계를 초과한 것을 외국환매입초과(overbought position 또는 long position)라고 부르고, 이와 반대로 매도합계가 매입합계를 초과하는 경우를 외국환매도초과(oversold position 또는 short position)이라고 부른다. 이와 같이 매도·매입이 일치되지 않는 상태를 open position이라고도 한다.

매입초과든 매도초과든 외화매매의 잔액이 일치하지 않으면 은행은 환율변동의 위험(foreign exchange risk)에 직면하게 된다. 매입초과일 때, 외화의 가치가 떨어지면 손실을 입게 되고, 매도초과일 때 외화의 가치가 올라가면 손실을 입게 된다. 이와는 반대로 매입초과일 때 외화의 가치가 높아지거나 매도초과일 때 외화가치가 떨어지면 은행은 이익을 보게 된다.

그러나 안전을 제일로 하는 은행으로서는 손실을 입게 될지도 모를 환위험을 결코 방치할 수 없다. 그러므로 은행은 (1) 외화와 원화간의 자금상의 불균형을 시정하기 위해, (2) 또 환율변동의 위험을 피하기 위해, 매입초과 때는 외화를 팔고 매도초과 때는 외화를 산다. 이를 은행용어로 환의 「커버」(cover)라고 하며, 이 환의 커버에 의해 은행은 외국환의 매도와 매입이 일치하는 균형상태(square position)를 가질 수 있다. 이와 같이 은행이 외국환을 환조작하는 또 하나의 목적은 외국환의 포지션을 균형 시키는 데도 있다.

3) 외국환 포지션의 조정과 자금의 조정

은행이 행하는 외국환매매조작은, 환율변동의 위험을 피하기 위한 외국환포지션의 조정과 외화·원화간의 불균형을 시정하기 위한 자금의 조정이라는 두 가지 목적을 갖는다는 것을 앞에서 살펴보았다. 그런데 외국환포지션(foreign exchange position)과 자금이 언제나 같은 방향으로 움직이면 환조작은 비교적 간단해질 것이다. 여기서 「같은 방향」이라고 하는 것은 포지션이 매입초과일 때 외화자금이 남고, 포지션이 매도초과일 때 외화자금이 부족하다는 관계이다. 이 같은 경우에는, 포지션의 불균형을 시정하는 것이 그대로 자금의 조정으로 되며 또 자금의 불균형을 조정하면 동시에 포지션도 조정된다. 예컨대 외국환매입초과를 시정하기 위해 외화를 팔면 남는 외화자금이 처분되며, 또 외화자금의 부족을 메우기 위해 외화를 사들이면 외국환 매도초과도 시정되는 것이다.

일반적으로 외국환포지션과 자금은 같은 방향으로 움직이는 것이 원칙이며, 이와 같은 때에는 외국환조작이 매우 쉽게 이루어진다.

그런데 언제나 외국환포지션과 자금의 방향이 동일하지는 않다. 즉 외국환포지션이 매입초과로 되어도 외화자금은 곧 증가하지 않거나, 반대로 포지션이 매도초과로 되어도 외화는 곧 감소하지 않는 경우가 있다. 예컨대 은행이 일람후 90일 지급의 수출어음 10만 달러를 매입했다고 하자. 포지션은 곧 10만 달러의 매입초과로 되지만, 이 수출어음을 외국에 보내 수입자로부터 실제로 달러자금이 들어오는 것은 90일 이상 걸린다(수입업자가 일람, 즉 어음을 제시받을 때 까지는 우편일수 만큼의 시일이 걸림). 또한 은행이 현물환이 아니고 선물환으로 매입한 경우에 포지션은 곧 10만 달러의 매입초과로 되지만, 달러가 실제로 입금되는 것은 수개월 후가 된다. 또 선물로 10만 달러를 파는 경우, 포지션은 곧 10만 달러의 매도초과로 되지만 달러자금이 은행으로부터 실제로 빠져나가는 것은 수개월 후이다.

그러므로 외국환의 매입초과 또는 매도초과를 해소시키기 위해 외국환 매매를 하는 경우에 자금 쪽의 사정이 어떠한가를 살펴보지 않으면 안 된다. 예컨대 10만 달러의 매입초과를 해소하기 위해 10만 달러를 선물로 팔 수 밖에 없다. 이와 마찬가지로, 자금상의 불균형을 시정할 목적으로 외국환매매를 행하는 경우에도 외국환포지션 상황을 항상 염두에 두어야 한다. 가령 외화 10만 달러의 부족을 메우기 위해 10만 달러를 현물로 사고자 해도 그 때의 외국환포지션이 매매동액의 균형(square)라면, 10만 달러의 현물을 매입함으로써 자금부족은 메워지지만 포지션은 새로 10만 달러 매입초과로 곤란하게 된다. 이 경우 은행은 스왑(swap)을 통해서 현물 1만 달러를 매입함과 동시에 같은 금액을 선물로 매매하여야한다. 그렇게 하면 자금의 부족도 메우고 동시에 포지션의 균형도 맞추게 된다.

요컨대 외국환의 매매조작은 외국환포지션과 자금이라는 두 개의 조화가 이루어지도록 수행되지 않으면 안 되며, 바로 여기에 외국환 조작의 어려움이 있다.

swap이란 A가 B에 대해 10만 달러의 현물환을 매도함과 동시에 B로부터 같은 금액의 선물환을 매입하는 방식으로, 외환매매 당사자가 현물환과 선물환의 매매를 동시에 동액을 교차식으로(현물로 팔고 선물로 사는 식으로 매매가 교차하는 것) 행하는 것을 swap이라고 한다. 쉽게 말해서 되사는 조건으로 외화를 팔거나, 되파는 조건으로 외화를 사는 것이라고 생각하면 된다.

swap이라는 번거로운 거래가 필요하게 된 이유는, 첫째 외국환조작상의 필요 때문이다. 즉 외국환포지션과 외화자금은 반드시 같은 방향으로 움직이는 것은 아니며, 양자 간에 자주 불일치가 생기므로 이를 조정하기 위한 수단으로서 swap이 이용되는 것이다.

둘째로, swap은 은행이 일시적인 여유자금을 유리한 채산를 노려 다른 나라의 시장에서 운용하려 할 경우에도 이용된다. 예컨대 어떤 은행에서 달러자금에 여유가 있어 이를 3개월간 금리가 높은 London에서 운용하려고 하는 경우, 이 달러자금으로 파운드의 현물을 다시 사면 된다. 그러나 3개월 후 London에서 운용한 돈을 다시 달러로 바꾸고자 할 때, 만약 달러 : 파운드의 환율이 변동하게 되면 뜻하지 아니한 손해를 입을지도 모른다. 이 같은 위험을 피하기 위해서 swap이 행해지는 것이다. 즉 최초에 달러자금으로 파운드의 현물을 살 때, 동시에 동액만큼의 파운드를 3개월 선물로 팔아두는 것이다. 그렇게 하면 3개월 후 파운드자금을 달러로 바꿀 경우, 미리 약속된 선물환율이 그대로 적용되기 때문에 환율변동에 의한 위험은 전혀 없게 되는 것이다.

셋째로, swap은 지금까지 설명해 온 은행 간의 거래만이 아니고 은행의 대고객거래에서도 행해진다. 가장 일반적인 예는, 이전에 약속된 환예약(선물환의 매매)의 기한을 연장하는 경우이다. 예컨대, 은행이 어떤 수출업자로부터 3개월 선물환 50만 달러의 매입예약을 했다고 하자. 본래대로라면 수출업자는 3개월 후 50만 달러의 외화를 은행에 인도하여야 한다. 그런데 어떤 이유로 해서 그것이 불가능하게 되었을 때, 그 기한을 3개월 더 늦출 필요가 생긴 경우, 은행은 수출업자를 상대로 하여 50만 달러의 현물을 팔고 동시에 동액의 선물(3개월)을 사는 swap을 행하는 것이다. 이렇게 하면, 실질적으로 최초의 예약이 3개월 더 연장되는 것과 같은 결과로 되는 것이다.

이상이 swap의 의미와 내용이며, 이것과 대립되는 말이 아웃라이트(outlight) 매매이다. swap의 경우에는, 현물의 매도와 선물의 매입, 또는 현물의 매입과 선물의 매도와 같이 매도와 매입이 동시에 행해지지만, 매도 혹은 매입이 독립적으로 행해지는 것을 outlight 매매라고 부른다. 보통 외국환의 매도라든가 매입이라고 하는 것은 모두 outlight 매매를 가리킨다.

4) 외국환 조작에 있어서 국제통화의 역할

앞에서 설명한 바와 같이 은행은 여러 가지 이유로 은행끼리 환조작을 행하며, 특히 이러한 환조작은 국제금융 중심지 위주로 이루어짐을 보았다. 즉 국제금융중심지가 세계의 각 은행들을 고객으로 하는 중앙은행과 같은 역할을 수행하며 은행들의 환조작 무대 역할을 하는 것을 보았다.

그러면 이러한 국제금융중심지에서 사용되는 통화는 국가 간의 거래를 결제함에 있어서 널리 사용되는 국제통화(international currency)이며 그렇기 때문에 달러, 파운드, 엔 등과 같은 국제통화는 국제 간의 결제를 편리하게하며 국제금융중심지에서 사용될 수 있다. 또한 각국 정부가 보유하는 외화는 대부분이 달러나 파운드 등의 국제통화이며, 각국의 주요 은행들은 국제금융중심지에서 국제통화를 가지고 환조작을 행한다.

따라서 국제통화는 일국의 대외거래의 결제통화로서 사용되며,[12] 특히 은행의 환조작과 자금조정의 주 대상통화가 된다.

---

12) 1986년의 우리나라 상품수출의 결제통화는 미국달러 94.2%, 엔 3.8%, 유로 0.8%, 파운드 0.4%였으며 상품수입의 결제통화는 미국달러 78.4%, 엔 15.7%, 유로 2.9%, 파운드 0.6%의 순으로 나타나고 있다.

5) 외국환조작의 한계

지금까지 설명한 은행의 외국환조작은 모든 경우에 있어서 가능할까? 실상은 그렇지 않다. 외국환포지션(foreign exchange position)의 불균형이 어떤 은행은 매입초과(overbought position)인데 어떤 은행은 매도초과(oversold position)라는 식으로 서로 다른 포지션이 성립될 경우에 비로소 가능하다.

다음의 경우로 이에 관해 살펴보자. 즉 일국(독일)의 국제수지가 흑자인 경우를 생각해보자.[13] 이 때 독일의 외국환은행은 전반적으로 외화의 매입초과로 된다.

이 경우 독일의 은행들은 매입초과를 해소하기 위해 외화를 팔고 유로화를 사려고 할 것이다. 그런데 외국의 외국환은행, 즉 독일에 대해 지급초과로 되어 있는 나라의 은행은 모두 유로화의 매도초과로 되어 있으므로 이를 해소하기 위해 유로화를 사려고 한다. 따라서 독일의 은행도 외국의 은행도 모두 외화를 팔고 유로화를 사려고 하므로, 거래가 이루어지지 않는다. 즉 외국환매매의 조작에 의해 매입초과 또는 매도초과를 해소할 수 없는 것이다.

이와 같은 경우에는 어떻게 될 것인가(여기서 환율 문제가 등장하게 된다). 이 경우 외국환시장에서는 외화와 유로화에 대한 수요와 공급의 관계로부터, 외화의 가치는 떨어지게 되고 유로화의 가치는 올라가게 된다. 이 점은 외국환뿐 아니라 일반 상품이나 주식에서도 마찬가지이다. 즉 수요가 공급보다 많을 때는 그 물건의 가치가 오르고, 반대로 공급이 더 많으면 그 물건의 가치는 떨어진다. 그래서 위에서와 같이 외화에 대한 수요가 작고 유로화에 대한 수요가 크면(바꾸어 말해서 외화의 공급이 많고 유로화의 공급이 적으면), 달러와 유로의 환율(환시세)은 지금까지의 1달러 당 2유로에서 예컨대 1.9유로로, 달러의 시세가 떨어지고 유로시세가 오르게 된다. 외국환은행 간 거래에서의 이러한 환율변동은 말할 것도 없이 은행과 고객 간의 거래에도 반영된다.

이렇게 되면 수출업자 등 은행에 외화를 파는 입장에 있는 사람은, 지금까지는 1달러 당 2유로를 받았는데 이제는 1.9 유로로 감소하므로 외화의 매도를 꺼리게 된다. 이에 반해서 수입업자 등 은행으로부터 외화를 사는 입장에 있는 사람은, 지금까지는 1달러를 사는데 2유로가 필요했으나 이제는 1.9유로만 있으면 되므로 외화를

13) 우리나라의 원화는 국제적 통용력이 없으므로 외국의 은행들은 원화를 거래하지는 않는다. 여기서는 일반적인 경우를 보기 위해서 자국통화가 국제통화인 독일의 경우를 예로 들어 설명하였다.

더 많이 사려고 한다. 이에 따라 은행의 외국환포지션은 매입초과가 점점 줄어들어 매매동액의 균형(square)에 접근하게 되는 것이다. 그리하여 포지션이 대체로 동액이 되면, 외국환시장에서의 수요와 공급의 불균형도 자연히 없어지게 되므로 환율도 안정된다.

이상은 독일의 국제수지가 흑자이고 따라서 외국환은행의 포지션이 매입초과인 경우였다. 독일의 국제수지가 적자이면 그 반대로 된다. 즉, 독일 은행들의 포지션은 매도초과로, 그것이 외국환시장에서의 수요·공급관계를 움직여 외화의 가치가 올라가고 유로의 가치가 떨어지게 된다.

위에서는 이해를 쉽게 하기 위해 각 은행의 외국환포지션이 매입초과나 매도초과의 어느 한쪽이 됨으로써 환율이 변동하기 시작한다고 설명하였다. 그러나 실제로는, 외국환포지션이 매입 혹은 매도초과로 되리라고 예상되기만 하면 환율은 즉각 변동한다. 이는 주로 투기자의 활동과 깊은 관계가 있다. 투기자들은 늘 환율의 움직임을 주시하고 있으며 환율의 움직임에 영향을 미칠 것 같은 조짐이 엿보이면 즉각 그에 따른 환의 매입 혹은 매도를 행하는 것이다. 그러므로 환율의 움직임을 파악하기 위해서는 외국환은행뿐 아니라 투기자의 행동에도 주목할 필요가 있다.

제 3 절 외국환시장

지금까지 살펴본 외국환은행의 외국환거래는 어디에서 이루어지며 누구를 상대로 하는 것일까? 결론부터 이야기하자면 그것은 외국환시장에서 외국환시장 참가자에 의해 수행된다. 먼저 외국환거래(환조작 포함)의 무대가 되는 외국환시장(foreign exchange market)에 대해 살펴보자. 외국환시장이란 외국환거래가 이루어지는 시장조직 전체를 의미한다. 외국환시장에서의 외국환거래 당사자는 은행, 통화당국, 고객으로 구성된다. 외국환시장의 범위는 국내에만 한정되지 않으며 외국도 포함된다. 예컨대 독일을 중심으로 생각해 보면, 외화와 유로와의 매매가 독일뿐만 아니라 외국에서도 행해지고 있기 때문이다(그러나 우리나라의 원화는 아직 국제적 통용력이 있는 국제통화가 아니므로 우리나라 내에서만 매매된다). New York에서는 유로와 달러의 매매가, 또 London에서는 유로와 파운드의 매매가 이루어지고 있는 것이다. 따라서 외국의 외국환은행에서도 유로의 매도초과 혹은 매입초과가 생기게 되며, 이를 조정하기 위해 각각의 외국환시장에서 은행 간에 거래가 이루어진다. 그러므로 외국환은행들은 자국의 외환시장뿐만 아니라 외국의 외환시장의 움직임에 대해서도 항상 깊은 주의를 기울이게 된다. 외국환은행들은 매도초과나 매입초과를 시정하기 위한 외국환매매조작을 외국시장에서 행하는 편이 유리하면 해당 외국시장에서 거래를 하게 된다.

따라서 세계의 외환시장은 서로 깊은 관계를 가지며, 전세계에 걸친 거대한 시장이 형성된다. 국제금융의 중심지인 New York과 London 등이 이 같은 세계외환시장의 역할을 수행하고 있다.

외국환시장에서의 외국환거래는 누구에 의해 이루어지는가? 외국환거래는 외국환은행을 중심으로 수출업자와 수입업자 등의 일반고객, 환율의 안정이나 외환관리를 위해 시장에 개입하는 정부 혹은 중앙은행, 그리고 환브로커 등이 참가하여 이루어지며 바로 이들이 외국환거래의 당사자가 된다.

외국환은행의 환조작이 누구를 상대로 하여 이루어지는 것인가를 보자. 외국환은행의 환조작은 주로 외국환은행 간에 행해진다. 원래 외국환은행의 외국환 포지션 및 자금상의 불균형이 생기는 것은 은행이 수출입업자 및 기타 고객의 요구에 따라 각종 환거래를 행한 결과이며 결국에는 이 모든 거래가 외국환은행의 외국환포지션으로 나타난다. 외국환포지션은 은행마다 다르며 은행들은 제각기 필요한 방향으로 환조작을 행함으로써 외국환포지션의 불균형을 시정한다. 예컨대 A은행은 외국환거래 결과 외국환포지션이 10만 달러의 매입초과(overbought) 상태이고, 반면에 B은행은 10만 달러의 매도초과(oversold) 상태라는 식으로 외국환거래의 결과가 나타난다. 따라서 최종적으로 환조작이 필요한 당사자는 외국환은행들 간이다. 이 예에서는, A은행이 B은행에 10만 달러를 매도하면 A, B 두 은행은 모두 외국환포지션의 불균형을 시정할 수 있게 된다.

그런데 외국환시장이 광범위하고 외국환은행의 수가 매우 많으므로 각 은행이 다른 은행의 외국환포지션 및 외화자금 상태를 파악하는 것은 쉬운 일이 아니다. 따라서 이들 은행 간 거래의 중개를 행할 사람이 필요하다. 이러한 필요성에 의해 등장한 것이 「환중개인」 또는 「환브로커」(exchange brokers)들이다. 외국환시장에서의 이들의 역할과 비중은 매우 크다. 이들은 끊임없이 각 은행과 연락을 취하며, 어떤 은행이 어떤 외국환을 얼마의 환율로, 얼마만큼의 금액을 매도 또는 매입하기를 원하는가를 알고 있다. 이들은 이러한 정보를 이용하여 매도측과 매입측의 희망을 서로 연결시켜 거래를 성립시켜 주고 중개수수료를 받는다.

제4장 환율과 환율제도

우리나라 경제는 현재 모든 면에서 급속한 국제화가 진행되고 있다. 이에 따라 수출입을 포함하여 제반 국제경제거래의 필수적 매개물인 환율(exchange rate)의 역할은 날로 커지고 있다.

국제환율체제를 보면 2차 세계대전 이후 국제경제 질서를 유지하여 왔던 브레튼우즈체제(Bretton Woods System)하의 고정환율제(fixed exchange rate system)가 붕괴되고 세계 주요국들은 1973년 일제히 변동환율제(flexible exchange rate system)로 이행하였다. 한편 사실상 고정환율제 하에 있던 우리나라도 1980년 2월부터 종래의 대미 달러화 페그제(peg system)를 폐기하고 독자적인 바스켓제도를 채택하면서 변동환율제로 전환하였다.

최근 국내외 경제상황에 있어 환율문제는 다시금 중요한 변수로 작용하고 있다. 미국의 대중국 교역의 확대와 더불어 중국의 미국달러 보유의 증가는 미국의 무역적자를 의미하며 미국의 대중국 무역적자는 지속적으로 커져가고 있다. 그 결과 미국 내에서 일고 있는 거센 보호주의 물결은 세계무역에 큰 불안요소가 되고 있다. 미국 달러의 약세화에 합의한 1985년 9월 주요 선진국 합의 이후 달러화의 급속한 하락에도 불구하고 미국의 구조적인 소비중심 교역은 미국의 무역적자를 오히려 증대시키고 있다. 한편 우리나라는 1997년의 경제위기에도 불구하고 주요국 통화들의 환율변동에 따라 원화 환율에 유리한 국면이 전개됨으로써 무역여건이 크게 호전되었다.

제1절 환율과 환율제도의 개념

1. 환율의 의미와 중요성

환율(exchange rate)이란 서로 다른 통화간의 교환비율을 말한다. 환율은 어느 일국의 입장에서 본 외화를 자국통화와 교환할 때의 비율이며 따라서 외화를 자국통화로 매매할 경우의 가격이다. 즉, 외화를 일종의 상품이라고 보면 환율은 철이나 원유와 같은 상품의 가격과 같은 것이라고도 말할 수 있다.

그러나 그 중요성에 있어서는 매우 큰 차이가 있다. 왜냐하면 환율은 미국, 일본, 한국 등 서로 다른 나라의 경제를 이어주는 다리와 같은 역할을 하기 때문이다. 미국의 돈(통화)은 달러이기 때문에 미국에서는 상품의 가격이 달러로 표시됨은 물론, 모든 경제가 달러를 기준으로 하여 움직이고 있다. 일본은 엔이 기준이며 우리나라는 「원」이 기준이다. 이러한 달러, 엔, 원이라고 하는 것은 각각 별개의 통화이므로 이들 사이를 이어주는 다리가 없으면 국가 간에 상품의 가격을 비교할 수 없으며 따라서 무역이나 자본거래에 따른 화차(채권 및 채무) 등 국가와 국가와의 경제거래는 거의 불가능하게 된다.

다시 말해서, 국가 간의 거래라고 하는 것은 모두 환율이란 「하나의 다리」를 통해 이루어지게 되는 것이다. 이런 의미에서, 환율을 지탱하고 있는 것은 그 뒤에 있는 국가 전체 경제라고도 말할 수 있을 것이다. 환율은 국력을 반영하는 것이라고 흔히 말하고 있는 것은 이 때문이다.

2. 환율제도

외국환거래는 실질적으로 외국환이라는 재화의 매매라는 형태로 이루어지기 때문에, 외국환의 가격인 환율도 모든 재화의 경우와 마찬가지로 원칙적으로 외국환에 대한 수요와 공급에 의해 결정되고 또 변동된다. 그러나 환율은 일반적인 재화의 가격과는 달리 일국경제에 미치는 영향이 매우 크기 때문에 정부가 그 가격결정에 개입하여 그 변동의 폭을 제한하는 것이 일반적이다. 이와 같이 정부가 환율결정에 개입하는 제도가 바로 환율제도(exchange rate system)이다.

환율제도는 크게 고정환율제도(fixed exchange rate system)와 변동환율제도(flexible exchange rate system)로 나누어진다. 변동환율제도는 정부가 환율결정에 개입하지 않고 외국환시장에 있어서의 수요와 공급에 따라 자유로이 환율이 결정되도록 방임하는 제도이다. 그러나 변동환율제도는 1973년 이후 서구 여러 나라들과 일본이 이를 채택하기 이전까지는 한두 예외를 제외하고는 이론적인 환율제도에 지나지 않았다. 더욱이 현재 각국이 실시하고 있는 변동환율제도도 완전한 변동환율제도라기 보다 정부가 때때로 외국환시장에 개입하는 「관리변동환율제도」(dirty float)라는 편이 더 정확한 표현이라고 할 수 있다. 다시 말하면 현재의 변동환율제도 아래서는 환율의 지나친 등락을 방지하기 위하여 정부가 외국환시장에 개입하고 있다.

고정환율제도란 정부가 환율을 고정시킴으로써 환율의 안정을 꾀하려고 하는 환율제도를 말한다. 역사적으로 존재한 고정환율제도의 대표적인 것으로는 금본위제도(1870 ~ 1914)와 브레튼 우즈체제(1946 ~ 1971)가 있다. 그러나 고정환율제도라고 하여 환율이 일정수준에서 완전히 고정되어 있는 것이 아니고 고정환율을 중심으로 하여 상하 일정한 폭의 범위 내에서는 환율의 변동이 허용된다.

제2절 환율의 결정원리와 환학설

1. 환율의 결정원리

일국의 환율결정원리는 변동환율제도이냐 고정환율제도이냐에 따라 다르다. 고정환율제도(fixed exchange rate)하에서는 중앙은행이나 정부가 환율을 고정시킨다. 변동환율제도(flexible exchange rate)하에서는 외환시장에서의 외환(외화)에 대한 수요와 공급관계에 의하여 환율이 변동한다. 오늘날 세계적으로 변동환율제의 지배하에 있으므로 여기서는 변동환율제에 있어서의 환율의 결정원리를 살펴보고자 한다.

이제 일국이 환율이 변동환율제하에서의 외환시장에서의 외환의 수요와 공급관계에 의해서 결정되는 원리를 살펴보자. [그림 2-1]는 외환시장에서 외환의 수요곡선과 공급곡선이 각각 DD, SS로 나타날 때, 이 두 곡선의 교점에 의해 균형환율(equilibrium rate)이 1달러=800원에서 결정됨을 보여주고 있다. 이와 같이 특정통화(달러)에 대한 일국통화의 환율은 외환시장에서의 그 외국통화에 대한 수요곡선과 공급곡선의 관계에 의해 결정되며, 균형환율은 두 곡선의 교점에 의해 결정된다.

여기서 외환의 수요곡선이 우하향하는 형태를 갖게 되는 이유는, 환율이 상승하면 수입상품의 원화표시 수입가격이 비싸져 수입량이 줄어들고 따라서 외화(이 경우는 달러)에 대한 수요가 감소하며, 한편 환율이 떨어지면 원화표시 수입가격이 싸져 수입량이 증가하고 따라서 외화에 대한 수요가 증가하기 때문이다.[14)]

외환의 공급곡선이 우상향하는 형태로 나타나는 이유는, 환율이 상승하면 외화표시 수출가격이 싸져(외화표시 수출가격이 불변일 경우에는 수출업자가 외화 1단위 당(예컨대 1달러 당) 받게 되는 원화가 많아져 유리하므로) 수출량이 증가하고 이에 따라 외화의 공급이 증가하며, 한편 환율이 떨어지면 외화표시 수출가격이 비싸져(외화표시 수출가격이 불변일 경우에는 수출업자가 외화 1단위 당 수출업자가 받게 되는 원화가 적어져 불리하므로) 수출량이 감소하며 따라서 외화공급이 감소하기 때문이다.

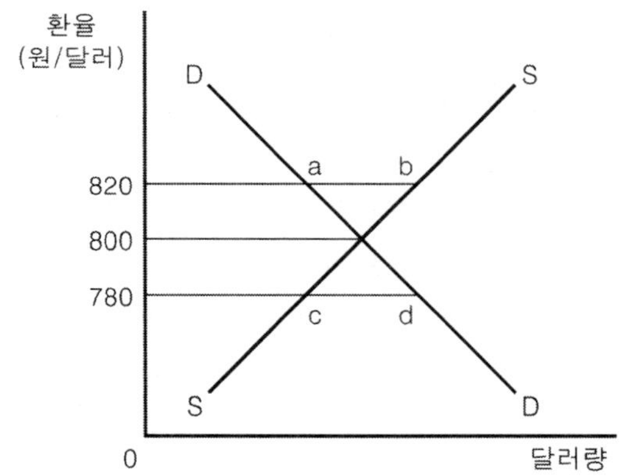

[그림 2-1] 균형환율의 결정

주의할 것은, 환율상승 시 수출량이 증가하더라도 외화표시 수출가격의 하락률보다 수출량의 증가율이 작으면(즉 우리나라 상품에 대한 외국의 수입수요탄력성이 1보다 작으면), 외환공급량은 오히려 줄어들 수 있다. 마찬가지로 환율인하 시 외화표수 수출가격의 상승률보다 수출량의 감소율이 작으면(즉 우리나라 상품에 대한 외국의 수입수요탄력성이 1보다 작으면), 외화공급량은 오히려 증가할 수 있다. 위에서는 이 같은 경우가 아닌 일반적인 경우를 중심으로 본 것이다.

---

14) 외환(외화)에 대한 수요를 초래하는 대외거래에는 외국으로부터의 상품 및 서비스의 수입, 해외투자, 해외화출 및 차입금의 상환 등이 있으며, 외환공급을 가져오는 거래로서는 상품·서비스의 수출, 외국인의 대한투자, 외국으로부터의 차입 등이 있다. 여기서는 설명을 간단히 하기 위해 상품 수출(외환공급) 및 상품 수입(외환수요)만을 생각하기로 한다.

한편 [그림 2-1]에서 1달러=800원이 균형환율이 되는 이유를 보자. 만약 환율이 어떤 이유로 820원이 되면, 외환(달러)에 대한 ab만큼의 초과공급이 발생한다. 그 이유는 환율이 800원일 때보다 외국의 수출품이 우리나라에서 상대적으로 비싸지기 때문에 수입이 감소하고, 또 우리나라의 수출품이 외국에서 상대적으로 저렴해지므로 수출이 증가하기 때문이다. 그러나 외국환의 초과공급은 외국환시장에서의 경쟁에 의해 환율을 하락시키기 때문에 환율은 균형환율(1달러=800원)을 향하여 움직이게 된다.

한편 환율이 균형환율보다 낮아 예컨대 780원에서 결정되었다고 하면, cd만큼의 외국환이 초과수요가 발생한다. 그 까닭은 780원의 환율에서는 외국의 수출품이 우리나라에서 상대적으로 저렴하게 되어 수입이 증가하고, 또 우리나라의 수출품이 외국에서 상대적으로 비싸져서 수출이 감소하기 때문이다. 이와 같이 외국환의 초과수요가 발생하면 외국환 시장에서의 경쟁에 의하여 환율은 균형환율에 이를 때까지 상승하게 된다.

2. 외환의 수요곡선과 공급곡선

환율수준과 외환수요 및 외환공급과의 관계를 약간 더 자세히 고찰해 보자.[15] 먼저 환율수준과 외환수요와의 관계를 보기 위해, 우리나라는 수입대상국이 미국뿐이고 또 옥수수만을 수입하고 있다고 가정한다. 따라서 우리나라의 외환수요(달러의 수요) 변동은 옥수수 수입변화에 의해 나타난다. 이 때 옥수수는 우리나라에서도 생산된다. 그러므로 우리나라 일반 소비자(국민)들로서는 국산 옥수수와 미국산 옥수수 중 가격면에서 유리한 쪽을 선택하게 된다.

미국산 옥수수에 대한 우리나라의 수입수요가 많으냐 적으냐 하는 것은 이 수입옥수수의 원화표시 가격이 높으냐 낮으냐에 달려 있다.

예컨대 미국이 옥수수를 톤(ton) 당 500달러의 가격으로 우리나라에 수출하고 있고, 원화의 대미국달러환율은 1달러=800원이며, 우리나라의 미국산 옥수수 수입량은 1,000톤이라고 가정하자. 그런데 이 상태에서 환율이 1달러=820원으로 상승한다면, 우리나라의 미국산 옥수수에 대한 수입수량은 어떻게 변화할 것인가?

---

15) 흔히 「외환」이란 용어에 대한 정확한 감을 못 잡는 경우가 많다. 외환은 국제거래에서의 지급수단을 말하며 그 종류에는 외화 및 외화로 표시된 어음, 증권, 주식 등이 있다. 그러므로 「외환」은 바로 「외화」라고 생각하면 된다. 또 외화는 미국 달러, 일본 엔, 독일 유로 등 각국의 통화를 말하므로, 여기서 다루는 외환의 수요 혹은 공급을 미국 달러 혹은 일본엔 등 특정통화에 대한 수요 혹은 공급이라고 생각하면 쉽게 이해가 갈 것이다.

원화의 대미국달러환율이 800원에서 820원으로 상승하게 되면 수입옥수수의 원화표시 가격(이 때 외화표시 가격은 변동없음)은 톤 당 400,000원(500달러×820원)으로 상승한다. 이렇게 되면 (1) 일반 소비자들의 수입옥수수 자체에 대한 소비수요가 감소하게 되며(국내외 옥수수 가격보다 수입가격이 더 높으므로) (2) 또 국내의 옥수수 생산자들이 옥수수 생산을 증가시키게 되어(수입옥수수 가격의 상승은 국내생산자들에게 유리하므로), 미국산 옥수수에 대한 우리나라의 수입수요는 감소하게 된다(예컨대 종전의 1,000톤에서 900톤으로 감소).

이처럼, 원화의 대미국달러환율의 상승(원화의 가치하락)은 수입품의 원화표시 가격을 상승시킴으로써 수입수요량을 감소시킨다. 이것은 곧 외환시장에서 달러(외화)에 대한 수요감소를 의미한다. 즉 환율상승 전에는 미국산 옥수수의 수입을 위해 50만 달러(500달러×1,000톤)가 필요하여 50만 달러만큼의 달러 수요가 있었으나 환율상승 후에는 45만 달러(500달러×900톤)만 있으면 되는 것이다.

이와 같이 미국산 옥수수에 대한 우리나라의 수입수요는 자국통화(원화)로 표시된 수입가격에 달렸으며(달러표시 가격이 아니라), 이 원화표시 수입가격은 미국산 옥수수의 달러표시 가격수준과 원화의 대미국달러환율에 의해서 결정된다(위의 예에서는 달러표시 가격은 변함없이 500달러라고 가정하였기 때문에 옥수수의 원화표시 수입가격의 변동은 환율수준의 변동에만 달려 있음). 이상에서 우리는 원화의 환율이 높을수록 미국산 옥수수의 원화표시 수입가격이 높아지며, 또 그 때 옥수수의 수입수요가 줄어들게 되고 따라서 달러에 대한 수요가 감소하게 된다는 것을 알 수 있다.

한편 환율이 떨어지면(800→780원) 수입옥수수의 원화표시 가격이 낮아지므로(500달러×800원→500달러×780원) 옥수수에 대한 수입수요가 증가하게 되고(예컨대 종전의 1,000톤에서 1,100톤으로), 따라서 달러에 대한 수요가 증가하게 된다. 그러므로 외환에 대한 수요곡선은 우하향하는 형태를 취하게 된다.

이제 환율수준과 외환공급과의 관계를 보자. 앞서 환율수준과 외환수요와의 관계에서는, 원화의 대미국달러환율 수준이 어떻게 변동하냐에 따라 달러(외환)에 대한 수요가 결정되었다. 즉 원화의 대미국달러환율이 상승하면 달러수요가 감소하고 환율이 하락하면 달러수요가 증가하였다. 이는 환율이 상승하면 미국산 옥수수의 원화표시 수입가격이 오르고, 반대로 환율이 떨어지면 원화표시 수입가격이 내리기 때문이었다.

그러면 환율수준과 외환(달러)공급과의 관계는 어떠한가. 그 관계는, 외환수요와는 달리 원화의 대미국달러 환율이 상승하면 달러공급이 증가하고 환율이 떨어지면 달러공급이 감소하는 것으로 된다.

우리나라의 수출대상국은 미국뿐이고 또 신발만 수출한다고 가정하자. 따라서 우리나라의 외환공급(달러공급)은 신발의 수출증감 여부에 의해 나타난다. 이 때 미국 입장에서는 신발은 미국 내에서도 생산되며 또 우리나라 외의 다른 나라로부터도 수입하고 있다. 그러므로 미국인들은 우리나라로부터 수입되는 신발의 달러표시 가격이 높으냐 낮으냐에 따라 한국산 신발의 수입을 증가 혹은 축소시킬 것이다.

예컨대 우리나라의 신발 한 켤레 가격이 원화로 40,000원이라고 하고 현재의 환율이 $1=\800이라고 하면, 그 달러표시 가격은 50달러가 된다. 이 때 미국의 한국산 신발의 수입수요가 10만 켤레라고 하면 우리나라 외환시장에서의 달러공급은 500만 달러가 된다. 이 때 우리나라 원화환율이 $1=\880원으로 10% 상승하였다면 어떻게 될 것인가? 한국산 신발의 달러표시가격은 45달러(\40,000÷\880)로 떨어진다. 신발 가격이 떨어졌으므로 미국의 미국산 신발의 수입수요는 증가한다. 이 때 미국의 수입수요가 10% 증가한 115,000켤레라면 달러의 공급은 517.5만 달러(115,000켤레×45달러)가 되어 환율인상 전보다 달러공급이 증가하게 된다.[16] 한편 이와 반대로 환율이 $1=\720으로 떨어지면 한국산 신발의 달러표시가격은 55달러로 상승하므로 미국의 수입수요가 줄어들게 되고 따라서 달러의 공급량은 줄어든다.

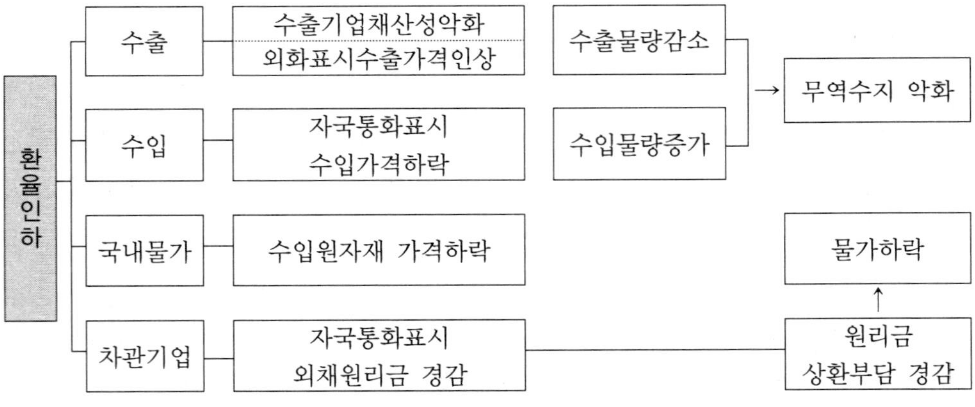

[그림 2-2] 원화가치상승의 대국민경제효과

16) 여기서 주의해야 할 점은, 원화의 환율이 10%(800→880원) 인상되었음에도 불구하고 미국의 수입수요 증가가 예컨대 7% 증가에 불과하다면 달러공급은 481.5만 달러에 그쳐 달러공급은 환율인상 전에 비해 오히려 줄어들게 된다. 그러므로 환율인상이 달러공급의 증가를 가져오기 위해서는 미국의 수입수요의 가격탄력성(수입수요증가율÷환율인상으로 인한 가격하락률)이 1보다 커야 된다는 것을 알 수 있다.

3. 환율결정에 관한 학설

환율(환시세)의 결정에 관한 학설로서 고쉔(G. Goshen, 1861)의 국제대차설, 카셀(G. Cassel, 1922)의 구매력평가설, 아프리따옹(A. Afralion, 1927)의 환심리설의 세 가지가 있다. 이 세 학설은 모두 환율이 기본적으로는 외환시장에 있어서의 외환의 수요·공급에 의해서 결정된다고 본다. 그러나 외환수급의 원인에 관해서는 그 견해를 달리하고 있다.

1) 국제대차설

Goshen의 환율이 변동하는 원인을 국제대차(일국의 채무와 채권) 때문이라고 본다. 그런데 Goshen이 말하는 국제대차란 오늘날의 국제수지를 가리킨다. 따라서 오늘날 Goshen의 학설을 국제수지설이라고도 한다.

Goshen의 국제화차설의 요지는 다음과 같다. 한 나라가 다른 나라에 대하여 지니고 있는 채권과 채무의 총액이 똑같다면 외환수요액과 외환공급액은 같게 되므로 외환시세는 하등의 변동이 일어나지 않을 것이다. 그러나 한 나라가 다른 나라에 대하여 채권보다 채무를 더 많이 지니고 있다면 외환에 대한 수요가 그 공급을 초과하게 되기 때문에 외환시세는 하락할 것이며, 그 반대의 경우는 외환시세가 상승할 것이다. 이와 같이 외환시세의 변동은 외환의 수요와 공급에 의해서 일어나며 이 외환의 수급은 두 나라의 채권·채무의 상태에 의해서 결정된다는 것이다.

Goshen은 금본위제도의 시대에 생존한 인물이기 때문에 그의 이 같은 설명은 결국 금본위제도하에서 환율이 금평가를 중심으로 금수출입점의 한계 내에서 이루어진다는 것을 말하고 있는 것이다. 이와 같이 볼 때 국제대차설은 금본위제도 하에서의 환율의 결정이론과 본질적으로 동일한 이론이라고 말할 수 있다.

2) 구매력평가설

환학설 가운데 가장 대표적인 것이 G. Cassel의 구매력평가설(theory of purchasing power parity)이다. 구매력평가설은 자국과 외국의 화폐의 구매력이 환율을 결정한다고 하는 이론이다.

A국 통화와 B국 통화 간의 환율(환시세)은 두 나라의 통화가 각각 지니고 있는 구매력에 의해서 결정된다(이 경우 두 나라 통화가 각각 지니고 있는 구매력에 의해서 결정된다). 이 경우 두 나라 통화의 구매력의 비율을 구매력평가(purchasing power parity)라고 한다. 그런데 구매력은 물가와 역관계에 있다. 즉 일국통화의 구매력은 그 나라의 물가가 오를수록 떨어지고 물가가 떨어질수록 오른다. 물가변동으로 A국 통화와 B국 통화의 구매력에 변동이 생기면 A, B 양국 간의 환율은 변동하게 된다. 무역제한이나 환투기 등의 요인으로 현실의 환율이 일시적으로 구매력평가와 차이가 날 수가 있으나, 장기적으로 볼 때 환율은 항상 구매력평가에 접근해 가는 경향이 있다. 이상이 카셀의 구매력평가설의 개요이다.

구매력평가설에 대해서는 다음 두 가지 문제점을 지적할 수 있다. 첫째는, 무역의 대상이 되지 않는 상품과 용역(이를 비교역재라고 함)의 존재이다. 자본이동이 존재하지 않는다고 하면 외환의 수요와 공급을 발생시키는 것은 상품의 수출과 수입이다. 따라서 화폐구매력의 산정에 있어 수출입상품의 물가지수가 사용되어야 한다. 그러나 카셀이 말하는 화폐의 구매력은 「일반물가지수의 역수」이다. 따라서 양자 간에는 차이가 있는 것이다. 둘째는 자본이동의 존재이다. 외환의 수요와 공급은 자본이동에 의해 변화하므로 환율은 자본이동의 영향을 받는다. 카셀도 환투기에 의한 자본이동이 환율을 구매력평가로부터 일시적으로 괴리시키는 요인이라고 지적하고 있다. 그러나 오늘날 장기적이고 안정적인 자본이동이 증가하고 있기 때문에 이를 일시적인 현상이라고 볼 수는 없는 것이다. 이밖에도 환율은 심리적 요인에 의해 영향을 받는다. 그러므로 구매력평가설의 타당성은 매우 한정된 것이라고 볼 수 있다.

3) 환심리설

1차 세계대전 직후인 1920년대 초에 프랑스에서는 환율의 변동이 있는 뒤에 국내 물가수준이 뒤따라 변동하는 현상이 빈번히 발생하였다. 이는 종래의 국제대차설 또는 구매력평가설로서는 설명할 수 없는 현상이었다.

이와 관련하여 Aftalion은 환율이 외환의 수요와 공급에 의해서 결정되지만 이 외환 수급은 개개의 경제주체가 지니는 외국통화에 대한 심리적 평가에 의해서 결정된다고 하는 환심리설(psychological theory of exchange)을 주장하였다. 다시 말해 환심리설은 외국환에 대한 개인의 심리가 바로 환율을 결정한다고 보는 것이다.

4. 세계의 환율제도

1) 현행 환율제도

앞서 설명한대로 환율제도에는 고정환율제도와 변동환율제도가 있다. 고정환율제도는 정부가 일정한 기준환율을 정하고 환율변동이 이 기준환율의 일정한 범위 내에 한정되도록 하는 제도이다. 예컨대 금본위제하에서는 환율이 금평가를 중심으로 금현송점 내에서 변동하게 되어 있었고, 브레튼우즈체제 하에서는 IMF평가를 중심으로 상하 각 1%를 벗어날 수 없었으며, 스미소니언체제하에서는 중심환율의 상하 각 2.25% 범위 내에서 움직이게 되어 있었다. 한편 변동환율제도는 이 같은 기준환율의 제한 없이 외국환에 대한 수요와 공급에 따라 환율이 자유롭게 결정되도록 허용하는 제도이다.

킹스턴체제라 불리 우는 오늘날의 국제통화제도 하에서는 「사실상」 변동환율제도가 지배하고 있다. 「사실상」이란 표현을 쓰는 이유는, 오늘날 150개 IMF가맹국 가운데 57개국이 변동환율제를 채택하고 있고 그보다 훨씬 더 많은 나머지 94개국은 고정환율제를 채택하고 있으나, 이들 국가의 대부분은 변동환율제를 채택하고 있는 국가의 통화에 자국통화의 환율을 고정시키고 있으므로 결과적으로는 환율이 변동하기 때문이다.

예컨대 과테말라는 자국통화를 미국달러에 고정시켜 1달러=1퀘찰(Quetzal)로 정하고 있다. 그러나 미국달러의 여타통화에 대한 환율이 계속 변하기 때문에 과테말라 퀘찰화의 여타국 통화에 대한 환율도 결과적으로 변동하게 되는 것이다. 즉 미국달러가 1달러 = 2유로에서 2.1유로로 변하면 Quetzal화도 자연히 1퀘찰 = 2유로에서 2.1유로로 변하게 된다.

이와 같이 오늘날 세계 각국 중 약 2/3가 고정환율제를 채택하고 있긴 하지만 주요 선진국들이 대부분 변동환율제를 채택하고 있기 때문에 결과적으로 세계 각국이 변동환율제의 지배를 받고 있는 것이다. 이와 같은 의미에서 세계의 현행 환율제도를 「일반화된 변동환율제도」(generalized system of floating)라고 부른다.

2) 현행 환율제도의 종류

현재 세계 각국이 채택하고 있는 환율제도는 환율변동의 신축성의 정도와 형태에 따라 (1) 단일통화(single currency) 또는 복수통화 바스켓(basket of currencies)에 고정시키는 페그(peg)제도, (2) 제한적(limited flexible)변동환율제도, (3) 신축적(more flexible)변동환율제도 등 세 가지 유형으로 크게 구분할 수 있다.

페그제도는 특정통화에 대한 자국통화를 일정 수준에 고정시키는 제도로서 페그된 통화와의 환율변동폭이 1% 이하로 극히 제한되고 있는 경우를 가리킨다. 이는 다시 미국달러화, 프랑스프랑화 등 단일특정통화에 대해 자국통화를 고정시키는 단일통화페그제도와 SDR이나 자국의 무역규모를 감안하여 선정한 일군의 통화바스켓에 대해 연동시키는 복수통화페그제도로 구분되고 있다.

제한적 변동환율제도는 특정통화에 대한 환율변동폭이 1~2.25%범위 내로 제한되고 있는 환율제도인데 이는 다시 유럽통화제도(유럽an Monetary System; EMS)와 같이 참가국간의 환율변동폭만을 제한하고 비참가국 통화에 대해서는 제한 두지 않는 공동변동환율제도와 특정 단일통화에 대해서만 환율변동을 제한하고 여타 통화에 대해서는 자유로운 환율변동을 허용하는 특정통화제한변동환율제도로 구분되고 있다.

신축적 변동환율제도는 환율변동폭을 2.25%이상 허용하는 환율제도로서 통화당국이 환율결정에 개입하는 정도에 따라 특정지표기준변동환율제도, 관리변동환율제도 및 독립변동환율제도로 세분하고 있다. 특정지표기준변동환율제도는 물가, 국제수지 등 일련의 경제지표를 선정하여 이를 기준으로 하루 또는 1주일 등 단 기간동안 적용할 환율을 미리 설정하고 이 환율수준 유지를 위하여 외환시장에 매매개입을 하는 제도이며 관리변동환율제도는 정책당국이 단기적인 목표환율을 설정하고 시장환율이 이와 괴리될 때 외환시장에 개입하는 제도이다. 독립변동환율제도는 가장 신축적인 형태의 환율제도로서 환율이 전적으로 외환시장에서의 외환의 수요·공급관계에 의하여 결정되며 환율조정속도를 조절하기 위해서만 극히 제한된 범위의 공적 개입이 이루어지는 제도이다.

4) 단일통화페그제도와 복수통화페그제도

오늘날 대부분의 주요 선진국들의 환율은 이국환시장에서의 외환의 수요와 공급에 따라 환율이 결정되는 변동환율제를 실시하고 있다. 그러나 중국을 비롯한 대부분의 개발도상국들은 이와 같은 변동환율제도(외환수급의 자유로운 변동과 그에 따른 환율의 변동)를 운영할 수가 없다. 엄격한 외환통제(exchange control)를 실시하고 있는 이들 나라는 개인이나 기업들에게 외국환의 자유로운 보유 및 사용을 허용하지 않으며, 따라서 이들 나라에는 실질적인 의미에서의 외국환시장이 형성되어 있지 못하기 때문이다.

① 단일통화페그제도

단일통화페그제도란 말 그대로 일국통화의 환율을 특정한 단일의 외국통화에 고정(peg)시키는 환율제도를 말한다. 우리나라는 1974.12.7.~1980.1.11. 동안 원화의 환율을 1달러=484원으로 고정시켰다. 그리고 1980.1.12.~2.26 동안에는 580원으로 고정하였다. 다시 말해서 우리나라는 달러페그제도를 취했던 것이다. 이와 같이 달러페그제도를 채택하면 원화의 달러에 대한 환율은 고정되지만 제3국 통화들에 대한 환율, 예를 들어 일본의 엔과 독일의 유로에 대한 환율은 매일 매일 변동하게 된다. 왜냐하면 달러와 엔, 그리고 달러와 유로의 환율이 매일 매일 변동하고 있기 때문이다. 단일통화페그제도 하에서는 자국통화의 대외가치는 페그된 통화의 대외가치의 변동을 그대로 반영하여 결정된다. 단일통화페그제도 하에서는 페그된 통화(달러)의 강세 또는 약세에 따라 원화의 평균적인 대외가치(이를 실효환율(effective exchange rate)이라 함)가 변하게 된다.

단일통화페그제의 가장 큰 문제점은 이처럼 페그된 통화(달러)와 여타 통화간의 환율이 변하게 되면 자국통화(원화)와 여타 통화간의 환율이 자동적으로 변동하게 된다는 점이다. 다음에서 살펴 볼 복수통화페그제도는 이같은 단점을 보완하기 위해 고안된 환율제도이다.

② 복수통화페그제도

복수통화페그제도란 자국통화의 환율을 단일통화에 고정시키는 것이 아니라 여러 외국통화로 구성된 바스켓(currency basket)에 고정(peg)시키는 환율제도를 말한다.

그러면 복수통화페그제도에서 환율은 만약 원화의 각 통화에 대한 환율을 계산하면 원화의 대달러 환율을 먼저 결정하면 원화의 엔과 마르크에 대한 환율은 달러대 엔, 대마르크 환율로부터 자동적으로 산출된다.

복수통화페그제도를 취하는 경우, 원화시세는 각 통화별로는 변동하지만 바스켓 구성 통화 전체에 대해서는 아무런 변동이 없다.[17)]

이상에서 살펴본 복수통화페그제도하에서의 환율결정의 특징을 단일통화(달러)페그제도와 비교해 보면 다음과 같다. 첫째, 단일통화(달러)페그제도하에서는 페그된 통화(달러)에 대한 환율은 고정되고 제3국 통화에 대한 환율만 변동하나, 복수통화페그제도하에서는 달러를 포함하여 모든 통화에 대한 환율이 변동한다. 둘째, 단일통화페그제도에서는 달러가 엔과 마르크에 대해 약세를 나타낼 때 원화도 같은 비율로 엔과 마르크에 대해 약세를 나타내나, 복수통화페그제도하에서는 원화도 달러에 대해 강세를 나타내므로 원화가 엔과 마르크에 대해 약세가 되는 폭은 단일통화(달러)페그제도하에서 보다 적다.

셋째, 복수통화페그제도하에서 자국통화(원)는 외국환시장에서 약세가 된 통화(달

17) 여기서 설명한 복수통화페그제도의 원리는 순수한 페그제도에 대한 것이다. 즉 정부가 별도로 조정을 가하지 않는 경우이다. 그런데 우리나라의 경우는(후술하듯이) 이렇게 해서 산출된 원화의 달러환율을 정부가 어느 정도 조정(가 혹은 감)을 가하고 있다.

러)에 대해서는 강세가 되고 강세가 된 통화(엔과 마르크)에 대해서는 약세가 되므로, 자국통화의 평균적인 대외가치는 변화하지 않는다.

5. 환율변동의 효과

해방 이후 줄곧 하락해 왔던 우리나라의 대미국달러시세는 1986년 6월부터 상승했고 IMF 이후 다시 하락했다. 1986년의 상승세는 1986년부터의 경상수지흑자로의 전환과 더불어 우리 경제의 발전적 전환을 말해 주는 또 하나의 사례라 할 것이다. 그런데 지금까지 줄곧 원화시세의 하락(환율상승)만 경험해 온 우리 기업인들과 일반국민들은 새로이 전개되는 이 환율추이의 의미를 정확히 파악하여 이에 적절히 대처해 나가지 않으면 안 될 것이다.

첫째, 수출기업의 대외경쟁력이 약화된다(그런데 이 경우 수출용자재를 수입하는 수출기업으로서는 원화표시 원자재 수입가격이 하락함으로써 비용이 감소되는 경우도 있다). 예컨대 수출업체 A사가 수출품을 환율하락 전에는 1,000달러의 가격으로 수출, 88만원(1,000달러×880원)의 원화를 받았다고 하자. 이제 환율이 800원으로 떨어지게 되면 A사는 80만원 밖에 못 받게 되므로 채산성이 악화된다. A사가 종전의 채산성을 유지하기 위해서는 수출단가를 1,100달러로 인상하지 않으면 안된다. 수출가격의 인상은 A사의 수출물량과 수출수입(원화)을 감소시키게 되며, 우리나라 전체의 입장에서 볼 때 외화(달러) 획득이 감소된다. 이 때 만일 A사가 종전의 수출수준을 유지하기 위해 수출가격을 전연 인상하지 않는다면, 환율하락으로 인한 개당 8만원의 손실을 원가절감에 의해 보충할 수 있어야 한다. 즉 기술혁신에 의한 생산비의 감소, 임금코스트 축소를 위한 인력의 축소, 부품의 일부를 임금수준이 낮은 개발도상국으로부터 조달 등의 방법에 의해 보충할 수 있어야 하는 것이다. 만일 해외시장에서의 격심한 경쟁으로 인해 수출가격의 인상이 불가능하고 코스트 축소도 불가능하다면, A사로서는 수출을 포기하지 않을 수 없게 된다.

둘째, 수입기업으로서는 수입품의 가격이 하락하므로 유리하게 되며 우리나라 전체로서는 수입의 증가로 인해 무역수지가 악화된다. 예컨대 수입기업 B사가 원화시세의 상승폭(10%)만큼 수입물량을 증가시킨다고 할 때 지급하는 원화금액은 동일하므로 그만큼 이익이 되며, 우리나라 전체로서는 달러표시 수입액이 증가되어 외화유출이 그만큼 늘어나게 된다.

셋째, 이와 같이 원화표시 수입가격이 하락하므로 국내물가가 하락하게 된다. 수출기업으로서는 수출용 원자재의 수입가격 하락과 더불어 국내의 전반적인 물가하락으로 수출품의 생산코스트가 낮아지므로 그만큼 유리하게 된다.

환율	달러수입가격	원화수입가격	수입수량	수입금액(달러)	수입대금(원화)
880원	1,000달러	88만원	5,000개	500만달러	44억원
800원	1,000달러	80만원	5,500개	550만달러	44억원

넷째, 외화도입기업은 원금상환 및 이자지급의 부담이 감소되므로 유리하게 된다. 예컨대 1년에 1,000만달러의 원리금을 지급해야 하는 기업의 경우, 종전에는 88억을 지급했으나 이제 80억원만 지급하면 되므로 부담이 줄어든다.

다섯째, 각 개인에게 미치는 영향을 보자. (1) 해외근로자는 손해가 된다. 예컨대 월소득 1,000달러의 해외근로자 가족은 종전에는 88만원을 받았으나 이제는 80만원 밖에 받지 못하게 된다. (2) 해외유학생이나 해외관광을 나가는 사람들은 이익이 된다. 예컨대 1년간의 유학경비가 1만 달러인 경우 종전에는 880만원이 필요했으나 이제 800만원만 있으면 된다. (3) 수입품을 사용하는 소비자들에게는 이익이 된다. 종전에 88만원에 사왔던 1,000달러 짜리 수입품을 이제는 80만원만 지급하면 되므로 소비자들은 소득이 증가한 것과 같은 효과를 얻게 된다.

제5장 국제수지

국제수지는 우리 국민경제에 매우 큰 중요성을 갖고 있다. 따라서 본서에서는 국제수지 그 자체만의 서술에 시종해 버리는 유서와는 달리 국제수지와 국민경제와의 관계에 상당한 비중을 두고 서술하였다.

1985년까지 국제수지는 우리나라 경제문제에서 최대의 관심사 중의 하나로 되어 있었다. 우리가 국제수지에 관심을 갖는 것은 국제수지가 일국의 대외거래의 결과를 그대로 반영하고 있기 때문이다. 따라서 국제수지에 대한 관심은 그것이 국제수지 악화에 대한 염려이든 호전에 따른 안도감이든간에, 결국은 우리나라의 대외거래 상황에 대한 관심인 것이다.

제1절 국제수지의 원리와 체계

일국이 일정기간, 예컨대 6개월이나 1년 사이에 국가 전체로서 외국에 지급한 돈과 외국으로부터 수취한 돈의 총액을 「국제수지」(balance of payments)라 하며, 이를 표로서 작성한 것을 「국제수지표」라고 한다.

국제수지와 비슷한 말로 「국제대차」(international indebtedness)라는 말이 있다. 국제대차란 한 나라가 일정한 시점(보통 연말)에서 외국에 대해 얼마만큼의 채권·채무를 지니고 있는가를 종합적으로 표시한 것이다.

본 절에서는 국제수지의 원리와 체계, 구성항목 그리고 국제수지의 분류에 대해 살펴보고자 한다.

▌표 3-1▐ 우리나라 국제수지 체계(1986년)

(단위: 억달러)

a. 국제수지의 체계

무역수지 (⊕42)
무역외수지 (⊖6)
이전수지 (⊕10)
→ 경영수지 (⊖46)

경영수지 (⊖46)
장기자본수지 (⊖20)
→ 기초수지 (⊕26)

기초수지 (⊕26)
단기자본수지 (⊖46)
오차 및 누락 (⊖5)
→ 종합수지 (⊕17)
‖
금융계정 (⊖17)
{부채상환(15), 자산증가(2)}

b. 경상거래와 자본거래의 구분

경상수지	자본수지
경상수지⊕46 (오차 및 누락)⊖5	장기자본수지⊖20 단기자본수지⊖4 금융계정⊖17
계 ⊕41	계 ⊕41

우리나라의 국제수지구조 요약(1986년)

경상수지⊕
- 장기자본수지⊖
- 단기자본수지⊖
- 오차 및 누락⊖
- 금융계정⊖

경상수지⊕>기초수지⊕>종합수지⊕

1. 국제수지표의 구성원리

국제수지표는 대외거래로 인하여 발생하는 실물의 흐름과 자금의 흐름을 동시에 파악·기록하기 위하여 모든 거래를 복식부기의 원리[18]를 적용, 수취란(대변)과 지급란(차변)에 대응기록하여 작성한다. 수취와 지급의 구별은 외화가 수취되느냐 지급되느냐를 기준으로 한다. 즉 어떤 거래가 외화의 수취를 가져오면 해당항목의 수취란(대변)에 기록한 후 대응되는 항목의 지급란(차변)에 기록하며 외화의 지급을 가져오면 그 항목의 지급란(차변)에 기록한 후 대응되는 항목의 수취란(대변)에 기록한다.

이와 같이 대외거래는 외환의 수취발생이냐 지급발생이냐에 따라 대변과 차변으로 분류되며, 또한 거래의 성격에 따라 경상거래항목과 자본거래항목으로 분류된다. 경상거래는 상품의 수출입, 서비스거래, 이전거래로 구성되며 자본거래는 장기자본거래, 단기자본거래, 금융계정으로 구성된다. 그리고 조정항목으로서 오차·누락계정이 있다.

2. 국제수지의 주요항목

국제수지를 구성하는 주요항목의 성격을 요약하면 다음과 같다.

1. 「상품수출 및 수입」－상품의 수출 및 수입을 기록한다. 통관통계에서는 수출은 FOB조건, 수입은 CIF조건으로 기록하지만 국제수지에서는 모두 FOB조건으로 기록한다. 왜냐하면 운임과 보험료는 무역외수지 항목에 별도로 기록되기 때문이다.
2. 「운임 및 보험」－이 항목은 상품의 수출입에 따라 발생하는 운임 및 보험료의 수취와 지급을 기록한다. 예컨대 A국이 FOB조건으로 B국에 수출했을 경우 B국의 수입업자가 운임 및 보험료를 지불하게 되는데, 이때 A국 선박을 이용하면 A국 운임·보험료항목의 수취가 되며 타국의 선박을 이용하면 A국 국제수지에는 기록되지 않는다. A국이 CIF조건으로 수출하는 경우 자국선박을 이용하면 자국의 운임수취로 기록되고, 타국의 선박을 이용하면 A국 국제수지에는 아무런 영향이 없다. 한편 상품수출입에 수반되는 운임이 아닌 경우에는 「기타운수」 항목에, 그리고 상품의 수출입과 관계가 없는 보험료는 「기타 재화 및 용역」항목에 기록된다. 「기타 운수」 항목은 항공운임, 선박용선료, 항만경비 등으로 구성된다.
3. 「여행」－이 항목은 외국관광객이나 상용여행자들이 우리나라에서 지출한 금액이 수취로 기록되고 우리나라 여행자나 유학생이 외국에서 지출한 것은 지급으로 기록된다. 여행자의 지출 중 항공료나 선임은 「기타운수」항목에 기록되며, 여행자들이 암시장에서 환전하는 경우 등 공식경로를 통하지 않는 부분은 「여행」 항목에서 누락된다.

---

18) 복식부기의 원리는 「대차평균의 원리」와 「거래의 이중성」으로 요약된다.

4. 「투자수익」－이 항목은 자본의 국제이동에 수반하여 발생하는 과실의 수취 및 지급을 기록한다. 국내자본의 대외투자에 의해 얻는 수익은 수취로, 국내로 투자되고 있는 외국자본의 수익은 지급에 각각 계상된다. 그 내용은 직접투자의 수익(이윤, 배당금), 증권의 배당금, 장기무역신용·차관·외채·예금 등의 이자로 되어 있다.
5. 「기타재화 및 용역」－이 항목에는 먼저 공적기관의 대외거래 중 다른 항목에 포함되지 않는 것이 계상된다. 그 대부분은 외교단과 주둔군의 경비이다. 주한미군의 물자·용역의 국내구입과 미군 및 군속, 그리고 그 가족의 개인소비지출도 이 항목에 포함된다. 민간거래에서는 영화필림임대료·저작권료·음악출연료·해외잡지구독료 등 개인소득적인 것과 상사활동에 필요한 경비(해외사무소경비, 대리점수수료, 광고선전비, 견본시비용 등), 기술거래에 수반하는 경비(특허권사용료, 노하우사용료) 그리고 재보험·생명보험 등의 비상품보험료와 해외건설수출에 따른 수취금 및 경비지급이 이 항목에 기록된다.
6. 「이전거래」－반대급부를 수반하지 않는 이전거래는 현물 또는 금전형태로 이루어지는데, 현물인 경우에는 우선 상품·용역계정에, 금전인 경우에는 자본계정에 기록된 다음 이전거래계정에 그 대응기록이 이루어진다. 이전거래는 거래의 주체에 의해 민간과 공적기관으로 구분된다. 민간이전거래에서는 이민이나 노동자의 송금, 종교단체의 기부, 세금 등이 계상된다. 공적이전거래는 배상, 무상의 경제협력, 정부간의 재해구호금 등이 주된 것이다. 보세가공용 원자재의 무환수입도 이 항목에 기록된다.
7. 「장기자본거래」－이 항목에는 금융기관을 제외한 민간기업과 정부(지방정부포함)의 대외장기자본거래가 기록된다. 직접투자 및 증권투자도 여기에 포함된다. 한국산업은행·수출입은행·장기신용은행은 금융기관이 아닌 개발기관으로 분류되므로 이들 은행에 의한 장기자본의 도입과 상환도 이 항목에 포함시킨다.
8. 「단기자본거래」－이 항목에는 연불수입(D/A 및 usance)과 그 상환, 연불수출의 제공과 그 입금, 기업의 단기차입과 그 상환이 기록된다.
9. 「오차 및 누락」－수많은 대외거래들을 그때 그때 복식부기의 원리에 맞추어 개별적으로 기록하는 것은 불가능하므로, 실제 국제수지표를 작성함에 있어서는 대외거래에 관한 통계자료들을 사후적으로 분류, 작성한다. 따라서 통계자료의 출처가 서로 다르고 완전한 포착이 이루어지지 않아 대변과 차변의 합계가 일치하지 않게 되므로 「오차 및 누락」이라는 조정항목으로 이를 사후적으로 일치시키고 있다.

3. 국제수지의 분류

국제수지표는 복식부기원리에 의해 작성되기 때문에 모든 항목을 합치면 대변과 차변의 합계가 일치(즉 국제수지가 균형)한다. 그러므로 일국의 대외결제상환을 분석함에 있어서는, 국제수지표의 전항목 사이에 일선을 그어 상부항목과 하부항목으로 나누고 상부항목 전체의 수지가 어떻게 나타나는가를 본다.[19] 그 구분선을 어디에 긋느냐에 따라서 무역수지, 경상수지, 기초수지, 종합수지로 구분된다. 각각의 수지는 나름대로 장점을 갖고 있으나 그 방식 하나만으로서는 국제수지상황을 정확하게 대표할 수 없으므로 그 나라의 상황에 비추어 가장 적절한 수지를 중시하면서 아울러 다른 수지의 변화 추이도 감안해야 한다.

1) 무역수지

상품의 수출액과 수입액의 차액을 무역수지라 한다. 상품무역이 대외거래의 주종을 이루므로 무역수지는 대외거래상황에 관한 가장 기본적인 지표가 된다.

2) 경상수지

무역수지, 무역외수지, 이전수지를 합쳐서 경상수지라고 한다. 경상수지에서 이전수지를 뺀 부분(즉 무역수지에 무역외수지를 합한 부분 = 재화와 용역의 총 수출 − 재화와 용역의 총수입)은 국민총생산 의 한 구성요소가 된다(국민소득계정 $Y = C + I + X - M$의 $X - M$부분에 해당). 이와 같이 경상수지는 대외거래의 실물적 측면(금융적 측면인 자본수지의 대칭개념으로서)을 총체적으로 나타내기 때문에 대외거래가 국민경제에 미치는 영향을 분석함에 있어 그 출발점이 될 뿐 아니라, 경상수지의 규모 여하에 의해 국민총생산이 영향을 받게 되며, 따라서 이는 국내의 고용·실업과 밀접하게 관련된다.

경상수지가 적자인 경우에는 자본수지의 흑자에 의해 메워져야 한다. 자본수지가 흑자가 된다는 것은 자본의 유출규모보다 유입규모가 많다는 것을 의미하므로 그 흑자폭만큼 외채가 늘게 되는 것이다. 경상수지와 국민경제의 관계를 살펴보면 국민경제에 있어 재화 및 용역의 총 공급은 사후적으로 반드시 총 수요와 일치하게 되어

19) 이때 선 위의 거래를 「자발적 거래」라 하고 선 아래의 거래를 「조정적 거래」라 한다. 예컨대 상품수출은 수출업자가 이익을 얻기 위해 행하는 자발적 거래이며, 외화부족을 메우기 위해 은행이 외국에서 자금을 차입하는 거래는 조정적 거래이다.

있다.

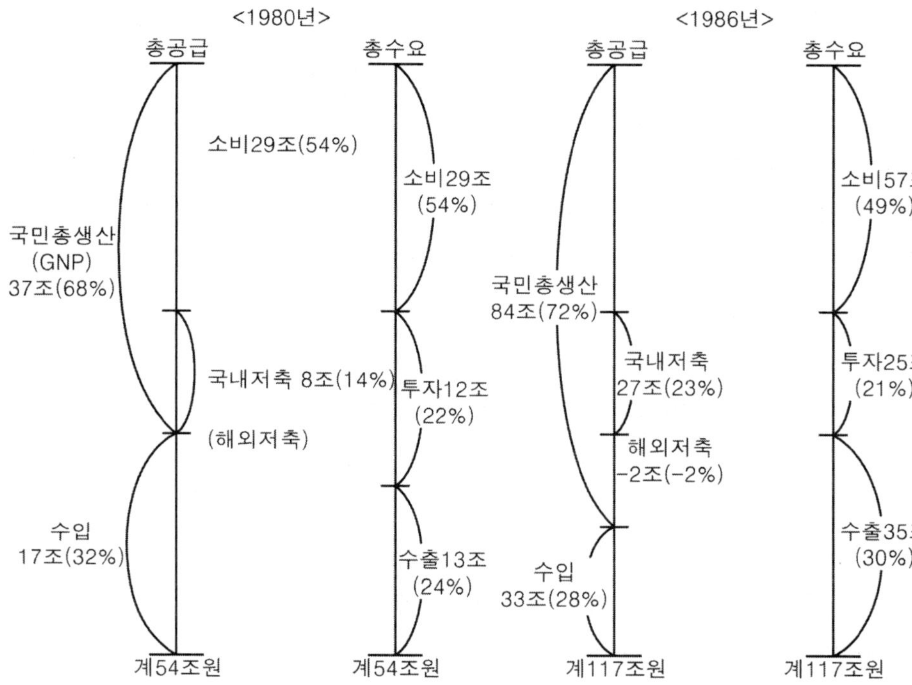

[그림 3-1] 국민경제의 총공급과 총수요의 구조[20)]

3) 기초수지

기초수지는 경상수지에 장기 자본수지를 합한 것이다. 기초수지의 균형은 두 가지 경우가 있을 수 있다. 하나는, 경상수지는 흑자지만 장기 자본수지가 적자로 되는 경우이고(일본의 경우), 다른 하나는 경상수지는 적자지만 장기 자본수지가 흑자로 됨으로써 양자가 균형을 이루는 경우이다. 대체로 전자는 선진국의 경우이고 후자는 개발도상국의 경우이다.

기초수지에 의하여 국제수지의 균형·불균형을 판별하는 근거는 첫째, 상품·용역의 수출입 같은 경상거래와 해외투자·차관공여 같은 장기자본거래는 국제수지의 기본적 방향을 결정하는 거래들이고, 단기자본이나 금융거래는 이를 뒷받침하기 위한 보전적 거래들이기 때문이다. 둘째, 단기자본이동이나 금융거래들이 가변적이고 불안정적인데 반하여 경상거래와 장기자본거래는 단기적으로는 안정적이고 장기적으

20) 자료: 경제기획원, 주요경제지표, 1987, pp. 32~55에서 작성

로는 국민경제의 발전추세에 맞추어 점진적으로 변동하기 때문이다.

그러나 이 기초수지에 의해 일국의 국제수지 균형여부를 판별하는 경우에도 상당한 난점이 있다. 즉 무역수지가 국제적인 경기순환국면의 차이로 인해 단기적인 변동을 나타낼 수 있고(예컨대 미국의 1982~84년 무역적자확대의 원인 중 하나는 미국의 경제성장이 다른 선진국보다 컸기 때문임), 또 장기자본 중에도 실질적으로는 단기에 방향이 역전되는 것도 적지 않다. 특히 증권투자, 은행대부, 그리고 직접투자에 포함되어 있는 모·자회사간의 자금이동 등은 이자율·증권가격·환율 등의 변동에 따라 급격한 움직임을 보일 경우가 있는 것이다.

4) 종합수지

종합수지는 기초수지에 단기자본수지와 오차·누락 항목을 합한 것이다. 그러므로 종합수지는 일국의 대외경제상황을 민간 및 정부거래에 따른 대외유동성포지션의 변화에 의해 파악한다. 종합수지의 적자는 경상수지적자를 차관 등 장기자본의 도입과 무역업자들에 의한 단기자본신용의 조달로써 보전하고도 모자라는 부분을 의미하며, 이는 그 나라의 은행이 해외의 거래은행에서 조달하는 은행차입금과 보유외환에서 충당되어야 함을 의미한다.

종합수지를 중요시하는 것은 단기자본은 그 유출입이 불안정하므로 안정적인 장기자본거래와 분리시켜야 한다는데 그 근거를 두고 있다. 그러나 우리나라의 경우에는 엄격한 외환관리 때문에 투기적인 단기자본이동은 없고 그 대부분이 Usance나 D/A같은 무역신용으로 되어 있다.

기초수지가 경상수지에 장기자본수지만을 가산함으로써 대외지불 상태의 장기적이고 추세적인 동향을 파악하려고 하는데 비하여, 종합수지는 단기자본수지까지도 포함시킴으로써 국제수지의 불균형 상태를 유동성 측면에서 파악한다. 그러므로 종합수지는 기초수지와 더불어 국제수지의 균형·불균형 분석을 위한 유용한 기준으로 사용되고 있다. 또한 종합수지는 국내통화공급의 요인분석에 있어서 해외부문으로부터의 통화증감 분석과 직결되어 있다(다음의 [참고]란을 참조할 것).

그러나 종합수지 방식도 국제수지의 불균형을 판정하는데 절대적인 것은 아니다. 왜냐하면 금융부문의 거래를 모두 조정적 거래로 보고, 민간부문의 단기자본거래를 모두 자발적 거래로 보는 것은 하나의 편법에 지나지 않기 때문이다. 민간부문의 단기자본거래도 조정적거래의 성격을 갖는 것이 없다고는 말할 수 없다. 예컨대 수입이 증가한 경우 이것이 은행의 대외차입 증가에 의해 충당되면 종합수지에는 적자요인으로 되어 나타난다(왜냐하면 이 거래는 경상계정 수입항목의 지급란, 금융계정의 수취란에 기록되므로). 그러나 수입업자가 직접 외국의 수출업자로부터 무역신용을 제공받는다면, 수입증가에 의한 적자요인은 민간단기자본수지의 흑자요인에 의해 상쇄되기 때문에 종합수지는 영향을 받지 않는 것으로 나타나는 것이다. 이와 같은 점에 문제가 없는 것은 아니지만 종합수지 방식은 단기적이 대외지급능력의 변화를 이해하는 데 있어 가장 좋은 기준이라고 할 수 있다.

5) 금융계정

금융계정은 공적 부문인 중앙통화기구와 민간은행부문인 기타 통화기구로 나누어진다. 공적부문은 정부 및 중앙은행의 유동적인 외화자산의 증감을 나타내는 외환보유액 등으로 구성되며, 민간은행부문은 외국환은행의 대외금융자산 및 부채로 구성된다. 금융계정의 자산과 부채의 내역을 보면, 자산에는 통화당국의 금보유액을 비롯하여 중앙은행과 민간은행이 해외에 보유하고 있는 외국통화 및 외화예치금과 유가증권, 외화대출금, 미추심외환 등이 있으며, 부채에는 외국의 대국내 은행예치금과 대국내 단기자산, 외화차입금(뱅크론 및 리파이넌스), IMF차입금 등이 있다. 뱅크론은 국제금융시장에서 조달하는 일종의 은행현금차관이며, 리파이넌스는 무역거래결제에 수반하여 금융기관들이 해외거래은행들로부터 공여받는 단기은행차입을 말한다.

금융계정의 수지차는 종합수지와 일치한다. 즉 상품·용역·이전거래 등 실물거래와 그것에 수반하여 또는 전혀 독립으로 이루어지는 장·단기 자본거래는 궁극적으로 금융자산의 대외수취 또는 대외지급거래를 발생시킨다. 예컨대 경상거래의 적자는 금융자산의 감소 혹은 금융부채의 증가를 초래하고, 자본거래의 흑자는 금융자산의 증가 혹은 금융부채의 감소를 가져오게 된다. 금융계정은 이처럼 금융자산 및 금융부채의 증감을 나타낸다.

제2절 국제수지조정의 이론과 정책

국제수지의 불균형(적자 혹은 흑자)은 무한정 계속될 수 없다. 국제수지의 적자가 누적된다는 것은 외채부담이 커진다는 것을 의미하며, 흑자의 누적은 상대국의 적자 누적을 의미하므로 적자국이 이를 용인하지 않기 때문이다. 그러므로 국제수지의 불균형은 조정되지 않으면 안된다. 국제수지의 조정은 자동적으로 이루어지는 경우와 인위적 조정정책에 의해 이루어지는 두 가지 경우로 대별된다(국제수지 조정을 논함에 있어서는 복잡함을 피하기 위해 무역수지를 국제수지로 봄). 다시 말해서 국제수지에 불균형이 생기면 가격이나 국민소득에 변화가 이루어지게 되고 이에 따라 국제수지는 자동적으로 균형이 이루어지게 되는데, 만일 이같은 자동적 조정이 순조롭지 못할 경우에는 정부가 환율을 변화시키거나 금융·재정정책 등을 사용하는 등 인위적 정책에 의해 불균형을 조정하게 된다.

1. 국제수지의 자동적 조정

국제수지에 불균형이 발생할 때 그것이 자동적으로 조정되어 결국 균형이 이루어지는 경우에 대해서 살펴보자.

1) 금본위제하에서의 가격조정메커니즘

금본위제하에서의 국제수지 조정은 흄(David Hume, 1711 ~ 76)이 처음으로 전개한 「가격·정화이동이론」(price-specie-flow mechanism)에 의해 설명되었다(제 4절의 금본위제도에서 상세히 설명함). 이 이론에 의하면 금본위제하에서는 적자국은 [수입초과 → 금유출 → 국내통화량 감소 → 물가하락 → 수입감소 및 수출증대 → 수출초과]의 과정을 거치고, 흑자국은 그 반대의 과정을 거침으로써 적자국과 흑자국의 불균형이 동시에 조정된다고 본다. 요컨대 이 이론은 금본위제하에서의 국제수지 불균형은 금의 수출입과 이에 따른 국내통화량의 증감에 의한 물가수준의 변동을 통해서 조정된다고 보았다. 즉 화폐수량설적 물가이론과 가격의 신축성을 기초로 한 자동조정메커니즘(automatic mechanism)이 잘 적용되는 것으로 보았다. 이러한 생각은 흄 이후에 스미스, 밀 등에 계승되어 케인즈이론 출현 이전까지 국제수지 조정메커니즘을 설명하는 유력한 이론이었다.

2) 자유변동환율제하에서의 가격조정메커니즘

「자유변동환율제도」(flexible exchange rate system)라 함은 정부가 환율의 움직임에 개입하지 않는 완전한 변동환율제를 말한다. 그런데 앞서 본대로 오늘날 주요 국가들이 채택하고 있는 변동환율제는 정부가 환율의 움직임에 개입하는 관리변동환율제(dirty float)이다. 자유변동환율제하에서는 일국의 국제수지 적자는 그 나라 통화의 환시세(환율이 아님)가 하락함으로써[21] 자동적으로 조정되며, 국제수지 흑자는 그 나라 통화의 환시세가 상승함으로써 자동적으로 조정된다. 그 과정을 보면 적자국에서는 [수입 초과→외환의 초과수요 발생→환시세 하락→수입 감소 및 수출증대→수출 초과]로 되고, 흑자국에서는 그 반대현상이 일어남으로써 국제수지불균형은 다시 균형상태로 조정되는 것이다.

이와 같이 이상에서 본 두 가격조정 메커니즘에서는 국제수지가 불균형으로부터 균형으로 회복되는 것이 얼마나 빨리 이루어지느냐 하는 것은 국내외 물가차(금본위제)와 환율변동(자유변동환율제)에 수출과 수입이 얼마나 민감하게 움직이느냐 하는 탄력성의 크기에 달려 있다.

3) Marshall-러너 조건: 외환시장의 안정성 조건

자유변동환율제하에서 이처럼 국제수지불균형이 환율변동에 의해 자동적으로 조정될 수 있기 위해서는 외환시장이 안정적(stable)이어야 한다. 외환시장이 안정적이라 하는 것은 환율이 올라가면(즉 환시세가 하락하면) 외환공급이 증가하고 외환수요가 감소하며, 환율이 내려가면(즉 환시세가 상승하면) 외환공급이 감소하고 외환수요가 증가하는 것을 말한다. 외환시장이 안정적일 때에는, 일국의 국제수지가 적자로 되더라도 환율이 올라감으로써 국제수지는 다시 균형이 이루어지게 되며, 국제수지가 흑자로 되면 환율이 내려가게 되므로 다시 균형이 이루어지게 된다.

그런데 외환시장이 불안정적이면 어떻게 되겠는가? 다시 말해서 무역이 적자로 되었을 때, 환율이 인상되었음에도 불구하고 외환공급의 증가와 외환수요의 감소가 제대로 일어나지 않는다면 어떻게 될 것인가? 이같은 경우에는 환율이 외환의 수요와 공급에 의해 결정된다고 말할 수 없으며, 또 국제수지의 불균형이 환율의 움직임에 의해 자동적으로 조정된다고 말할 수 없다.

따라서 외환시장에서의 균형이 안정적인가 불안정적인가 하는 것은 환율의 결정이론에서 매우 중요한 문제이며, 또 앞서 다룬 자유변동환율제하에서 가격조정 메커니즘에 의해 국제수지 불균형이 자동적으로 조정되기 위해서는 외환시장이 안정적일 때에만 가능하다.

그러면 외국환시장의 균형이 안정적으로 될 수 있는 조건은 무엇인가? 일반적으로 어떠한 경우에 외국환시장의 균형이 안정적이 되는가 하는 조건을 가리켜 「외국

21) 변동환율제에서 일국 통화의 가치, 즉 환시세가 올라가는 것을 「환시세의 상승」(appreciation)이라하고 환시세가 떨어지는 것을 「환시세의 하락」(depreciation)이라 부른다. 예컨대 엔화의 대미국달러 환율이 $1=￥300에서 ￥200으로 되면 엔시세는 상승, ￥350으로 되면 엔시세는 하락했다고 한다.

환시장의 안정조건」이라고 부르는데, 외국환시장의 가장 단순한 안정조건은 다음과 같은 「마샬·러너조건」(Marshall-Lerner condition)으로 표현된다.

$$e + e_1 > 1$$

위에서 e는 자국의 수입수요의 가격탄력도이고 e_1은 자국상품에 대한 외국의 수입수요의 가격탄력도를 말한다. 마샬·러너조건은 외환시장이 안정성을 가지기 위해서는(다시 말해서, 환율상승이 무역수지의 개선을 가져오기 위해서는, 혹은 자유변동환율제하에서 국제수지의 불균형이 환율의 변화에 의해 자동적으로 조정되기 위해서는), 외국으로부터 수입하는 상품에 대한 자국의 수입수요의 가격탄력도와 자국수출상품에 대한 외국의 수입수요의 가격탄력도의 합이 1보다 커야 됨을 의미한다.

3) 소득조정메커니즘

국제수지가 불균형하게 되면 국민소득이 변동함으로써 자동적으로 균형이 이루어진다. 즉 적자국은 [수출 감소 → 국민소득 감소 → 수입 감소]의 과정을 통하여 균형으로 조정되고, 흑자국의 경우에는 반대현상의 과정을 거쳐서 균형이 이루어진다. 소득조정 메커니즘에 의한 국제수지의 자동적 조정은 이상과 같이 요약될 수 있다. 이를 이해하기 위해서는 국민소득이 어떻게 결정되는지, 그 중에서도 수출의 변동이 국민소득수준의 결정에 어떤 영향을 미치며, 또 국민소득과 수입간에는 어떤 관계가 있는가를 파악하지 않으면 안된다.

국민소득의 창출방정식은 Y=C+I+X-M으로 된다. 그런데 이 식에서 수출(X)과 투자(I)는 국민소득(Y)과 관계없이 독립적으로 이루어지고 수입(M)과 소비(C)는 국민소득의 변화에 따라 변한다(즉 수입은 국민소득의 함수임)고 본다. 수출(X)이 증가하면 국민소득(Y)이 증가하고 수출이 감소하면 국민소득이 감소하며, 또 국민소득이 증가하면 수입이 증가하고 국민소득이 감소하면 수입이 감소하게 된다.[22)]

그러면 수출이 증가할 때 국민소득은 얼마나 증가하는가? 수출이 증가하면 국민소득은 수출규모만큼 증가하는 것이 아니라 그보다 훨씬 더 많이 증가하게 된다. 수출의 증가가 국민소득의 증가를 가져오는 배수를 「무역승수」(foreign trade multiplier)라고 한다. 무역승수는 $\frac{\Delta Y}{\Delta X} = \frac{1}{s+m}$로 나타나게 된다.[23)] 이는 수출이 ΔX만큼 증

22) 개방경제에 있어서 거시균형에 대해서 부록 3을 참조하시오.

23) 무역승수의 도출과정은 다음과 같다. 창출된 국민소득(Y=C+I+X-M)은 처분된 국민소득(Y=C+S)과 같으므로 S+M=I=X로 된다. 저축(S)과 수입(M)은 국민소득과 함수관계를 가지

가할 때 국민소득은 ΔX의 $\frac{1}{s+m}$배 만큼 증가함을 의미한다(s는 한계저축성향이며 m은 한계수입성향을 가리킴). 독자들은 제5장의 수출의 생산유발효과에서 1986년 중 수출은 347억 달러인데 동수출에 따른 생사유발액은 701억 달러로서 수출의 생산 유발도가 2.03배로 나타났음을 기억할 것이다.

이제 이상에서 본 관계식을 응용하여 보자. A국의 수출과 수입이 균형이 되어 있다가(X=M) 수출이 10,000달러 증가함으로써 무역수지가 흑자(국제수지의 불균형 발생)로 되었을 경우 소득조정메커니즘이 어떻게 작용하며 그 결과는 어떻게 될 것인가? (단, A국의 한계저축성향(s)은 0.25, 한계수입성향(m)은 0.15라고 봄). 그 과정은 다음과 같이 나타나게 된다.

$$\text{무역승수} = \frac{1}{s+m} = \frac{1}{0.25+0.15} = \frac{1}{0.4} = 2.5$$

$$\Delta Y = (\Delta X) \times (\text{무역승수}) = \$10,000 \times 2.5 = \$25,000$$

$$\Delta M = (\Delta Y) \times \text{한계수입성향}(m) = \$25,000 \times 0.15 = \$3,750$$

즉 수출의 증가($10,000)가 무역승수배(2.5)만큼 국민소득의 증가($25,000)를 가져오고, 국민소득의 증가는 수입의 증가($3,750)를 초래하였다. 여기서 우리는 수출의 증가에 따라 발생한 국제수지의 불균형의 일부가 소득의 변화에 따라 자동적으로 조정된다는 것을 알 수 있다. 그러나 국제수지 불균형은 소득조정에 의해 완전한 조정이 이루어지지 않으며 부분적인 조정에 그친다.

2. 국제수지의 조정정책

이와 같이 국제수지 불균형은 소득 및 물가수준의 변화에 따라 자동적으로 조정되는 경향이 있다. 그러나 이와 같은 자동적인 조정메커니즘은 일반적으로 국제수지의 불균형을 완전하게 조정하지는 못하며, 그 조정효과가 나타날 때까지는 상당한 기간이 흘러야 한다. 그러므로 국제수지에 불균형이 발생하면 정부는 국제수지의 조정을 위한 별도의 정책을 취하게 되는 것이다.

므로 S=sY, M=mY로 나타낼 수 있다. 그러므로 sY+mY=I+X가 성립한다.

즉 $\frac{Y}{I+X} = \frac{1}{s+m}$이다. 여기서 투자(I)는 변동이 없고 수출만 ΔX만큼 증가했다면, 이 식은 $\frac{\Delta Y}{\Delta X} = \frac{1}{s+m}$로 되는 것이다.

일반적으로 일국 정부가 국제수지 조정정책으로서 사용하는 수단에는 (1) 재정정책과 금융정책, (2) 환율조정, (3) 무역정책, (4) 외국환거래에 대한 규제의 네 가지가 있다.

1) 재정정책과 금융정책

우리는 앞서 국제수지의 적자가 발생하는 이유는 근본적으로 소비와 국내투자로 구성되는 국내총수요(국내총지출)가 국민총생산을 초과하기 때문이며 흑자가 발생하는 이유는 국민총생산이 국내총지출을 초과하기 때문이라는 것을 보았다.

그러므로 국제수지의 불균형을 조정하기 위해서는, 적자일 때는 (ⅰ) 국내 총지출을 줄이거나, (ⅱ) 총생산을 늘리거나, (ⅲ) 혹은 총지출 증가가 총생산 증가보다 적어지게 해야 하며, 흑자일 때는 그 반대로 하면 되는 것이다. 따라서 총수요를 조절하면 국제수지 불균형을 조정할 수 있게 된다. 이와 같이 총수요(총지출)를 변화시킴으로써 국제수지의 불균형을 조정하려는 정책을 가리켜 「총수요관리정책」 또는 「지출전환정책」이라고 부르는데, 그 대표적인 정책수단이 재정정책과 금융정책이다.

재정정책(fiscal policy)이란 정부지출의 증감이나 조세의 증감에 의해 총수요를 관리하는 정책을 말하며, 금융정책(monetary policy)이란 중앙은행의 재할인율이나 지불준비율을 변경시킴으로써 통화량과 이자율을 변화시켜 총수요를 관리하는 정책을 말한다.

재정정책이 총수요 가운데 정부지출에 직접 영향을 줌으로써 국제수지의 불균형을 조정하려고 하는데 비해, 금융정책은 일반적으로 총수요 가운데 주자지출을 변화시킴으로써 국제수지를 조정하는 것을 목적으로 하고 있다. 중앙은행이 시중은행에 대한 재할인율을 인상시키면 시중은행의 이자율도 인상된다. 또한 시중은행에 대한 지불준비율을 인상하면 통화량이 감소하고 시중의 자금사정이 악화하여 역시 이자율이 오르게 된다. 이자율의 인상은 투자비용의 증가를 가져오므로 투자가 감소한다. 반대로, 중앙은행이 재할인율이나 지급준비율을 인하시키면 이자율이 떨어지고 따라서 투자가 촉진된다.

2) 환율조정

환율조정은 환율변동이 자유로운 변동환율제도하에서는 원칙적으로 국제수지의 조정수단으로 간주될 수 없다. 왜냐하면 변동환율제도하에서는 환율이 외환에 대한 수요·공급에 의해 시장에서 자동적으로 결정되며, 국제수지 불균형이 발생하게 되면 외환의 수요·공급관계가 변하고 이에 따라 환율이 변함으로써 국제수지는 항상 균형을 유지하므로 환율을 정책적으로 조정할 필요가 없기 때문이다. 그러나 오늘날 실시되고 있는 변동환율제는 완전히 자유로운 변동환율제가 아니며 통화당국이 시장에 개입할 수 있게 되어 있다. 따라서 현행 변동환율제 하에서는 통화당국의 개입에 의한 환율조정이 국제수지의 조정정책수단으로 이용될 수 있는 것이다.

환율조정이 국제수지조정에 있어 유력한 수단이 될 수 있는 것은, 환율의 변화는 수출재와 수입재의 가격수준을 변화시키는 효과를 가지고 있기 때문이다. 일국의 국제수지가 적자일 때 평가절하(환율의 인상)를 행하면 우선 수출재의 국제가격을 인하할 수 있으므로 국제경쟁력이 향상되어 수출이 증가한다. 반면 수입재의 국내가격이 상승하기 때문에 수입은 감소하고 수입재의 국내생산은 증가하게 된다. 이와 같이 평가절하는 수출의 증가와 수입의 감소를 가져오므로 국제수지를 개선시키게 된다. 한편, 일국의 국제수지가 흑자일 때 평가절상(환율의 인하)을 행한다면 위에서와는 반대로 수출은 감소하고 수입이 증가하는 한편 수입재의 국내생산은 감소한다. 따라서 국제수지의 흑자폭은 줄어든다. 그런데 평가의 변경이 국제수지의 불균형을 조정할 수 있기 위해서는, 앞서 본 외국환시장의 안정조건인 마샬·러너조건이 충족되어야 한다. 즉 자국과 외국의 수입수요의 가격탄력도의 합계가 1보다 커야만 한다.

그런데 환평가의 변경이 직접적으로는 국제수지의 불균형을 조정할 수 있다고 하더라도 2차적으로는 오히려 국제수지의 조정효과를 상쇄하는 작용을 가지고 있다는 사실에 유의해야 한다. 예컨대 국제수지의 적자를 타개하기 위해 평가절하조치를 취한 경우를 보자.

첫째로, 평가절하에 따라 수출이 증가하고 수입이 감소하면 국민소득이 증가하게 된다. 국민소득이 증가하게 되면 수입이 증가하므로 국제수지가 악화된다. 둘째로, 평가절하는 국내물가를 상승시킨다. 왜냐하면 우선 국민소득이 증가하여 경기가 활발해 짐에 따라 물가에 대한 상승압력이 커지고, 다음으로는 수입되는 원자재의 가격이 평가절하로 인해 상승하게 되므로 모든 재화의 생산비가 증가하기 때문이다. 이와 같이 물가가 상승하게 되면 평가절하로 인한 국제경쟁력의 상승효과가 상쇄되고 만다. 그러나, 위에서 본 두 가지의 2차적인 효과가 평가절하가 국제수지를 개선시키는 직접적인 효과를 완전히 상쇄하지 않는 한 환율조정은 국제수지조정의 정책수단으로서 유효하다고 말할 수 있다.

3) 무역정책

무역정책(commercial policy)이란 무역거래를 직접 규제하는 정책수단을 말한다. 무역정책은 크게 관세와 비관세장벽으로 나누어진다.

앞에서 본 국제수지 조정정책으로서의 재정·금융정책이나 평가의 변경은 국제 거래에 대한 직접적인 규제조치가 아니며 그 나라의 국제거래 전반에 영향을 미친다. 그러나 무역정책이나 다음에 다룰 외국환의 관리는 특정한 거래, 특정국과의 거래, 특정인의 국제거래를 직접적으로 규제한다는 점에서 앞의 두 정책과 차이가 있다.

4) 외국환의 관리

외환관리제도란 민간의 외국환시장에 대한 참여를 제한하는 방법인데, 구체적으로 말하면 특정한 거래자나 특정한 거래목적을 위해서만 외국환거래를 허용하는 제도를 말한다. 일반적으로 외국환관리제도는 외국환에 대한 초과수요가 지속적으로 발생하여 국제수지의 불균형이 만성적으로 존재할 때 공적 개입이나 앞에서 본 세 가지 국제수지 조정정책에 의해서 환율을 안정시키는 것이 불가능하기 때문에 실시하는 것이지만, 그 밖에도 자본도피(capital flight)를 방지하거나 투기적인 단기자본의 과도한 이동을 제한하기 위한 목적으로 외환관리제도가 실시되기도 한다.

대부분의 국가들은 외환거래를 시장메커니즘에 방임하여 두지 않고 정도의 차이는 있을지언정 정책당국의 관리하에 두고 있다. 특히 우리나라와 같은 개발도상국들의 경우에는 외환시장의 깊이와 폭에 있어서 구조적으로 취약할 뿐 아니라 경제성장을 위한 개발투자와 관련하여 만성적으로 외환부족상태에 놓여 있기 때문에, 미발달한 시장메커니즘을 보완하고 부족한 외환을 보다 효율적으로 사용하기 위하여 정책당국에 의한 적절한 외환관리를 필요로 하고 있다. 그러므로 외환자유화를 기본목표로 하는 IMF도 이러한 사정을 감안하여 외환통제를 잠정적으로 인정하여 주는 이른바 「14 조국」으로 규정하여 선진국들의 경우처럼 외환자유거래 의무가 적용되는 「8 조국」과 구별하여 대우하고 있다.

제 2 편

국제무역정책

제1장 무역정책의 의의와 목적

제1절 무역정책의 의의

오늘날 세계무역을 지배하고 있는 것은 「기본적」으로 자유무역이지만, 경제적 위기의 순간에는 보호무역에 대한 움직임이 언제나 심각하게 팽배한다.

1930년대의 「무역전쟁」, 「환율전쟁」이 극에 달함으로써 급기야 사상 최대의 참화(2차 세계대전)를 초래했다는 뼈저린 반성에서 출발한 전후의 자유무역체제는 매 위기의 순간마다 수정 보완되면서 발전해 왔다. 세계가 또다시 보호무역주의 지배하에 놓이게 된다고 할 때, 또 하나의 세계대전의 발발은 시간문제로 된다는 것을 선진국들은 분명히 인식하고 있기 때문이다. 해마다 열리는 선진국 정상회담(Summit)에서 정상들은 매번 자유무역의 원칙을 재확인한다. 하지만 그들이 실제로 자국에서 행하는 정책은 자유무역의 확대와는 거리가 먼 것이 적지 않고, 또 현실적으로 세계 각국은 보호무역주의적이라고 규정지을 수 있는 조치들을 상당히 많이 취하고 있다.

지난 2010년 서울에서 열린 G20 세계정상회담은 전 세계적인 금융위기에도 불구하고 자유무역에 대한 의지를 다시 확인했으며 중국 또한 자유무역에 대한 의지를 표명하는 것으로 끝났다. 이를 통해 확인할 수 있는 중요한 점은 오늘날 세계 각국은 자유무역이 갖는 값진 가치를 충분히 인식하고 있고, 또 이를 지켜나가야 한다는 결의를 분명히 갖고 있다는 것이다. 우리가 보통 「보호무역조치」라고 일괄적으로 규정지어 버리는 사항들은, 실제로는 자유무역을 지켜나가는 「GATT」가 예외적으로 허용하고 있는 사항인 경우가 대부분이다. 그리고 「수출자율규제」 같은 것은, "GATT의 규정에 그러한 제도를 금지하는 규정이 어디 있느냐?"는 식으로 GATT규정의 맹

점을 교묘히 활용한 것이다. 다시 말해서, 기본적으로 오늘날 세계무역은 자유무역을 주도하고 있는 WTO의 규정을 중심으로 이루어지고 있다. 자유무역의 강도가 1950~60년대에 비해 크게 약화되었던 1970년대에 비해서 지금은 다시 자유무역에 대한 의지가 보다 강화되었다. 기본적으로 「자유무역의 원칙」을 정면으로 배격하고 공공연히 보호무역을 주장하는 국가는 없으며 또 있을 수도 없다.

오히려 지금의 무역정책은 다양하게 변화 발전하여 다양한 형태의 경제통합을 이루었고 또한 세계적 문제에 대한 공동의 대응 방식을 제창하면서 식량문제와 환경문제 등에 대한 전세계적 경제정책의 필요성을 말하고 있다.

제2절 무역정책의 목적

앞 장의 무역이론에서 증명되었듯이 자유무역은 세계의 자원을 가장 효율적으로 사용할 수 있게 하며, 따라서 세계의 생산고를 극대화시킨다. 일국에 있어서나 세계 전체로서나 자유무역이 자급자족(autarky)보다 이익이라는 것은 의문의 여지가 없다.

그러나 실제로 세계 각국은 정도의 차는 있을지언정 모두 국제무역에 대해 그 어떤 제약을 가하고 있다. 그것은 자유무역이 갖는 앞서 본 긍정적 효과와 더불어, 상황에 따라서는 부정적 효과도 가지고 있기 때문이다. 즉 자유무역에 따른 실업의 발생, 무역적자의 발생, 유치산업 육성의 곤란으로 인한 공업화 지연, 식량 등 기본물자의 대외의존 등은 자유무역이 갖는 부정적 효과이다.

무역정책은 무역을 통해 국민복지의 충실을 꾀하는 것을 그 목적으로 한다. 그런데 무역은 위에서 본대로 다면적인 효과를 갖고 있으므로, 그 중 어느 효과를 중시하는가에 따라서 무역정책의 방향은 변하게 된다. 생산자원의 효율향상이 중시될 때에는 무역정책은 자유주의적인 경향을 강하게 가지며, 고용확대, 무역수지 개선, 공업화 촉진, 식량의 자급이 중요시될 때에는 무역정책은 흔히 보호주의적인 경향이 강하게 되는 것이다.

제2장 무역정책의 수단

각국 정부는 수입품의 가격을 올리거나 수출품의 가격을 낮추거나 해서 간접적으로 무역의 흐름을 통제할 수도 있고, 특정상품의 수입량 또는 수출량을 직접 규제할 수도 있다. 「간접통제」의 수단에는 관세, 과징금, 보조금, 복수환율 등이 있으며, 「직접통제」의 수단에는 허가제, 할당제, 국영무역 등이 있다. 여기서는 무역정책의 수단 중 중요한 몇 가지에 대해 간단히 살펴본다.

제1절 관세와 비관세장벽

관세(tariff, customs duties)란 국경을 통과하는 상품에 대하여 부과되는 세금이며, 이는 대표적인 무역정책수단이다. 관세에는 「수입관세」, 「수출관세」, 「통과관세」의 세 가지가 있다. 관세부과의 목적이 오로지 세수를 올리는 데 있었던 중세 및 그 이전의 시대에는, 수입품은 물론 수출품과 국내를 통과하는 외국 상품에도 관세를 부과하였다. 중상주의시대 이후에는, 자국산업의 육성과 무역흑자의 달성을 중요시하게 되고, 한편 세제가 점차로 정비되어 세수원이 다양해짐에 따라, 관세의 중심은 압도적으로 수입관세로 기울어지게 되었다. 오늘날 관세는 보통 수입관세를 가리킨다.

1. 과세의 원칙

1) 종가세와 종량세

과세의 기준을 가격으로 하느냐 수량(개수·중량·용적)으로 하느냐에 따라 관세는 「종가세」(ad valorem duties)와 「종량세」(specific duties)로 구분된다.

종가세란 예컨대 승용차 수입에 대해 그 가격의 10%라는 식으로 부과되며, 종량세란 예컨대 원유수입에 대해 배럴당 1,000원이라는 식으로 부과된다.

종량세는 간편하다는 장점은 있으나, 과세대상이 균질적인(즉 품질의 등급을 매길 수 있는) 농산품, 광산물 등에 한정되며, 세금의 부담정도가 상품가격의 변동에 따라 변한다는 단점을 갖고 있다. 즉 해당상품의 가격이 올라가면 세금 부담률이 낮아지고 가격이 낮아지면 부담률은 높게 된다. 한편 종가세는 어떠한 상품에도 적용될 수 있고, 세금부담률은 상품가격의 변화율과는 관계가 없으며, 상품별로 국제간의 비교가 쉽다. 그러나 과세상에 난점이 있다. 즉 수입관세는 보통 CIF(운임, 보험료 포함 가격)를 과세가격으로 하는 바, 세관으로서는 수입업자가 과소신고를 하고 있는지 어떤지를 알기 위해서는 하나하나 체크하지 않으면 안되는 것이다.

2) 무차별의 원칙

원재료는 낮고 완성품은 높고 하는 식의 관세율이 상품에 따라 다른 것은 당연하다. 그러나 같은 종류의 상품에 대해서는 어느 나라로부터의 수입일지라도 동일한 관세율을 적용한다는 것이 콥덴-쉐발리어조약(Cobden-Chevalier Treaty, 영불통상조약, 1860년) 이후 국제적으로 확립된 관세부과의 기본원칙이다. 「무차별의 원칙」은 2차 세계대전 후는 GATT(General Agreement on Tariffis and Trade, 관세 및 무역에 관한 일반협정)에 계승되어 계속 살아 있다. A국이 B국에 대해 어떤 제3국보다 불리하지 않은 무역상의 편의를 제공하는 것을 「최혜국대우」(most-favored nations treatment)를 제공한다고 하는 바, 그것은 이 원칙의 구체적 표현이다.

그러나 「예외없는 규칙은 없다」는 말대로, 현실세계는 원칙만으로 움직이는 것은 아니다. 같은 종류의 상품이라도 어느 나라에서 수입하는가에 따라서 관세율에 차이를 두는 경우가 흔히 있다. 정치적·경제적으로 특히 긴밀한 관계에 있는 나라를 우대하는 수도 있고, 경제개발이 뒤진 나라의 수출에 특별한 편의를 제공하는 경우도 있다. 일반적인 세율보다 낮은 율의 관세를 「특혜관세」(preferential tariff)라고 하며, 그 대표적인 예로서는 2차 세계대전 전부터 행해져 온 영연방특혜관세 그리고 선진국이 개발도상국에 제공하고 있는 「일반특혜관세」가 있다. 관세동맹, 공동시장, 자유무역지역 등의 지역동맹도 가맹국에 대해 특혜관세를 적용한다.

이와 반대로, 특정국으로부터의 수입급증에 대항하기 위해 혹은 비우호국을 고의로 차별하기 위해, 그들 나라로부터의 수입에 대해 보다 높은 관세율을 부과하는 경우도 있다. 2차 세계대전 후 오랫동안 계속된 유럽 및 아프리카국들의 일본에 대한 무역상의 차별대우 그리고 미국의 공산국들에 대한 최혜국대우 제외가 그 예이다.

원래 일반특혜관세제도(generalized system of preferences, GSP)란 개도국의 수출확대와 공업화의 촉진을 위해 선진국이 개도국들로부터 수입하는 상품에 대하여 무세 또는 저율의 관세를 적용하는 등 관세 상의 특혜를 부여하는 제도이다. 그러나 최근 선진국은 우리나라 등 선발개도국(NICs)에 대하여 수입규제를 강화하는 것과 때를 같이 하여 GSP혜택을 점차 축소시키고 있다. EC(유럽an Communities, 구주공동체)는 1970년대 후반부터 선발개도국에 대해 GSP혜택을 제한하고 있으며 미국도 GSP혜택을 크게 축소시키고 있다.

3) 덤핑방지

덤핑방지관세(anti-dumping duties)란 외국상품이 정상가격보다 낮은 가격으로 수입되어 수입국의 국내산업에 실질적인 피해를 주거나 줄 우려가 있을 때에 수입국의 국내산업보호를 위해 정상적인 수입관세 외에 별도의 관세를 추가로 부가하는 가격제한조치의 하나로서 GATT 제6조에 근거를 두고 있다. 덤핑방지관세를 부과하기 위해서는 덤핑마진(해당품목의 수출국 국내판매가격과 수출가격과의 차액)이 일정한 수준에 달하여야 하고 덤핑으로 인한 국내산업의 피해를 입증할 수 있는 증거가 있어야 하는데 미국의 경우 덤핑마진의 결정은 상무성, 국내산업의 피해여부에 관한 판정은 국제무역위원회(International Trade Commission, ITC)가 각각 담당하고 있다.

우리나라의 컬러 TV는 1984년 2월 미상무성이 덤핑혐의판정을 내린 데 이어 4월에는 ITC에서도 우리나라 컬러 TV가 미국의 해당산업에 피해를 주고 있다는 최종판정을 내린 바 있다. 이러한 덤핑방지관세에 의한 수입규제는 미국 이외에 캐나다 및 호주에서도 이용되고 있다.

4) 상계의 목적

상허관세(countervailing duties)는 수출국에서 특정상품의 생산·운송·수출에 대해 직·간접으로 지급된 보조금(subsidy)이나 장려금(bounty)의 효과를 상계하기 위하여 당해물품의 수입국이 부과하게 되는 관세를 말한다. 그 적용조건, 조사절차 및 조사담당기관 등은 덤핑방지관세의 경우와 대체로 유사하다. 덤핑방지관세나 상혀관세는 여타 수입규제조치와는 달리 GATT에 의해 인정되고 있는 피해구제조치이기 때문에 최근 빈번히 적용되고 있다. 설혹 덤핑이나 보조금지급사실이 없는 경우에도 일단 제소가 이루어지면 수입업자가 수입을 기피하게 대고 대항조치를 취하는 데도 많은 비용과 노력이 소요된다.

2. 비관세장벽

이와 같이 관세는 관세의 대한 대응적 차원의 목적 외에는 부과하지 못하거나 줄이는 것을 GATT를 통해서 추진되었으며 WTO의 결성에 있어서 명확히 명시하였다. 하지만 자국의 산업보호와 국제정세에 대한 대응이라는 차원에서 각 국가들은 비관세장벽을 여전히 설치하고 있다. 이러한 조치는 오히려 선진국들의 보이지 않는 무역전쟁의 수단으로 제시되는 경향이 있다.

비관세장벽은 수입과 수출에 직접적으로 개입하여 수입에 부과금을 책정하거나 수출에 보조금을 지불하는 직접적인 방법과 수입수량이나 수출수량을 제한하는 적극적인 방법이 있다. 「양적제한」혹은 「수적제한」(quantitative restriction)은 수출에 대해서도 행해지지만 역사적으로 보다 압도적으로 중요한 것은 수입에 대한 수량제한이다.

1) 수입과징금

수입과징금(import surcharge)은 수입품에 대해 부과하는 세금이란 점에서는 수입관세와 다름이 없다. 그러나 수입과징금은 관세에 대한 부가세적인 성격을 가진다. 즉 관세가 지속적으로 부과되는 데 비해 수입과징금은 국제수지가 어렵게 되거나 수입 급증을 막기 위해 일시적으로 부과되는 경우가 많다. 1964년 영국은 파운드화 위기를 타개하기 위한 긴급조치의 하나로서 전수입품에 대해 일률적으로 가격의 15%의 과징금을 부과하였다. 또 미국은 1971년 달러위기에 대처하기 위한 긴급조치로서 달러의 금교환성을 정지시킴과 동시에, 전수입품에 대해 10%의 과징금을 부과하였다. 그 후 통화위기가 없어진 뒤에 이 과징금은 폐지되었다.

그러나 수입과징금 중에는, EC의 농산물수입에 대한 가변적 과징금과 같이 관세를 대신하여 지속적으로 부과되는 것도 있다. 즉 EC는 농산물 가격이 국내에서 일정수준을 유지하도록 하고 있는 바, 수입가격이 일정수준보다 떨어졌을 때 그 차액만큼 과징금을 부과하면 그 영향을 국경에서 차단시킬 수 있다.

2) 수출보조금

위에서 든 세 가지가 수입억제의 수단임에 비해, 「수출보조금」(export subsidy)은 수출증진 수단이다. 즉 수출가격을 국내가격보다 낮추기 위해 정부가 생산자를 직접·간접으로 지원하는 것이다. 국내가격보다 낮은 가격으로 상품을 외국에 파는 것을 덤핑(dumping)이라고 하는데, 수출보조금은 덤핑의 기회를 제공한다. 수출보조금이 주어지지 않는다고 해서 덤핑이 이루어지지 않는 것은 아니다. 즉 수출보조금이 없어도 외국시장에서의 수요의 가격탄력성이 국내시장보다 높으면 기업은 외국시장에서 낮은 가격으로 판매함으로써 이익을 얻을 수 있다.

수출보조금을 제공함에 있어서는, 수출업자에 대해 직접 지불하는 노골적인 방법보다도 은밀한 방법이 사용되는 경우가 많다. 역사적으로 오래되고 오늘날에도 널리 사용되고 있는 것에 반려세(drawback)가 있다. 이는 수출품생산자가 수출을 할 때에 국내세금을 되돌려주는 것이다. EC국들이 사용하고 있는 「국경세조정」(border tax adjustment)은 그 속에 반려세가 포함되어 있다. 국경세조정이란 외국으로부터의 수입에 대해서는 국내생산품과 동 율의 매상고세, 부가가치세, 소비세 등의 간접세를 부과하고, 대외수출에 대해서는 이들 국내간접세를 되돌려 주는 제도이다.

그 외에, 수출 기업에 특별상각이나 소득공제를 인정하는 수출진흥세제, 수출액에 따라 수출업자에 특별한 수입권을 주는 수출입링크제나 수출보너스제, 수출금융에 대한 우대 등이 있다. 수출금융상의 우대는 수출어음의 할인율을 낮춘다든가, 선박, 플랜트 등의 수출에 대해 국가자금으로 장기신용을 제공하는 것 등이다. 미국, 일본, 한국 등에서는 이를 위해 수출입은행이란 전문기관이 설치되어 있다.

3) 수입할당

수입수량제한에 있어 가장 흔히 사용되는 방법은 수입할당제(import quota)이다. 수입할당제는 1930년대 초 프랑스에 의해 처음으로 도입된 전형적인 수량제한조치로서 정부가 특정국가 또는 모든 수출국으로부터의 수입수량을 직접 할당하는 가장 강력하고 직접적인 수입규제수단이다. 수입쿼터제는 특정품목에 대해 전체 수입한도만을 설정하는 총량쿼터제(global quota system)와 정부간협정을 통하여 국별로 수입한도를 정하는 쌍무쿼터제(bilateral quota system), 그리고 수입국이 일방적으로 국별 한도를 정하는 일방쿼터제(unilateral quota system) 등으로 나누어진다.

우리나라산 특수 광물에 대한 미국의 수입규제는 총량쿼터제의 대표적인 예에 속한다. 이밖에 우리나라는 섬유류에 대해서 미국, EC로부터 쌍무쿼터를, 라디오와 TV에 대해서는 프랑스로부터 일방쿼터를 각각 적용받고 있다.

한편 직접적인 수량규제는 아니지만 일정한 수입한도를 정하여 놓고 이 한도를 초과하여 수입되는 분에 대해서는 특별히 높은 세율을 적용하는 관세할당(tariff quota)도 넓은 의미에서는 수입쿼터의 일종으로 볼 수 있는데 현재 호주가 섬유류, 신발류 등에 이 제도를 실시하고 있다.

수입할당제는 개개의 수입업자에 대한 수입허가를 어떻게 행하는가 하는 것이 문제가 되는데, 간편한 것은 신청 순으로 수입허가서를 발급하는 것이다. 그러나 이 방법은 수입업자가 신청을 서두르게 되어 수입계획이 소홀해질 우려가 크다. 이 점을 고려하여, 수입실적을 기준으로 하여 각 수입업자에 대해 수입한도를 할당하는 방법이 보다 널리 행해지고 있다. 수입실적을 기준으로 하는 것은 이 방법이 비교적 저항이 적고 무난하기 때문인데, 그 반면 신규참입을 어렵게 하고 경쟁을 방해하여 현상을 고정시키는 결함이 있다.

4) 수출규제

수출규제(export restraint)는 수입제한만큼 일반적인 것은 아니다. 그러나 최근에 들어 섬유와 철강의 수출자율규제가 일반화되고 있으며, 1973년 가을의 OPEC(석유수출국기구)에 의한 석유수출규제는 세계를 뒤흔들었다.

수출규제는 수입제한과는 달리 경쟁력이 약한 국내 산업을 돕는다는 의미는 없으며, 무역수지에 대해서는 오히려 불리하게 작용한다. 수출규제가 수입제한보다 널리 행해지지 않는 이유는 이 때문이다. 수출규제를 하는 목적은 첫째로 수출가격의 인상에 있다. 그러나 기대한대로 수출가격이 인상되기 위해서는 어떤 조건이 충족되어야 한다. 즉 수출국이 단독으로 또는 「국제카르텔」(international cartel)을 맺어 해당품목에 있어 세계시장의 독점적 공급자가 되어야 한다는 것이다. 그렇게 되지 않으면, 수출국이 단독으로 또는 서로 협조하여 수출규제를 실시하여도 그것에 가담하지 않는 다른 수출국이 공급부족을 메우게 되어, 수출가격은 상승하지 않게 된다. OPEC가 수출규제에 성공하게 된 것은 독점력이 강했기 때문이다. 그러나 1986년 들어 유가가 급락하게 된 것은 석유카르텔에 가담하지 않은 비OPEC국들이 많고 또 OPEC국들간에도 협조가 잘 이루어지지 않았기 때문이다.

둘째로, 국내가격의 상승을 억제하는 것이다. 수출국의 공급능력에 한계가 있을 때에는 수출을 규제함으로써 국내가격의 상승을 억제할 수 있다. 이것은 수출국이 세계시장에서 독점력을 가지는 것의 여부와는 관계가 없다. 1973년 미국이 콩을 수출규제 한 것은 최근의 대표적 사례이다.

셋째로, 유한한 자원을 보존하는 것이다. 석유나 우라늄 등이 그 사례이며, 이는 수출가 인상의 목적과도 관계있다.

넷째로, 수입국의 요구에 의해 수입국의 수입수량제한을 대신하여 수출국측에서 수출규제를 행하는 경우가 있다. 이를 「수출자율규제」라고 부른다.

5) 수출자율규제(VER)와 시장질서유지협정(OMA)

수출자율규제(voluntary export restraint)는 명목상으로는 「자율」이지만 실제로는 「강제」이다. 수입국이 스스로 수입제한을 하지 않고 수출국에 대해 수출규제를 요구하는 것은 다음과 같은 이유 때문이다. 즉 수입이 급증하여 국내 산업이 중대한 손해를 입거나 또는 입을 염려가 있을 때에는 수입국은 일시적으로 수입을 제한할 수 있다(GATT 제19조). 이것을 「긴급수입제한」(safeguard)이라 한다. 그러나 이는 「무차별의 원칙」에 따르지 않으면 안 된다. 그러나 수입국이 특정한 나라로부터의 수입을 차별적으로 제한하기를 원하는 경우, 수입국은 GATT 19조를 회피하기 위해 특정 수출국에 대해 수출의 자율규제를 요구하게 된다.

이와 같이 수출자율규제란 원래 수출국이 수입국의 규제를 미연에 방지하기 위하여 수출을 자율적으로 규제하는 것을 의미하지만 실제로는 수입국의 요구에 따라 실시되는 수량제한조치의 일종이며 쌍무쿼터제와 유사한 점이 많다. 그러나 수출자율규제는 정부간 또는 업계간 신사협정의 형식을 취하게 되므로 정부나 업계가 독자적으로 조치를 취할 수 있고 상대국의 반발도 최소화할 수 있는 등의 이점이 있기 때문에 최근 선진국 상호간이나 선진국과 개도국간에 쌍무쿼터 대신 국제적인 무역관행으로 정착되어 가고 있다. 현재 우리나라의 견직물과 신발류는 일본이나 영국 등으로부터 수출자율규제에 의한 수입제한을 받고 있다.

미국의 시장질서유지협정(orderly marketing agreement, OMA)도 수출자율규제의 한 형태이다. 이는 특정상품의 수입이 급증하여 국내관련산업이 심각한 피해를 받거나 받을 우려가 있어 긴급히 수입을 제한할 필요가 있을 때 모든 수출국을 대상으로 실시되는 긴급수입제한조치로서 GATT 제19조(일명 safeguard조항)에 근거를 두고 있다. 미국은 신발류(1977.6 ~ 1980.6)와 컬러TV(1978.12 ~ 1982.6)에 대하여 OMA를 실시한 바 있다.

수출자율규제의 시작은 대일본 수출자율규제였다. 이러한 수출자율규제는 다음과 같은 특성을 가지고 있다.

① 이 조치는 수입국의 정부나 업계의 강한 요청이나 강요에 의해서 이루어지기 때문에 진정한 의미에서 자율적으로 이루어지는 것이 아니라 교역 외적인 보복이라는 조치를 수단으로 강요되는 '타율적' 규제인 것이다.
② 이 조치는 모든 수출국의 모든 수출품에 일률적으로 요구되는 것이 아니다. 기업 간의 요구이기 때문에 비교적 단기간의 특정 상품의 수출에 대해서 요구되는 것이다. 즉, 수입국에서 수입의 급격한 증대로 인해 국내시장의 교란이 우려되는 경우 특정상품의 특정 수출국에 대해 요구하는 규제로서 차별적이고 선별적인 성격을 가진다.
③ 표면상 이 조치는 양국의 협정이나 교섭(negotiation) 등 합의에 의하여 이루어진다. 따라서 수입국은 자유무역원칙을 지지하는 듯한 외양을 갖추지만 그 실상은 교역당사자 간의 암묵적 비공식적 협의이다.

수출자율규제가 가지는 경제적 효과는 수입량 규제의 효과라고 할 수 있다. 그 특성상 특정상품의 수입량을 일정한도로 규제하고 따라서 직접적이고 확정적인 수입규제효과를 가질 수 있으며 공급규제를 통한 가격상승이 유발됨으로써 수입국의 공급업자들은 시장독점에 의한 초과이윤을 가지게 된다.

수출자율규제는 수출국의 수출규제를 통해서 자국의 경제가 위축될 뿐만 아니라 수입국의 경제도 악화될 수 있다. 수출국의 수출규제는 양 국가 간의 교역감소로 이어지고 따라서 수입국에서 그 재화의 가격이 상승하며 비록 국내생산이 증대하지만 소비가 감소하여 후생이 감소하게 된다. 즉 국내생산자는 보호되고 국내소비자는 잉여의 감소를 경험하게 되어 소득이 소비자에게서 생산자에게로 재분배되는 효과가 발생한다.

수출국의 수출재화의 가격상승은 수입국의 교역조건을 악화시킨다. 수입국의 입장에서 수입재화의 가격상승을 의미하지만 자국의 수출재의 가격은 변하지 않는다. 따라서 국제교역조건은 상승하게 된다. 이것은 수출국의 입장에서 보면 수출자율규제로 인하여 수출물량은 감소하지만 자국의 국제교역조건은 개선되는 것임에 반하여 수입국은 수출자율규제로 인하여 수입물량은 감소되는 대신 자국의 국제교역조건이 악화된다는 것을 의미한다.

수출자율규제에서는 수출가격 자체가 상승함으로써 경제적 지대가 수입업자에게서 수출국의 수출업자에게로 귀속된다. 따라서 수출자율규제의 경우 경제적 지대가 해외로 유출되는 결과를 가진다. 그러므로 수출자율규제는 수입할당제보다 수입국의 후생감소효과가 더 크다고 말할 수 있다.

만약에 국제카르텔과 같은 불완전경쟁 요인이 존재하는 경우 수출자율규제는 추가적인 후생악화효과를 초래할 수 있다. 만약 수출업자들이 수출자율규제 대상 품목에 대해서 국제카르텔을 결성할 경우 수입가격은 수입할당제의 경우보다 더 높아지기 때문에 수입국의 후생감소효과는 더 더욱 커진다.

3. 기타의 비관세장벽

관세 외의 무역의 흐름에 대한 장벽을 이루는 무역정책의 수단이나 무역제도를 일괄하여 「비관세장벽」(non-tariff barriers, NTB)이라고 한다. NTB에는 위에서 든 것 외에도, (1) 국산품에는 유리하게 수입품에는 불리하게 작용하는 국내소비세, (2) 국내생산보조금, (3) 공업규격, (4) 품질규정 (5) 위생 및 안전기준 등이 있다. 이밖에도 (6) 정부가 수입업자에게 영향력을 행사하여 특정국으로부터의 수입 또는 특정상품의 수입을 제한하도록 유도하는 행정지도(administrative guidance), (7) 수입신청 시에 수입금액의 일정비율에 달하는 담보금을 미리 외국환은행이나 정부기관에 예치하도록 하는 수입담보금 적립제도(advanced deposit requirement system) 등이 있다. (8) 또한 1978년부터 1982년 1월 사이에 미국이 철강제품에 실시한 바 있던 제동가격제도(trigger price mechanism, TPM)와 같이 최저가격제에 덤핑방지관세제도를 연계시켜 일정가격 인하의 수입이 발생하는 경우 자동적으로 덤핑방지관세 부과를 위한 조사가 진행되도록 하는 혼합형 규제수단도 사용되고 있다.

제2절 유치산업의 보호

1. 유치산업의 개념

국내산업보호정책은 자유무역론자로부터 비난을 받는 것이 보통이지만 유치산업 육성을 위한 보호는 예외이다. J. S Mill(1871), A. Marshall(1923), F. W. Taussig (1915)와 같은 순수한 자유무역론자들도 이를 이론적으로 타당하다고 보았다. 고전파의 자유무역을 통렬히 비판한 독일의 경제학자 F. List(1841)도 실은 유치산업에 대한 보호만을 주장하였으며 그 밖의 점에서는 그는 자유무역론자였다.

유치산업(infant industry)이라고 할 때, 그것은 대체로 신흥국의 신흥산업, 특히 제조공업부문을 말한다. 유치산업의 요건을 이론적으로 정리해 보면 다음과 같다. 첫째로, 그것은 현재 비교열위에 있는 산업이다. 그렇지 않다고 하면 본래부터 보호는 필요하지 않을 것이다. 둘째로, 유치산업은 비교적으로뿐만 아니라 절대적으로도 열위에 있는 산업이라고 해석된다. 그러나 이는 유치산업으로서의 불가결의 조건은 아니다. 셋째로, 유치산업은 생산성이 상승할 잠재력을 가지고 있으며 멀지 않는 장래에 비교우위로 전환될 것이라고 기대되는 산업이 아니면 안 된다. 이 같은 요건에 비추어 볼 때, 유치산업은 신흥국의 신흥산업에만 국한되는 것은 아니다. 선진국의 신흥산업 중에서도 예컨대 1950년대의 일본의 자동차공업은 유치산업이라고 볼 수 있을 것이다.

2. 밀-바스테이블 검증

유치산업보호론의 역사는 중상주의시대까지 거슬러 올라갈 수 있다. 그러나 그것을 체계적인 이론으로 만든 것은 미국의 초대 재무장관 Alexander Hamilton(1791)이다. F. List는 그로부터 영향을 받아, 유치산업보호론을 신흥국들의 공업보호를 정당화하는 근거로서 최대한 활용하였다. 그러나 오늘날 우리가 보는 것같은 모습의 유치산업보호론을 수립함에 있어서는 보호주의자보다는 오히려 자유무역론자의 힘이 컸다. 그 중에서도 J. S Mill과 C. F. Bastable(1887)의 공헌이 압도적이다.

유치산업을 보호하는 것은 적어도 당분간은 생산효율 상 불리하다. 그렇다고 해서 이를 외국과 경쟁케 하는 것은 그 성장의 싹을 꺾어버리는 일이 될 것이다. 어느 쪽을 선택해야 할 것인가는 생산효율상의 불이익과 성장의 이익과의 비교에 의하여 결정한다. 보호하는 것이 산업의 성장을 촉진하고 멀지 않은 장래에 그것이 비교열위로부터 비교우위로 이동하는 데 공헌한다고 기대되면, 일시의 불이익은 참을 만 할 것이다. 이것이 J. S Mill의 생각이다. Bastable은 이 생각을 수정하여, 장래 성장의 이익을 얻을 수 있다고 하는 것만으로는 불충분하며 그 이익이 현재의 생산효율상의 불이익을 커버하고도 남음이 있을 정도로 크지 않으면 안 된다고 주장했다. 이것을 유치산업보호를 위한 「밀-바스테이블 검증」(Mill-Bastable test)이라고 한다.

유치산업보호론과 관련하여 주의해야 할 것은 첫째로, 산업이 성장하여 그 생산성의 절대수준이 높아질 수 있다는 것만으로는 보호가 정당화될 수 없다는 것이다. 비교우위로 바뀌지 않으면 안 되는 것이다. 국내의 다른 어떤 산업보다 생산성의 성장률이 높다고 해도, 국제적으로 여전히 비교열위에 머무는 한, 장기적으로 보아도 산업보호보다 자유무역 쪽이 보다 많은 이익을 가져올 것이다. 둘째로, 장래 비교우위로 옮겨갈 것이 확실하다고 해도 그 기간이 너무 길어서는 안 된다. 비교우위로 이동하는 기간이 길면 길수록 현재 이를 보호하는 불이익이 상대적으로 커지기 때문이다. 이와 같이 볼 때 유치산업이라고 말할 수 있는 것은 매우 한정되어 있음을 알 수 있다.

3. 유치산업보호에 대한 비판

밀-바스테이블검증에 의한 유치산업은 특정 산업에 대한 보호를 정당화하는 필요조건이기는 하나 충분조건은 아니라고 J. E. Meade(1955) 및 M. C. Kemp(1960)는 주장하고 있다. 유치산업보호라고 하지만 실제로 보호받는 것은 개개의 기업이다. 유치산업에 속하는 한 기업을 생각해 보자. 기업이 지식 및 경험의 습득을 통해 생산물의 생산비를 감소시켜 가면서 습득한 지식 및 경험을 오래 보유할 수가 있으면, 기업은 그 강점을 살려서 이익을 올리게 되며 습득에 필요했던 비용을 보상할 수 있을 것이다. 이 경우에는 기업은 스스로의 계산으로 습득과정을 시작하고 그 비용을 부담한다. 따라서 정부가 특별히 보호를 할 필요는 없다.

그러나 어떤 기업이 다른 기업보다 먼저 고생해서 습득한 지식 및 경험이 다른 기업에 쉽게 유출·확산된다고 하면, 그것은 경제전체로서는 바람직한 일임에는 틀림없으나 해당 선발기업으로서는 손실이 된다. 습득의 비용을 보상할 만큼의 이익을 뒤에 올릴 수 없을지도 모르기 때문이다. 그렇게 되면 어느 기업도 개척자가 되려 하지 않을 것이다. 정부에 의한 보호가 필요한 것은 바로 이 같은 습득이 외부효과를 가지는 경우이다.

이와 같이 Meade와 Kemp는 유치산업에 대한 안이한 보호를 경계하고 있다. 그러나 그 반면 이들은 기술독점의 폐해를 가볍게 보고 있다는 결점을 갖고 있다. 보호는 하고 그 대신에 습득한 지식이나 경험은 다른 기업에 개방하도록 지도하는 것이 국민경제적으로 유익한 것이다.

유치산업보호에 대한 비판은 이론면에서 뿐만 아니라 실천면에서도 가해지고 있다. 첫째로 어떤 산업이 과연 유치산업인가 아닌가 판정하는 것은 쉽지 않다. 앞에서 제1 및 제2의 요건은 사실에 의해 상당히 정확하게 확인할 수 있다. 그러나 제3의 요건은 장래의 예측에 관계되는 일이기 때문에 그 요건이 충족되는지 어떤지의 판단은

자의적일 수밖에 없다. 그 결과 이해관계자의 압력으로 발전성이 빈약한 것까지 유치산업의 이름 아래 보호하는 경우도 나타나게 된다. 일반적으로 개발도상국은 유치경제(infant economy)란 이름 아래 산업의 전면적 보호를 정당화 하려고 하는 경향이 있다.

둘째로, 일단 주어진 보호를 철폐함에 있어서는 해당 국내산업의 강한 저항이 항상 있게 마련이다. 보호를 받은 유치산업은 어느 기간 후에는 자립할 수 있게 되어 있다(유치산업으로 선정됨에 있어 그 판단이 올바른 경우). 그러나 보호를 받는 기업으로서는 항상 이익이기 때문에 자립할 수 있게 된 후에 있어서도 여전히 외국과의 경쟁을 두려워하여 보호를 오래 끌려고 하게 된다. 이와 같이 원래 일시적이어야 할 보호가 얼마쯤 있으면 항구화하는 경향이 있으므로, 보호의 수단으로서 관세보다도 보조금이 좋다고 하는 의견이 있다. 보조금은 관세와는 달리 지원의 비용이 명백하며 또 이것을 계속하기 위해서는 매년 국회의 동의가 필요하기 때문이다.

제3장 관세의 기본이론

제1절 관세와 비관세보호장벽의 효과

1. 관세의 효과

무역정책의 대표적인 수단인 관세를 부과했을 때의 효과를 보자. 복잡함을 피하기 위해, 특정한 상품 하나만을 주목하고 관세를 부과하는 나라가 소국이라고 가정한다. 여기서 소국이란 세계무역에 있어서 그 나라가 점하는 비율이 극히 낮아서 수입량의 변화가 국제가격에 무시할 수 있을 정도의 영향밖에 주지 않는 나라를 가리키며, 따라서 소국을 가정한다는 것은 그 나라에 있어서 수입상품의 국제가격이 「일정」, 즉 그 나라의 수입상품에 대한 외국의 수출공급곡선이 가격에 관해 완전탄력적이라는 것을 의미한다.

[그림 3-1]은 어떤 상품에 관해 일국의 수요곡선 DD, 공급곡선 SS, 외국의 수출공급곡선 FF를 나타내고 있다. 자유무역하에서는 (관세부과전의 상태), 가격 PO, 국내소비 OR, 국내생산 OQ이며, 국내소비가 국내생산을 초과하는 부분은 외국으로부터의 수입 QR로 메워진다. 여기서는 국제가격과 국내가격이 일치하고 있다. 지금 정부가 수입에 대해 t%의 종가세를 부과하면 국내가격은 국제가격보다 관세분만큼 상승하며, 따라서 국내가격에 대응하는 외국의 수출공급곡선은 관세분만큼 상방으로 이동한다. 그것이 $F'F'$이다. 새로운 상황에 있어서는, 국제가격은 관세부과 전과 마찬가지로 PO이지만 국내가격은 $P'O$로 된다. 그 차액 $P'P$가 관세이다. 국내가격 $P'O$에서 국내소비는 OR', 국내생산은 OQ'로 되며 따라서 수입은 $Q'R'$로 된다.

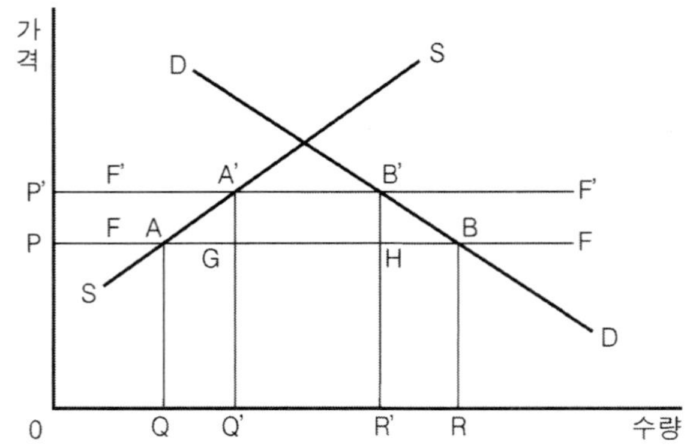

[그림 3-1] 관세의 효과

관세부과로 얻어진 결과는 다음과 같다. 관세를 부과함에 따라, 첫째로 국내가격은 관세분만큼 국제가격보다 상승하며(가격효과), 둘째로 국내소비가 감소하며(소비효과), 셋째로 국내생산이 증가하며(수입품과 경쟁관계에 있는 국내산업이 보호받는 보호효과), 넷째로 그 결과 수입이 감소하며(국제수지개선 효과), 다섯째로 정부는 관세수입 $A'B'HG$를 얻게 된다(수입효과).

2. 관세와 수량제한과의 비교

관세를 부과하는 대신에 수입수량을 제한할 때 그 효과가 어떻게 나타나는가를 보자. [그림 3-1]에서 자유무역의 상태로부터 출발하여 A국 정부가 수입을 $A'B'$로 제한한다고 하자. 그 때 수입상품의 국내가격은 $P'O$로 상승한다. 이는 $P'O$의 가격에서 A국 시장에서의 수입상품의 수요·공급이 일치하기 때문이다. 수입량은 $A'B'$로 감소하고, 수입상품의 국내가격은 $P'O$로 상승한다. 이것은 A국정부가 t%의 수입관세를 부과하는 것과 동일한 효과이다.

관세와 수입제한의 효과에 있어서의 차이점은, 관세의 경우에는 정부가 관세수입을 갖게 되지만 수입제한의 경우에는 관세수입에 상당하는 초과수익이 수입허가를 받은 수입업자에게 돌아가게 된다는 것이다. 또 다른 중요한 차이점은, 첫째로 관세의 효과는 예측하기 어렵고 그 결과가 나타나는데 시간이 걸리지만 수입제한의 효과는 즉시적이라는 것과, 둘째로 수입제한 쪽이 대체로 차별성이 강하다는 것이다. 따라서 외환상의 긴급사태라든지 특정국으로부터의 수입이 문제가 되는 경우에는 관세를 부과하는 것보다는 수입수량을 제한하는 것이 훨씬 빠른 효과를 가져 온다.

3. 관세와 경제적 후생

관세는 그 부과국의 경제적 후생에 어떤 효과를 미치는가? 이를 소국의 경우에 관해 보자(그림 3-1). 자유무역 하에서 이 나라가 누리는 경제적 후생은 소비자잉여(consumer's surplus)가 $\triangle DBP$, 생산자잉여(producer's surplus)가 $\triangle SAP$이다. 관세부과 후에는 소비자잉여가 $\triangle DB'P'$로 감소한다. 그 대신 생산자잉여는 $\triangle SA'P'$로 증가하며 또 관세수입으로서 $A'B'HG$가 추가된다. 따라서 이 나라는 관세부과에 의해 $\triangle AA'G$와 $BB'H$와의 합계만큼의 손실을 입는다($P'B'BP - P'A'AP - A'B'HG$). 이것이 관세를 부과함으로써 그 나라 전체가 부담하게 되는 코스트이다. 이와 같이 관세부과의 그 나라의 경제적 후생을 낮춘다는 것을 알 수 있다.

그러므로 일국전체의 경제적 후생을 문제로 하는 한 자유무역정책을 취하는 것이 최선이다. 그러나 실제로는 이와 반대로 보호무역적인 정책이 취해지는 이유는 무엇인가? 그것은 첫째로는, 외국 수입품과 경쟁해야 하는 생산자가 압력단체로서 작용하는 데 반해 수입품으로부터 이익을 얻는 소비자는 조직적인 힘을 발휘하지 못하기 때문이다. 둘째로는, 무역정책이 추구하는 목적이 반드시 경제적 후생의 극대화는 아니기 때문이다. 공업생산을 선호하는 국가는 흔히 경제적 효율의 희생이 있더라도 보호정책을 취해 공업생산을 확대하고자 하는 경우가 있는 것이다. 게다가 위의 분석에서는 완전고용과 무역수지균형을 전제로 하고 있으나 실제로는 그 실현이 쉽지 않기 때문에 경제효율을 어느 정도 희생하더라도 이의 실현을 위해 관세를 부과하는 것이다.

4. 교역조건 개선효과

관세부과의 효과에 있어서 교역조건의 개선이 어떻게 이루어지는 지는 중요하다. 교역조건 개선의 의미는 수출에 비해 보다 많은 양의 수입이 발생하게 된 상태를 의미한다. 그런데, 관세부과가 단순히 살펴 볼 때 수입재의 가격을 상승을 의미하므로 수출량에 비해서 수입량이 감소하는 것으로 이해하기 쉽다.

이러한 문제점을 다음에서 해결해 보고자 한다. 관세의 부과가 비록 관세 부과국에서 수입재의 가격상승을 가져오지만 해외시장의 관점에서 볼 때 수요의 감소가 발생하는 것이므로 공급초과 상태가 되어 가격은 하락하게 된다. 즉, 수입재의 국제시장에서의 가격하락이 발생하는 것이다. 결과적으로 수출재의 가격이 변하지 않은 상태에서 수입재의 가격만 하락하게 되므로 수출량에 비해 보다 많은 수입이 가능해지므로 수입국의 관점에서 교역조건이 개선된다고 볼 수 있다.

옷의 수출입량

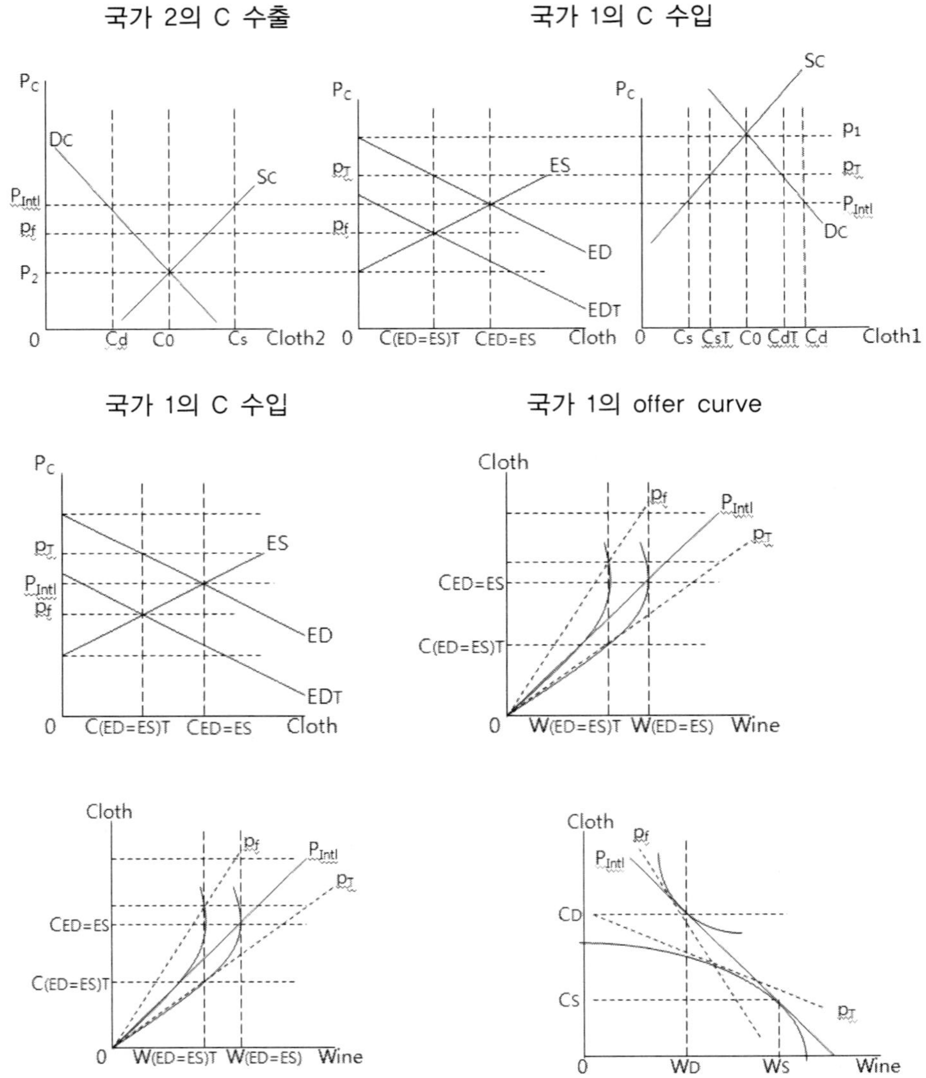

5. 관세와 생산보조금과의 비교

관세부과가 노리는 주요한 목적은 자국산업의 보호이다. 그러나 그것은 생산보조금의 지급에 의해서도 이루어질 수 있다. 여기서는 양자의 효과를 비교해 보자. [그림 3-2]에서 어떤 상품의 국내생산에 대해 상품단위당 PP'의 보조금을 지급하게 되면 수입상품의 국내공급곡선은 하방으로 PP'만큼 이동하여 $S'T'$로 된다. 수입상품의 국제가격과 국내가격은 보조금지급과 관계없이 여전히 OP이며 국내소비도 여전히 OR이다. 그러나 국내생산은 OQ'로 증가한다. 그 결과 수입은 $Q'R'$로 감소한다.

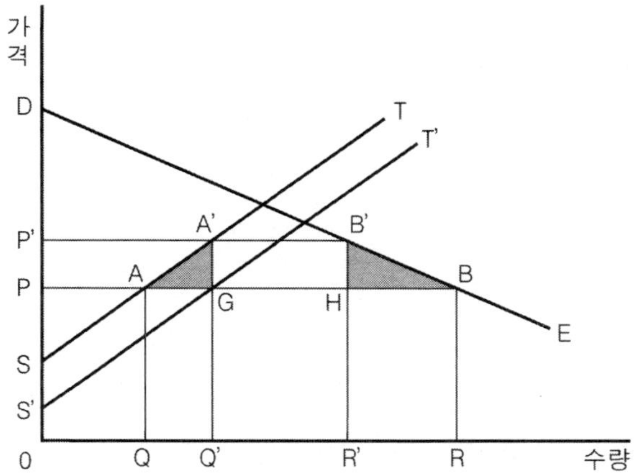

[그림 3-2] 관세와 생산보조금의 비교

생산보조금의 지급을 관세와 비교하면, 국내생산에 대한 보호효과는 동일하나 국내소비는 감소하지 않으므로 수입을 억제하는 효과는 약하다. 국내소비가 감소하지 않기 때문에 경제적 후생에 대한 효과는 관세와 비교하여 차이와 나타난다. 즉 생산보조금의 경우, 국내생산이 QQ'만큼 증가함과 함께 생산자잉여가 $SAGS'$만큼 증가한다. 그만큼의 생산을 증가시킴에 있어 정부는 생산보조금의 형태로 $SA'GS'$의 생산비를 부담하지 않으면 안 된다. 따라서 생산측면에서 $AA'G$만큼의 경제적 후생의 손실이 생기게 된다. 소비측면에서는 소비자잉여의 손실은 없으므로 이것이 생산보조금의 지급으로 인한 코스트의 전부이다. 관세의 코스트는 $AA'G$와 $BB'H$와의 합이므로, 생산보조금의 코스트가 작다. 그러므로 경제적 후생의 관점에서는 산업보호의 목적을 위해서는 관세보다도 생산보조금 쪽이 바람직하다고 하는 결론을 얻을 수 있다.

제2절 관세와 국민소득의 분배

1. 생산요소의 상대가격의 움직임

무역이 국민소득의 분배에 미치는 효과에 대한 분석은 「요소가격균등화명제」(factor-price equalization theorem)로 널리 알려져 있다(제6장 참조). 여기서는 관세가 소득분배에 미치는 효과를 살펴보고자 한다. 이에 대한 이론은 「Stolpher-Samuelson 정리」(Stolper-Samuelson theorem)로 널리 알려져 있다.

「2국·2재·2요소」모델을 가정하자. 즉 무역을 행하는 나라가 A국·B국의 양국밖에 없고, 교역상품이 X재·Y재의 두 상품뿐이며, 생산요소는 자본·노동밖에 없다고 보자. 한편 A국은 노동에 비해 자본이 상대적으로 풍부하고 B국은 그 반대이며, X재는 자본집약적인 생산물이고 Y재는 노동집약적인 생산물이라고 가정하자. 이같은 가정아래서는, H-O이론에 의하면 A국은 X재에 B국은 Y재에 각각 비교우위를 가지게 된다. 따라서 A국은 X재를 더 많이 생산해서 X재를 수출하고 비교열위에 있는 Y재는 수입하게 되며 B국은 그 반대로 된다.

그런데 자유무역이 이루어지고 있는 상태에서 A국이 Y재의 수입에 관세를 부과한다고 하면, A국의 생산요소, 즉 노동과 자본의 가격은 어떻게 변할 것인가?[1] A국이 Y재에 관세를 부과하게 되면 A국내에서 Y재의 가격이 상승하게 된다(그림 3-3). 그렇게 되면 A국에서는 Y재의 생산이 증가하며 X재의 생산은 감소된다. 이에 따라 생산요소는 X재부문에서 Y재부문으로 이동하게 된다(증가된 Y재생산에 필요한 생산요소 만큼 혹은 X재생산의 감소에 따라 불필요하게 된 생산요소 만큼이 X재부문에서 Y재부문으로 이동됨). 그런데 X재와 Y재는 그 생산에 있어 자본과 노동의 투입비율이 다르며, X재 쪽이 자본비율이 더 높다. 그래서 생산이 감소됨에 따라 X재부문에서 흘러나오게 되는 생산요소(노동과 자본)를 Y재부문에서 흡수할 때, 자본을 남기지 않고 모두 이용하려고 하면 노동에 부족이 생긴다. 그 결과 노동의 가격인 자금수준은 자본의 가격인 이자율·이윤율에 비해 「상대적으로」 상승하게 된다.

---

1) 생산요소인 노동과 자본의 가격(즉 자금수준과 이자율)이 변하게 되면 생산요소의 제공자인 노동자와 자본가(기업가와 가계·개인 등 자금공급자)까 받는 소득이 변하게 된다. 이는 관세가 소득분배에 영향을 미치게 된다는 것을 의미한다.

2. 생산요소의 절대가격의 움직임

그러면 관세는 생산요소의 절대가격에 대해서는 어떤 효과를 미치는가? 자금이 자본의 가격에 비해 상대적으로 상승하게 되면, 생산에 있어서 노동이 자본으로 대체되므로(즉 종래 노동에 의해 이루어지던 생산활동의 일부를 이제 기계를 투입하여 생산하게 됨) 자본의 투입비율이 높아진다. 이 움직임은 Y재부문은 물론 X재부문에서도 발생하게 된다. 생산활동에 있어서 노동에 비해 자본의 투입비율이 상승하므로 자본의 한계생산력은 작아지고 노동의 한계생산력은 커진다(한계생산력이란 생산을 함에 있어 생산요소 가격은 그것의 한계생산력과 비례하므로, 자본의 가격(이자율·이윤율)은 하락하고 노동의 가격(임금수준)이 상승하게 된다.

앞의 가정에서 A국은 노동에 비해 자본이 상대적으로 풍부하기 때문에, 위에서 이끌어낸 결과를 일반화하면 다음과 같이 된다. 즉 일국이 수입상품에 관세를 부과하게 되면, 그 나라에서 상대적으로 풍부한 생산요소(이 A국의 예에서는 자본)의 가격은 상대적으로뿐만 아니라 절대적으로도 하락하며, 반대로 그 나라에서 상대적으로 희소한 생산요소(이 A국의 예에서는 노동)의 가격은 상대적으로뿐만 아니라 절대적으로도 상승하게 된다. 이것이 「Stolpher-Samuelson 정리」이다.

3. 관세와 고용

1) 산업조정의 곤란

관세(수입제한)는 국내의 생산과 고용을 확대시킨다는 주장에 대해 산업조정과 총수요의 두 가지 면에서 검토해 보자.

자유무역론은 생산요소가 산업간에 이동성이 높고 산업구조의 조정이 쉽게 이루어진다는 것을 전제로 한다. 바꾸어 말하면, 비교우위부문에의 특화야말로 생산효율을 최대로 한다고 하는 주장은, 축소되어야 할 비교열위부문에 고용되어 있는 생산요소가 확대되어야 할 비교우위부문으로 쉽게 이동함으로써 산업구조의 조정이 원활하게 진행된다고 하는 것을 전제로 하고 있다. 만약 이 전제가 타당하지 않다고 하면, 자유무역 하에서 비교우위부문에서는 수요의 증가에 응하여 생산을 확대할 수가 없고, 한편 비교열위부문에서는 수요가 감소함에 따라서 생산과 고용이 축소됨으로써 일국전체의 생산과 고용이 감소되게 된다. 따라서 생산요소의 이동성이 약하고 산업조정이 쉽게 이루어지지 않는다면, 자유무역은 그 지지자의 주장과는 반대로 오히려 생산효율을 해치게 될 것이다. 이러한 사실을 일찍이 강조하여 산업보호의 필요성을 주장한 사람은 독일의 경제학자 쉴러(Richard Schüler, 1905년)이며 GATT의 긴급수입제한조항의 배후에는 쉴러의 이 같은 주장이 반영되어 있다고 볼 수 있다.

수입이 급증하고 국내에서의 산업조정이 이를 따르지 못할 때에는 긴급조치를 취해서 수입을 억제하여 국내산업을 보호하는 것이 부득이하다. 그러나 그것은 어디까지나 일시적이어야 하며 항구화해서는 안 된다. 생산효율의 관점에서 볼 때 긴급수입제한은 차선책이지 최선책은 아니다. 최선책은 생산요소의 이동성을 높여서 산업조정을 촉진하여 자유무역을 하는 것이다. 정책의 우선순위를 잘못 보아서는 안 된다. 따라서 관세의 부과에 있어서 최적관세가 논의된다.[2)]

2) 총수요의 부족

위에서는 생산요소의 이동성이 약해서 발생되는 구조적 실업에 대해서 살펴보았다. 여기서는 총수요의 부족으로 인해 발생하는 일반적 실업에 대해서 살펴보자. 불황에 빠진 경제에 있어서 수입에 대해 관세를 부과하면(혹은 양적 제한을 행하면), 국내의 수요는 수입으로부터 국내생산물로 이동하고 그 결과 국내의 생산은 확대되고 실업은 감소할 것이다. 중상주의의 시대에서부터 비롯된 이 주장은 고전파진영 학자들로부터 비판을 받았다.

고전파의 비판의 요지는 다음과 같다. 관세의 부과에 의한 수입감소는 그 자체로서는 국내의 고용을 확대시키는 경향을 가진다. 그러나 그 효과는 단기적인 것에 지나지 않는다. 왜냐하면, 궁극적으로는 수출입은 균형되지 않으면 안 되기 때문에, 수출도 수입과 같은 액만큼 감소하게 됨으로써 수입감소의 효과를 상쇄해 버린다는 것이다.

장기론으로서는 확실히 고전파의 비판은 타당성을 가진다. 그러나 수출이 수입의 움직임에 당장 적응하지 않는 한, 단기적으로는 관세가 고용확대 효과를 가지는 것은 부정할 수 없다. 그리고 이것이 바로 보호주의가 주장하는 내용이다.

그러나 보호주의의 주장을 인정한다고 해도 외국의 보복을 고려하면 그것은 타당성을 갖지 못한다. 고용확대를 목적으로 하는 관세(양적 제한)정책은 대표적인 「근린궁핍화정책」(beggar my neighbor policy)이다. 그것은 외국의 고용을 희생으로 해서 국내의 고용을 확대하려고 하는 것이다. 따라서 그것은 외국으로부터 부당하다고 간주되어 그 보복을 초래하기 쉽다. 외국이 관세부과국의 수출품에 보복적으로 관세를

2) 최적관세에 대해서 부록 2.2의 최적관세를 참조하시오.

부과하게 되면, 그에 따른 수출의 감소가 가져 오는 고용축소효과는 최초의 관세부과에 의한 고용확대효과를 상쇄하게 될 것이다. 뒤에 남는 것은 무역량의 축소뿐이다. 수입수량제한의 경우도 똑같다. 1930년대 겪었던 세계무역의 축소는 바로 이 같은 과정을 밟아 발생하게 된 것이다.

고용확대의 정통적인 방책은 역시 금융재정정책에 의한 총수요의 자극이다. 그것이 성공하면 국내의 고용이 확대될 뿐만 아니라, 수입의 증가를 통하여 외국에도 좋은 영향을 미치게 된다. 그러나 그것에도 약점이 있다. 수입의 증가가 국제수지를 악화시킬 가능성이 있기 때문이다. 특히 적자에 곤란을 당하고 있는 나라의 경우에는 큰 문제가 아닐 수 없다. 자유무역을 유지하면서 이것에 대처하는 길은 두 가지가 있다. 하나는 총수요의 확대에 관해서 외국과 협조하는 것이고, 다른 하나는 환율에 의한 조정을 행하는 것이다.

총수요확대에 관해 국제협조가 잘 되면 A국이 자국의 경기활성화에 따라 직면하게 되는 수입증가가 B국의 경기활성화에 의한 수입확대와 대응됨으로써 국제수지에 대한 불안이 감소될 것이다. 석유위기 후의 세계적 불황 속에서 미국이 「기관차국」(engine countries)의 논리를 펼친 것은 이런 생각을 근원으로 하고 있는 것이다. 그러나 총수요의 확대를 향한 국제협조가 이루어지지 못할 수도 있으며, 이루어진다고 해도 실시의 타이밍이 맞지 않을지도 모른다. 그 때 생기는 적자는 환시세변동에 의해 조정할 수밖에 없다. 환시세의 하락은 수출을 증가시키고 수입을 감소시키는 작용을 한다.

제4장 경제통합

제1절 경제통합의 정의와 형태

경제통합은 지리적으로 인접한 2개국 이상의 국가가 경제동맹(economic union)을 형성하여, 비가맹국에 대해서는 관세 또는 그 밖의 무역제한조치를 실시하고 가맹국 간에는 무역을 자유화하며, 더 나아가서는 자원의 자유로운 이동을 보장하거나 통일된 재정금융정책을 실시하며 혹은 공동통화를 제정하여 경제면에서뿐만 아니라 정치·사회면에서도 서로 협력하는 것이라고 정의할 수 있다.

경제통합에는 여러 가지 형태가 있는데 발라사(B. Balassa)의 분류를 소개하면 다음과 같다.

① **자유무역지역**(free trade area) : 가맹국에 대해서는 관세 및 수량제한을 철폐하여 자유무역을 실시하고 역외국에 대해서는 각국이 독자적으로 무역제한을 행한다. 대표적인 예로서는 EFTA(1960)와 LAFTA(1962년)를 들 수 있다.

② **관세동맹**(customs union) : 가맹국간에는 자유무역을 행하며 역외국에 대해서는 공통관세를 설정한다. 대표적인 예로서는 베네룩스관세동맹(1948년)을 들 수 있다.

③ **공동시장**(common market) : 위의 관세동맹 내용 외에 노동 및 자본의 역내이동을 자유화한다. 현재 EEC는 이 공동시장 단계를 뛰어넘어 다음 단계인 경제동맹을 이룩하기 직전의 단계에까지 와있다.

④ **경제동맹**(economic union) : 경제정책면의 차이를 제거하기 위하여 역내 각국

의 경제정책에 어느 정도 조정과 통일을 추진한다.

⑤ 완전경제통합(total economic integration) : 정책결정을 행하는 초국가기관이 설립되어, 통일적인 재정·금융·사회정책이 사용된다.

경제통합의 형태에는 이들 외에도 자유무역지역보다 더욱 완화된 통합인 특혜관세지역과 소수의 산업부문에 관한 통합인 부문별통합이 있다.

▌표 1-1▌ 지역경제통합의 위상

<table>
<tr><th>역내 관세 철폐</th><th>역외 공동
관세부과</th><th>역내 생산요소
자유 이동 보장</th><th>역내 공동
경제정책 수행</th><th>초국가적 기구
설치·운영</th></tr>
<tr><td>자유무역협정
(NAFTA, AFTA 등)</td><td></td><td></td><td></td><td></td></tr>
<tr><td colspan="2">관세동맹
(MERCOSUR, 2001년 이전)</td><td></td><td></td><td></td></tr>
<tr><td colspan="3">공동시장
(EFC, MERCOSUR 2001년 이후)</td><td></td><td></td></tr>
<tr><td colspan="5">완전 경제통합
(EU: 마스트리트조약 발효 이후의EU)</td></tr>
</table>

* 자료출처: 자유무역협정의 종류와 포괄 범위(박번순·전영재·김현진·이수희·최세균, 「한국의 FTA 전략」, 삼성경제연구소, 2003, p.14)〉

제2절 경제통합의 효과

경제통합의 효과를 규명한 이론으로서는 관세동맹의 정태적 효과를 분석한 관세동맹이론과 그보다 한 걸음 더 나아간 공동시장의 형성에서 발생하는 동태적 효과를 파헤친 대시장이론을 대표적인 것으로 들 수 있다.

1. 정태적 효과

바이너(J. Viner)는 관세동맹의 효과를 무역전환효과(trade diverting effect)와 무역창출효과(trade creating effect)의 둘로 나누어서 설명하고 있다.

관세동맹의 결성으로 역내관세가 철폐되면 가맹국간의 수입가격이 그만큼 하락하게 되므로 종전에는 관세장벽 때문에 역내에서 전혀 무역거래가 일어나지 않던 상품까지 수출이 이루어지게 된다. 이렇게 하여 가맹국간에 새로운 무역이 창출되는 효과가 발생하는 바, 이를 무역창출효과라고 한다. 한편 무역전환효과란 관세동맹의 결성에 의하여 역내국에 대해서는 관세가 철폐(혹은 경감)되고 역외국에 대해서는 차별관세가 부과됨에 다라 무역이 역내의 저 코스트 공급원에서 역내의 고 코스트 공급원으로 전화되는 효과를 말한다. 즉 생산비가 세계에서 가장 낮은 나라가 아니라 가맹국 중에서 가장 낮은 나라로 수출국이 바뀌게 됨으로써 나타나는 효과를 말한다. 무역전환효과는 자원의 효율적인 배분을 저해하므로 손실을 가져온다. 그러므로 관세동맹이 바람직한 것이 되려면 무역전환효과보다는 무역창출효과가 커야 한다는 것을 알 수 있다.

다음의 표와 그림이 제시하고 있는 경제통합의 효과를 살펴보자. 경제통합이론의 전제조건은 모든 국가들에 대한 관세부과이다. 수입금지적 관세 하에서 국가 1과 국가 2의 경제통합은 국가 1로 하여금 국가 2와 교역을 맺게 하는 무역창출효과를 가진다.

만약 국가 1이 국가 2와 국가 3에 동일하게 50 %의 관세를 적용하고 있었다면 국가 1은 국가 3과 교역하고 있었을 것이다. 이런 상태에서 국가 1이 국가2와 경제통합을 한다는 것은 국가 1의 교역상태가 국가 3에서 국가 2로 바뀐다는 것을 의미한다. 이러한 교역상대의 전환을 나타내는 것이 경제통합의 무역전환효과라고 한다.

궁극적인 의미에서 경제통합이 통합당사국에 이익이 되는지 아닌지를 판단하기 위해서는 경제통합의 정태적 효과를 살펴보아야 한다. 경제통합은 관세부과를 철폐하는 효과가 있기 때문에 한편으로는 관세부과로 인해서 발생하던 관세수입이 사라지게 되고 다른 한편으로는 관세가 사라짐으로써 수입의 증가로 인하여 국민후생의 증가를 가져올 수 있다. 아래 그림에서 알 수 있는 바와 같이 관세수입의 감소는 C+D이다. 그러나 수입의 증가로 인한 국민의 후생증가는 A+C+B이다. 그러므로 경제통합이 국민후생을 증가시키는 가 아닌가에 대한 판단은 후생증가가 관세수입의 감소보다 큰가 작은가에 의해서 판단될 수 있다. 만약 A+B가 D보다 크다면 경제통합으로 인한 순후생 증가가 발생했다고 말할 수 있다.

	국가 1	국가2	국가 3
생산비용	50	40	30
수입금지적 관세(100 %)	50	80	60
국가1+국가2	50	40	60
관세 (50 %)	50	60	45
국가1+국가2	50	40	45

수입금지적 관세 하에서 국가1과 국가2의 통합은 국가 1에게 무역을 창출하는 효과를 제공: 무역창출효과

관세 50 % 부과의 조건에서 국가 1과 국가2의 통합은 국가 1의 교역파트너를 전환하는 효과를 제공: 무역전환효과

경제통합의 긍정적 효과: A+B
경제통합의 부정적 효과: D

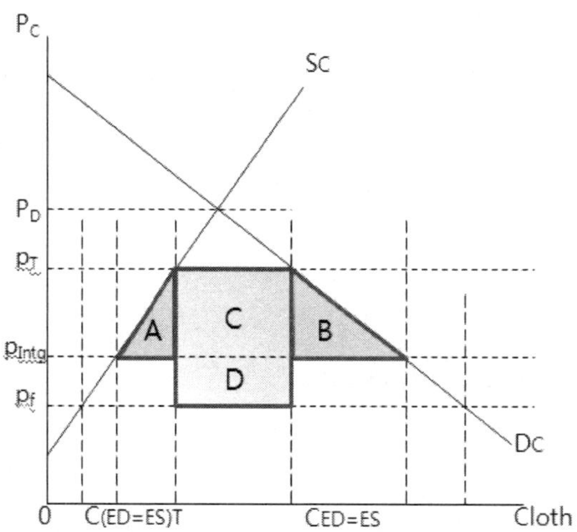

[그림 1-1] 경제통합의 정태적 효과

2. 동태적 효과

시토프스키(T. Scitovsky)와 드니요(F. Deniow)가 주장한 대시장이론은 경제통합으로 시장이 확대됨에 따라 발생하는 경제통합의 동태적 효과를 장기적인 측면에서 전개하고 있는데, 그 중 주요한 효과는 다음과 같다.

첫째로 경쟁의 효과를 들 수 있다. 유럽의 여러 나라는 국내시장이 독점 내지 과점되어 있는 경우가 많고, 과점의 경우에도 협조적인 행동을 취하고 있어 사실상 독

점화되어 있는 경우가 많다. 이러한 상태에서 관세동맹이 결성되면 동맹국간에는 관세의 철폐로 인하여 시장이 그만큼 확대된다. 그렇게 되면 국내에서는 독점적 기업이지만 확대된 시장에서는 독점적 지위를 유지할 수 없게 된다.

시장의 확대로 경쟁이 치열해지면 종전까지의 독·과점상태에 안주할 수 없게 되어 새로운 기술을 도입하여 생산비를 인하하거나 새로운 제품을 개발하지 않을 수 없게 된다.

관세동맹이 발전되어 공동시장이 형성되면 노동·자본 등 생산요소의 이동도 자유롭게 된다. 이에 따라 경쟁이 한층 더 치열해져 요소가격이 떨어지게 되므로 보다 더 효율적이 된다.

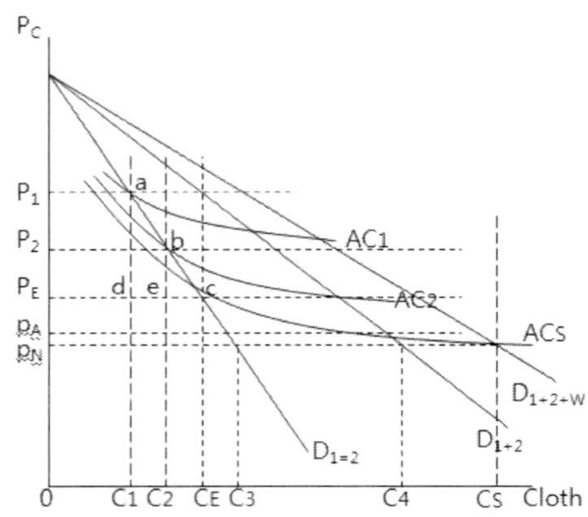

규모의 경제효과를 의미하는 수요의 확대에 의해서 국가 2에서 비용이 감소한다. 즉, p_E.

자국의 경제왜곡 해소로 인한 평균비용의 하락: AC_2 에서 AC_S(=기능적 평균비용곡선)
세계적 수요를 감안했을 경우 이러한 평균비용의 감소는 재화의 가격을 P_N까지 하락시킬 수 있다. 이 경우 통합국은 역외경쟁국가에 대해서 수입국에서 수출국으로 전환되고 세계로 C_4C_S를 수출할 수 있다.

[그림 1-2] 경제통합의 동태적 효과

둘째, 규모의 경제효과를 들 수 있다. 관세동맹 결성으로 경쟁이 격화되면 생산비 인하를 위해 산업규모를 확대하게 된다. 생산비인하에 따라 가격이 하락하면 해당 상품의 수요가 증가한다. 이처럼 수요가 증가함으로써 경제성장률이 높아지게 된다.

셋째로, 외부경제효과를 들 수 있다. 관세동맹이 결성되면 외부경제효과가 높아지게 된다. 이에 따라 생산비가 저하되며, 그것이 수요증가와 생산증가를 가져오게 됨으로써 더 큰 경제성장이 이루어지게 된다.

제3절 경제통합의 실제

1. 유럽지역

1) 유럽연합

<table>
<tr><td>signed
In force
Document</td><td>1948
1948
Brussels</td><td>1951
1952
Paris</td><td>1954
1955
Modified Brussels</td><td>1957
1958
Rome</td><td>1965
1967
Merger</td><td>1975
N/A
European Council</td><td>1986
1987
Single European Act</td><td>1992
1993
Maastricht</td><td>1997
1999
Amsterdam</td><td>2001
2003
Nice</td><td>2007
2009
Lisbon</td></tr>
<tr><td></td><td></td><td></td><td></td><td colspan="4">European Atomic Energy Community(EURATOM)</td><td></td><td></td><td></td><td></td></tr>
<tr><td></td><td></td><td colspan="6">European Coal and Steel Community (ECSC)</td><td colspan="2">Treaty expired in 2002</td><td></td><td></td></tr>
<tr><td></td><td></td><td></td><td></td><td colspan="4">European Economic Community (EEC)</td><td colspan="3"></td><td></td></tr>
<tr><td></td><td></td><td></td><td></td><td></td><td></td><td colspan="2">TREVI</td><td>Justice and Home Affairs(JHA)</td><td colspan="2">Police and Judicial Co-operation in Criminal Matters(PJCC)</td><td></td></tr>
<tr><td></td><td></td><td></td><td></td><td></td><td></td><td></td><td>European Political Cooperation (EPC)</td><td colspan="3">Common Foreign and Security Policy (CFSP)</td><td></td></tr>
<tr><td></td><td colspan="2">Unconsolidated Bodies</td><td colspan="9">Western European Union (WEU) Treaty terminated in 2010</td></tr>
</table>

*Three pillars of the European Union: EC, PJCC(JHA), CFSP =--> EU로 발전

*European Community: EURATOM, ECSC, EEC

EU의 기원은 1951년 출범한 유럽철강공동체(ECSC: 네덜란드, 서독, 룩셈부르크, 벨기에, 이탈리아, 프랑스)이다. 1957년의 로마조약[3]에 의해 1958년 역내교역장벽을 점진적으로 없애자는 합의를 통해 EEC를 결성한다. EEC는 6개국 평균관세율을 공통관세로 설정했다. 1967년 EEC, ECSC 그리고 EURATOM을 통합하여 EC로 발전한다. 공산품의 완전무역자유화, 농산품의 공동가격결정을 결정하고 1970년 이후 노동과 자본의 자유로운 이동에 동의한다. 1977년 영국, 덴마크, 아일랜드 가입, 1981년 그리스, 1986년 스페인과 포르투갈의 가입으로 12개 회원국을 가진다. 1993년 정치적 사회적 통합을 염두에 둔 마스트리히트 조약이 발효되면서 EU가 탄생되었다.

1995년 오스트리아, 스웨덴, 핀란드 3개국을 2004년 사이프러스, 체코, 에스토니아, 헝가리, 라트비아, 리투아니아, 몰타, 폴란드, 슬로바키아, 슬로베니아 10개국을 2007년 불가리아와 루마니아를 받아들여 27개 회원국으로 확대되었다. 2013년 7월 1일 크로아티아가 28번째 회원국이 됨.

---

3) 로마조약(Treaty of Rome)의 내용은 ① 가맹국간의 관세 및 수량제한 철폐, ② 역외공통 관세의 설정 및 공동 통상정책 수립, ③ 노동 및 자본이동과 기업설립의 자유, ④ 농업·운수·경쟁제한 등에 대한 공동정책 수립, ⑤ 가맹국의 생활수준 평준화 등으로 되어 있다.

EU의 무역창출효과는 역내교역뿐만 아니라 역외국과의 공산품 교역을 증진이고 EU의 무역전환효과는 미국의 곡물수입과 같은 온대성 생산물의 교역감소이다.

EU의 공동농업정책[4])은 EU 회원국에도 어려움을 야기했다. 1975년 로마회의에서 46개 개발도상국에 대한 무역장벽을 철폐했지만 많은 제품들은 이 특혜조치에서 제외되었다. 1979년의 동경라운드에서는 열대성 상품무역까지 특혜가 확대되었지만 무역장벽철폐가 완전히 이뤄지지 않음으로써 오히려 무역전환효과에 관한 심각한 논쟁이 발생했다.

EU의 정태적 후생효과는 GNP의 1% 혹은 그 이하로 추정되지만 동태적 효과는 훨씬 클 것으로 추정된다. 실질적으로 EU의 가장 큰 효과는 정치적 의미이다.

EU는 공동부가가치세제를 설립해서 생산과정에 발생하는 부가가치에 대해 공동의 부가가치세를 부과함으로써 조세부담을 궁극적으로 소비자에게 전가하고자 한다.

EU의 구성을 보면 이사회는 법률을 제정하고 반독점법 등과 같은 공동정책을 집행하고 각료회의는 회원국의 대표로 구성되며 이사회의 권고안에 대해 최종결정하는 권한을 가진다. 이사회, 각료회의 그리고 유럽의회 결정의 합헌성을 결정하는 사법재판소가 있다. 현재 EU는 완전통화동맹(full monetary union)을 계획하고 있다.

2) 유럽자유무역연합(EFTA)

1960년 영국, 오스트리아, 덴마크, 노르웨이, 포르투갈, 스웨덴 그리고 스위스의 7개 국가로 시작하였고 1961년 핀란드가 준회원국이 되었다. 단지 공산품의 교역자유화를 목적으로 설립되었으며 무역굴절현상을 방지하기 위해 공동의 수입품에 대한 원산지증명과 목적지증명을 요구했다. 1970년 아이슬란드와 1991년 리히텐스타인이 가입했고 핀란드는 1986년 정식회원국이 되었다. 그러나 1973년 영국, 덴마크가 탈퇴한 후에 포르투갈이 탈퇴하였다. 1994년 EU와 EEA(유럽an Economic Area)를 결성하였고 그 후 1995년 오스트리아, 핀란드, 스웨덴이 EU로 이전했다. 따라서 지금은 노르웨이, 스위스, 아이슬란드 그리고 리히텐스타인이 남아있다.

---

4) 공동농업정책에서 EU의 농산물가격을 높게 책정 프랑스의 농민을 위하여 EU의 소비자를 희생시키는 결과를 만듦. 또한 역외국가에 대해 수입농산물을 EU 농산물가격과 일치시키는 가변적 수입관세(variable import levies)를 실시.
영국은 전통적으로 농산물 가격을 낮게 유지하고 대신 농가소득을 바람직한 수준으로 향상시키기 위한 결손금 지급(deficiency payments)정책을 통해 농사소득을 보조. 두 정책의 대립이 영국의 EU가입에 대한 주요 장애로 작용.

2. 미주지역

1) NAFTA

1989년 미국과 캐나다가 결성하고 1993년 멕시코가 가입한 뒤 1994년 1월 발효되었다. 약 10~15 년에 걸쳐 관세, 비관세, 무역장벽 그리고 투자제한조치 등을 철폐할 것을 합의했다. 그 결과 멕시코에서 미국과의 교역량이 증대했다.

1998년 미주자유무역지대(FTAA: Free Trade Area of Americans)가 창설되었고 이 협정은 북미와 남미 전역의 자유무역지대 형성을 목표로 하고 있으며 경쟁의 심화와 수요증대가 있을 것으로 기대되었다. 미국과 멕시코 양 국가 간의 실질적 이익배분은 멕시코에 훨씬 유리하였으며 미국의 경우 15만 명의 비숙련 노동의 퇴출과 32만 명 이상의 숙련노동창출이 있었다. 그러나 실업수당, 고용보험 등으로 저임금지역의 고용감소로 인한 부정적 영향은 그렇게 크지 않은 것으로 평가되었다.

미국은 멕시코로부터 노동집약적 부품을 싼 가격에 수입하여 생산비를 절감하였고 생산공장의 이전이 필요하지 않았으므로 국내의 고용수준을 유지하는 것이 가능했다. 또한 멕시코에서의 고용증대효과는 아시아지역의 신흥공업국가의 고용감소와 대체된 것으로 이해된다. 즉, 멕시코의 이익은 다음의 세 가지로 정리된다. ① 대미수출증가, ② 외국인 직접투자 증가 및 자본의 해외이전 감소 ③ 국내산업 구조조정 촉진. 또한 농업부문의 소득과 고용 감소는 공업부문의 증가로 상쇄되었다. 1995년의 멕시코는 IMF에서 회복되고 빠른 성장추세를 가진다.

2) 남부공동시장(Mercosur: Sourthern Common Market)

1980년 브라질과 아르헨티나가 시발이 되어 1991년 우루과이와 파라과이 순으로 협약을 맺었고 비회원국에 대해 공통관세(TEC)제도를 채택했으며 20 %까지 11단계로 나뉘어져 있다. 회원국 총 생산품의 90 %는 역내에서 무관세로 유통된다. 칠레와 볼리비아가 자유무역수준으로 준 회원국으로 가입되어 있으며 페루, 에콰도르, 콜롬비아, 베네수엘라와 남미자유무역지대 준비하고 있다. 1995년 EU와의 협력에 대해 합의 서명하였다.

3. 개발도상국의 경제통합

1) 남미자유무역연합(LAFTA: Latin American Free Trade Association)

1960년 멕시코와 대부분의 남미국가들에 의해 시도되었고 1969년에 볼리비아, 에콰도르, 칠레, 콜롬비아, 페루 그리고 베네수엘라, 안데스동맹(Andes Fact) 등이 개별적인 지역경제통합을 통해서 LAFTA의 일원국가로 조직되었다. LAFTA는 초기에 공동시장을 목표로 하였지만 최종적으로 LAIA(Latin American Integration Association)로 발전하였다.

2) 동남아시아 국가연합(ASEAN: Association of South East Asian Nations)

동남아시아 국가연합은 정치적 목적으로 태동하였다. 1977년 공동시장을 목표로 계획을 수립하여 경제적 공동번영, 무역의 확대 노력을 목표로 하였고 뒤에 아세안자유무역지대(AFTA)로 발전하였다. 가입국가는 부르나니, 인도네시아, 말레이시아, 필리핀, 싱가포르, 태국 등이며 2002년 중국과 자유무역협정을 체결하였다.

3) 기타지역

카리브해 자유무역연합은 1968년에 성립되었고 1973년 공동시장(CARICOM)으로 발전하였다. 동아프리카 경제공동체(East 아프리카 Economic Community)는 케나, 탄자니아, 우간다 등으로 구성되었고 동서아프리카 특혜무역지역(Preferential Trade Area of Eastern and Southern 아프리카)은 1981년에 구성되었고 북아프리카 수단에서 남아프리카 모잠비크까지 확대되었다. 1980년대 말 관세동맹을 형성했다.

4. 최근의 FTA열풍

남부공동시장을 제외하고는 성과가 미흡하다. 즉, 유사한 상품으로 서로 경쟁하는 개발도상국으로서는 상호간의 경제적 협력이 미비할 수밖에 없으며 경제통합으로 발생하는 이익을 분배하는 데 어려움이 있다. 남미의 칠레는 한국을 비롯하여 일본, 중국, 등 아시아 국가들과 온두라스, 콜롬비아, 파나마, 페루 등 주변 국가는 물론, 미국, 캐나다, 멕시코 등 NAFTA 회원국 모두와 EU, EFTA, Mercosur 등 거대경제권과의 협정을 통해 50개에 육박하는 국가와의 FTA를 형성하고 있다.

제5장 신보호무역주의와 WTO

제1절 WTO 시대의 출범

현재의 국제경제관계는 GATT나 WTO로 대표되는 다자주의(Multinationalism)와 지역경제통합으로 나타나는 지역주의(Regionalism)로 대별된다. 전후 세계의 자유무역을 견인해 온 GATT의 기본 원리가 무차별주의(non-discrimination)와 상호주의(reciprocity)인 데 반해서 FTA등 지역경제블록은 역외의 국가들에게는 배타적인 역내만의 자유 무역 규범이다. 지역경제블록은 회원국가의 확산을 통해서 자유무역을 확산시키지만 역외 국가들에 대한 진입 장벽을 통해서 보호무역주의를 증가시키는 이중성을 가진다.

이러한 이중성은 미국의 경우에 대표적으로 드러난다. 미국은 2차 세계대전 이후 자유무역을 지지하고 확산하지만, 그 본질은 자국의 경쟁력을 상실한 산업부문에서는 보호주의를 강화하면서 농업, 생산자 서비스업, 우주항공 등 첨단산업, 그리고 문화 및 지식 산업 등과 같이 경쟁력이 있다고 판단되는 모든 분야에서 개방을 요구하는 것이다. 미국에서 보호주의 경향이 다시 대두된 것은 1971년의 닉슨 선언으로까지 거슬러 올라가지만 그것이 본격화되기 시작한 것은 물론 1980년대 이후의 레이건 집권 이후이다. 또한 1999년 클린턴 대통령은 해외 시장에 대한 개방 압력 강화와 자국 시장의 보호 강화라는 미국 통상 정책의 기조를 강력히 시시했다. 미국에서 시작된 보호무역의 양상은 다른 공업국으로 확산되면서 공업국간의 무역 경쟁이 심화되고 따라서 전 세계적으로 신보호무역주의를 낳게 하였다. 이러한 현상을 통해서 점증하는 곤란의 하나는 경제 활동 영역과 경제 조정 영역 간의 불일치이다.

미국의 강력한 헤게모니적 지배의 해체에 근거한 IMF·GATT 체제가 1970년대의 위기를 통해서 사실상 붕괴된 이후 국제적 차원에서 경제적 조정 행위를 수행할 만한 기구나 조직은 전혀 존재하지 않게 되었다. 이에 따라 전 지구적 차원에서의 대립을 조정하고 통제할 조직의 필요성은 매우 심각하게 대두되었고 이러한 현실적 요구를 가장 적극적으로 반영하여 만들어진 국제기구가 바로 우루과이 라운드 협상의 타결로 1995년 1월 출범한 세계 무역 기구(Wold Trade Organization)이다.

우루과이 라운드 협상의 주요 의제의 특성은 다음과 같다.

① **GATT 체제의 확대** : 농상물·섬유류 교역과 서비스, 무역관련 투자 조치, 무역관련 지적 재산권 등.

② **GATT 체제의 정비** : GATT 규범의 복원과 수정과 관련된 세이프 가드, 보조금 상계 관세, 반덤핑 관세 등.

③ **GATT 체제의 강화** : 각료급의 GATT 참여 확대, GATT와 국제 통화 및 금융 기구와의 관계 강화와 그리고 세계 무역 기구의 설립 합의.

우루과이 라운드의 결과로 탄생한 WTO 체제는 무엇보다도 초국적 국제기구로서 국제법상의 권리와 의무의 이행의 주체로써 그 구속력이 훨씬 강화되었다는 점에서 단지 하나의 협정에 불과했던 기존의 GATT 체제와는 구별된다. WTO와 GATT의 구체적인 차이점은 다음의 표에 명시되어있다.

따라서 WTO 체제는 국제 무역과 자본의 이동에 있어서 예기되는 다양한 양국간 혹은 다국간 분쟁의 중재와 조정을 위해 관세 인하와 각종 비관세 장벽의 철폐 등 보다 강력한 권한을 행사하는 것은 물론 각각의 개별 국민 국가들이 자국의 특정 선업을 보호하기 위한 각종 조치들, 특히 농업 등에 대한 보조금 지급 등의 지원에 대해서도 규제와 개입을 강화하였고 따라서 과거보다 훨씬 강력한 국제적 조정의 기능과 권한이 WTO에게 주어졌다.

이러한 WTO체제가 직면하고 있는 가장 근본적인 과제는 하루 빨리 신뢰성과 실효성을 겸비한 다자간 교역기구로 정착시키는 것이다. 이를 위해서는 첫째, WTO가 전 세계를 대표할 수 있도록 회원을 확대하고 또한 세계화의 반대방향으로 확산되고 있는 지역무역협정이 개방적이고 WTO규정과 일치되도록 항시 감시하는 내부기구의 설치방안을 강구해야 한다. 이와 관련, 중국 러시아 베트남 등 WTO가입 협상을 진행시키고 있는 국가들이 빠른 시일 안에 WTO의 정식 회원국

▌표 2-1▌ GATT와 WTO의 차이

	GATT	WTO
형태	협정	기구
감시 및 분쟁해결기능	-분쟁 해결 조항의 불명료 및 산재 -회색 조치 남발 및 감시 기능 취약	한시적
다자간 규범	불공정 무역 제도 및 관행	불공정 무역 제도 및 관행
시장개방 노력	업계 청원 또는 USTR 발의	USTR 발의
관할범위	업계 청원 후 45일 이내 또는 USTR 발의로 조사 개시	NTE보고서 발표 후 30일 이내 우선협상 대상국 지정 (지정 후 90일 이내 조사개시 의무)
신분야 협상	피소된 품목에 대해서만 보복 조치 가능	제한 없음

* 자료출처: 현대경제의 이해, 현대 경제 연구회, p.134, 최근경제동향, 재정경제부, 1999. 3.

이 될 수 있도록 노력해야 할 것이다. 둘째, 현재 우르과이라운드 후속협상으로 진행되고 있는 기본통신과 해운서비스협상이 순조롭게 종료될 수 있도록 최선의 노력을 경주할 필요가 있다. 셋째, 통고의무의 이행이 보다 성실하게 이루어지도록 WTO내에 통고의 내용을 보다 정확히 점검할 수 있는 절차를 강화해야 한다. 넷째 WTO 분쟁해결절차가 분쟁해결을 지연시키는 수단으로 남용되지 않도록 이 절차의 효율적 개선을 위한 노력이 계속되어야 할 것이다. 끝으로 WTO는 새롭게 대두되고 있는 통상 이슈를 면밀히 검토해야 하며 필요하다면 이들 이슈에 대한 국제규범의 제정에 주도권인 역할을 하는 것이 바람직하다.

제2절 세계화와 지역화

다자주의가 무차별주의를 기본 이념으로 세계적 차원의 자유화를 추구하는 반면, 지역주의는 정치적으로 독립되어 있으면서도 지리적 인접성, 문화적 공통성, 역사적 동질성, 경제적 동질성이 높은 지역의 국가들이 무역, 통화, 산업, 금융, 재정 등에 관한 통합을 체결하여 하나의 경제권을 형성하고 역내 우선주의를 취하여 상호간의 이익을 도모하는 동시에 역외국들에게는 차별적 조치를 공동으로 행하는 지역적 경제 공동체를 형성하려는 노력이나 경향을 지칭한다.

1960년대 장기 호황을 이룩했던 세계경제는 방대한 설비 투자와 석유를 비롯한 값싸고도 풍부한 제1차 산품, 미국으로부터의 비교적 자유로운 기술 이전 등에 힘입어 에너지 다소비형의 대량 생산 체제를 구축하였다. 여기에 더하여 각국에서 실시된 확대 재정·금융 정책, IMF·GATT 체제하의 자유 무역 기조의 발전, 미국의 시장 제공 등으로 창출된 대량 소비가 고도성장을 뒷받침했다. 그러나 1970년대 이후 이윤율의 하락과 석유 파동에 의한 공급 위기에 직면함과 동시에 IMF·GATT 체제하의 국제 통화 질서의 붕괴로 인한 급격한 구조적 불황으로 다시 빠져들기 시작하였다. 즉, 선진국의 소비시장은 포화상태에 이르고 생산시장에서는 전후에 획득한 기술 혁신의 효과가 사라지기 시작하면서 한계에 직면하였다. 대량 생산·대량 소비에 기초한 재래식 소비 모형이 포화 상태에 다다른 것이었다. 여기에 1970년대에 일어난 두 차례의 오일쇼크로 세계 경제는 급격히 장기 정체 국면으로 빠져들었다. 오일쇼크 직후 발생한 1974~75년 및 1980~81년의 공황으로 세계 경제는 큰 타격을 입었다.

이러한 공황의 발생은 세계경제에 구조전환을 야기했다. 이러한 구조전환의 현상은 첫째, 세계화(Globalization)의 현상이다. 보편적 형태의 국제 무역을 탈피하여 해외 직접투자를 취함으로써 세계 자본의 이동을 원활하게 하는 것이다. 둘째는 이러한 지역화(Regionalization)로서, EU, NAFTA, ASEAN 등으로 경제통합의 확대, 강화 현상이다. 자유무역주의의 세계적 확대현상과 세계적 의사결정이 가지고 오는 문제에 대응하는 선진공업국들의 반응은 지역주의 즉, 선진국 간의 경제통합으로 나타난다.

1. 세계화의 진행과 특징

세계화란 상품, 서비스, 사람 자본 및 기술 등의 국제적 이동을 촉진시키는 생산요소의 이동, 금융, 정보 등이 연관되어 상품시장과 금융시장이 통합되는 과정이다. 세계화는 최근 국가 간에 상품, 서비스, 자본 등의 이동을 촉진시키고 정보의 교환을 확대시키는 정보통신기술과 그 인프라가 발달됨에 따라 급진적으로 진전되고 있다. 즉, 세계화는 시장의 통합과 자본을 포함한 생산요소이동의 확대라고 할 수 있다. 현재 거론되는 세계화는 ① 해외직접투자의 현격한 증가와 세계시장의 통합이라고 할 수 있다. 재화 및 서비스의 세계전체 수출총액은 1970년에 3천4백억 달러, 1980년에는 약 2조 달러로, 1990년에는 4조3천억 달러로, 2003년 7조4천820억 달러로 전년대비 15.5%증가하였다.

그리고 국가 간 자본거래는 1980년대 이후 실물거래보다 훨씬 빠른 속도로 증가하고 있다. 국제채권발행에 다른 부채 잔액(outstanding amounts of international debt securities)은 1994년대에는 2조 2,659억 달러에서 2001년에는 7조 1,133억 달러로 증가하였다. 교역과 자본이동의 확대에 따른 국가 간 상호의존성 증대는 그만큼 거래하는 국가 간 개방도가 증가하였음을 뜻한다. ② 정보통신기술의 발달과 냉정의 종식을 들 수 있다. 정보통신기술의 발달은 기업으로 하여금 생산 및 마케팅에 대한 조정 및 통제를 확대할 뿐만 아니라 생산 및 마케팅비용의 절감도 달성할 수 있게 하였다. ③ 냉전의 종식은 국가정책의 중점을 국제정치 및 안보로부터 경제 및 경영문제로 이동하게 하였다. 이러한 변화는 구소련지역의 국가들에게 개방의 계기를 마련했다.

무역, 해외직접투자, 기술협력에서 다국적기업의 역할 및 비중이 크게 증가하였다. 세계무역에서 다국적기업이 차지하는 비중이 1980년대 초반에 50%에 이르렀고, 1980년대 중반에는 70%를 초과하게 되었다. 2000년에는 다국적기업의 무역량은 세계무역량 중에 75%를 차지하고 있다. 냉전시대 당시 다국적기업은 해외직접투자를 할 경우에 투자를 받아들이는 국가가 정치적으로 안정되고, 노사분규가 적은 국가를 선호하였다. 그 결과 1960년대에 선진공업국의 해외직접투자대상국으로는 신흥공업국(Newly Industrializing Countries)으로 분류되는 한국, 대만, 멕시코, 칠레와 같은 몇 개 국가들로 제한될 수밖에 없었다. 그러나 냉전의 종식은 중국과 중·동구 국가들의 자본주의 체제로의 전환을 유도하였고, 경제 및 경영문제가 중요하게 부각된 세계화 과정에서 다국적기업은 상대적으로 저렴한 생산요소를 가지고 있으며 산업화의 인센티브를 가지고 있는 이러한 전환경제(transition economy)국가들로 생산과 기술을 글로벌 측면에서 재배치하였다. 결과적으로 이러한 국가들은 세계화의 주역역할을 하고 있다.

세계화는 생산요소의 이동촉진과 시장의 통합이 핵심을 이루고, 이 가운데에서도 자본이동에 따른 국제금융시장의 통합이 가장 중요한 현상이다. 자본이동이 활성화됨에 따라서 국제금융시장의 지역별 중심지(hub)와 함께 생산 및 마케팅, 물류중심기지도 글로벌하게 확대되고 있다. 이 같은 생산 및 마케팅기지의 분포는 세계적으로 확대되고 있다. 즉 세계화가 가속화되기 이전에는 생산기지가 선진국 중심으로 밀접해 있었지만 그 후에는 생산기지가 선진국뿐만 아니라 개발도상국과 중·동구와 같은 전환경제국가로 확대되었음을 보여준다.

2. 지역화의 진행과 특징

세계화가 빠른 속도로 진행되고 있지만, 다른 한편으로 지역화도 확산되고 있다. 냉전체제의 종식은 각국으로 하여금 안보보다는 경제를 우선시하는 정책을 채택하게 하였고, 그 결과 지역주의 추세가 강화되었다. 우리는 최근 신문이나 방송과 같은 대중매체에서 자유무역협정(Free Trade Agreement : FTA)이라는 용어와 자주 마주치고 있다.

FTA는 크게 보면 지역무역협정의 초보단계이다. 지역무역협정(Regional Trade Agreement : RTA)이라 함은 다자주의에서 확립된 제1의 일반원칙인 최혜국대우(MFN)에 대한 중대한 예외로서 역내국에 대하여 선별적으로 우대하는 반면에, 역외국에 대하여는 혜택을 제공하지 않는 무역협정을 뜻한다. FTA는 역내국에서만 관세 등의 무역장벽을 철폐하지만, 역외국에 대해서는 각기 기존의 관세 등 무역장벽을 유지하는 지역무역협정이다. 경제통합 수준이 보다 더 강화된 형태를 관세동맹(Customs Union)이라고 한다. 관세동맹의 경우에는 역내국에 대하여 관세를 철폐하는 점에서는 FTA와 같으나, 역외국에 대하여 동일한 관세를 부과한다는 점에서 차이가 있다. 관세동맹보다 더 발달한 형태의 공동시장(Common Market)은 생산요소의 이동에 대한 제한을 철폐하고, 공동시장보다 더 발달한 경제동맹(Economic Integration)은 공동의 재정정책과 통화정책을 구사한다. 지역경제통합을 보다 상세하게 살펴보면 다음과 같다.

① FTA는 2개국 이상의 국가가 상호간의 관세를 인하 또는 철폐하고 무역의 수량제한조치를 제거함으로써 역내로는 무역자유화를 실현한다. 그러나 회원국이 역외국들에 대해서는 독자적으로 관세 및 수량제한을 실시할 수 가장 초보적인 단계의 경제통합이다. 대표적인 FTA로서는 유럽 자유 무역 연합(EFTA: European Free Trade Association), 북미 자유 무역 지역 (NAFTA : North American Tree Trade Area) 등이 있다.

② 관세 동맹이란 대외적으로 공동 관세를 설정하여 역외국에 공동으로 대응하는 경제통합을 의미한다. 대외적인 관세까지도 공동보조를 취한다는 점에서 자유무역 지역보다 다소 강화된 형태라고 볼 수 있다. 대표적으로 1834년의 독일 관세동맹(Zollverein), 1947년의 베네룩스 관세 동맹(Benelux: 벨기에, 네덜란드, 룩셈부르크)과 1960년대의 유럽경제공동체(EEC: 유럽an Economic Communities)가

대표적이다.

③ 공동 시장은 관세 동맹보다 강화된 형태로서 역내에서 상품뿐만 아니라 생산 요소로서 자본의 자유 이동, 즉 역내에서 국제투자의 자유화를 보장하는 경제 통합 형태이다. 즉 공동시장이란 역내의 생산물, 생산 요소의 자유 이동, 역외의 공동 통상정책의 실시로 거의 동일 국가와 같은 상태에 놓여 있다고 볼 수 다.유럽an Community가 대표적이다.

④ 완전한 경제 통합(Complete Economic Integration)은 공동 시장의 형태에서 더욱 발전하여 회원국 상호간에 재정, 금융, 사회복지 등 모든 경제 정책을 상호 조정하여 운영하는 경제 통합의 형태로서 현재 진행되고 있는 EU가 이 단계라고 한다. 완전한 경제 통합은 가맹국 상호간의 초국가적 기구를 설치하여 그 기구로 하여금 각 가맹국의 모든 사회 경제 정책을 조정, 통합 관리하는 형태의 경제 통합이다. 경제 통합의 형태 중 가장 완벽한 형태의 통합 유형으로 재정, 통화 정책을 포함하여 공통의 경제정책을 수행하기 위해서는 국가 고유의 경제적 주권을 초국가적인 기구로 이양해야 한다.

제6장 지역화와 한국의 FTA

우리는 앞에서 세계화와 지역화를 논하면서 경제통합의 다양한 형태를 살펴보았다. 여기서는 경제통합의 여러 가지 효과와 경제통합의 원인들을 살펴봄으로써 한국 경제통합의 현 상황과 한국의 경제통합에 대한 방향과 전략들을 특히 FTA를 중심으로 살펴보고자 한다.

오늘날 세계경제는 정보통신기술의 비약적인 발전, 구사회주의 경제권의 시장경제에의 통합, WTO 다자협상에 의한 국제적 규범의 확산, 국제금융시장의 통합, 그리고 지역주의의 확산 등을 통하여 빠르게 개방화, 글로벌화 되고 있다. 이와 같은 대외환경의 변화에 적극적으로 대처하기 위한 하나의 수단으로서 세계 각국은 지역별 경제통합과 동시에 원거리 국가 간의 FTA를 활발히 진행하고 있다.

2008년 6월 현재 발효 중인 197개의 지역협정을 체결시기별로 살펴보면, 70년대 이전 5개, 70년대 12개, 80년대 10개에 불과 하던 것이 90년대 64개, 2000년 이후 106개가 체결되어 최근 지역주의의 광범위한 영향을 여실히 보여주고 있다.

우리나라의 국가별 FTA 추진현황을 구체적으로 살펴보면, 2004년 한-칠레 FTA가 발효되었고, 한-싱가포르 FTA는 2006년 3월 발효되었다. 또한 유럽자유무역연합(EFAT)과에 FTA 협상은 2006년 9월 발효되었고, ASEAN과 FTA 협상은 2007년 6월 발효되었다. 미국과의 FTA 협상을 2007년 4월 타결하였으며, EU, ASEAN(서비스·투자), 캐나다, 인도, 멕시코, 일본 등 41개국과 협상을 진행 중이다. 대략적인 FTA 진행은 다음의 <표 3-1>과 같다.

▌표 3-1▐ 한국의 FTA 추진 상황

구분	내 용	사 례
체결	한·칠레	2004.4.1 발효
	한·싱가포르	2006.3.2 발효
	한·EFTA	2006.9.1 발효
	한·아세안	2007.6.1 발효 (상품부문)
	한·미	2007.4.2 타결, 비준만 남음
	한·EU	2009.7.13 타결, 비준만 남음
협상 추진중 (진행중)	한·아세안	서비스·투자 부문 협상추진 중
	한·캐나다	제2차 한-캐나다 상품분야 실무협상 완료 ('07.9.14) 2007년 10월, 11차 협상 진행
	한·인도	FTA와 동일한 성격의 포괄적 경제동반자협정(CEPA : Comprehensive Economic Partnership Agreement) 체결 추진 중·BRICs 국가 중 최초로 추진
	한·멕시코	그간 교착상태에 있다가 8월 협상 재개 합의 10월 중순 이후 공식협상 개최예정
중단	한·일	2004년 11월 6차협상 이후 교착상태 이명박 대통령 순방을 통해 재추진할 예정
공동연구 등 협상을 위한 사전 절차 진행 중	한·중 한·메르코수르 (남미공동시장)	한·중 FTA 산관학 공동연구 제1차 회의 개최('07.3) 공동연구를 완료하고 협상 추진 예정 * 아르헨티나, 브라질, 파라과이, 우루과이, 베네수엘라

* 참조: 외교통상부

경제이론에 따르면 FTA는 무역 및 투자의 촉진, 자원배분의 효율성 향상, 경제성장의 촉진 등의 다양한 효과를 지닌다. 우리나라와 같이 수출의존도가 높은 국가는 FTA 체결도 상당한 규모의 경제적 이익을 기대할 수 있다.

이에 여기에서는 전 세계적으로 확산되고 있는 FTA의 개념과 유형에 대해 살펴보고, FTA의 추진배경 및 FTA 체결에 따른 경제적 효과에 대해 살펴볼 것이다. 아울러 세계 각국들이 경쟁적으로 추진하고 있는 FTA 현황과 우리나라의 FTA 추진 현황을 살펴봄으로써 글로벌 시대에 우리나라가 취해야 할 FTA 전략방안을 모색해 보고자 한다.

제3절 한국의 FTA 추진요인과 효과

1. 추진요인

FTA 추진동기에는 여러 가지가 있을 수 있으나, 크게 보아 1990년대 이전에는 시장접근에 의한 교역확대가 FTA의 주된 체결목적이었던 반면, 1990년대 후반 이후에는 직접투자 유치, 경제구조조정 등 보다 적극적인 목표 하에서 FTA가 추진되기 시작하였다. 구체적인 동기를 살펴보도록 하자.

(1) 시장확대 및 유지

FTA 체결로 관세가 철폐되면 무역이 창출되고 후생이 늘어난다는 논리 하에 FTA를 체결하게 된다. 이에 해당되는 FTA로는 중남미 및 아프리카 지역에서 발전단계가 유사한 국가끼리 체결한 FTA를 들 수 있다. 또한 1994년 멕시코의 NAFTA 체결이 최대 수출시장인 미국에 대한 무관세 시장접근을 달성하기 위한 사례에 해당된다.

(2) 경쟁 유발에 따른 산업기술 발달의 촉진

개방과 보호의 절충으로서 FTA는 개방을 통하여 국내기업들 간의 경쟁을 촉진함으로써 새로운 제품, 양질의 제품, 효율적인 생산기법 등을 개발하려는 기업들의 연구개발 경쟁이 유발되고, 그로 인한 신기술의 개발, 기술의 축적 및 파급 등 산업기술의 발달을 촉진하게 된다. 아울러 FTA는 특정국 간의 배타적 호혜조치를 취하여 경제적 실익을 제고하는데 보다 용이하다.

(3) 국내경제 개혁의 촉진

주로 1990년대 이후에 체결된 FTA로서 직접투자 유치, 경제구조조정 등 보다 적극적인 목표 하에서 추진된 FTA가 이에 해당된다고 할 수 있다. 특히, 개도국들이 투자유치, 기술이전 경제구조조정 등의 목적으로 선진국과 FTA를 체결하게 되는 사례가 이에 해당된다. 예를 들면, 멕시코의 NAFTA 체결도 이러한 사례에 해당되며, 적극적으로 전방위 FTA 체결을 추진하고 있는 칠레의 경우에도 국내경제 개혁의 동기가 크게 작용하고 있다고 할 수 있다.

(4) 다자주의의 한계점 보완

다자주의는 회원국의 합의도출에 어려움이 있으며, 자국의 특수한 요구를 관철시키는데 어려움이 따르는 반면, FTA는 역내 국가 간에 보다 높은 자유화의 추진을 통하여 자유화를 선도할 수 있다는 명분론이 작용한다. 1990대 후반 이후 미국, 일본 및 중국 등 주요국을 비롯한 세계 각국의 경쟁적 FTA 체결 추진은 다자주의의 한계점을 보완하기 위한 차원에서 진행되고 있다고 볼 수 있다.

(5) 대외신인도 제고 및 대외협상력 강화

경제통합을 통하여 회원국 간의 공동이해관계를 형성하여 교섭력을 증진하고, 협정의 준수 및 성실한 이행을 통하여 국가신인도를 향상시킬 수 있다. 이에 해당하는 사례로는 1960년대 중남미의 안데스산맥 주변 6국 간 체결된 FTA(ANCOM)과, 1990년대에 체결된 MERCOSUR을 들 수 있다.

(6) 정치, 외교안보, 사회문화적 결속관계 강화

FTA를 통하여 외교안보를 강화하고 정치적 갈등을 치유하며 나아가 평화체제를 더욱 공고히 하는 효과를 기대할 수 있다. EU의 경우가 이에 해당하며, 중미공동시장 (CACM)의 경우도 지난 1970 ~ 1980년대에 빈번하였던 내란과, 미국을 비롯한 강대국의 간섭, 그리고 이로 인한 경제·사회적 불안정을 극복하고 역내 국가들 간에 평화와 발전을 위한 단결된 노력의 필요성에 의해서 체결되었다.

이와 같은 다양한 동기에 의하여 세계 각국은 FTA를 경쟁적으로 체결하고 있다. 우리나라 역시 전통적으로 다자주의를 선호하였으나, 대내외적 여건의 변화에 따라 FTA를 적극적으로 추진하고 있다.

2. 경제적 효과

일반적으로 드러나고 있는 FTA의 경제적 효과는 다음과 같다. ① 무역증진효과 ② 경쟁제고효과 ③ 성장효과(자본축적효과) ④해외직접투자유입효과 ⑤ 대외협상력 제고효과 등이다. 이 효과가 실제로 어떻게 드러나고 있는 지는 다음의 표에서 잘 알 수 있다.

▌표 3-2▐ FTA의 경제적 효과

경제적 효과	내 용	사 례
무역증진효과	FTA 체결당사국 간의 무역창출	◆ NAFTA: 미국→멕시코 162% 수출증가, 멕시코→미국 75% 수출증가 ◆ MERCOSUR: 역내 수출 393% 증가 ◆ EU-칠레 FTA: 칠레→EU 11.4% 수출증가 ◆ TDCA: EU→남아공 20.4% 수출증가
경쟁제고효과	FTA 상대국 기업 간 경쟁이 심화됨으로써 소비자 후생증가	◆ 미-요르단 FTA: 요르단 경제상황→개방적, 경쟁적, 유망한 경제국으로 인식
성장효과 (자본축적효과)	자원배분의 효율성증진과 무역증가로 인한 경제성장	◆ NAFTA: 멕시코 경제성장률 -6.2%(1995) → 7.0%(1997) ◆ EU: 동유럽 경제성장률 -1% → 3.6%
FDI 유입효과	시장확대와 관세철폐로 인한 FDI 증가	◆ NAFTA: 캐나다→미국 FDI 200% 증가 멕시코 FDI 유입 40억→150억 달러 증가 ◆ EU: 동유럽 지역에의 투자 269% 증가
대외협상력 제고효과	FTA를 통해 단일경제권으로서 협상력 제고	◆ MERCOSUR: FTAA, EU와 협상에서 협상력 발휘 ◆ ASEN: 역외국과 협상에서 단일경제권으로의 협상력 발휘
기타	경제 외적인 외교·안보적인 측면에서의 이득	◆ 미-요르단 FTA: 정치적 유대관계 강화 ◆ TDCA: 남아공 정치적 안정 목적

* 참고: 정인교·노재봉, 「글로벌시대의 FTA전략」, 해남, 2005, p.14

제4절 WTO시대에 한국의 경쟁력 제고

1. 차세대 성장 동력의 확보

환경과 경쟁 그리고 새로운 기술과 디자인에 대한 표준화 선점은 WTO의 주요 의제이고 이러한 문제를 다루는 새로운 국제질서 하에서는 기술개발에 대한 경쟁이 선진국과 후진국의 영역을 벗어나 있다. 새로운 기술을 획득하는 것 WTO시대의 우선 과제라 할 수 있다. 기술, 상업화 지원 및 추진 인프라의 정비와 구축이 이루어져야 하며, 제도적 뒷받침 및 정부 지원 자금 등 기술 혁신의 기반을 조성해야 한다. 그리고 범부처적인 협조 하에 국가 차원에서 기술 개발의 집중화를 통한 기반 구축이 필요하다. 따라서 다음과 같은 차세대의 성장 동력들을 지금 세대에서 확보하는 것은 무엇보다 시급하다 할 수 있겠다.

① 국가 차원의 바이오 인프라 구축
② 중점 추진 분야에 대한 기술 개발 자원 집중
③ 지능형 인프라 개발과 미래에너지 확보

(1) 산업화 촉진을 위한 국가 차원의 기술 인프라 구축

국내 바이오산업의 구심점이 될 국가유전체연구소와 생물정보학 센터설립 등에 적극적인 지원이 필요하다. 국가, 대학, 기업 연구소를 총망라한 연대 체제를 구축하고 국내 연구소에 체계적인 정보 및 데이터를 제공해야 하며, 이를 통한 효과적인 신사업 창출에 주력해야 한다. 바이오 연구 및 사업화 촉진을 위한 적정 수준의 규제 및 법안 마련과 제품 표준화를 위한 기준 마련이 시급하다. 따라서 표준화에 대비한 연구 방향 설정 및 표준화 센터의 설립 등이 추진되어야 한다.

정부의 범부처적인 추진과 바이오산업의 기술 정책 기획에 있어서 기존 상향식 접근 방식에 대한 변화가 요구된다. 선진국은 정책 실패의 위험성을 줄이기 위해 과학 전문가들이 주도하는 위원회를 구성, 이들이 중요하다고 합의한 분야에 예산을 우선적으로 배정하는 톱다운 방식을 선호한다. 국제 협력의 적극 장려로 신 바이오 기술의 신속한 산업화를 위해 선진국을 포함한 세계적 기업과의 국제 협력 활성화 방안이 마련되어야 하며, 기술 도입 및 협력에 대한 지원이 필요하며 또한 외국 기업의 국내 바이오 기업에 대한 투자 활성화 방안 역시 모색되어야 한다.

또 하나는 나노 소재에 대한 개발이다. 입자의 지름이 나노미터 이하인 원자나 분자 수준에서 물질을 조작하여 흔히 나타나지 않는 다양한 특성을 지닌 물질을 생산하는 기술이다. 전자, 바이오, 환경, 에너지, 화학 및 식품 등 다양한 산업에서 활용된다. 순수 나노 소재의 시장규모는 2010년 42억 달러, 나노 소재가 일부 포함된 제품시장 규모는 2010년 약 5천억 달러로 추산될 정도로 나노 소재의 활용 없이는 경쟁력 확보가 불가능하다.

나노 소재 관련 기술경쟁에서 뒤쳐질 경우, 한국의 제조업이 일본의 소재산업에 의존하는 현상이 더욱 심화될 우려가 있으므로, 향후 한국 산업의 기술적 진보는 나노 소재의 혁신을 통해 가능하다. '탄소 나노 소재'는 기존 소재보다 전기·기계적 물성이 뛰어나고 산업적 응용 가능성이 가장 넓은 유기소재이며, 한국의 기초 기술역량도 상대적으로 높은 편이다.1990년대 후반부터 일기 시작한 나노 개발이 근래에 들어 전 세계적으로 본격화되는 상황이므로, 한국도 분야에 따라 선진국과 기술 격차를 줄이거나 나아가 추월할 수 있는 여지가 충분하다.

1996년 국내 처음으로 나노 관련 대형 과제인 '극미세 구조 기술 개발 사업'이 착수된 이후, 2000년 '21세기 프론티어 연구개발 사업'의 '테라급 나노 소자 개발' 과제가 추진되어 나노 기술 개발에 관한 정부의 지원이 본격화 되고 있다. 한국은 세계 최고 수준의 반도체 공정 기술을 확보하고 있으므로 이를 나노 기술 개발에 최대한 활용할 수 있고, 소재, 부품에 관한 중요성 인식이 재료 관련 전공자의 풍부한 공급으로 이어져 이들을 나노 기술 전문 인력으로 활용할 수 있는 환경이 조성되어 있다.

이러한 나노 소자 개발을 한국이 확보한 반도체 공정 기술력에 최대한 활용함으로써 반도체 메모리 시장에서의 주도권을 유지해야 한다. 또한 소재, 부품 관련 기업의 성장이 부각되는 상황에서 이를 나노 기술개발의 활성화 기회로 활용해야 한다.

(2) 중점 추진 분야의 선정과 기술개발의 집중

한국은 환경에 적합한 유망 분야를 선택하여 한정된 연구, 개발 자원을 집중해야 한다. 특히, 에너지-환경 문제는 21세기에 중요성이 더욱 부각되는 분야이다. 에너지의 해외 의존도가 높은 한국은 대체 에너지의 개발이 필수적이다.

두 번째는 국내 나노 기술 개발에 있어서는 자원의 효율적 운용을 위해 합리적인 공동 연구 조직과 연구 결과에 대한 인센티브를 부여하고 운영 개발 기관과 인력 네트워크를 구성하고 개발 자원의 효율적 사용과 시너지 효과를 유도한다. 연구 결과 공유 요청 및 제공 프로세스 구축을 위한 인터넷 기술환경의 데이터베이스 구축이 필수적이며, 설비의 중복 구입 방지 및 최상의 설비 성능 유지를 위한 공동 핵심 설비 운용 전문 센터를 설립하도록 하여야 한다.

셋째, 개발 시점 및 기능성을 고려한 투입 자원의 합리적 배분으로 실용화와 산업화의 시기를 고려한 자원 배분 정책을 실시하고, 현재 강점 분야는 아니지만 미래에 경쟁력을 확보하지 않으면 안 되는 분야에 대한 산·학·연·협의체의 의견을 수렴하여 장기적 안목으로 일정개발 자원을 전략적으로 투자하도록 정책적으로 배려해야 한다.

넷째, 우리나라의 부족한 기술을 단기간에 효과적으로 보완하기 위하여 선진 해외 기술을 구입하고 해외 공동 네트워크를 추진함으로써 선진 해외 기관과의 공동 개발

분야를 선정하여 개발비 분담 및 개발 실패에 따른 위험 부담을 줄여야 한다.

(3) 지능형 인프라 개발과 미래에너지 확보

기술에 대한 사회적 인프라의 구성은 지능형 인프라의 형성과 대체에너지의 확보를 통해서 구현될 수 있다. 즉, 현대의 통신기기는 자기제어와 발전을 통해서 가장 효율적인 관리시스템으로 발전하고 있으며 또한 이렇게 구현된 사회적 인프라는 무엇보다도 현 시점에서 가장 절실하게 요구되고 있고 가장 기술집약적인 대체에너지의 개발에 사용될 수 있다.

첫째, 지능형인프라는 센서, 통신, 자동제어 등 정보기술을 이용함으로써 효율적으로 관리되는 전력, 교통, 물류, 상하수도 등 사회 인프라를 의미한다. 무선 센서네트워크를 활용해 사회 인프라의 제반 상황을 실시간으로 모니터링하고 관리 및 운영을 최적화한다. 한국의 경우 지능형전력시스템을 개발해 사용할 경우 전력비용 절감 및 품질 개선 등 연간 7,500억 원 이상의 사회적 비용절감을 누릴 수 있다. 지능형인프라는 수출산업으로도 육성이 가능해 지능형기술을 적용한 신대중교통수단과 분산형 에너지 인프라 등은 잠재적 개발효과가 무궁하다고 할 수 있다.

둘째, 석유의 자원고갈, 원자력의 방사성 폐기물 위험 등으로 인한 핵융합, 수소에너지, 우주 태양광발전 등 무한, 무해, 무편적 특성을 가지는 청정에너지가 미래 에너지원으로 주목된다. 이러한 청정에너지는 기술집약적 에너지라고 할 수 있다. 기술개발의 초기단계에서 국가가 지원해야 하나, 이 기술개발이 상용화가 될 경우 탄소배출권 등의 문제와 더불어서 형성되고 있는 대체에너지의 글로벌 시장에서 에너지 판매권의 확보도 가능하다. 한국은 에너지를 전량 수입할 정도로 에너지 안보력이 극히 취약하므로, 청정에너지 개발은 에너지 주권의 확보와도 관련이 있다 하겠다. 세계 7위의 석유소비국이며, 세계 12위의 전력소비국으로 2005년 기준 에너지 수입에 연간 667 억 달러를 지출하였다. 향후 화력·원자력 발전을 대체할 '핵융합' 발전은 선진국과 기술격차가 작아 상용화가 될 경우 시장 주도권 확보가 가능하다. 한국은 2006년 미국 등 6개국과 공동 핵융합로 개발 사업을 추진하는 한편, 차세대 초전도 핵융합 연구 장치 등 독자적인 연구기반도 구비하고 있다. 그리고 '수소에너지'는 지구상에 가장 풍부하게 존재하는 무한천정 에너지로 이러한 에너지의 기술개발은 한국의 석유 의존도 해소를 위한 유일한 대안이라 할 수 있다.

새로운 에너지의 개발 뿐 아니라, 해외자원개발에 대한 접근도 역시 필요하다. 자원의존적 기술의 발달과 안정적인 자원 확보의 자원수요의 문제뿐만 아니라 자원 보유국의 신자원민족주의에 따른 자원공급의 문제도 발생하고 있기 때문이다. 즉, 수요와 공급 양 측면에서 자원개발 참여 비용이 높아지고 있는 것이다. 해외 자원개발은 우리 기업들의 기술력과 자금력을 고려한 접근이 필요하다. 즉, 지속적이고 안정적인 자원공급을 위해서는 해외 자원개발과 함께 공급 측면에서의 구입 능력 제고에 초점을 맞춰야 할 것이다.

2. 서비스 산업의 고도화

서비스 산업은 글로벌 경쟁 환경에서 중요한 문제로 다루어지고 있다. 다자간 무역협상인 우루과이 라운드 완전 타결 이후 사회문화적, 지역적, 제도적 특성 및 제약들로 인해 글로벌화 하기 힘들어 보이던 서비스 산업은 변화의 중심이 되고 있다. 서비스산업은 글로벌네트워킹의 과정 속에서 핵심적 역할을 하고 있다. 기술의 급속한 발전과 함께 발달한 통신네트워크의 변화는 하드웨어와 소프트웨어의 도움으로 금융업에 있어 자동화와 국제적 서비스를 가능하도록 만들었다.

서비스산업은 그 자체의 글로벌화를 논하지 않더라도 개별 국가 및 세계 경제에서 차지하는 비중도 지속적으로 증가하고 있다. WTO 통계에 따르면, 서비스산업은 전 세계 부가가치의 60% 정도를 차지하고 있으며, 무역규모도 꾸준히 증가하여 서비스업 자체가 글로벌 총 무역에서 차지하는 비중이 20% 수준에 이르고 있고 주요 OECD국가의 GDP에서 차지하는 비중은 70% 내외의 높은 수준에 달한다. 선진국에서 서비스산업이 총고용의 70% 정도를 차지하고 있는 것으로 서비스산업의 고용창출효과는 다른 여타의 산업보다도 훨씬 높다고 할 수 있다. 즉, 선진국 경제는 성장과 고용이라는 두 가지 거대 화두를 서비스산업을 통해서 풀어가고 있는 것이다.

한국의 경우는 최근의 서비스 비중 증대에도 불구하고 주요 선진국에 비해서는 아직은 낮은 수준에 머물고 있다. 현재 한국은 GDP에서 서비스업이 차지하는 비중은 약 55% 정도이나, 이는 여전히 OECD 국가 중 최하위라고 할 수 있다. 또한 국내 서비스산업의 제조업 대비 노동생산성은 57에 그치고 있어 미국(72), 일본(93), 독일(102) 등 비해 주요 선진국에 비해 생산성이 현격히 떨어지고 있다. 이 같은 상황에 기초해 볼 때, 향후 서비스 시장의 개방이 확대되고 글로벌 서비스 기업의 국내 진출이 본격화 할 경우, 일부 영역을 제외하고는 국내 서비스 산업 전반에 심각한 타격이 예상된다. 따라서 서비스 산업의 조속한 개선과 질적 향상은 시급한 과제라 할 수 있다.

이러한 서비스산업의 환경변화는 국내 서비스 관련 기업들에게 위험인 동시에 기회라고 할 수 있다. 서비스산업의 개방화와 그에 따른 글로벌 경쟁상황은 생산성 및 대외 경쟁력이 취약한 국내 서비스산업에 큰 위협이 될 수 있다. 아직은 규모가 영세하고 국제적인 서비스를 준비하지 못하고 있는 한국의 서비스 산업은 오랜 경험을 통해서 강화된 글로벌 서비스 기업들에게 주도권을 빼앗기고, 이들 영역에서의 국내 서비스 산업의 기반이 더욱 취약해질 가능성이 높다.

반면 서비스의 글로벌 경쟁 환경은 국내 서비스 관련 기업들에게 하나의 기회요인으로 작용할 수도 있다. 국내의 컴퓨터 서비스, 웹 디자인, 인터넷 기반 서비스 등의 분야에 강점을 가지고 있는 국내 서비스 기업들에게 새로운 기회가 생겨날 것이다. 결국 서비스 산업의 글로벌화 흐름은 단기적으로는 국내 서비스기업들에게는 위협으로 다가오겠지만, 중장기적으로는 국내 서비스 기업들이 글로벌 서비스 기업들과의 경쟁과 협력을 통한 새로운 비즈니스 모델 창출 등으로 국제적 경쟁력을 확보해 나가는 새로운 가능성을 높일 수 있다.

지식서비스사업은 고부가가치의 서비스를 제공하면서도 고임금의 지식 집약적 일자리 창출 역할을 담당하는 방향으로 발전하게 될 것이다. 지식서비스산업의 중점 육성대상 업종에 대해서는 규제개혁과 지원프로그램의 활성화 등 제도적인 개선방안을 마련해야 한다. 의료, 교육 부문 등에 대해서는 대외개방과 규제개혁을 통한 경쟁에의 노출을 통해 자체 경쟁력 확보를 기해 나가야 하며, 문화 및 정보통신 서비스업의 경우 연구개발 활동이 제조업에 비해 활성화되어 있지 않은 점을 감안하여 연구개발에 대한 범위를 확대해야 할 것이다. 수출을 통하여 제한된 내수시장을 탈피할 수 있도록 문화서비스, 정보통신관련 서비스의 경쟁력 제고와 주변국가와의 상생전략도 필요하다.

정책적 차원에서는 국내 서비스산업의 체질을 강화하기 위한 경쟁 촉진 및 규제완화 등의 법제도 정비와 시버스 기업들의 자체적인 혁신노력을 유도하고, 강화할 수 있는 금융, 교육 등의 지원책이 있어야 한다. 특히, 서비스산업의 규모의 경제 확보를 위한 대형화 및 동일 산업내 개별 기업간 제휴와 협력을 통한 공동의 시장 개척 등을 유도하는 정책들은 한국의 서비스산업의 경제력 제고와 함께 고부가가치화를 실현하는 효과적인 대응책의 하나가 될 것이다.

국내 서비스산업도 급변하는 글로벌 경쟁 패러다임에 대응하여 서비스산업의 변화를 읽어내고 대외 개방을 통한 경쟁력 제고와, IT산업 등을 통한 혁신적 경영 프로세스의 변화를 통해 글로벌 비교우위를 확보할 수 있도록 하여 산업 구조의 고도화와 함께 일자리 창출을 기대할 수 있도록 해야 할 것이다.

3. 중소기업 혁신역량 및 글로벌 경쟁력 제고

세계는 소품종 대량생산의 포드주의에서 다품종 소량생산의 다원화 소비시대로 전환했다. 따라서 중소기업으로 국제적 경쟁력을 갖추는 것은 다양한 소비패턴에 빠르게 적응해야 하는 현대의 기업들에게 보다 적합한 체재라고 할 수 있다. 그러나 빠른 변화가 중소기업의 장점이라면 중소기업의 문제는 기술개발에 대한 투자의 취약성과 글로벌 기업과의 경쟁에서 경쟁력이 약하다는 것이다. 이러한 문제를 극복하기 위해서는 중소기업의 글로벌 경쟁력 강화가 중요한 과제라고 할 수 있다.

현 정부의 중소기업에 대한 정책을 살펴보면 정부의 중소기업에 대한 규제완화보다는 금융 및 세금감면 등의 특혜를 통한 지원을 정책으로 채택하고 있다.

(1) 정책자금의 지원

중소기업청은 2조 6천억 원으로 창업 및 혁신형 중소기업 등 미래 성장동력 창출에 중점을 둔 중소기업에 정책자금을 공급할 계획이며, 전체 평균 대출금리는 연 5.10% 수준이고, 대출기간은 시설자금 8년(거치기간 3년 포함), 운전자금 5년(거치기간 2년 포함) 등으로 중소기업이 안정적으로 자금을 활용할 수 있도록 장기간으로 지원된다. 따라서 ① 창업·혁신형 중소기업에 집중 지원 ② 1.7조원 규모의 설비투자자금을 공급 ③ 소규모기업은 기술성과 사업성 위주의 자금평가 ④ 메자닌(대출과 투자의 결합)방식의 「성장공유 대출제도」가 도입 ⑤ 업종별 제한 부채비율의 예외적용범위의 확대 ⑥ 지식서비스육성자금의 지원 대상을 전략업종 위주로 조정 ⑦ 정책자금 금리를 고정금리에서 변동금리로 전환하고 전체 평균금리를 0.35%p 인상 등과 같은 중소기업지원정책을 세우고 있다.

이러한 중소기업에 대한 정책변화는 중소기업의 대출을 혁신역량산업에 배치하고 또한 정책자금의 운용을 시장의 원리에 적합하도록 재구성하는 것임과 동시에 중소기업의 자금운용도 또한 시장의 원리에 맞도록 견인하기 위한 목적이다. 따라서 정책자금 사후관리가 강화된다. 금년에 부실 조기경보 편정등급(정상, 예비경보, 경보)에 따른 체계적인 부실징후 사후관리 시스템을 도입하게 되며, 전용계좌사용 및 자금사용 후 자금사용 내역표 제출 의무화 등의 장치를 통해 비업무용 토지 구입 등 정책자금 용도외 사용에 대한 사후관리에 중점을 두어 자금사용의 투명성을 재고해 나갈 계획이다.

(2) 세제지원

수도권과밀억제권역 외의 지역에서 창업하는 중소기업으로서 제조업, 광업, 부가통신업, 연구 및 개발업, 과학·기술서비스업, 전문디자인업, 방송사업, 방송프로그램제작업, 엔지니어링사업, 정보처리 및 컴퓨터운용 관련업, 물류산업, 영화산업, 공연산업, 관광숙박업, 관광객이용시설업, 국제회의업, 유원시설업, 광고업, 노인복지시설운영업, 무역전시산업, 직업기타사업자로 지정받은 자 들은 세제지원을 받을 수 있다. 구체적인 세계지원은 다음 표와 같다.

그러나 이러한 중소기업 지원정책은 상당한 문제점을 안고 있다. 지난 10년간 양적인 확대를 거듭해 온 우리나라 중소기업정책은 정책자금의 과다 지원, 지나치게 다기화 된 세부 시책, 일부 저액의 성과 부족 등의 문제를 안고 있다. 그럼에도 불구하고 현 정부는 또다시 정책자금 지원이라는 방법을 통해 중소기업을 진흥시키고자 하는데, 이는 은행 중소기업 대출의 약 16%에 도달할 정도로 과다 지원되고 있으며, 또한 이러한 지원은 오히려 중소기엽의 건설적인 구조조정을 방해하고, 실제로 자금난에 시달리는 중소기업보다는 충분한 자금력과 정보력을 가직 중소기업에게 더 많은 혜택을 준다는 비판이 제기되고 있다.

이러한 문제점을 해소하기 위해서는 첫째, 이미 우리나라의 중소기업정책은 적어도 양적인 측면에서는 OECD 국가 중에서 가장 높은 수준에 도달했기 때문에 중소기업정책의 추가적인 양적 확대보다는 현행 지원시책의 실효성 제고를 위한 지원체제의 정비에 중점을 두는 것이 바람직하다. 둘째, 중소기업정책이 지나치게 복잡 다기화 되는 것을 방지하기 위해서는 정책 도입 및 평가 시스템의 정비가 필요하다. 새로운 정책의 도입에 앞서서 해당 시책의 도입 목적, 기대 효과 등에 대한 사전 타당성 조사 및 의견수렴 과정을 현재보다 더욱 충실하게 하는 것이 바람직하다. 셋째, 중소기업정책자금의 공급 규모 축소, 대출 금리 인상, 다양한 정책자금의 도입 등의 정비 작업을 추진할 필요가 있다. 일방적인 정책지원보다는 좀 더 다각적인 방향에서 접근해야 한다. 또한 시장 금리보다 낮은 금리로 지원을 해주는 것으로는 중소기업 자금난의 만성적인 양극화를 해소하지 못하기 때문이다.

▌표 3-3▐ 우리나라의 세제지원 현황

구 분	지원내용
법인세(소득세) 감면	수도권과밀억제권역 외의 지역에서 창업한 중소기업 등에 대하여 창업 후 소득발생연도부터 4년간 매년 납부할 법인세(소득세)의 50% 감면
등록세 면제	• 창업 후 2년 내 취득한 사업용 재산에 대한 등록세 면제 • 창업중소기업의 법인설립등기에 대한 등록세면제(창업 중에 벤처기업으로 확인받은 경우 6 월 내 행하는 법인설립등기 포함)
취득세 면제	• 창업 후 2년 내 취득한 사업용 자산에 대한취득세 면제
인지세 면제	• 창업 후 2년간 금융기관의 융자관련문서에 대 하여 인지세 면제
재산세	• 창업 후 5년간 재산세 50% 감면
창업기업투자에 대한 소득공제 등	중소기업창업투자조합 및 벤처기업 등에 출자한 금액의 15% 소득공제·벤처기업에 출자한 주식을 5년 이상 보유 후 양도하는 경우 양도세 비과세 등이 있다.

* 자료출처: 중소기업청 관보자료

4. 외국인 직접 투자(FDI)에 대한 인식 전환

WTO 이후 보다 강하게 글로벌화하고 있는 세계경제에서 외국의 한국에 대한 직접 투자에 대한 인식을 보다 긍정적으로 전환할 필요가 있다. 외국의 총투자자본이 한국에서 가장 효율적일 수 있는 수준으로까지 제고되어야 한다.

그러나 외국인 직접투자 유입은 2005년 지속적으로 감소추세에 있다. 2004년 전년동기 대비 97.7% 증가하며 128억달러를 기록했던 대한국 FDI는 2005년 이후 3년 연속 마이너스 성장을 기록 중이다.

최근 FDI 유입 규모의 감소는 일시적인 요인보다는 구조적 요인이 작용하고 있는 것으로 판단된다. 1998년 외자유치 정책이 본격 도입된 이후 1999년 유입 규모가 155억 달러를 상회하는 등 높은 성과를 거두었다. 이는 외환위기 직후 FDI 확대는 원화 가치의 급락과 구조조정 과정에서 급매물 양산에 의한 것이었지만 이후 구조조정 매물이 일단락되고 환율이 안정되면서 한국의 FDI 유입은 점진적으로 감소되었고 또한 중국, 인도 등 신흥국의 외자유치 노력에 따른 경쟁 격화가 FDI 유입부진의 원인이 되었다.

▌표 3-4▌FDI 유입 규모 추이(단위: 억달러,%)

	2003	2004	2005	2006
신고액 (증감률)	6,469 (28.9)	12,792 (97.7)	11,564 (9.6)	11,236 (2.8)
도착액 (증감률)	5,127 (34.7)	9,263 (80.7)	9,588 (3.5)	9.066 (5.6)
도착률	79.3	72.4	82.9	80.7

* 자료출처: 산업자원부, 2007년 3/4분기 외국인 직접투자 동향, 2007

최근 업종별 FDI 유입 현황을 보면 서비스 부문으로의 외국 기업 투자가 늘고 있는 반면 제조업에 대한 투자가 크게 감소하고 있다. 그러나 서비스 부문 FDI 비중의 상승은 서비스 투자 규모 확대보다는 제조업 부문의 상대적 부진에서 기인된 것으로 긍정적인 결과라고는 볼 수 없다. 투자형태별 실적으로는 2007년 인수합병(M&A)형 투자가 전년 동기 대비 34%나 감소하는 등 부진하고 있다. 반면, 2006년 전 세계 국경 간 M&A는 거래 규모 23%, 거래건수 14% 증가를 기록하는 등 전체 FDI의 흐름을 주도하고 있다. 이러한 추세로 보아 M&A형 FDI의 유치규모가 감소하는 우리나라로서는 향후 FDI 유입 확대에 애로가 발생할 가능성이 크다. 한국의 M&A에 대한 부정적인 시각과 불합리한 규제가 FDI 유입의 장애요인이 되고 있다.

세계 경제의 성장 둔화 자원민족주의 등 대외 경제 환경의 변화로 인해 2008년 FDI 투자여건은 불리할 전망이다. 세계 경제가 둔화되면 이에 맞추어 전 세계 FDI 규모도 동반 축소될 가능성이 크고 이에 따라 한국의 FDI 유입도 타격을 받게 될 우려가 높다. 또한 새로운 형태의 FDI로 주목 받고 있는 사모펀드(Private Equity Fund)에 의한 인수합병 투자도 최근 서브프라임 부실 확산에 따른 금융 불안의 지속으로 타격을 받고 있다.

양적 규모 확대의 한계에 봉착한 가운데 대외 여건도 불리해지기 때문에 FDI 정책의 질적 전환을 모색하지 않으면 안 될 시점이다. 한국 고유의 특성과 향후 경제 발전의 기여도를 고려하여 유치 대상 업종과 기업을 전략적으로 선정하고, 경제적 효과가 높은 전략적 지역에 대한 FDI 유입을 촉진시킨다. 또한 FTA와 외국인 직접투자와의 연계를 강화하고 쌍방향 외국인 직접투자를 활성화하는 FDI의 네트워크화를 추진해야 한다. 그 중 서비스 부문은 자체 생산 및 고용 효과가 높을 뿐만 아니라 제조업 등 타 산업의 효율성을 강화하고 경쟁력을 높이는 데 기여하므로 서비스 분야 외국인 투자 유치의 장애 요인인 규제요인 제거에 주력하는 한편 외국 기업에 대한 부정적 시각을 바로 잡을 필요가 있다.

또한 한국의 입지적 조건과 보유하고 있는 경쟁적 이점을 살려 연구개발(R&D)기지형 직접투자유치에 주력해야 한다. 아시아 R&D 거점을 지향하여 중국 등 아시아 지역 진출 기업의 R&D 기능을 유치할 필요가 있으며, 잠재적 거대 시장인 중국에 인접해 있으며 상대적으로 높은 기술력을 확보하고 있는 한국의 매력도를 집중 부각시켜야 한다. 한-미 FTA 타결을 통해 한국 진출에 대한 미국의 기업의 관심이 높아지고 있는 상황에서 미국기업의 사전 진출을 유도하기 위해 먼저 진출한 기업에 대해 인센티브를 주는 방안 등을 검토할 수 있다.

제7장 신국제무역환경

제1절 새로운 환경과 국제표준화

WTO 체제의 출범 이후 간행되고 있는 국제 무역 환경의 주요한 변화로는 대표적인 것이 세계적 표준화이다. 그 표준화를 위한 논의가 그린라운드, 블루라운드, 경쟁라운드 등에서 지속되고 있다. 계속해서 제기되고 있는 새로운 통상 문제와 더불어 선진국들은 개발도상국에 비해 우위에 있는 환경권·노동권·경제 정책 등의 문제를 무역과 연계하려는 움직임을 강화하였다.

그린라운드(Green Round)는 1991년 막스라는 미국의 상원 의원에 의해 처음으로 사용된 용어이다. 이것은 지구 환경 문제를 국제 무역과 연계하는 것으로서, 각국이 환경 규제 기준을 마련하고 이를 위반한 제품은 수입을 금하며, 국제 환경 협약을 이행하지 않았을 경우에는 무역 제재를 가할 것을 핵심으로 하는 내용이다.

블루라운드(Blue Round)는 세계 각국의 근로 조건을 국제적으로 표준화할 목적으로 추진되는 다자간 무역 협상을 말한다. 블루라운드 역시 선진국들의 무역 정책 가운데 하나로서 국가 간의 통상 노동기준과 무역을 연계시키는 것이다. 즉 각국의 근로 조건을 국제적으로 표준화함으로써 이 기준에 미치지 못하는 개발도상국들의 상품에 대해서는 무역 제재 조치를 취하자는 것이다. 1994년 국제 노동 기구(ILO)에서 본격적으로 이 문제가 논의되기 시작한 이후, 현재까지도 협상이 진행 중이다. 각국의 근로 조건에 대한 국제적 표준화를 가장 강하게 주장하는 국가는 강대국인 미국과 프랑스이다. 다른 경제 협력 개발 기구(OECD) 회원국들도 대부분 강제 노동·아동 노동을 비롯해 결사의 자유, 단체 교섭권 등 기본적 인권과 관련된 노동 기준을 통상 문제와 연계하려는 태도를 취하고 있다. 그러나 발전도상국들은 이러한 선진국들의 주장이 발전도상국의 저임금 경쟁력을 겨냥한 위장된 보호주의이며, 노동기준에 관한 문제는 국제 노동 기구에서 논의될 내용이라고 반대하고 있다. 따라서 노동기준이슈에 대해 각료회의 선언문은 ①노동기준 준수약속을 재확인하고 ②국제노동기구(ILO)의 노력을 지지하며 ③개발과 무역자유화를 통해 핵심노동기준을 향상시키고 ④노동기준을 보호주의적 목적에 이용하지 않고 저임금을 바탕으로 한 개도국의 비교우위를 인정한다는 등 4개항을 채택했다.

경쟁라운드(Competition Round)는 각국의 서로 다른 경쟁 조건을 국제적으로 표준화시키는 협상을 말한다. 즉 국가들 간의 경쟁정책을 표준화시키는 협상으로서, 경쟁정책 라운드 또는 규제라운드라고도 한다. 공정경쟁을 제한하는 각국의 독특한 시장 구조나 기업 관행을 국제적으로 표준화함으로써 현재의 세계 무역 기구 체제하에서는 전혀 고려되고 있지 않은 특정 시장에서의 불공정한 경쟁 정책을 보완하고자하는 것이다. 각 국가 가지고 있는 특정 상품에 대한 특별한 시장 관행으로 인한 외국상품의 진입장벽을 없애고 외국 기업에 실질적인 내국민 대우를 하게 함으로써 국가간에 공정한 경쟁을 이루는 것을 목적으로 한다.

기술라운드(Technology Round)는 나라마다 다른 기술 개발 지원 정책을 국제적으로 표준화시키려는 협상을 말한다. 즉, 지적 소유권 보호를 주요 의제로 하여 국제적인 기술 규범을 제정하려는 협상을 말한다. 그린라운드 등과 함께 새롭게 제시된 무역협상이다. 즉, 자유롭고 공정한 무역활동이 각국의 연구 개발 활동 등에 장애가 되지 않아야 하는 것을 주요 내용으로 한다. 따라서 공정한 무역을 위하여 각국의 정부가 기업의 기술 개발 등을 지원할 수 없도록 규정하고 있다.

마지막으로 디자인라운드(Design Round)는 디자인을 지적 소유권으로 인정하여 타인의 사용을 규제하자는 협상이다. 즉, 명품산업 디자인을 모방한 상품의 무역 거래를 제재하자는 국제협상이다. 1967년 세계 지적 재산권 기구(WIPO)가 출범한 이후 산업 디자인은 중요한 지적 소유권 중의 하나로 중요시되었고 1990년 대 후반에 들어서 다자간 무역협상의 하나로 떠올랐다. 구체적 보호 방식은 디자인을 발명 특허처럼 취급하여 의장권으로 등록한 자에게만 배타적인 독점권을 주는 방식과 디자인을 하나의 저작권으로 인정하여 등록하지 않더라도 타인의 모방을 금지시키는 방식이 있다. 특허권적 보호 방식은 절차가 까다롭고 기간도 오래 걸린다는 문제점이 있는 반면, 저작권적 보호 방식의 경우는 보호 장치가 미흡하다는 특징을 지닌다.

제2절 세계의 자원과 에너지 문제

자연자원의 속성은 자원의 유한성이다. 그로 인해서 생겨나는 첫 번째 문제는 자원의 고갈과 자원의 편중에 따른 배분의 문제이고 두 번째는 자원 사용의 결과로서 나타나는 환경 파괴의 문제이다. 세계 경제와 산업은 석유로 대표되는 화석 연료를 동력으로 한다. 즉, 화석연료 자체가 바로 하나의 생산요소로 간주될 수 있는 것이다. 이러한 화석 연료 편중은 세계 석유매장량의 2/3이 8개국(사우디, 이란, 이라크, U.A.E, 쿠웨이트, 카타르, 베네수엘라, 러시아)이 차지하고 있고 세계 천연가스매장량의 1/3 이상을 차지하는 6개국이 모두 중동 지역이라는 것이다.

이것은 지구의 주요 에너지 공급국이 언제라도 자국의 이해관계에 따라 세계경제에 위기를 초래할 수 있다는 것이다. 1970년대 두 차례에 걸친 석유 파동은 이러한 영합적(zero-sum) 상황 하에서의 석유점유전의 양상을 띠었고 1990년대와 2000년대를 걸치는 두 차례의 걸프전도 역시 석유점유전이라는 비난을 피하기 어렵다.

석유를 대체할 만한 에너지의 개발이 부진한 상황에서 과거의 석유 파동이 자원의 편중에 의한 공급 차질에 의한 것이라면 향후 닥쳐올 에너지 위기는 석유의 유한성으로 인한 자원의 고갈로부터 발생할 것이다. 21세기는 석유를 바탕으로 점점 더 고도화된 최첨단 산업을 소비하고 있으며 또한 좀 더 편리한 삶을 위해 에너지 소비량을 점차 늘려가고 있다. 또한 중국 등과 같은 후진국의 공업화를 통해서 석유자원의 사용은 확대되고 있다. 때문에 세계경제는 가파른 화석연료 수요로 인한 공급부족과 자원고갈 문제를 동시에 직면하게 되었다.

이로 인한 대체에너지의 개발은 한편으로는 각 국가들의 경제를 위한 필수적인 정책으로 제기되면서 다른 한편으로는 새로운 기술혁신을 통한 새로운 산업 즉, 에너지 산업의 등장을 야기했다. 미 에너지 정보국(EIA)은 2045년 미국의 에너지원 80%가 차세대 에너지원(태양 에너지, 수소 전지, 풍력 등)으로 대체될 것으로 전망하였고 이에 대응하는 각국 정부의 반응도 점점 더 빨라지고 있다. 세계는 이제 신에너지 시스템이라는 새로운 패러다임으로의 전환, 즉 차세대 에너지 혁명의 시대에 직면해 있다.

1. 최근의 국제 유가문제

국제적으로 원유 선물 시세의 지표 역할을 하는 것은 런던 국제 원유 거래소에서 거래되는 북해산 브렌트유이다. 도쿄 시장에서 거래되는 중동산 두바이유는 현물 시세의 기준 역할을 한다. 브렌트유와 두바이유보다 더 큰 영향력을 갖고 원유의 국제 시세를 결정하는 것은 뉴욕 상품 거래소(NYMEX)의 선물 시장에서 거래되는 서부 텍사스 중질유(WTI)이다. 서부 텍사스중질유가 원유 가격 결정에 가장 큰 영향력을 갖는 이유는 거래량이 가장 많기 때문이다. 이상의 3개 원유 시장에서 국제 유가는 2007년 배럴당 70달러를 돌파한 후 잇따라 사상 최고치를 경신하고 있다. 이러한 유가를 놓고 전문가들은 '브레이크 없는 질주'등으로 표현하면서 유가 강세가 지속될 것으로 전망하고 있다.

지금 유가 급등은 외관상 지난 1970년대의 1, 2차 오일 쇼크와 비슷하다. 그러나 당시의 고유가는 공급측면이 강했지만 지금은 수요측면이 더 강하다. 제1차 석유 파동은 1973년 10월 6일부터 시작된 중동 전쟁(아랍과 이스라엘 분쟁)이 석유 전쟁으로 전개되었고 1974년 1월 1일 OPEC의 페르시아만 산유국들이 배럴 당 5.12달러였던 석유 가격을 갑자기 11.65달러로 인상한 후 석유의 가격 결정권은 석유 수출국 기구(OPEC)의 손으로 넘어 왔다. 제1차 석유 파동의 결과 OPEC는 서방의 석유 회사가 독점하고 있던 원유 가격의 결정권을 장악하였으나, 인플레이션과 달러 가치의 하락을 고려하면 실질적인 원유 가격의 상승효과는 누리지 못했다. 1978년 12월 OPEC 회의는 배럴당 12.70달러에서 단계적으로 14.5%의 인상을 결정하였다. 이와 때를 같이하여 12월말 이란은 국내의 정치 및 경제적인 혼란을 이유로 석유 생산을 대폭 감속시키고 수출을 중단하였다. 그 결과 10달러 대에 머물던 원유 가격이 35달러 선을 돌파하였고, 현물 시장에서는 배럴당 40달러에 이르게 되었다. 이것이 제2차 석유파동이다. 제2차 석유파동의 여파는 제1차 석유파동과 마찬가지로 세계 경제에 큰 영향을 미쳤다.

그러나 최근 국제 유가를 상승시키고 있는 수요의 진원지는 2001년 이후 세계경제의 성장을 이끌어온 중국과 미국이다. 2003년 세계 실질총생산은 전년보다 4.0% 증가했고, 하루 평균 원유 소비량은 전년 대비 3.4% 가량 늘었다. 이런 원유 수요 증가세는 1973년 이래 가장 빠른 속도이며, 지난 10년 평균 증가율의 2배를 넘는다. 지난해 원유 수요 증가분의 20%는 미국, 35%는 중국의 것이다. 중국을 포함한 아시아 전체 소비량은 10년 전 하루 평균 1700만 배럴에서 지난해에는 2340만 배럴로 급증해, 미국(2050만 배럴)을 앞질렀다. 석유 수출국 기구(OPEC) 의장인 세이크 아메드 파트 알 사바 쿠웨이트 석유 장관이 "석유 공급량은 충분하다. 시장은 공급 부족 상태가 아니다" "문제는 공급이 아니라 시장"이라고 주장하는 것도 바로 이런 이유에

서다. 문제는 필요한 분야에 필요한 양만큼 공급되지 못하고 있는 것이다.

시장 최고치 유가에도 세계 경제가 쇼크로 내몰리지 않고 되레 원유 수요가 늘어나는 이유는 다음과 같다.

① 지난 30년 동안 물가 상승률을 감안하면 지금의 실질 유가는 지난 1980년의 2차 오일쇼크 때보다 높지 않다. 2005년 5월 소비자 물가를 기준으로 보면, 1980년 4월의 실질 유가는 배럴당 94달러이다.

② 미국, 일본 등 선진국들은 경제 활동에서 어느 정도의 영향을 받기는 하겠지만 지난 1,2차 석유파동을 경험하면 많은 준비를 하였고 효율적 에너지 사용, 대체에너지 활용 등 어느 정도 고유가를 견뎌낼 수 있는 체질을 갖추었다. 미 에너지 정보국의 보고서에, 지난 2000년 미국의 국내 총생산(GDP)당 원유 사용량은 1975년의 절반 수준으로 떨어졌다. 즉, 에너지 생산성이 2 배 정도 높아졌다는 것이다.

2. 지구의 기후변화에 대한 국제적 대응

근래에 들어와서 제기되는 자원 및 에너지 문제는 환경 문제와 밀접한 연관성을 가진다. 지금까지의 세계경제는 자원의 효율적인 사용과 배분에만 몰두했고, 사용 후의 환경 문제를 고려하지 않았다. 그러나 경제의 성장에 따른 생활에 대한 효용 즉 후생의 증가는 삶의 질에 관심을 가지게 하고 따라서 대기오염, 토양 황폐화, 수질오염, 각종 폐기물의 축적 등 환경 문제의 해결을 촉구하고 있다. 특히 현재 제기되고 있는 지구 기후의 변화, 즉 지구 온난화 현상은 한 국가만의 문제가 아니라 지구촌 전체의 문제로서 심각하게 다루어지고 있다.

이러한 문제를 해결하려는 세계정상의 움직임은 그린라운드를 가동시켰고 그 결과 1997년 12월 교토의정서를 채택하고 온실가스방출의 제한과 대기의 이산화탄소를 감소시키는 기후변화협약에 동의했다. 그 협약에 따라 '탄소 배출권' 시장이 형성되었다. 탄소배출권이란 지구 온난화 및 환경오염을 막기 위한 개별 회원국의 노력으로 줄어든 이산화탄소만큼 이산화탄소배출에 대한 권리를 가지는 것이다. 선진국들은 2008 ~ 12년 동안에 온실 가스 배출량을 1990년보다 평균 5.2%줄이기로 합의했고, 이에 따라 기업들은 목표치를 달성하지 못할 경우 물어야 할 엄청난 환경 부담금을 피하기 위해 탄소 배출권 거래를 시작한 것이다.

교토의정서의 본질은 지구 온난화 현상이 자연적 현상이 아니라 인간이 방출하는 이산화탄소에 급증으로 인한 특수현상이라는 인식에서 시작된다. 즉, 산업 혁명이 시작된 1860년대 이후 숲을 개간하고 석탄, 석유, 가스를 연소시켜 자연이 흡수할 수 있는 것보다 더 빠른 속도로 이산화탄소를 비롯한 온실 가스를 대기에 쏟아냈기 때문이라는 것이다.

이러한 온난화 문제에 대처하기 위한 국제 사회의 움직임은 이미 1980년대 시작되었다. 1988년 11월 태어난 '기후 변화에 관한 정부간 패널 기구(IPCC)'은 현재에는 약 2천여 명의 과학자들이 참여해서 기후 변화를 분석하고 그 영향과 대응 전략을 마련하고 있다. 1997년 교토의정서 이후 2001년 모로코 마라케시에서 열렸던 제7차 기후변화 협약 당사국 회의에서 지구 온난화 방지를 위한 교토 의정서 이행방안이 타결 되었다.

교토 의정서에는 2008년까지 각국이 배출권 거래제를 도입하도록 규정하고 있다. 이에 근거하여 기업들이 이산화탄소 배출권을 거래할 수 있는 본격적인 시장이 2003년 영국에 생겼다. 이 시장에 참여하는 회사들은 정부와 이산화탄소 배출량 삭감목표를 합의한다. 그리고 일정 기간 후 목표달성을 점검 받고 이때 이산화탄소 배출량을 많이 줄여 목표를 초과달성한 회사는 감소량만큼의 이산화탄소를 시장에 내다 팔 수 있게 된다. 반면 목표를 채우지 못한 회사는 벌칙을 받게 되는데, 목표를 초과 달성한 회사로부터 배출권을 사들이면 이런 벌칙을 면할 수 있다. 환경 규제도 일률적인 것보다는 시장 경제 원리를 도입하는 것이 효과적이라는 이론에 따른 것이다.

최대의 온실가스감축량을 배정받은 미국은 2001년 전격적으로 교토 의정서에서 탈퇴한다. 미국의 이러한 탈퇴는 미국의 에너지 소비량과 이에 따른 온실 가스 배출량이 전 세계 배출량의 22%를 차지하고 있는 데 기인한다. 미국 입장으로는 교토 의정서의 이행은 그만큼 자국 경제에 크나큰 부담이 될 수밖에 없기 때문이다. 미국의 입장에서 전 세계적인 오염배출감소를 협의하지 않는 이상 선진국만의 오염물질배출감소는 발전도상국들의 도덕적 해이를 통한 거액의 손실을 야기하고 따라서 교토 의정서는 발효되더라도 성과를 거두지 못할 것이라고 주장한다.

한편 2012년까지 발전도상국으로 분류돼 온실 가스 감축 의무를 유예 받은 한국은 당장 감축 의무가 없지만 2012년 이후의 감축의무에서 벗어날 수 없는 상황이다. 특히 한국은 2001년 국가별 배출량에서 미국, 중국, 러시아, 일본 등에 이어 세계9위를 차지했다. 또 10년 내에 세계 7위의 배출국이 될 것으로 예상돼 오히려 온실 가스 감축에 조속히 동참하라는 선진국의 요구를 받고 있다. 더욱이 최다 배출국이면서도 교토 의정서 탈퇴를 선언한 미국을 참여시키기 위해 한국이 희생될 가능성도 크다.

이러한 상황에서 한국은 미국이 주도하는 온실 가스감축을 위한 새로운 기후 협약에 참여하고 있다. 새로운 기후 협약은 온실 가스 배출을 강제적으로 규제하는 기존의 교토 의정서와는 달리 환경 기술 개발을 통해 온실 가스를 적게 배출하는 방식의 '자발적인 온실 가스 감축'을 강조하는 것이다. 그러나 새로운 기후 협약이 교토 의정서를 대체하기에는 현실적으로 불가능해 보인다. 때문에 한국은 교토 의정서를 탈퇴하지 않으면서 온실 가스 감축 기술 개발에 주력함으로써 향후 협상을 한국에 유리하도록 하는 전략을 세우고 있다.

비록 한국에 유리한 협상을 전재한다고 하더라도 철강, 시멘트, 석유 화학 산업 등 에너지를 많이 소비하는 산업 구조를 가진 한국 입장에서 교토의정서에서 요구하는 수준의 온실 가스 방출 규제는 경제 성장률을 약 2% 이상 떨어뜨릴 수도 있다. 생산 활동을 줄여 에너지 소비를 억제하든지, 새로운 환경 투자를 통해 가스 배출량을 줄여야 하기 때문이다. 어떤 상황이든 기업으로선 수익이 줄거나 비용이 늘어난다. 그렇다고 선진국처럼 이산화탄소 배출권에 대한 거래시장을 잘 갖출 수 있는 것도 아니다. 따라서 지금부터라도 향후 10년의 계획을 세워 에너지 효율을 높이고 대체 에너지를 개발하는 한편 에너지 소비를 줄이는 방향으로 산업 구조를 개편하는 일이 시급하다.

제3절 세계의 식량문제

현재의 식량 부족 문제는 과거 맬더스의 주장과는 달리 경작지의 협소나 인구의 증가와 같은 자연적 요인에만 기인하는 것은 아니다. 근본적으로는 농·공업간의 불균형 즉 공업 부문의 급속한 발전이라는 사회적 요인과 세계 식량의 구조적인 수급 문제로부터 기인한다. 먼저 국제 곡물 시장의 장기적인 수급 구조의 변화를 보면 공급의 과잉과 부족을 계속해서 되풀이 한다. 즉 2차 세계대전 이후 1950년대와 1960년대는 대체로 공급과잉이었다가, 1970년대 초중반 공급부족으로 전환되었다. 그리고 다시 1980년대에는 과잉으로 전환되었으며 1990년대 중반 이후 수급 문제가 다시 심각해지고 있다.

곡물수급의 심각한 불균등은 심리적 혹은 외부적 요인으로 발생하는 국제 곡물 시장에서의 수급 왜곡과 가격 폭등이 세계적으로 식량 문제에 대한 위기의식을 고조시키고 각국의 식량 농업 정책에 커다란 영향을 미친다. 따라서 각 국가에서 식량 증산을 위한 정책적 노력이 집중되었고 생산이 지속적으로 증가하였다. 이러한 노력은 다시 식량공급의 과잉을 가져왔다. 그 결과 세계 곡물 시장에서 기말 재고율이 1970년대에는 15~16%였으나 1980년대에는 20% 이상으로 증가하였다. 주요 수출국에서는 국제 시장에서의 수입 수요 감소로 인한 수출 부진과 과잉 생산으로 재고가 증가하였고, 수출 확대를 위해 경쟁적으로 수출 보조금을 지급하고 덤핑 등을 통해서 국제 곡물 가격은 크게 하락하였다. 이와 같이 세계 농산물 시장은 수급왜곡과 가격폭등 그리고 그에 대한 반응으로 생산의 증가와 그로 인한 공급과잉과 가격폭락 등의 현상이 반복되었다.

1990년대 들어 국제 곡물 시장에서 다시 심각한 변화가 나타나고 있다. 1990년대 초까지 대체로 기말 재고율이 20% 수준을 유지하였으나 1994년경부터 급격히 저하되기 시작하여 1996년에는 14% 까지 떨어졌다. 국제 곡물 가격도 급격히 상승하였다.

국제 곡물 시장에서의 수급 문제는 단순히 전체적이고 평균적인 수급 상황만으로 그 실상을 올바로 이해할 수 없다. 중요한 것은 국가간, 지역간에 심각한 불균형이 존재한다는 점이다. 그 동안 국제 곡물 시장에서 대체로 선진 자본주의 국가들에서의 구조적 과잉과 발전도상국 및 계획 경제 국가들에서의 구조적 부족이라는 현상이 존재하였다. 곡물의 주요 수출국은 미국, EC, 호주, 캐나다, 아르헨티나 등이며, 주요 수입국은 일본, 중국, 러시아, 한국 등이다. 또한 국제 시장에서 구매력이 없어 충분한 식량을 확보하지 못하고 있는 다수의 국가가 있다. 국제 식량 기구(FAO)는 세계 인구의 약 14%인 8억 명 정도가 기아나 영양 결핍으로 고통 받고 있다고 보고하고 있다. 한쪽에서는 포식과 영양 과잉이 존재하는 가운데 다른 한쪽에서는 기아와 영양 결핍으로 고통 받고, 식량 과잉과 식량 부족이 동시에 존재하고 있는 것이야 말로 세계적인 식량 문제의 본질적 측면을 보여준다.

이러한 곡물가격 폭등의 가장 근본적인 원인은 역시 수요와 공급의 원칙에 기초하는 것임을 알 수 있다. 수요와 공급이 균형을 이루지 못하면서 재고율이 급격히 하락하게 되어 가격 폭등이 발생하게 된 것이다. 또한 여기에 서브프라임 모기지 사태로 달러가 계속 악세를 보이자 투자가들이 곡물시장으로 몰린 거시적 요인과 주요 농산물 생산국의 수출 규제 등의 기타 요인이 더해져 현재의 애그플레이션(곡물가격폭등)이 발생했다.

1. 곡물가격의 전망

곡물가격 폭등에 대해 많은 전문가들이 앞으로도 애그플레이션은 쉽게 수그러들지 않을 것이라는 비관적인 예측을 내놓는다. 07, 08년도 세계 전체 곡물 생산량은 전년 대비 4.6% 증가한 20억 8,409만 톤으로 전망되었고, 쌀을 포함한 소맥, 옥수수 등 대부분 곡물 생산량이 증가될 것으로 전망되었다. 특히, 옥수수 생산량은 전년대비 9.4%(바이오 에탄올 각광에 따른 생산량 증대가 대부분이다) 증가될 것으로 전망되었다. 07, 08년도 총 공급량은 전년 기말재고량 3억 3,673톤과 생산량을 합친 24억 1,939만 톤으로 전년보다 1.6%인 3,802만 톤 증가될 것으로 전망되었다. 그러나 07, 08년도 세계 곡물 소비량은 전년보다 3.0% 증가한 21억 543톤으로 사상 최고치를 기록할 것으로 전망되어, 소비량이 생산량을 약 2,132만 톤 정도 초과할 것으로 전망되었다. 이에 따라 07, 08년도 기말재고량은 전년보다 6.8% 감소한 3억 140만 톤으로 전망되었고, 기말재고율도 07, 08년도보다 1.6% 하락한 14.9%로 사상 최저치를 기록할 것으로 전망되었다. 중장기적으로 봤을 때 현재 곡물가격은 이전에 있었던 곡물가격파동의 결과와는 다르게 전개 될 것으로 예측된다. 위에서 제시했던 직접적인 요인과 구조적인 요인 때문에 현재의 애그플레이션의 결말은 조정과정을 거친 곡물가격이 어느 정도 하락하더라도 2006년 이전의 가격보다는 높은 수준에서 가격이 안정될 것이라고 전망된다.

즉, 곡물가격 상승의 원인 중 투자증대에 따른 가수요 증대나 각국의 수출 규제, 이상기후로 인한 단기적인 생산량 저하는 정책적으로 즉각적인 조절이 가능하나 수요와 공급의 구조적 변화, 바이오 에너지 수요의 증대 등의 변수는 단기적인 조절이 어렵기 때문에 곡물가격의 회기는 기대하기 어려운 것이다. 세계의 유력연구기관 역시 곡물가격이 향후 10년간은 최소한 2006년 이전보다 훨씬 높은 가격대에서 변동할 것이라고 예측한다. 결과적으로 현재의 애그플레이션은 폭등한 곡물가격이 현재와 같은 수준을 유지하거나 조정과정을 거쳐 하락하더라도 과거의 안정된 수준보다 한 단계 높은 수준에서 유지 될 것이라는 예측이 나온다.

▌표 4-1▌ 곡물가격 상승의 주요 원인

곡물가격 상승의 주요 원인	
공급 측 요인	이상 기후 발생(지구 온난화 등)
	작목 전환
	유가 상승과 이에 따른 운송비 증가
수요 측 요인	중국, 인도 등의 신흥 경제대국의 소비증대
	세계 인구의 증가
	바이오 연료 수요 증가
국제적 요인	달러 약세로 인한 투기적 가수요의 증가
	주요 농산물 생산국의 수출제한(근린궁핍화 정책)

2. 곡물가격상승의 원인

이처럼 곡물가격은 이전으로의 회기가 어려운 상황이다. 이 같은 상황은 국제적 질서를 위협할 수 있다. 식량부족을 겪는 나라들의 정치적인 위험의 불씨가 될 수 있으며 이 불씨는 세계화 시대에서 세계 경제와 정치 양 측면에 적색경보를 가져올 수도 있다. 그렇다면 세계적인 곡물가격의 폭등에 따라 빈국의 국민들의 고통을 가져온 원인을 알아보아야 한다. 가장 중요한 요인은 왜곡된 세계농업무역체제에서 찾을 수 있다.

(1) 왜곡된 세계농업무역

우리나라는 2005년부터 일부 쌀시장을 개방하고 2014년에 들어서는 완전히 개방하기로 협상했다. WTO가 각 국의 쌀시장 개방을 촉구하는 가장 큰 이유는 자유무역이라는 명분이다. WTO는 각 국의 농민들을 막대한 보조금으로 보호하고 쌀시장을 폐쇄함으로써 자국 내 국민들이 캄보디아나 베트남의 쌀을 반 이상의 싼 가격에 구매 할 수 있음에도 불구하고, 비싼 가격에 쌀을 사먹는다고 주장한다.

그러나 우리보다 먼저 쌀시장을 개방한 일본의 경우, 수입쌀이 들어오면서 가장 이득을 본 이는 캄보디아나 베트남 같은 개도국의 쌀 생산 농민일 것이라는 WTO의 주장과는 달리 미국 정부의 막대한 보조금을 받는 캘리포니아의 대농장주들이었다. 즉, 왜곡된 세계농업 무역체제가 식량위기를 가져오는 것이다. 미국이나 일부 유럽 국가로 대표되는 부국들은 자국의 농민들에게 막대한 보조금을 지급하면서 잉여분을 신흥시장에 싸게 팔아넘긴다. 또한 이들은 자유무역이라는 허울 좋은 핑계를 대며 일방적인 무역협정으로 개도국의 시장을 강제로 개방시키는 반면 자국농민을 보호하기 위한 각양각색의 무역규제를 둔다. 실제로 미국과 EU는 지난 수십 년간 농업에 대한 막대한 보조금을 지원하고 국내가격을 인위적으로 높은 수준으로 유지 시켰다. 그러다가 과잉생산의 문제가 발생하면 덤핑의 형태로 잉여분을 낮은 가격으로 매각했다.

더군다나 미국은 잇따른 유가폭등과 대체 에너지 개발의 시급함을 핑계로 바이오에탄올 생산의 원료인 옥수수에 대한 농업보조금을 정당화 시킨다. 이러한 관행은 개도국이나 신흥 경제대국이 농업을 포기하게 만드는데, 가격경쟁력이 확립되지 않은 상태에서의 무리한 시장개방은 당연히 자국 농민이 파산을 가져오며 자체 식량보급률을 매우 낮게 만들어 버린다. 보조금만이 빈국의 농민들을 꺾는 것만은 아니다. 유럽의 정제되지 않은 값 싼 설탕에 대한 수입만 허용한 허울뿐인 시장개방과 미국의 커피에 대한 경사관세 또한 빈국의 농촌지역의 평균소득을 깎아내린다. 이와 같은 왜곡된 세계농업무역체제는 몇몇 국가의 자체 식량보급률을 현저히 저하시켰고 곡물가격 폭등과 주요 곡물 수출국의 근린궁핍화 정책의 일환인 수출규제가 만나 현재의 식량위기를 가져왔다.

농업에 대한 시장왜곡의 정도는 매우 심각한 수준인데, 세계은행의 조사에 따르면 부국의 수출 보조금과 관세에 따른 빈국농민의 손실 규모가 1000억 달러에 달한다고 한다. 하지만 세계 각국은 식량생산 증대가 아닌 자국농민의 보호를 위해 보조금 정책을 포기하지 않으려 하고 있다. 그들의 주장은 자국의 영세농민을 보호하기 위해서는 보조금 정책이 꼭 필요하다는 것인데, 사실 이마저도 현실적이지가 않다. 부국들의 보조금 정책은 심하게 왜곡된 경우가 많은데, 미국의 경우 지난 12년 동안 1770억 달러의 보조금을 지급했지만 미국 농민의 70%가 전혀 혜택을 받지 못했으며 보조금의 68%가 전체 수혜 대상자의 10%에 집중되었다. EU의 경우는 크게 다르지 않다. EU의 단일농업정책에 따라 지급되는 870억 달러의 보조금 중 85%가 전체 수혜자의 20%이하에 집중된다. 결국 부국의 보조금 정책은 자국의 영세 농민의 보호가 주된 목적이라고 하지만 실질적으로는 규모의 경제효과를 노리는 몇몇 부농에게 거의 모든 혜택이 돌아가는 경우가 많으며, 이는 빈국의 영세농민뿐 아니라 자국의 영세 농민의 농업 경쟁력마저 빼앗는 결과를 가져온다.

(2) 개도국의 소극적 농업투자

지금의 식량위기가 꼭 부국에게만 책임이 있는 것은 아니다. 빈국과 신흥 경제대국의 식량 자체 보급률을 깎아내린 건 부국의 책임도 있지만 지난 15년간 농업투자에 소홀했던 각 국가들에게도 책임이 있다. 현재 베트남, 태국 등의 국가에서는 1년에 수만 헥타르의 농지가 도시지역과 공업지역으로 바뀌고 있다. 현재 세계 최대 수입국인 필리핀의 경우, 1960년대에는 녹색혁명으로 농업강국의 위치에 있었지만 싼 가격으로 쌀의 수입이 가능해지자 농업을 버리고 급속도로 산업화에 돌입했다. 결국 농업에 대한 투자가 소홀했던 필리핀과 이집트와 같은 나라는 애그플레이션에 대처할 능력이 없었고 지금의 식량위기에 처하게 된 것이다.

3. 세계식량위기에 대한 해결법

이제 세계의 식량위기의 해결책은 두 가지로 수렴된다, 첫째는 각국의 농업 보조금이 폐지이며 둘째는 식량위기를 겪는 국가들의 자체 식량보급률의 재고이다.

영국의 고든 브라운(James Gordon Brown)총리는 농업보조금 폐지를 위한 무역협정이 필요하다고 주장한다. 이미 영국은 식량위기의 가장 큰 타격을 받은 국가들에 대해 즉각적으로 3,000만 파운드를 지원하고 그들의 소득 증대를 위해 2500만 파운드를 추가적으로 지원하기로 약속했다. 하지만 고든 브라운 총리는 이러한 지원보다 진정 필요한 것은 국제사회의 단합이며 전 세계가 식량위기에 공동으로 대처해야 한다고 주장한다. 그는 식량 생산을 위한 농업혁명에 대한 연구와 지원의 필요성을 역설하고 올 7월에 예정된 G8(서방 선지 7개국+러시아)회담에서 빈국들의 식량 생산 증대를 돕기 위해 부국들이 시장을 개방하고 농업 보조금 지급을 중단하는 내용의 무역협정 체결을 위해 노력하겠다고 밝혔다. 미국 캘리포니아대 버클리 캠퍼스 석좌교수인 마이클 폴란(Michael Pollan)도 미국의 농업보조금을 중단시켜야 된다고 주장한다. 그는 곡물가격폭등과 식량위기가 2006년 부시행정부 바이오 에탄올의 자동차 연료 사용을 결정한 것에서 비롯된 것이라고 주장한다. 그는 지금의 식량위기를 해결하기 위해서는 미국이 자국산 에탄올 생산에 쓰는 옥수수에 대한 농업 보조금 지급을 중단해야 하며 좀 더 장기적인 식량 가격 안정을 위해서는 앞으로 계속 유가가 급등할 것이라는 예측 하에 농업의 화석연료 의존도를 낮추어야 한다고 주장한다.

유엔 세계식량계획(WFP)의 사무총장인 조셋 시런(Josette Sheeran)과 유엔 식량농업기구(FAO) 사무총장인 자크 디우(Jacques Diouf)는 식량위기를 겪는 개도국에 대한 투자로 그들의 자력갱생을 도와야 된다고 이야기 한다. WFP의 사무총장인 조셋 시런은 개도국의 굶주림의 악순환을 끊기 위해 빈국들에 대한 지원이 필요하며 WFP가 식량구입량의 80%를 빈국의 농민들에게서 사들이는 등 그들의 자력갱생을 돕기 위한 국제적인 노력이 필요하다고 주장한다. FAO의 사무총장인 자크 디우도 생산을 멈춘 개도국의 농업에 대규모의 투자가 필요하며 곡물가격이 오른 지금이 새로운 농업투자의 적기라고 설명한다. 그는 지금이 농업의 르네상스를 일으키고 많은 농민의 삶과 미래를 개선할 수 있는 기회라고 주장하며 지금 이 기회를 놓치면 앞으로 더 위험하고 필연적인 위기가 수년 안에 닥칠 것이라고 역설한다.

이들의 주장과 같이 지금의 식량위기를 극복하고 재발방지를 위해서는 왜곡된 보조금 정책의 폐지와 식량위기를 겪고 있는 국가들의 자력갱생이 유일한 해결책이다. 하지만 현재 보조금 정책 폐지에 대한 논란은 계속되고 있다. 일부 국가의 정부와 농민들은 보조금 폐지에 대해서 부정적인데, 그들은 보조금폐지가 어려움을 겪고 있는 농민들의 마지막 희망을 빼앗는 것이라고 주장한다. 하지만 지금의 농촌현실이 보조금이 부족한데서 기인한 것은 아니다. 각 국은 막대한 보조금을 농촌에 지급했지만 아직까지 농촌은 어려움을 겪고 있다. 위에서도 보았듯이 현재의 보조금정책은 왜곡되어 부농의 주머니를 채워 줄뿐만 아니라 농촌 수입의 보조금 의존도를 높여 농업 경쟁력을 떨어뜨리는 결과를 가져왔다. 이를 근거하는 사례로 이미 보조금 정책을 폐지하여 성공을 거둔 뉴질랜드가 있다.

뉴질랜드는 세계에서 유일하게 농업보조금을 폐지하여 성공을 거둔 국가다. 뉴질랜드가 항상 농업 강대국이었던 것은 아니다. 1950년대까지 세계 5위 경제대국이던 뉴질랜드는 60~70년대 국제 농산물 가격 폭락, 오일쇼크 등으로 국가 부도 직전까지 갔다. 정부는 당시 위기를 타개할 방안으로 본격적으로 농업 보조금을 지급하기 시작했으며 보조금은 농민들이 소유한 양과 소 마릿수를 기준으로 지급했고 농민들은 보조금을 더 받기 위해 마구잡이로 양과 소 사육을 늘렸다. 이에 따라 가축 공급 증가로 시세가 하락하면서 정부가 가축을 수매하는 악순환으로 이어졌다. 보조금은 농가의 주요 소득원이 되면서 정부 재정은 고갈돼 갔으며, 1983년 농가 소득 중 정부 보조금이 차지하는 비율이 35%까지 치솟았다. 결국 뉴질랜드정부는 과감한 개혁의 칼을 들이대고 세계적인 농업국가로 재도약하는 기회로 삼았다. 뉴질랜드 정부는 "1984년 새 정부가 거의 모든 농업 보조금을 일시에 철폐하는 가운데 일시적으로 농민의 강한 저항을 샀지만 결과적으로 농업의 경쟁력 강화에 결정적인 역할을 했다"고 강조한다.

당시 총리였던 테이비드 레인지와 로저 더글러스 재무장관은 농지개발 조세 특혜를 비롯해 비료, 이자율 보조 등 직접보조금을 집권 후 1년 만에 철폐했다. 또한 간접보조금에 대한 유예기간도 3년을 주고 실질적으로 각종 보조금 지급을 중단했다. 이후 뉴질랜드 정부는 마지막으로 농민들에게 부채 탕감을 해주고 더 이상의 정부 지원은 없으니 스스로 농업을 책임질 것을 명했다. 그 결과 정부 도움 없이 생존할 수 없는 농민은 자연 도태되고 스스로 자생력을 키운 농민이 살아남게 된 것이다. 당초 뉴질랜드 정부는 전체 농민 중 10%가량이 농업을 포기할 것으로 예상했으나 농민 부채 탕감 후 8만 명에 달하는 농민 중 1%인 800여명만이 농사를 그만 두었다. 나머지 99%의 농민은 경제개혁 당위성을 깨닫고 농가 경쟁력 향상에 나선 것이다. 결국 농민들은 보조금을 더 받기 위해 늘렸던 가축 수를 크게 줄였다. 80년대 7000만 마리였던 양의 수도 현재 약 절반 수준인 4,000만 마리로 줄었다. 정부의 혹독한 개혁은 오히려 농가의 경쟁력을 강화시켜 뉴질랜드는 세계적인 농업 강국으로 다시 입지를 굳히는 계기가 된 것이다.

뉴질랜드의 농업보조금 폐지 정책은 자국 내의 농업 경쟁력을 향상시켜 세계적인 경쟁력을 갖게 할 수 있다는 좋은 예를 보여준다. 이는 지금의 식량위기 타계를 위한 보조금정책의 폐지가 각국의 농업의 경쟁력을 깎아내린다는 주장을 불식시킬 수 있다.

세계는 한시라도 빨리 보조금을 폐지하고 자유무역을 통해 왜곡된 세계농업무역체제를 바로 잡아야 한다. 이를 위해선 보조금 폐지, 부당한 관세철폐, 수출제한정책 등의 폐지를 통한 왜곡되지 않은 자유 무역의 실현을 위해서는 식량위기를 겪는 국가들에 대한 범세계적인 지원이 필요하다. 이 지원책의 제도적인 방안은 국제기구의 주도하에 빈곤·농업기금을 조성하는 것이 있다. 현재 150여 개국의 각료들이 '세계 식량정책을 위한 뉴딜'에 서명했지만 이러한 형식적인 서명만으로는 부족하다. 식량문제에 대한 뉴딜정책에 대한 구체적인 방안이 필요 할 것이며 이러한 방법으로 석유수출국들이 일종의 '빈곤·농업기금'의 창설을 제안한 것이 있다. 이것은 석유를 수출할 때마다 배럴당 일정금액을 기금으로 적립하는 방식인데 이는 유가 인상으로 벌어들인 막대한 수익에 비하면 매우 적은 부분이며 이 기금은 창설국이 관리하면서 식량위기를 겪는 국가의 위기 극복에 효율적으로 사용 될 수 있다. 또한 국제식량정책 연구소 사무총장인 조아킴 폰 브라운은 세계적인 차원의 곡물비축프로그램은 도입할 것을 제안한다. 그는 곡물생산량이 소비량 보다 많은 나라의 잉여분의 일부를 세계적인 차원에서 비축하여 빈국의 극빈계층에 대한 식량지원과 유아영양개선 프로그램을 확충하는데 대한 지원 등을 통해 식량개발 원조를 확대하는데 힘써야 된다고 주장한다. 파이낸셜타임즈의 경우는 금융거래세를 도입할 것을 주장하는데 이는 세계금융거래에 대하여 최소한도(0.01%정도)의 세금을 부과하여 이를 식량위기 대처에 사용하고자 하는 것이다. 결국 왜곡된 세계농업무역체제를 바로 잡기 전에 식량 위기국가에 대한 지원이 이루어져야 하는 것이며 이는 범세계적인 협력을 통해야만 한다.

제3편

국제경영

제1장 국제경영의 개관

무역이 한 국가에서 다른 국가로 수출하는 개념이었던 시대는 이제 지났다. 기업의 국제화가 빠른 속도로 전개되는 것을 넘어 기업은 이제 초국적 개념을 가진 글로벌 기업의 형태로 발전하고 있는 것이다. 이는 두 가지 요인에 기인하고 있다. 하나는 우리 기업이 그만큼 컸기 때문이며, 다른 하나는 세계 경제의 양상이 그렇게 변하고 있기 때문이다. 그 대표적인 경우로서는 기업활동 자체가 국경을 넘어 다른 나라로 이동해 가는 것이다.

기업활동 자체가 국경을 넘게 되면 일련의 대이동이 뒤따르게 된다. 경영자가 파견되고 기술자가 나가고, salesman이 나가고, 공장을 지을 기계가 나가고, 원자재가 나가고, 기술과 자금도 나가게 된다.

현지에서 생산하다 보니 생산방식도 달라지고, 현지외국인의 고용에 있어 전연 예상하지 못했던 난처한 입장에 빠지는 일이 허다하고, 재무관리도 또한 달라진다. 외국현지의 정치사정에도 관심을 갖지 않을 수 없고 법률이 어떻게 바뀌는지, 노동조합의 움직임이 어떠한지……. 그 나라의 모든 사정에 관심을 갖지 않을 수 없게 된다. 실제로는 본국기업이지만 법적 지위는 엄연히 현지국의 기업이요, 활동도 현지에서 행하고 있으니 부딪히는 모든 것이 그 나라의 환경에 지배를 받게 되는 것이다.

오늘날의 기업활동은 세계적 범위에서 펼쳐지고 있다. 우리 기업들도 더 이상 국내를 거점으로 삼아 기업활동을 할 수 없을 뿐만 아니라 그러고자 하지도 않는다. 충분히 성장했기 때문에 그 무대를 넓혀 나갈 수 있게 되었다는 점도 있고, 세계적 추세로 볼 때 언제까지나 국내만을 거점으로 삼아 기업활동을 하고 있을 수 없게 되었기 때문이다.

본편은 이처럼 일반화되어 가고 있는 기업의「글로벌」경영활동을 다룬다. 본서는 이와 같은 활동에 대한 이론 혹은 개념을 기본적인 것에 한정시키고 제시하는 방식을 택했다.

제1절 국제경영의 개념과 필요성

1. 국제경영의 개념

국제경영학(International Business)이란 자국의 국경을 넘어 2국 이상에서 동시에 수행되는 기업의 상거래 활동을 학문적 연구 및 경영교육의 대상으로 하는 분야이다. 여기서 국경을 넘는 거래의 대상은 재화, 서비스, 자본, 인력, 기술, 그리고 인력관리 등을 모두 포함한다.

국제경영학이 등장하게 된 배경은, 2차 세계대전 후 교통과 통신수단의 발달로 기업의 대규모화가 가능해지고, 한편으로는 기업 간의 경쟁격화로 국내시장의 포화현상이 발생하자 기업들이 기존의 국내경영활동에서 해외시장으로 눈을 돌리게 되면서부터이다.

그러면 국제경영학이 하나의 학문으로 성립될 수 있는 이유는 무엇이며 그 영역은 어디까지인가? 국제경영학이 학문으로 성립될 수 있는 이유는 기존의 어떤 학문도 2개국 이상의 영역에서 발생하는 경영관계 현상을 설명하지 못하기 때문이다. 즉 기존의 경영학은 기업의 국내경영활동은 효과적으로 설명할 수 있으나 국가 간에 행해지는 국제경영은 설명하지 못한다. 또 국가 간의 경제거래현상을 설명하는 국제경제학은 어떤가? 국제경제학은 국가 간 무역거래의 원리를 설명하고 있을 뿐, 개별 기업의 활동과 의사결정은 설명하지 못한다. 그러므로 국경을 넘어서 행해지는 2개국 이상의 국제경영관계 현상을 설명하는 국제경영학이 반드시 필요하게 되는 것이다. 이러한 국제경영학이 다루는 영역은 해외사업과 국제경영관리의 두 가지로 크게 구분할 수 있다.

국제경영이 국내경영과 다른 점은 (1) 국제경영은 국내경영과는 달리 경제적·문화적·사회적·정치적·법률적 환경이 다른 곳에서 수행된다. (2) 국제경영은 국내경영에 비해 매우 복잡하다. 예컨대 국제경영에서는 재화, 자본, 인력의 이동에 제약이 따르며 화폐단위가 다른 나라에서 활동이 이루어지므로 환율변동의 위험이 발생하게 된다. (3) 국내경영활동은 본국에만 영향을 미치지만 국제경영은 본국과 진출대상국 모두에 정치·경제·사회면에서 영향을 미친다.

2. 국제경영의 필요성

국제경영은 다양한 의미로 해석되고 있는 지구화(Globalization)에 대한 근거이기도 하면서 지구화의 산물이기도 하다. 국제경영이 보편화된 근거에는 지구상의 각 국가를 하나로 엮어 내는 기술의 발달과 다양한 제도의 국제규격화 그리고 전지구적 경쟁의 형성이 있다. 그러나 다른 한편으로 기업간의 전지구적 경쟁은 또한 기업의 해외경영을 위한 급속한 기술의 발전과 제도의 국제규격화에 대한 합의를 이끌어 왔다고 할 수 있다.

(1) 기술의 확산

인터넷의 발달과 통신기술의 발달은 지구촌 인간들이 세계의 정보를 한 시점에 공유할 수 있도록 만들었으며 더 이상 한 제품이 그 제품이 만들어진 한 지역에서만 소비되는 제품이 아닌 상태가 되었다. 한 지역에서 인기가 있는 한 제품은 이미 세계에서도 인기가 있는 제품이 될 수 있는 여건이 만들어졌으며 또한 운송기술의 발달은 한 국가에서 만들어진 제품이 다른 국가로 이전되는 데 걸리는 시간을 극단적으로 축소시켰다.

또한 기술의 발전은 생산요소의 사용에 있어서도 자본과 노동의 이동을 가능하게 만들었으며 자원의 사용이나 중간재의 사용도 또한 보다 값싼 지역을 찾아 생산이 가능한 상태에 이르렀다. 생산요소가 비용의 중심이라고 생각할 때 보다 값싼 비용으로 보다 나은 자원을 사용할 수 있는 기회를 기업이 놓칠 수 없는 것이다. 이러한 기술의 발전과 전지구적 확대는 기업의 세계 진출에 대한 열망을 한 층 높이게 되었다.

(2) 제도의 국제화

WTO라든가 국제사법기구의 형성과 같은 국제적인 조직의 활동은 국제적 거래만이 아니라 생산요소의 사용과 같은 문제들에 대해서도 국제적인 규약을 만들 수 있는 법적인 근거를 만들었다. 기업들이 정보의 발달로 인해 세계시장에 관심을 가지게 되었다고 하더라도 제도적으로 보장되지 않는다면 자신이 생산하고자 하는 장소에서 생산 활동을 할 수도 없고 자신이 판매하고자 하는 지역에서 판매소를 설치할 수도 없을 것이다.

지금은 당연하게 여기는 여러 가지 국제기업들에 대한 제도들도 사실은 기업과 정부 그리고 국제기구들의 다양한 노력에 의해서 이루어진 것이라고 볼 수 있다. 또한 각 국가의 정부는 국가의 경제 성장을 위하여 국내에 투자할 수 있는 기업의 유치를 적극적으로 실시하였고 따라서 외국의 기업이 국내에서 활동할 수 있는 기업여건을 형성하고자 노력했다.

(3) 글로벌 경쟁

글로벌 경쟁은 지구촌이 글로벌의 과정을 경험한 지금 이 순간만의 문제는 아니다. 이미 지구는 1차 세계대전과 2차 세계대전 등을 경험하고 자유무역이 확대되는 순간마다 글로벌 경쟁이 발생했다고 볼 수 있다. 각 국가의 입장에서 자국의 국민의 이익과 국가의 이익을 위하여 개발된 많은 제품들 즉, 통신기기나 운송기계들은 당시에는 국가에 의해서 혹은 소수의 특정한 기업에 의해서 독점된 경우가 많았지만 자유무역의 확대는 이러한 기업들이 국가 간에 경쟁하게 되고 그 과정에서 인수 합병의 과정을 거치면서 국제적으로 과점을 형성하는 경우가 종종 발생했다. 지금의 시대는 비록 세계대전을 거치지는 않았지만 세계적으로 자유무역이 확대되고 자본의 이동이 자유로워지면서 중국에 소니의 생산 공장과 삼성의 생산 공장이 동일한 제품을 생산하고 소니와 삼성의 판매중심지를 미국 맨해튼(manhattan)의 중심에 두고 있게 되었다. 그들은 서로 경쟁하면서 협력하는 관계로 발전하고 있다. 이때 맨해튼은 글로벌 시티(global)로 발전하고 있다고 할 수 있다.

제 2 절 기업의 국제화과정

1. 기업의 국제화과정

기업의 국제화란 기업의 경영활동이 국제적으로 발전하는 과정을 말한다. 다시 말해 국내에서 경영활동을 하던 기업이 그 능력의 신장과 더불어 국경을 넘는 거래를 하게 되고 더 나아가 세계시장을 활동무대로 확대해 가는 과정을 의미한다.

기업의 국제화과정을 각 단계별로 살펴보면 [그림 1-1]과 같다. [그림 1-1]에서는 기업들이 기업연륜의 경과 및 능력의 증가에 따라 국내기업에서 해외지향의 수출기업→해외직접투자의 국제기업→세계를 경영무대로 삼는 세계기업으로 발전하는 모습을 보여주고 있다. 각 단계간의 지그재그선은 기업의 발전에 있어서의 환경변화를 의미한다. 기업들은 이 환경변화에 잘 대처하여야만 존립 및 발전이 가능하게 된다.

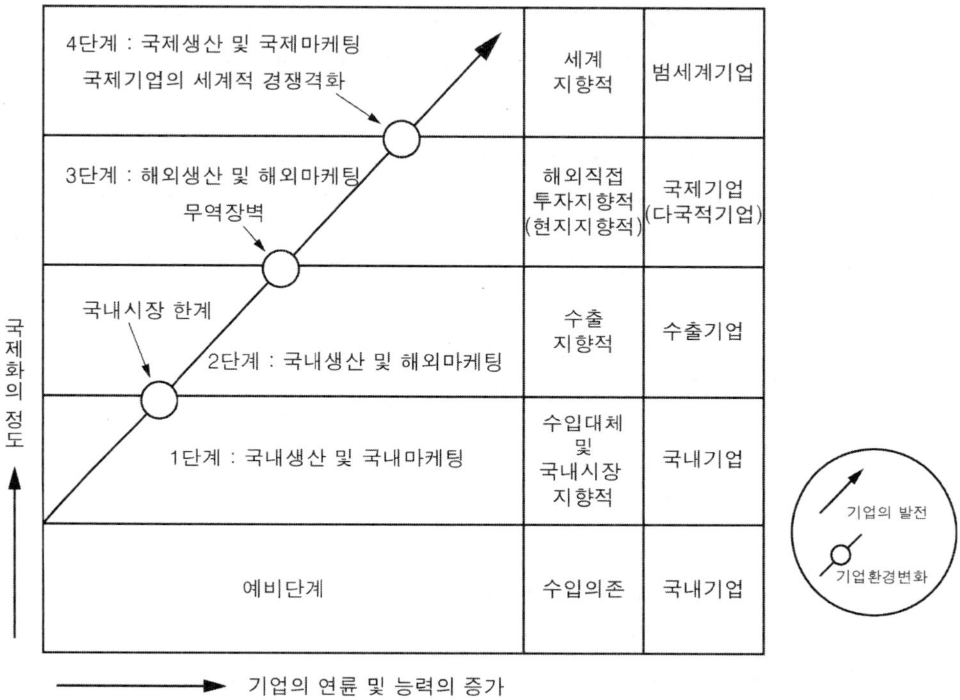

[그림 1-1] 기업의 국제화과정

제 1단계의 국내기업은 국내환경에 뿌리를 두고 경영활동을 수행한다. 이 단계의 특징은 기업가가 국내시장지향적인 사고를 하며, 국내생산 및 국내판매활동, 그리고 국내에서의 자본조달에 주력한다는 것이다. 이 단계의 기업은 일반적으로 대기업보다 중소기업, 국내시장이 좁은 나라의 기업보다는 국내시장이 넓은 국가의 기업에서 볼 수 있다.

제 2단계의 수출기업이란 기업이 성장함에 따라서 국내시장의 규모로는 한계점이 있기 때문에 해외시장으로 눈을 돌리게 되는 단계이다. 이들 기업은 수출에 의한 해외시장개척을 목표로 삼게 된다. 이 단계의 특징은 해외시장에서 경쟁력을 유지할 수 있는 생산요소가 「국내에」 존재한다는 점이다.

제 3단계의 해외직접투자지향 기업이란 제 3단계의 수출지향기업들이 국내의 생산비 상승, 보호무역 강화 등 무역여건의 악화, 고수익의 추구 등의 요인 때문에 현지생산, 현지마케팅, 현지금융조달을 하는 것을 말한다.

제 4단계의 세계지향기업이란 제 3단계형태의 기업이 더욱 발전, 생산·판매·금융활동이 세계적으로 확대되는 단계를 말한다.

그러나 모든 기업이 위에서와 같은 국제화과정을 밟는 것은 아니며 경우에 따라서는 판매활동이 곧바로 해외시장에서 이루어지는 등, 한 단계를 뛰어넘을 수도 있다. 기업의 국제화과정을 각 단계별로 그 특징을 요약하면 <표 1-1>과 같다.

▌표 1-1▌ 기업국제화의 각 단계별 특징

	제1단계	제2단계	제3단계	제4단계
기업형태	국내지향기업	해외지향기업 (수출기업)	현지지향기업 (다국적기업)	세계지향기업 (세계기업)
전략	국내시장 점유율 증대	해외시장 개척에 의한 국내 생산 규모의 확대	현지생산에 의한 현지국 시장 확보	다각적 생산·판매의 네트워크를 통한 경영 활동
인사			현지 경영자의 활용	제 3국 경영자의 등장
재무	자본의 국내조달	자본의 국내조달 또는 정부지원	해외 자본시장의 활용	금융회사의 독립
예(한국)	대부분의 중소기업과 하청기업	종합무역상사, 일반무역회사 및 직접수출을 하는 소수 제조회사	금성사, 삼성전자, 현대자동차	
예(외국)	미국 대부분의 기업	일본의 종합무역상사, 서구의 Trading House	도요타, 소니, 다우케미칼 등	네슬리, 로얄더취셸, 유니레버, IBM

2. 우리나라 기업의 국제화

기업은 연륜이 쌓임에 따라, 그리고 능력이 확대됨에 따라 국제화가 진전된다. 현재 우리나라 기업들은 대부분 3단계에 있으며 최근에 들어 상당수의 기업이 4 단계의 초기단계에 있고 몇몇 기업들은 이미 4단계에서 세계의 주도기업으로 활동하고 있다.

1970년대에 들어서부터 강화된 소위 신보호주의의 대두로 인해 우리나라에 대한 수입규제는 날로 확대되었고 이와 같은 무역장벽을 뛰어넘기 위하여 현지국에서의 직접생산·판매가 이루어졌다. 이러한 기업의 국제화에 대비한 기업들이 기본적으로 갖추어야 할 것으로 다음 세 가지를 들 수 있다.

첫째, 국제적 상황과 현지에 적합한 국제경영기법을 개발하는 것이다. 글로벌 시대에 있어서 국내에서의 경영방식을 해외경영에 그대로 적용시킬 수 없을 뿐만 아니라 2개국 이상에 걸친 경영활동은 한 국가 내의 경영 방식으로서는 효율적으로 행할 수 없기 때문이다.

둘째, 국제적 안목을 가지고 현지의 상황을 잘 파악할 수 있는 현지 경영인의 확보가 중요하다. 국제기업의 경영성패는 유능한 현지 경영인의 확보에 있다고 해도 과언이 아니다. 예를 들어 미국에 진출한 금성사가 아무리 멋진 전략과 계획을 수립하였다 할지라도 그것을 훌륭히 수행할 전문경영인이 없었다면 어찌 성공할 수 있었겠는가?

셋째, 국제금융 및 외환업무에 정통한 인재들을 양성할 필요가 있다.

제2장 국제기업의 사업내용

본장에서는 국제기업이 수행하는 주요 해외사업의 내용에 대해 살펴보고자 한다 (그림 2-1).

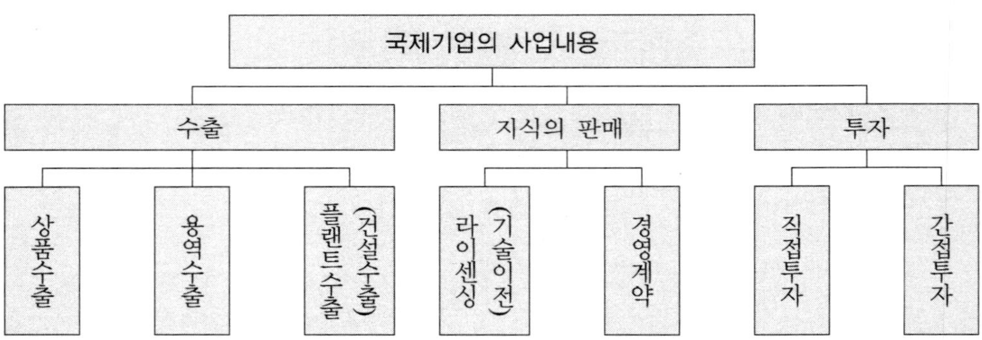

[그림 2-1]

제1절 플랜트 수출

플랜트(plant)란 좁은 뜻으로는 중기계류를 중심으로 한 생산시스템인 하드웨어 부문과 이에 부수되는 기술, 노하우, 컨설팅 등 소프트웨어 부문이 혼합된 설비를 의미한다. 여기에는 철강, 석유화학, 발전설비 등 중화학공업 계열과 섬유제조, 식품가공설비 등 경공업 계열의 산업설비가 포함된다. 넓은 뜻으로는 이같은 일반산업설비

외에 국토개발설비와 사회개발설비가 폭넓게 포함된다.

일반적으로 플랜트 수출이라고 할 때에는 외국에 있는 공장 또는 사업장의 전부를 건설하는 데 필요한 일련의 기자재와 이에 수반되는 설비 및 용역의 수출을 의미한다. 국제거래의 대상이 되는 플랜트는 보통 단위가 대규모인 동시에 가격이 거액이며, 그 건설에 있어서도 오랜 기간과 고도의 지식을 요한다. 또한 플랜트 수출은 단순한 기계제작에 국한되는 것이 아니고 타당성조사, 기계설비의 설계·제작과 완성 후의 배열·설치는 물론 시운전과 더불어 이에 수반되는 각종의 건설·토목공사 및 이들 요소를 총괄하는 엔지니어링까지를 포함하는 종합적 개념이다.

이에 따라 플랜트 수출에는 다음 다섯 가지의 산업이 관련된다. 즉 (1) 타당성조사, 기획, 설계, 기술관리 등을 담당하는 엔지니어링(컨설팅)산업, (2) 기계의 제작·조립·설치 등을 담당하는 기계산업, (3) 토목 및 구축물 시공을 담당하는 건설산업, (4) 프로젝트의 발굴, 정보의 수집분석, 상담을 담당하는 무역산업, (5) 금융을 담당하는 금융기관 등이 플랜트 수출과 관련을 갖고 있다.

한편 플랜트 수출이 가지는 특징은 다음과 같다.

1. 플랜트수출은 수입국의 공업화를 통하여 경제개발을 지원하므로 수출에 따른 마찰이 적다.
2. 수입국과의 경제협력효과가 크다.
3. 부가가치율이 높고 기술수출을 수반하기 때문에 외자가득률이 높다.
4. 원자재, 관련부품, 그리고 동종 또는 관련 산업설비에 대한 지속적인 수출유발 효과가 크다.
5. 수입국의 측면에서 보면 자국산업의 발전에 자극제 역할을 하게 되며 최신기술을 이전시켜 주는 효과를 가져다 준다.

1. 플랜트 수출의 실행과정과 전략

플랜트 수출의 실행과정은 프로젝트 이전단계와 프로젝트 시행단계로 구분할 수 있다. [그림 2-2]에서 보듯 이전단계는 정보수집에서 수출계약까지의 단계를 말하며, 시행단계는 수출계약 이후의 시행 및 운영단계를 의미한다.

[그림 2-2] 플랜트 수출의 실행과정

1) 탐색단계

탐색단계 중의 정보입수단계는 사전정보와 사후정보로 나누어 생각할 수 있다. 플랜트 수출에 있어서 사전정보는 매우 중요하며, 수입기관에 유리하게 접근하는데 필수적이다. 정보의 수집기관으로서 자사의 현지지점, 대리점(agent), 입찰기관, 대한무역진흥공사(KOTRA) 등이 있다.

정보가 입수되면 플랜트 수출의 가능성을 개괄적으로 파악해야 한다. 여기서는 기술적인 가능성과 경쟁력을 검토하게 된다.

2) 수주단계

탐색단계에서 플랜트 수출의 가능성이 인정되면 수주를 위한 타당성분석을 해야 한다. 이 단계에서는 플랜트수출에 관계되는 모든 사항을 고려해야 한다. 플랜트수출의 경우 잘못 판단된 상황에서 계약을 하게 되면 그 손해가 막대하기 때문이다. 이때 고려해야 할 내부사항으로 서는 자본, 기술, 경험축적, 제품수명주기의 단계, 원료 및 기계장비의 이전능력, 기술인력의 유무 등이며 외부사항으로는 시장, 노동력, 자재의 현지조달가능성, 금융, 보험, 운송비용, 법률제도, 지질·지형 등이다. 이 단계에서는 제조업체, 엔지니어링업체, 해외의 정보원간에 상호협력이 필요하다.

한편 이 단계에서는 타당성 조사와 함께 원가계산(견적)도 하여야 하며, 원가계산이 끝나면 응찰을 하게 된다. 응찰 후에는 낙찰이 이루어지도록 이면교섭이 전개된다. 이때 가격이 조정되거나 명세서가 바뀔 수도 있다. 계약이 되면 계약이행보증금(performance bond)을 걸게 된다.

3) 시행단계

시행단계에서는 인·허가 수속, 금융 및 보험, 기본설계, 세부설계, 기계조작, 자재조달, 설치건설공사, 준공, 시운전의 과정을 거치게 된다.

4) 운영단계

운영단계에서는 조업지도, 기술교육 및 기술이전, 그리고 애프터서비스가 이루어지게 된다. 이상에서 보듯 플랜트수출은 일반 상품수출과는 비교가 되지 않을 만큼 복잡하며, 플랜트 수출을 성공적으로 이끌기 위해서는 기업 전체의 능력, 국가의 지원제도, 산업의 하부구조가 뒷받침되어야 한다.

제2절 기술이전

1. 기술이전의 개념과 특성

기술이전이란 기술을 국가 간에 이전시키는 경영활동이며 이것은 국제기업의 주요 경영활동의 하나이다. 기술이전에서는 기술의 제공에 대한 대가로 기술도입자가 기술제공자에게 로열티를 지급한다.

기술이전의 대상이 되는 것으로는 특허, 노하우, 등록상표, 상표, 기타자산(patent, know-how, trade mark brand name, and other assets) 등의 공업소유권이 있으며 그 외에 제조기법(manufacturing techniques), 가공처리기술(process know-hows), 경영관리노하우(management know-hows), 특약유통권(distribution rights), 저작권(copyrights) 등도 포함될 수 있다.

기업이 기술을 습득하는 방법에는 자체 기술개발과 외보로부터의 기술도입이라는 두 가지 형태가 있는데, 대체로 선진국은 자국의 기술능력을 기반으로 경영활동을 수행하는 반면, 개도국의 경우는 자체 연구·개발능력이 부족하기 때문에 '외국기술의 도입'이 큰 역할을 담당한다.

국제기술이전은 다음과 같은 점에서 재화나 다른 생산요소와는 다른 특징을 갖는다. ① 기술의 공급원은 대부분 선진국의 다국적 기업이고 기술의 도입측은 대개 개도국의 정부나 기업들이다. ② 기술이전에 있어서는 제공자의 역할이 크게 작용한다. ③ 기술은 대개 다른 요소와 함께 이전된다.

또한 기술이전의 경로는 다음과 같다. ① 개인에 의한 이전, ② 기술정보의 형태로 비공식적으로 이전, ③ 장비나 시설에 의한 이전, ④ 군사원조의 일환으로 이전, ⑤ 정부차원에서의 기술원조 형태로 이전 그리고 ⑥ 상업적 계약에 의하여 이전이 있다.

2. 기술수출이 발생하는 조건

국제기업이 기술수출에 의해 경영활동을 하는 경우는 다음과 같다.

1) 해당기술이 성숙단계에 들었을 때

기술이 표준화기나 성숙기에 들어서게 되면 그 기술보유자가 얻는 이익은 작아지므로 기술수준이 뒤진 개도국에 이를 수출함으로써 더 큰 이익을 얻을 수 있다. 특히 제품의 기존모델을 바꾸려고 하거나 새로운 기술혁신이 예견될 때는 기존 기술을 수출하는 것이 유리하다.

얼마 전까지만 하더라도 한국기업들이 일본에서 들여온 기술들은 최신첨단의 것이 아니라 일본이 해외에서 받아들여 습득한 것을 다시 도입한 것이었다. 이에 따라 우리나라 기술수준은 최근기술과는 상당한 격차를 보였다.

2) 해외직접투자에 대한 규제가 있을 때

외국인투자제한, 현지기업과의 합작요구, 배당금에 대한 송금제한, 페이드 아웃(fade-out : 소유권의 점진적 양도) 주장 등으로 해외직접투자가 규제를 받게 되는 경우나, 해외직접투자에 따른 예상이익이 낮거나, 피투자국의 정치불안 등이 있을 경우에는 해외직접투자보다 기술수출이 유리하게 된다.

3) 기술변화가 빠른 영업부문일 경우

전자산업, 컴퓨터산업과 같이 기술의 변화가 빠른 산업은 기술수출이 선호된다. 즉 다른 대체기술이 출현하기 전에 보유기술의 대가를 얻고자 하기 때문이다.

4) 부수적 이익이 예상될 때

기술수출에 수반되어 발생하는 부수적 거래의 이익이 예상될 때 기술수출이 선호된다. 부수적 거래의 예로서는 (1) 원자재 및 부품의 판매, (2) 품질관리 및 검사의 의뢰, (3) 기술지도 및 종업원의 교육의뢰 등이 있다.

부수적 거래에 따르는 이익이 로열티 규모보다 큰 경우도 있다. 그 한 예는 자동차조립의 기술수출이다. 현지생산자가 성장하기 전까지는 자동차부품의 대부분을 기술제공자가 수출하는 것이 일반적이다.

이상에서 살펴 본 네 가지 조건들은 각각으로뿐만 아니라 서로가 복합적으로 작용, 기술수출을 선호하게 한다.

제 3 절 해외직접투자

1. 해외직접투자의 개념

직접투자(direct investment)란 어느 나라의 기업이 외국기업의 경영권을 실질적으로 취득하고 경영권을 행사하면서 생산·판매 그밖의 기업활동을 행하는 것을 말한다. 외국기업의 경영권의 취득은 자회사 또는 지점의 개설, 기존 외국기업의 매입이라고 하는 형태로서 이루어지며, 보통은 주식을 상당수 취득함에 의하여 달성된다.

직접투자가 간접투자와 본질적으로 다른 점은 모회사 또는 자회사의 지배 아래 있는 기업으로부터 생산기술, 마케팅기술 등 경영자원을 공급받아서 기업활동을 행한다는 것이다. 여기서 말하는 경영자원이란 기업이 기업활동을 통해서 축적·보유하는 기업능력을 말하며 앞서 든 생산기술, 마케팅기술 외에 신용 등의 지명도, 자금조달능력 등도 포함된다.

이와 같이 직접투자는 경영자원이 국경을 넘는 이동이라고 할 수 있다. 직접투자는 경영자원의 이용 및 이동이 본질적이며 간접투자와 같이 자금의 이동 그 자체가 본질적인 것은 아니다. 경영자원에는 자본조달능력도 포함되어 있으나 직접투자에 필요한 자금을 본국에서 조달하는가 현지국에서 조달하는가는 투자기업이 상황에 따라 결정한다. 실제로 직접투자에 있어서는 자금의 상당부분이 국제금융시장이나 현지국의 금융시장에서 조달된다.

2. 해외직접투자의 종류

직접투자의 방법에는 (1) 지점의 개설, (2) 자회사의 신규설립, (3) 기존기업의 매수, (4) 합작사업 방식의 네 종류가 있다. (1), (2)에 있어서는 본점 또는 모회사로부터 경영자원이 공급되어 그밖의 생산요소와 결합된다. (3), (4)에 있어서는 현지의 경영자원이 투자기업의 경영자원에 편입되며 거기에 다른 생산요소가 결합되어 생산이 행해진다. 생산요소는 현지에서 입수가능한 것도 있고(노동력, 원재료), 본국 또는 제3국으로부터의 수입에 의존하는 것도 있다(설비투자를 위한 기계류, 기술자, 원재료).

직접투자의 또 하나의 분류법은, 모회사와 자회사와의 관계를 산업조직론적 입장에서 분류하는 것으로 여기에는 수직적 통합, 수평적 통합, 다각적 통합의 세 가지를 들 수 있다.

수평적 통합(vertical integration)은 원료조달로부터 판매에 이르기까지의 기업활동의 단계들을 통합하기 위해 직접투자를 행하는 것을 말한다. 이는 다시 두 종류로 나누어진다. 그 하나는 제조회사가 원료확보를 위해 원료를 생산하는 자회사를 설립하거나 판매회사가 제조회사를 설립하는 경우이다. 공업국으로부터 개발도상국에 대해 행해지는 직접투자는 이 유형이 일반적이다. 다른 하나는, 원료의 생산에 종사하고 있던 기업이 해외에서 제조회사를 설립하거나 제조에 종사하고 있던 기업이 해외판매회사를 설립하는 경우를 말한다.

수평적 통합(horizontal integration)은 자회사가 모회사와 동종 또는 같은 가공도의 제품을 생산하는 경우이다. 공업국간에 행해지는 제조업의 직접투자가 이 경우에 해당한다.

다각적 통합(conglomerate integration)은 한 가지 종류의 재품이 아니고 직접 관련이 없는 산업에 속하는 기업을 흡수, 합병, 설립하는 것이다.

3. 해외직접투자의 동기

해외직접투자가 이루어지는 동기는 전략적·행태적·경제적 형태의 세 가지로 구분해 볼 수 있다.

1) 전략적 동기

전략적 동기(strategic motives)는 다음의 네 가지로 분류할 수 있다.

1. 시장추구형(market seekers).
2. 원자재추구형(raw-material seekers)
3. 생산효율추구형(prodeution-efficiency seekers)
4. 지식추구형(knowledge seekers)

시장추구형은 해외진출국에서 생산하여 현지국의 수요에 충당하거나 본국 이외의 국가에 수출할 목적으로 진출하는 경우인데, 미국의 자동차 제조회사들이 유럽에서 자동차를 생산하여 현지에 판매하고 있는 것이 그 좋은 예이다.

원자재추구형은 현지에서 원자재를 추출하여 해외에 수출하거나 본국에 수입하기 위하여 진출하는 경우인데, 주로 석유·광물·농산물 및 삼림개발 등에 종사하는 경우이다.

생산효율추구형은 생산성(productivity)보다 생산요소가격이 낮은 국가에 진출하여 생산효율을 높이기 위한 것으로, 미국, 일본 등의 기업이 노동가격이 싼 대만, 홍콩, 멕시코 등에서 전자부품을 노동집약적인 방식으로 조립하는 경우가 여기에 해당한다.

지식추구형은 기술이나 경영지식(managerial expertise)을 습득하기 위한 것으로 독일이나 일본의 기업들이 기술을 입수하기 위하여 미국의 반도체회사들을 매입하는 것이 그 예이다.

2) 행태적 동기

행태적 동기(behavioral motives)는 두 가지로 나누어진다. 하나는 기업외부여건의 자극(stimulus)이며, 다른 하나는 개인적인 편견(personal biases), 필요(needs) 및 개인이나 그룹의 관심과 이해에 근거한 기업내부 요인이다.

Y. Aharoni(1966 년)의 연구에 의하면 외부여건에 의해 직접투자가 일어나는 경우는 다음과 같다.

1. 무시할 수 없는 외부로부터 제안이 있을 때, 즉 외국정부나 현지판매점(distributors) 및 고객으로부터의 진출요청을 받을 때.
2. 시장의 상실가능성에 대한 두려움이 있을 때.
3. 「밴드·웨곤」 효과가 작용할 때, 즉 경쟁기업이 해외에서 성공적으로 활동하고 있기 때문에 경쟁적으로 진출하는 경우이다(예 ; 금성사의 해외진출과 그에 따른 삼성전자 및 현대전자의 진출).

위와 같은 외부여건하에서 회사내에 유휴자원이 있거나 현재의 고정비용으로 다른 분야까지 커버할 수 있을 때, 직접투자에 대한 관심이 고조되게 된다.

3) 경제적 동기

일반적으로 해외직접투자가 일어나게 되는 것은 이윤을 추구하기 위한 경제적 동기에 의해서이다. 기업은 전세계적으로 회사전체의 장기적인 이익을 극대화시키려고 하기 때문에 현지국의 기업을 압도하면서 높은 투자수익률을 추구할 목적으로 직접투자가 이루어진다고 볼 수 있다.

4. 우리나라의 해외투자지원제도

(1) 금융지원

첫째, 해외투자자금을 들 수 있다. 정부는 해외투자를 장려하기 위하여 한국수출입은행에 해외투자자금을 확보하고 투자사업의 타당성이 있는 경우 금융지원이 가능하도록 하고 있다.

둘째, 중소기업해외투자자금을 들 수 있는데, 이는 중소기업의 개발도상국에 대한 해외투자 진출지원을 위하여 한국수출입은행의 해외투자자금 중에서 일부를 별도로 중소기업에 한하여 지원하도록 하고 있다.

(2) 세제상 지원

해외투자에 대한 세제지원제도로는 법인세법과 소득세법에 의한 해외투자손실 준비금제도와 외국납부세액 공제제도, 조세감면제도법상의 해외투자에 대한 각종 혜택, 투자상대국 정부와 이중과세방지협약의 체결 등을 들 수 있다.

이 중 해외투자손실 준비금제도는 해외에서의 투자활동에 따른 손실이 발생하는 경우를 대비하여 준비금을 적립토록 하는 것으로서 해외투자금액의 10%(자원개발투자인 경우에는 투자금액의 20%)까지 적립할 수 있다.

이 외에 해외자원개발투자에 대하여 해당 자원보유국이 배당소득세를 면제한 경우에는, 면제받는 분에 한하여 국내에서 법인세를 면제하는 해외 자원개발사업에 대한 배당소득세 면제제도가 있다.

(3) 해외투자보험

해외투자사업에 대하여 투자수입국에서의 전쟁, 혁명, 내란, 폭동 등 비상위험발생으로 투자에 따른 권리의 상실 또는 투자원리금의 회수가 불가능한 경우에 대비하여 해외투자보험에 부보가 가능하도록 되어 있다.

제4절 해외자원개발

해외자원개발이란 보통의 무역방식에 의한 수입과는 달리 해외에 자국의 자본, 기술 및 인력을 직접·간접적으로 투입하여 필요한 자원을 탐사 개발하여 그 생산물을 수입 혹은 판매하는 것이다. 해외자원개발은 (1) 자원이 국가 발전의 기본이 되는 중요한 요소이고, (2) 자원부존량은 한정되어 있음에도 자원수요는 꾸준히 증가하고 있으며, (3) 특히 1970년대에 들어 자원민족주의가 대두되고 있어 그 중요성이 더욱 커지고 있다. 특히 우리나라는 부존자원이 부족하므로 해외자원 개발은 매우 중요한 의미를 가진다.

1. 해외자본개발의 유형

1) 장기수입계약형

이는 투자대상국의 광업회사에 자금을 융자하면서 자원의 장기수입계약을 체결하는 것을 말한다.

2) 생산물 분여형

현지의 광업회사에 대하여 자금을 융자해 주고 융자금의 상환 대신에 생산된 자원의 일정량을 분배받는 것이다.

3) 단독투자형

투자국이 생산요소를 직접 투자하여 자원보유국에서 자원을 탐사, 채광 및 생산하여 투자국 또는 제 3국으로 수출하는 형태이다.

4) 현지합작형

투자국의 기업 또는 정부와 자원보유국의 기업 또는 정부가 현지에 공동출자하여 법인을 설립함으로써 자원개발을 수행하는 형태이다.

5) 국제컨소시엄형

기술·자금면에서 우월한 선진국의 국제기업과 협조하여 자원보유국에 투자하고 개발수입하는 방식을 말한다.

2. 해외자원개발의 경제적 효과

해외자원개발의 경제적 효과는 개발수입국의 입장, 자원보유국의 입장, 국제경제면의 입장에서 살펴볼 수 있다.

먼저 자원개발수입국의 입장에서 보면 (1) 필요자원을 안정적으로 확보하여 경제성장을 촉진할 수 있고, (2) 자원수입선을 분산·다변화하며, (3) 개발수입을 매체로 소요자재와 기타 관련상품의 수출이 가능하게 되며, (4) 결과적으로 국제경쟁력을 향상시킨다.

한편 자원보유국의 입장에서는 (1) 수출산업을 개발·육성하여 외화획득원을 확대할 수 있고, (2) 이를 계기로 공업화의 원동력으로 삼을 수 있으며, (3) 선진기술 및 경영 노하우를 습득할 수 있는데다가, (4) 사회간접자본의 건설을 통한 경제개발을 촉진할 수가 있다.

또한 세계경제면에서 보더라도 (1) 세계경제의 확대균형과정에서 소요되는 국제자원의 절대공급량을 증대시키고, (2) 국제무역을 신장시킴으로써 세계경제의 안정적 성장에 이바지하며, (3) 자원협력을 통하여 이른바 남북문제의 긴장을 다소 중화시키는 역할도 담당하고 있다.

3. 해외자원개발의 기본전략

불안정한 국제자원환경하에서 원료의 해외의존도가 매우 높은 우리나라로서는 어떻게 하면 저렴하고 안정적으로 자원을 확보할 것인가가 중요한 문제로 된다. 앞서의 여러 방식들 중 어느 것이 가장 바람직한가는 자원보유국의 정부규제, 기업의 능력, 원료의 성격 등에 의해 좌우된다.

한편 해외자원개발은 원래 (1) 소요자본 및 시설자본의 대규모성, (2) 회임기간의 장기성, (3) 사업집행의 국제성, (4) 개발추진에 따른 높은 위험성 등의 특성을 지니고 있을 뿐 아니라 그 과정에서도 자원보유국의 자주개발 요구에 부응해야 하고 소비국간의 치열한 자원확보경쟁을 헤쳐 나가야 하며 이미 기득권을 확보하고 있는 선진국과의 경쟁이라는 불리점도 무릅써야 한다.

따라서 자원개발을 성공적으로 추진할 수 있게 하기 위해서는 뚜렷한 기본전략과 실행계획을 사전에 마련하는 등 일정기간의 준비과정이 불가피하다. 이 과정에서 빠뜨릴 수 없는 고려요인으로는 (1) 대상품목의 선정, (2) 대상국의 판단, (3) 개발방식의 선정 등을 들 수 있다.

첫째, 대상품목의 선정은 자원수급상의 긴요도와 기업적인 채산성에 입각하여 고르되, 기업의 개발사업능력을 감안하여 단기, 중기, 장기에 걸친 시기별로 구분하여 단계적으로 추진하는 것이 좋다.

둘째, 개발대상국을 선정함에 있어서는 품목별 부존상황과 보유국의 종합적인 경제상황, 자원정책, 그리고 외교관계전망 등을 고려하여야 한다.

셋째, 개발방식의 선정은 대상품목과 개발시기에 따라 제각기 알맞은 방식을 골라서 탄력적으로 운용하여야 하며 각 방식의 장단점을 비교하여 종합적으로 판단하여야 할 것이다.

제3장 국제기업의 환경분석

국제기업은 본국과는 상이한 문화적·사회적·정치적·법률적 환경하에서 경영활동을 수행한다. 그러므로 국제경영자는 국제기업이 직면하는 환경의 이해없이는 올바른 국제경영활동을 수행할 수 없다. 본장에서는 국제기업의 국제경영활동에 수반되는 환경을 문화적·정치적·법률적 세 가지 측면에서 고찰해 보고자 한다.

제1절 문화적 차이

문화란 한 민족의 고유한 생활양식이며 그것은 각 민족(혹은 국가)에 따라 다르다. 국제기업의 경영활동은 문화적 배경이 다른 문화권에서 수행되므로 문화적 차이(cultural difference)를 이해하는 것은 국제경영에 있어 매우 중요하다. 국가마다의 문화적 차이는 기업의 모든 활동과 기능에 영향을 미친다. 한편 국제기업은 이질적인 외국의 문화에 적응해야 하는 점도 있지만 나아가서는 자국의 문화를 현지에 이식시키는 매개자 역할도 수행하고 있다.

문화에 대한 정의는 문화를 연구하는 학자들마다 다양하다고 할 수 있는데 적어도 다음의 세가지 특성은 공통성을 지니고 있다고 하는데 동의하고 있다. 첫째는 문화는 문화를 구성하고 있는 사람들에 의해 학습된다는 것이다. 둘째는 문화라는 것은 서로 연관되어있는 많은 상이한 부분들로 구성되어 있다. 종교, 결혼, 언어, 사회조직, 가치체계 등과 같이 문화의 한 부분은 다른 부분과 깊은 연관이 되어 있다는 것이다. 셋째는 문화는 그 사회의 구성원들 사이에 공유되고 있는 것이다. 문화집단의 다른 구성원들에 의해 개인에게 전해지고 집단구성원 모두에게 수용된다.

문화적 가치가 기업경영과 소비자행동에 어떠한 영향을 미치는가에 대한 가장 유용한 정보는 Hofstede의 연구로 알아볼 수 있다. IBM 자회사의 종업원을 대상으로 종업원의 태도와 가치에 대한 연구를 하였는데 1966년에서 1969년, 1971년에서 1973년까지 두차례에 걸쳐 이루어진 연구는 각 국가의 종업원과 경영자 사이에 나타나는 중요한 차이점을 나타내준다.

① 개인주의 대 집단주의

개인주의 차원은 개인 혹은 자신이 속한 집단 중 어디의 이익을 우선시 하는지를 나타낸다. 개인의 이익을 우선시 하면 개인주의 성향이 높은 국가이며 집단의 이익을 우선시 하면 집단주의 성향이 높은 국가이다. 개인주의 성향이 높은 국가에서는 개인의 성취와 독립성을 높게 평가하고 개인 간의 구속력이 느슨하고 집단에 대한 충성심이 낮게 나타난다. 반면 집단주의 성향이 높은 국가에서는 자신이 속한 집단의 관심사가 우선이고 자신을 집단의 일부로 생각한다. 한 집단이 실패하면 그 구성원들이 이 실패를 개인적인 수치로 받아들인다.

② 불확실성 회피성

불확실성 회피성은 한 사회의 구성원이 확실하지 않거나 애매하며 모호한 상황을 피하려고 하는 성향을 나타낸다. 불확실성 회피성이 높은 국가에서는 미래에 대한 불확실성을 제거하기 위해 규칙, 규정, 법, 행동규범 등에 강한 선호를 보인다. 또한 직업에서의 안전성, 직급의 승진패턴에 높은 가치를 두고 상급자가 명확한 지시를 내려주기를 기대한다. 불확실성 회피성이 높은 국가에서는 일하고 있는 조직에 오랫동안 근무하려고 하기 때문에 이직율이 낮은 경향이 있다. 반면 불확실성 회피성이 낮은 국가에서는 변화를 두려워하거나 미래에 대한 불확실성이 위협으로 크게 느껴지지 않기 때문에 새로운 기회를 찾으려고 한다. 자기와의 다른 의견이나 생소한 행동에 대해 관대하고 변화에 대한 저항도 적으며 위험을 수용하고 이를 극복하려는 경향이 강하게 나타난다.

③ 권력간격

권력간격은 사회구성원이 개인간의 불평등한 권력분포를 어떻게 받아들이는가의 정도를 말한다. 나보다 윗사람을 얼마나 심리적으로 어렵게 거리감을 두는가인데 권력간격이 큰 국가에서는 상대적으로 높은 사회적 불평등을 허용하며, 이러한 사회의 구성원들은 소득이나 권력상의 큰 차이를 별 저항없이 받아들인다. 일반적으로 권력

간격이 큰 사회는 중앙집권적이며 통제를 강하게 하며, 사회의 조직구조가 피라미드형을 띠는 경향이 있다. 부하직원은 상사에게 매우 의존적이며 가부장적인 결정을 내리는 상사를 선호하는 경향이 있다. 반면 권력 간격이 작은 국가에서는 평등주의가 보편화되어 있으며 부하직원들이 상사에 반대의견을 내는 것에 두려워하지 않는다. 그러므로 가부장적 의사결정을 내리는 상사가 아니라 직원들과 상의하는 상사를 더 선호한다. 사회 계층 간 이동이 상대적으로 유연하고 승진 등이 능력에 의해 결정된다.

④ 남성성 대 여성성

남성성이 높은 국가는 남녀 간의 역할 구분이 명확하고 결과 지향적인 사회의 성향을 나타낸다. 개인은 성취감, 자기주장, 물질적 성공에 강한 선호를 보이고 갈등을 두려워하지 않고 다른 의견을 가진 구성원을 크게 신경쓰지 않는다. 따라서 직장 분위기는 경쟁적이고 긴장이 팽배하며 이러한 요인은 직장 내 구성원들이 갈등을 일으키는 요인이 되기도 한다. 반면 여성이 높은 국가는 물질적인 성과보다는 인간관계가 중시되고 삶의 질이 중요시 된다. 사회적으로 여자의 남자에 대한 성역할이 중첩되며 구성원에 대한 배려, 환경보호 및 생활의 관계를 중요하게 생각해서 타협과 협력을 높게 평가하는 것으로 나타난다. 이는 결과적으로 기업에게 안정적인 고용상태를 유지하고 보장해주게 하고 조직원 간 긴장으로부터 자유로운 근무환경을 만들도록 한다. 노사 갈등도 남성성이 높은 국가보다 약화된 구조를 보인다.

⑤ 장기지향성 대 단기지향성

시간지향성 차원은 기존의 네가지 차원에 문화적 바이어스가 있다는 비판 아래 보완을 위한 별도의 연구가 이루어져 나온 추가된 차원이다. 시간지향성은 사회가 주로 시간의 사용에 대해 서로 다른 관점을 가질 수 있음을 나타내준다. 이러한 차원을 문화적 구성원들이 현재에 집착하는가? 미래의 모습에 집착하는가를 구분하는 잣대가 된다. 주로 아시아권에서 보이는 장기적이고 미래지향적인 성향의 문화권에서는 헌신, 성실, 끈기, 근검절약 등을 높이 평가하는 특징을 보였다. 단기적인 운영 및 전술보다는 전략적인 고려가 우선시 되고 경영계획 역시 장기적인 안목에서 수립되고 결정된다. 반면 단기지향적 성향의 문화권에서는 과거 및 현재에 초점을 두고 있으며 현재 시점과 단기적인 관점에 더 큰 의미를 부여한다.

국제기업경영에서 문화적 차이에 대한 이해는 마케팅·인사·노사관계·외국인 접촉면에서 꼭 필요하다. 국제기업이 성공적으로 현지 경영활동을 추진하기 위해서는 문화적 환경에 대한 철저한 분석이 필요하다. 경영 환경에서 경제적 환경이나 정치적 환경에 비해 문화적 환경은 기업의 경영활동에 미치는 영향력이 광범위하며 구체적인 기업활동에 직접적으로 영향을 미치는 성향을 띠고 있기 때문이다. 여기서는 국제경영인이 문화적 차이를 왜 이해해야 하는지를 사례를 통해 살펴보고자 한다.

사례 1

문화적 차이는 의식주관습의 차이를 가져오고 이는 다시 상품수요의 유형과 양을 결정짓는 요인이 된다. 예를 들어 보약을 좋아하는 한국인들의 습관은 특수한 비타민이나 영양제와 같은 약품에 대한 수요를 매우 크게 하고 있고, 약과 음료수의 혼합품인 드링크류에 대한 독특한 수요를 창조해 놓고 있다. 또 독일주부들은 실용적이어서 통조림과 같은 가공된 식품을 많이 구매하는데 비해서, 프랑스의 주부들은 가정에서 요리하기를 좋아해서 가공식품을 덜 구매한다고 한다.

사례 2

국제경영인은 문화적 환경이 다른 외국에서 성공적으로 사업을 하기 위해서는 진출국의 문화를 이해하는 것에 끝나서는 안되고 필요한 경우에는 자국의 문화를 현지에 전파시켜 그 나라의 문화에 영향을 미치기도 한다. 이러한 예는 최근 성공적인 결과를 얻고 있는 금성사의 미국 현지생산회사의 경우에서 발견할 수 있다.

잘 알려진 대로 미국은 극단적인 개인주의문화와 합리주의가 팽배한 사회이다. 또한 미국 기업내에는 막강한 노조가 있어 그것이 한 기업의 생명을 좌우하기도 한다. 이에 금성사는 미국인의 생활방식대로 미국인을 투입했다간 실패의 가능성이 클 것으로 판단, 한국의 전통적 유교문화의 소산인 「가족」관념을 경영방식에 도입키로 결정하고 공장임직원과 종업원 모두에게 「한 가족」사고방식을 확산시켰다.

물론 처음부터 미국인 종업원이 호응을 하지는 않았다.

일부 종업원은 유니폼을 입는 것부터 거부반응을 보였고 불량률이 65%까지 이른 때도 있었다.

금성측은 미국인의 개인주의를 한국적인 「가족의식」으로 극복하기 위한 갖가지 노력을 기울였다. 남편으로부터 이혼소송을 당한 한 여자종업원을 위해 회사의 고문변호사에게 법률상담을 해주도록 요청하기도 했고, 급한 병으로 수술을 받게 된 한 종업원에게는 수술비 일체를 제공하고 회사임원이 매일 문병을 다녔다. 인근대학에 등록을 희망하는 종업원이 있자 전자공학을 전공하지 않는 데도 수업료를 대주기까지 했다.

이같은 각종 가족경영법과 생산향상책을 쓴 결과 1년이 채 안되어 불량률은 1%선으로 떨어졌고 결근율도 미국기업들이 5%선인 데 비해 1%정도밖에 안되게 됐다.

한국식 경영철학과 한국임직원의 열성어린 경영노력이 미국종업원의 마음을 움직인 셈이다.

사례 3

동남아에 진출한 어느 백화점에서는 개점하는 날 현지채용종업원들에게 간단한 선물을 가지고 근처에 인사를 다녀오도록 지시하였으나 결국 실패한 일이 있다. 자기들은 어디까지나 다른 목적으로 채용된 것이기 때문에 인사 다니는 일은 자기들의 일이 아니라는 이유에서였다. 태국에 진출해 있는 어느 일본기업에서는 한 사람이 담당하는 기계수를 늘리고 임금은 올려주지 않았다는 이유로 불만을 품고 강력한 항의를 받은 일이 있었다.

제2절 정치적 위험

정치적 위험(political risk)이란 정치적 동기에 의해 발생하는 권력관계의 변화가 기업경영에 영향을 미치는 것을 말한다.

이 정치적 위험은 국제기업의 경영환경요소 중에 가장 직접적으로 경영활동 혹은 기업수익에 영향을 미치므로 국제경영인은 항상 이에 대한 고려가 있어야 한다.

현지정부가 국제기업에게 가할 수 있는 정치적 조치에는 다음과 같은 것이 있다.

1. 몰수(confiscation) : 보상이 없는 재산권의 박탈
2. 수용(expropriation with compensation) : 일정한 보상이 따르는 재산권의 박탈
3. 운영의 제한(operational restriction) : 시장점유율, 제품특성, 고용정책 또는 주식지분율 등에 대한 제한
4. 이전자유의 박탈(loss of transfer freedom) : 배당금, 이자, 상품, 인력, 주식소유권 등에 대한 자유로운 이전의 금지 및 제한
5. 계약의 일방적 수정 또는 파기(breaches or unilateral revisions in contracts and agreements)
6. 차별대우(discrimination) : 조세, 하청(subcontracting)등의 면에서 외국인과 내국인에 서로 다른 기준 적용
7. 재산·인명에 대한 물리적 제재(damage to property or personnel) : 폭동, 반란, 혁명, 전쟁 등이 일어나는 경우 외국인에 대한 제재조치

위에서 열거된 여러 가지 조치 중에서도 국제기업에 가장 커다란 타격을 주는 것은 기업 내산권의 몰수이다. 수용은 일정한 보상이 따른다는 점에서 몰수보다는 유

리하다고 볼 수 있지만, 수용이 일어나는 경우의 대부분이 현지정부의 일방적 강요에 의한 것인 까닭에 정당한 보상은 기대하기 어렵다.

국제기업의 경영자는 이상에서 본 몰수나 수용, 또는 다른 차별적 대우를 받지 않기 위해서는 현지정부의 다음과 같은 요소를 파악하고 있어야 한다.

1. 정부의 정치적 안정성
2. 정부의 이데올로기(자본주의, 사회주의, 공산주의 등)
3. 민간기업과 외자기업에 대한 정책 및 태도
4. 국유화정책(과거의 사례와 현재의 상황)
5. 대기업과 중소기업에 대한 정책적 배려의 차이
6. 국제기업의 모국 정부와의 외교적 관계

사례 4

가장 직접적이면서 또한 전면적인 정치적 변화의 예는 1959～60년도에 Cuba의 Castro가 모든 사유재산을 국유화한 데서 찾아볼 수 있다. 이처럼 정치적 이념의 전환으로 인하여 외국인투자재산을 몰수한 예는 그 밖에도 알제리, 미얀마, 칠레, 이집트, 가나, 인도네시아, 우간다, 리비아 등의 나라에서도 있었다. 정치적 위험은 또한 외교관계의 결과로서도 발생할 수 있는데, 예를 들면 1970년에 중공의 주은래가 일본에 대해서 소위 「주사원칙」을 발표하면서 한국이나 대만에 투자했거나 신용을 공여한 기업과는 거래를 하지 않겠다고 발표한 경우이다. 이 경우, 예를 들어 한국에 투자한 일본기업이 중공과 거래를 하기 위해서는 한국으로부터 철수하지 않으면 안되는 미묘한 위치에 빠지게 되었다. 이와 비슷한 경우는 중동의 아랍국가들이 이스라엘에 지사를 가진 외국기업과는 거래를 하지 않겠다고 선언한 데에서도 찾아볼 수 있다.

제3절 국제기업의 법률환경

국제기업은 2개국 이상의 서로 다른 국가에서 영업활동을 하므로 다양한 법과 규제의 적용대상이 된다. 또한 현재 세계적으로 국제기업의 경영활동은 왕성하나 그것을 통괄할 국제적인 통일 상법이 없는 형편이다.

따라서 국제경영인은 해외사업활동 중에 발생하는 법률문제의 해결을 위해 변호사의 힘으로 해결하는 것도 좋지만 국제경영에 직접 관련되는 법적문제를 본인이 직접 사전에 숙지해 둘 필요가 있다.

국제경영에 직접 관련되는 법적 문제는 해외조직의 법적 형태, 특허 및 상표권, 분쟁발생시의 법적처리, 독점규제법의 적용, 뇌물수수에 관련된 문제, 그리고 가장 중요하고도 복잡한 문제인 과세 등이 포함된다.

사례 5

수년 전 Iran의 내란으로 인하여 공사를 중단하고 황급히 인원만을 철수시켰던 몇몇 우리나라의 건설회사들은 이란에 새로운 정권이 들어서게 되자 공사재개 또는 손해배상청구 등의 법적 절차를 거치게 되었다. 또 다른 상황으로는, 외지보도에 따르면 모 유수한 하국의 건설회사가 사우디아라비아의 관리에게 뇌물을 주다가 발각되어 그 한국인회사간부는 구속되고 한국회사는 억달러대의 벌금을 물게 되었다고 한다. 한편 한국의 유수한 종합상사의 미국현지법인은 한국으로부터 수입해온 상품의 통관절차를 하는 중에 원산지를 속였다는 혐의로 미정부당국에 의해서 고발되었다는 보도도 있었다. 이처럼 해외사업을 수행하는 중에는 여러 형태의 법적인 문제에 봉착하게 된다.

사례 6

1986년 5월 8일, 뉴욕지방법원 1호법정에서는 Bopal참사에 따른 손해배상청구소송의 최종판결문이 낭독되고 있었다.

「미국법정은 보팔참사에 대해 더 이상 왈가왈부할 권리나 의무가 없음을 선고한다. 희생자들에 대한 손해배상청구소송은 마땅히 사건 발생지인 인도법정에서 다루어져야 한다.」

이렇게 하여 미국 국제기업인 유니언카바이드사 인도 현지공장(보팔시)의 가스누출 사고에 대한 희생자배상의 법정문제는 동사의 희망대로 인도법정으로 이관되었다.

왜 유니언 카바이드사는 인도법정을 택했을까? 인도에서 재판을 하면 법정최고액을 배상하더라도 미국의 경우보다 훨씬 싸게 먹히기 때문이다. 유니언 카바이드 사의 계산으로는 50%이상의 비용절감효과가 있다는 것이다.

이렇게 해서 보팔참사를 둘러싼 손해배상청구소송의 제 1라운드는 완전히 유니언 카바이드사의 승리로 돌아갔다.

제4절 경제적 환경

세계 경제 상황은 각 국가의 경제발전에 커다란 영향을 미칠뿐만 아니라 개별기업에게도 절대적인 영향을 미친다. 국제간 대표적인 경제적 요인은 환율, 금리, 물가

등으로 수출경쟁력과 해외 투자의 기회에 큰 영향을 미친다고 볼 수 있다.

환율은 1단위의 외국화폐를 얻기위해 지급해야하는 국내 화폐의 양이라고 할 수 있는데 국가별로 서로 다른 통화를 바꿀 경우 적용하는 비율을 말하는 것이다.

환율은 외화의 가격이므로 외환시장에서 외환에 대한 수요와 공급에 의해 결정된다. 외국의 관광객이 국내에 들어와서 재화와 서비스를 소비하려면 자신이 가지고 있는 외화를 국내의 원화로 바꾸어야만 한다. 이때 외국의 관광객은 외환시장에서 외환을 공급해주는 주체가 되고 반대로 우리나라 사람이 외국에 관광을 갔을 때는 원화를 외화로 바꾸어야 한다. 이런한 행위들이 외환시장에서 원화를 공급하고 외화를 수요하게 되는 원리인 것이다.

환율의 변동은 가격경쟁력에서 직접적인 원인이 되는데 수출시장에서 자국의 화폐가치가 높게 평가되는 경우 경쟁사의 제품보다 상대적으로 가격경쟁력에서 밀리게 된다. 1990년대 엔화의 가치변화인 엔고현상은 일본기업의 경영전략을 불가피하게 수정시킬 수 밖에 없었다. 일본 자동차 기업의 경우, 미국 달러에 비해 현저히 높은 엔화의 가격은 일본 자국 내에서 생산을 줄이고 미국 현지공장을 짓는 형태로 달라진 것이다. 이렇듯 환율의 변동은 기업의 의사결정에 지대한 영향을 미치는 대표적인 경제적 요인이다.

지금처럼 글로벌한 경제적 환경에서 국제기업은 자금이 부족할 때 다른 국가에서 자금을 빌려와 경영활동을 하게 된다. 이때에 국가간의 금리 차이는 기업의 기존 경영활동과 향후 투자계획에 영향을 줄 수 밖에 없게 된다. 높은 대출이자율을 가진 국가에서 경영활동을 하는 기업은 낮은 대출이자율을 가진 국가에서 보다 경영활동과 투자계획이 위축될 수 밖에 없다. 낮은 대출이자율은 그만큼 자본을 늘릴 수 있는 기회이므로 해외시장에서 다른 기업들과 경쟁이 수월해 질 수 있다.

물가는 여러 가지 상품들의 가격을 한데 묶어 이들의 종합적인 움직임을 알수 있도록 한 것으로 여러 가지 상품들의 평균적인 가격수준이라고 할 수 있다.

영국의 이코노미스트는 1986년부터 이른바 빅맥지수라는 것을 발표해오고 있는데 이것은 빅맥의 가격이 전세계적으로 각 지역에서 똑같아야 한다는 전제 아래 각국가의 적정환율을 산출한 것이다. 맥도널드는 전세계적인 운영망을 가지고 있고 빅맥은 품질에 있어서 세계적으로 표준화되어 있다는 점에서 각국의 햄버거 가격으로 종종 물가를 비교하는 지표로 이용되고 있다.

이러한 물가의 변동은 기업의 수출 경쟁력에 큰 영향을 미치게 되는데 해외로부터 원부자재 수입비중을 다른게 하는 계기가 된다. 만약 물가가 오르고 있는 국가에 수출을 하기 위해 해외 판매법인을 둔 기업은 경쟁에 유리해 질 것이다. 그러나 현지 임금 및 원자재를 공급받아 제조시설을 갖춘 생산법인은 현지 생산품의 가격경쟁력이 위축될지도 모른다.

사례 7

국제 금융 기구

국제통화기금(IMF)

IMF의 주된 목적은 환율의 안정을 유지하고 국제수지불균형을 해소시킴으로 국제무역의 증진을 도모하는 것이다. 그러나 IMF에서 구제금융을 받은 국가들에게 구제금융을 제공하는 조건으로 시장의 개방확대, 외국인투자유치, 기업의 정부규제철폐, 공정거래 개선 등을 요구하고 있다. 이러한 결과는 세계화의 가속화와 국제기업들에게 유리한 경영환경으로 이어지고 있다.

한국은 1955년 8월 25일 14조국으로 가입한 후, 1988년 IMF 인출외채를 모두 상환하고 외환자유화 의무를 수락했다. 1988년 9월 서베를린에서 개최된 제 43차 IMF 연차총회에서 63번째로 IMF 4조국에서 8조국으로 되었다. 1989년에는 IMF 자금수혜국에서 공여국으로 위상이 바뀌었으나 1997년 대기업의 연이은 부도와 금융위기 등 경제파탄이 일어나 IMF의 구제금융을 신청하게 되었다.

제4장 다국적기업과 글로벌 기업

오늘날 다국적기업(multinational corporation)의 활동은 세계경제에 큰 영향을 미치고 있다. 선진국의 대기업들은 수개국에 걸쳐 그들의 자회사를 현지에서 설립하여 생산 및 판매활동을 범세계적인 범위에서 수행하고 있다. 최근에 들어서는 개도국에서도 다국적기업들이 상당수 나오고 있다. Hymer은 이미 70년대 중반에 다국적기업의 생산규모를 기초로 2000년대 초에는 200개사 정도의 거대 다국적기업들이 세계총생산의 1/2을 차지할 것이라고 예언하였다. 그리고 Turner도 자본주의경제의 장래는 다국적기업의 활동에 달려 있다라고 말했다. 2차 세계대전 후에 특히 두드러지고 있는 다국적기업의 등장과 활동은 이처럼 국제경제 질서에 큰 변화를 초래하고 있고 이 활동은 다국적 기업을 넘어 글로벌 기업(Global Firm)으로 확대되고 있다.

제1절 국제경영과 국제기업

다국적 기업과 글로벌 기업을 논하기 이전에 기업의 국제경영의 형태에 따른 국제기업의 형태를 구분할 필요가 있다.

1. 수출기업

수출기업(exporting company)은 제품을 자국에서 생산해서 해외시장에 판매하는 가장 초보적인 국제경영이다. 수출기업은 종합무역상사, 수출대리상 혹은 수출조합 등을 활용하여 고정자본의 투자 없이 낮은 수준의 국제경영활동을 함으로써 해외진출에서 발생할 수 있는 위험을 최소화하는 경영활동이다.

이러한 형태의 국제경영활동을 실시하는 기업은 과거에는 한국의 대기업들이 종합무역상사를 통해서 실시하였으나 지금은 중소규모의 기업들이 대부분이다.

2. 국제기업

아래의 그림에서 표시되어 있는 국제경영의 형태는 수출기업에서 한단계 나아가서 국제기업으로써 해외에 자회사를 두고 있는 형태로써 자회사의 경영상의 책임과 법적인 책임을 본사가 모두 지는 형태로 본사의 강력한 리더십에 의해 운영되는 체재이다. 권한과 책임이 모두 국내본사에 있기 때문에 빠른 결정이 필요할 때 가장 적합한 운영체재라는 것을 알 수 있다.

[그림 4-1] 국제기업

3. 다국적기업

국제 기업은 해외현지에 적응하면서 다국적 기업의 형태로 발전하는 경향을 보인다. 물론, 경영정책에 의해서 해외에 진출하려는 국내기업은 진출 초기에 이미 다국적 기업을 구상할 수도 있다.

다국적 기업은 국제기업이 가지는 해외지사에 대한 법적 책임감을 가지지 않는다. 예를 들어서 자회사인 현지기업이 파산한다 하더라도 해외지사는 그 형식상 본사와 독립된 운영체재이기 때문에 국내본사가 그 법적인 책임을 지지 않는다는 것이다. 따라서 자회사와 국내본사와의 결합력이 약하다. 하지만 자회사는 독립된 책임을 가지고 유능한 현지인을 고용함으로써 현지의 상황에 적합한 기업운영이 가능하다.

그러나 자회사의 거래는 국내본사와 이루어진다. 이 체재는 국내의 대기업과 납품의 책임을 맡고 있는 중소기업의 관계와 유사하다. 국내본사는 자회사에 법적인 통제력은 없지만 경영상의 결합으로 자회사에 대한 영향력을 행사할 수 있다.

다국적 기업에서 자회사는 자회사 간에 관계를 맺지 않는다. 단지 본사와의 관계를 가진다. 자회사가 자회사와 결합하는 본사와 독립된 경영체재를 가질 수 없는 경영시스템이기 때문이다.

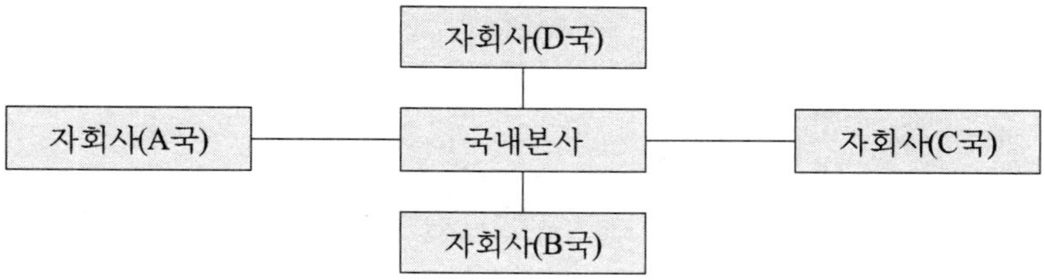

[그림 4-2] 다국적 기업

4. 글로벌 기업

다국적 기업이 가지는 경영상의 한계는 기업의 국제경영형태를 한 단계 업그레이드 시키게 된다. 다국적 기업은 독립된 현지기업에 대한 법적 통제력이 없기 때문에 독립된 현지기업이 타 회사와 결합할 가능성이 있다. 현지기업의 이익에 따라서 국내본사와의 거래를 맺지 않을 수 있기 때문이다.

따라서 글로벌 기업은 현지에 설립된 자회사에 대한 금융상의 결합은 있지만 법적으로는 독립된 형태를 운영하고 기업의 경영을 현지인에게 맡기지 않고 글로벌 기업에서 훈련된 국내 경영자를 현지경영에 투입한다. 즉, 법적인 책임은 줄이고 경영상의 통제는 보다 강화시킨 형태라고 할 수 있다.

또한 글로벌 기업은 자회사가 가지고 있는 특징을 파악하여 자회사들의 업무를 통괄한다. 따라서 자회사 간에는 상호협력체재를 갖출 수 있으며 모든 관계가 본사와의 관계 속에서 이루어지지 않아도 된다. 하지만 본사의 통제 속에서 자회사들이 상호 결합하는 체재이다.

보다 발전된 형태로써 전지구의 세계화가 글로벌 네트워킹과 함께 발전한다는 의미에서 글로벌 기업들의 각 자회사들은 자회사의 이익에 따라서 다른 글로벌 기업의 자회사와 결합할 수도 있다.

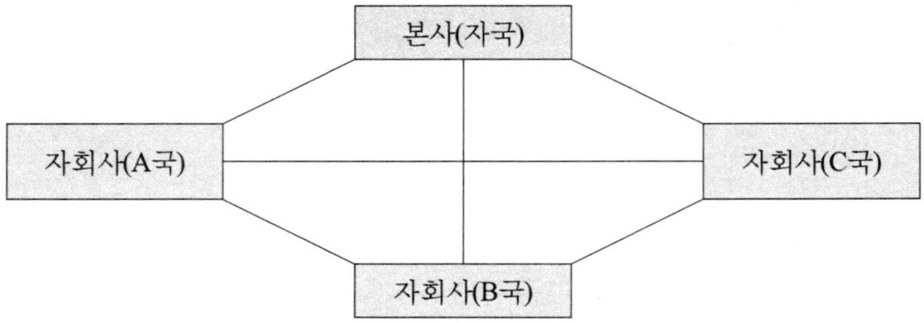

[그림 4-3] 글로벌 기업

5. 초국적 기업

글로벌 효율성, 다국적 시장에서의 유연성 증대, 범세계적으로 지식의 학습을 동시에 추구하는 기업형태이다. 세계적으로 흩어져 있는 자원과 기능을 하나의 네트워크 형식의 조직으로 연결하기 위해 독특한 구조를 지닌다. 경영활동에 필요한 자산 및 자원을 본사와 자회사들에게 분산시키되 각각은 독립적으로 활용되며 전문화한 능력을 보유한다. 분산된 자원의 독립적 운영, 전문화된 능력을 발판으로 본사를 비롯한 각 자회사가 전체 세계시장에서의 국제경영에 기여하는 역할은 각기 다른 공헌도를 갖는다. 각기 다른 공헌도와 자회사 자신의 결정에 따른 유연한 경영자원의 활용은 지식의 개발 및 확장과정에서도 자회사 간 제휴를 형성시킨다. 즉 자회사 간 연합하여 기술을 개발하고 본사 및 다른 자회사와 그 결과를 공유하는 것이다.

초국적 기업의 조직구조는 글로벌 통합효과와 현지시장만의 특정수요에 모두 대응할 수 있는 장점을 가진 형태이다. 그러기 위해 글로벌 기업과 다국적 기업의 장점을 모두 갖추고 있다. 즉 글로벌 기업에서는 통합에 따른 효율성을 다국적 기업에서는 신속한 현지반응 실현으로 차별성을 높인다. 즉 글로벌 기업처럼 각 가치사슬을 하나의 자회사에 배치하여 규모의 경제를 높이고 동시에 각 지역시장에 순발력있게 대응하는 조직구조를 가진다. 이것이 가능한 이유가 본사 및 자회사, 자회사와 자회사 간 글로벌 네트워크 구축인 것이다. 각 자회사가 갖는 자원과 능력은 해당국가의 특정수요에 대응하기 위한 기업활동의 원천이며 다른 자회사가 속한 국가시장에서도 이용할 수 있는 공동의 원천이다.

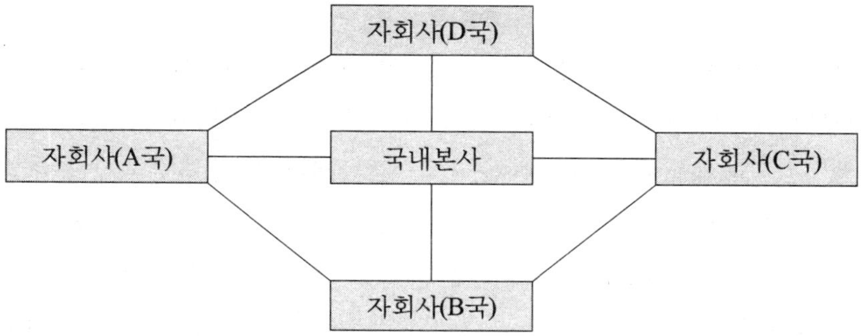

[그림 4-4] 초국적 기업

제2절 다국적 기업

1. 다국적기업의 정의

흔히 직접투자와 다국적기업을 동의어로 파악하는 경향이 있으나, 양자는 서로 다르다. 직접투자는 다국적기업이 행하는 사업 중 가장 활발한 하나의 분야일 뿐이며 그것이 다국적기업 활동의 전부는 아니다. 예컨대 우리나라 중소기업 중에서도 해외직접투자를 행하고 있는 경우가 적지 않은 것이다.

다국적기업의 개념을 어떻게 규정하느냐에 대해서는 논자의 시각에 따라 다양하다. 이를 종합하여 볼 때, 다국적기업이란 생산, 유통, 자금조달, 판매 등 기업의 기능을 특정국가에 국한시키지 않고, 세계적인 기반에서 조정하여 최대한의 효율을 달성하려고 하는 것이다. 이를 위해서 자금을 코스트가 가장 낮은 곳에서 조달하여 최대의 이익을 거둘 수 있는 곳에서 운용하며, 또 생산코스트가 최소로 되도록 입지를 결정한다. 이 과정에서 모회사로부터 자회사 혹은 자회사간에 생산기술과 경영기법의 이전이 이루어진다.

이와 같은 세계적인 활동의 결과, 다국적기업들은 생산 거점을 적어도 5, 6개 국가 이상에 두고 있으며, 기업전체의 활동 중 해외사업의 비율이 총매출액 혹은 총자산의 25% 이상을 넘는 큰 비중을 차지한다. 영어의 multinational corporation을 「다국적」기업으로 번역하고 있어 본거가 복수국가인 듯이 보이지만, 실제로는 한 나라에 본사를 두고 다수국에 해외자회사를 두어 이들을 본사가 컨트롤하는 식으로 운용된다.

로빈슨(Robinson) 교수는 기업이 국제화되어 가는 과정에 따라 다국적기업을 단계별로 분류하였는데 (1) 해외영업활동이 본국모회사의 국제부에 집중되어 있는 단계인 「국제기업」(international enterprise), (2) 해외자회사의 영업활동이 본국모회사와 대등한 입장에서 행하여지되 기업소유권과 주요 결정권이 모회사에 귀속되어 있는 단계인 「다국적기업」(multinational enterprise), (3) 자회사간에 유기적인 영업유대관계를 유지하고 있으면서도 소유권 및 결정권이 개별국에 분산되어 있는 단계인 「범국가기업」(transnational enterprise), 그리고 (4) 현재로서는 하나의 상상에 불과하나, 기업의 소유 및 조세권이 특정국에 귀속되지 아니하고 초국가적인 국가기구에 속하는 단계인 「초국적기업」(supranational enterprise)으로 구분하고 있다.

그리고 펄머터(Perlmutter) 교수는 기업소유권과 경영권의 구심점을 기준으로 하여, 모든 중요한 결정이 모국경제이익을 중심으로 이루어지는 「자국중심적 기업」(ethnocentric firm), 자회사의 최고경영층은 모회사에서 충원되나 그 기업운영은 현지국 경제이익에 맞추어 분권적으로 이루어지고 있는 「다국중심적 기업」(polycentric firm), 그리고 자회사의 완전한 자주적 운영이 허용됨으로써 세계적 차원에서 경영이 이루어지고 있는 「지구중심적 기업」(geocentric firm)으로 분류하고 있는 것도 다국적기업의 개념파악에 있어서 참고가 될 수 있을 것이다.

2. 다국적기업의 특색

다국적기업이 갖는 공통의 특색은, (1) 규모가 크다는 점과 (2) 종사하고 있는 산업에서 독과점 우위를 누린다(다시 말해서 경쟁자의 신규참입을 막을 수 있는 장벽이 있다)는 점이다. 다국적기업의 규모는 흔히 국가의 GNP(국민총생산)와 다국적기업의 연간매출액을 비교하여 나타내는데, 1972년의 경우 세계 각국의 GNP는 43, 다국적기업의 총매출액은 57로 나타나고 있다.

거대기업은 다국간에서 사업을 수행함에 따르는 위험, 즉 언어, 관습, 제도, 통화 등의 차이가 있는 세계에서 활동함에 따라 발생하는 위험을 부담할 능력이 크다. 또 시장, 유통조직, 금융, 기술에 관한 정보를 획득하기 위해 필요한 높은 코스트를 부담할 능력이 크다.

그 다음의 특색은 다국적기업은 대개 과점기업이라는 것이다. 미국에서는 해외직접투자의 비중이 높은 산업은 대개 집중도가 높다. 나아가 이들 기업이 진출해 있는 현지국에서도 과점기업으로 되어 있으며 이에 따라 현지기업에 대해 지배적인 지위를 차지하고 있다. 해외에서는 사업활동은 자국내에서의 활동에 비해 더 많은 비용을 부담하지 않으면 안된다. 이는 언어, 법률, 제도의 차이, 그리고 모·자회사간의 지리적·경제적 거리차이 때문이다. 그와 같은 불리점을 극복하고 현지기업과 경쟁하거나 다른 기업의 수출품과 경쟁할 수 있지 않으면 안된다. 따라서 투자기업은 현지기업 그리고 그 나라에 진출할 가능성을 갖고 있는 다른 기업에 대해 경쟁상의 우위를 갖지 않으면 안되는 바, 이 때문에 투자기업은 과점기업이 되지 않을 수 없는 것이다.

한편 다국적기업의 일반적 특성으로서는 다음 네 가지를 들 수 있다.

1. 경영활동의 세계성이다. 다국적기업은 생산, 재무, 투자, 연구, 개발, 마케팅 등의 기업활동을 세계적인 범위에서 수행한다.
2. 경영전략의 초국가성이다. 다국적기업은 생산 등 제반부문에 관한 경영계획 및 경영전략을 세계적인 기준에서 종합적·통일적으로 수립한다.
3. 다국적기업은 세계를 단일의 경제단위화하여 경영활동을 수행할 수 있는 역량있는 경영자에 의해 운영된다.
4. 다국적기업의 주식은 서로 다른 국적을 가진 사람들에 의해 국제적으로 분산되어 소유되고 있다.

3. 다국적기업의 활동을 둘러싼 이해의 대립

외국으로부터 직접투자를 받는 현지국(수용국, 피투자국)은 그 직접투자가 다국적기업에 의한 것이든 일반기업에 의한 것이든 대체로 다음과 같은 이익을 얻게 된다. 즉 (1) 자국의 부족한 자본을 외국자본이 보완하는 성격을 가진다. 특히 개도국의 경우에 있어서는 투자와 저축의 갭(gap)을 메우는 역할을 한다. (2) 세수증대를 가져 온다. (3) 생산기술과 노하우(know-how)를 이전받을 수 있다. (4) 현지국 경영자의 훈련 및 경영상의 노하우가 전달된다. (5) 고용이 창출된다.

이상과 같이 현지국은 외국투자기업으로부터 각종의 이익을 얻을 수 있다. 그러나 양국 사이에는 이해가 대립되는 점이 적지 않으며, 이에 따라 현지국은 다국적기업에 대해 경계심 혹은 공포심을 갖고 있는 것이 현실이다. 물론 그 나라의 경제발전단계(선진국인가 개도국인가)와 정치적·사회적 환경의 차이에 따라 현지국측의 외국기업에 대한 태도도 여러 가지로 나타나지만, 여기서는 일반적으로 문제가 되는 점을 살펴보고자 한다.

1) 엔클레이브 투자(enclave investment)

개도국들은 제조업보다도 채취산업에서 다국적기업에 대해 강한 의구심을 갖고 있다. 그것은 특히 자원분야에서 식민지시대의 착취당하던 기억이 생생하여 외국기업에 대한 반감이 뿌리박혀 있다는 점도 있지만, 동분야에의 투자에 따른 경제적 공헌 여부에 의문을 품고 있기 때문이다. 즉 채취산업 투자에 의한 생산물은 선진국시장을 대상으로 생산된다는 점과 생산기술도 자본집약적이어서 현지의 고용창출에 별로 기여하지 못하기 때문이다. 이같은 투자를 엔클레이브(enclave, 포령지) 투자라 하며, 이는 귀중한 자원만 가져갈 뿐 현지경제의 발전에 아무런 공헌도 하지 않는다는 것이다. 최근 산업에 있어 OPEC(석유수출국기구)의 성공 이래 자원 보유국의 자원민족주의 팽배로 현지국측의 교섭상의 지위가 크게 개선되었지만, 외국기업에 대한 비난이나 경계심은 여전히 강하다.

2) 기술적 종속의 우려

현지국은 다국적기업이 기술적 우위를 갖고 있음에 대해 두려워한다. 이는 자국경제의 주종부문으로 되어야 할 부문이 외국기업에 지배되어 기술적으로 종속되는 것을 경계하기 때문이다. 기술면에서의 종속으로 현지의 산업발전이 저해되고 다국적기업이 거액의 이윤을 거두어갈 우려가 있다는 것이다. 기술에 관해서는, 연구개발투자가 다국적기업의 본국에 집중되는 문제와 현지의 우수한 인재가 다국적기업의 모회사와 자회사에 흡수된다고 하는 두뇌유출의 문제가 있다. 현지국은 기술과 노하우를 훈련·경험을 통해 이전받기를 희망하지만, 다국적기업으로서는 기술우위를 유지하지 않고서는 현지기업에 대해 경쟁상의 우위를 가질 수 없게 된다. 따라서 현지국은 현대기술의 획득에 제한을 받게 되며 보편화되어 있는 일부 기술을 얻는 정도에 그치게 되므로 현지국이 외국기업에 기술적으로 종속될 염려가 있는 것이다.

기술에 있어서 또 하나 문제되는 것은 기술의 적정성 문제이다. 개도국은 노동이 풍부하고 자본은 부족한 바, 다국적기업이 들여오는 기술은 선진국의 요소부존에 적합한 자본집약기술이므로 현지국의 고용문제 해결에 별로 공헌하지 못하는 것이다. 다국적기업이 자본집약적 기술을 들여오는 데는 다른 이유도 있다. 즉 현지국의 정책에 의해 임금수준이 실세 이상으로 높고 또 숙련노동이 거의 없으므로 자본집약적 기술을 채용하지 않을 수 없다는 점도 있는 것이다. 이 점을 해결하기 위해서는, 현지국 정부가 자국의 요소부존 상황을 무시하고 다국적기업에 대해 최신기술을 요구할 것이 아니라, 자국의 여건에 맞는 생산방법을 채용하도록 요구해야 할 것이다.

3) 현지국에 의한 정책적 규제의 비유효성

현지국의 다국적기업에 대한 정책적 규제의 유효성의 문제가 있다. 그 하나는 다국적기업 본국정부의 정책이 자회사까지 미치는 문제이다. 그 대표적인 것은 미국의 독점금지법의 역외적용 문제이다. 미국의 독점금지정책은, 현지국 정부가 인정하는 합병이라 하더라도 미국기업의 자회사와 현지국 기업과는 합병을 금하는 경우가 있다.

다음으로, 다국적기업의 기업전략이 현지국 정책의 유효성을 해치는 예로서 수출영역의 문제가 있다. 다국적기업은 세계적인 전략의 하나로서 각 자회사에 수출시장을 할당한다. 현지국이 수출촉진을 중요한 정책으로 하고 있는 경우, 현지국 정부는 이에 대해 당연히 불만을 갖게 된다.

이외에도 현지국 정부가 과세, 국제수지방어 등을 위해 취하는 수단이 다국적기업의 이체가격제도의 이용으로 인해 회피될 가능성도 있다.

4) 이체가격의 조작

이체가격(transfer pricing)이란 모회사와 자회사, 혹은 자회사간에 거래되는 부품·완성품의 가격을 조작하는 것이다. 어떤 상품의 세계시장이 완전히 경쟁적이면, 그 상품은 다국적기업의 모·자회사들간에 세계시장가격으로 이전된다. 그러나 경쟁이 완전하지 않은 경우, 모회사는 기업전체의 이윤을 최대로 하기 위해 자회사들에게 이체가격을 지시하게 된다.

이체가격은 여러 목적에 이용된다.

(1) 자금을 이전시키는 데 이용되는 경우를 보자. 이 경우는 이윤 송금을 제한하는 국가에 진출해 있는 자회사에 대해 부품·원재료의 수출가격을 인상시키는 방법으로 이체가격을 조작한다. 이렇게 함으로써 이윤송금을 제한당하는 해당 자회사의 이윤이 모회사로 이전되는 것이다.

(2) 또 세금을 줄이기 위해 이체가격이 이용된다. 예컨대 현지국측의 세율이 투자국의 세율보다 낮을 경우, 회사 전체의 세금을 줄이기 위해 모회사로부터 자회사의 이윤을 이전시킨다. 이를 위해 모회사로부터 자회사에 수출하는 상품의 가격을 낮춘다. 이에 따라 자회사의 코스트는 낮아지고 이윤은 커지게 되는 것이다. 세금을 줄이기 위해서 세율이 낮은 나라에 자회사를 설립하는 경우가 있다. 이를 일반적으로 조세피난처(tax heaven)라고 한다. 카리브해의 케이만도,

남태평양의 뉴 헤브리스도 등이 그 예이다. tax heaven의 자회사는 제품의 생산활동은 하지 않으며, 다른 자회사들 사이에서 매매활동만을 한다. 모회사와 기타 자회사들은 이체가격을 이용하여 tax heaven의 자회사에 이윤의 상당부분을 이전시킴으로써 세금을 줄일 수 있게 되는 것이다.

(3) 다른 자회사로부터 중간재를 수입하여 가공하는 자회사가 중간재의 수입에 낮은 이체가격을 적용함으로써, 그것에 관련된 관세를 줄일 수도 있다. 중간재의 가격을 낮추면 가공회사의 이윤은 커지기 때문에 소득세는 많아진다. 따라서 개도국에서와 같이 소득세가 낮고 관세가 높은 경우에 이같은 방법을 취하는 경향이 있다.

(4) 이체가격은 다국적기업의 경쟁전략의 중요한 수단이기도 하다. 수직적으로 통합된 기업의 경우, 경쟁이 가장 낮은 생산단계에 이윤을 집중하고 경쟁이 심한 단계에 대해서는 이윤이 낮아지도록 이체가격을 조작한다. 그렇게 함으로써 경쟁이 심한 단계에 있어서 경쟁자에 대해 유리한 지위에 서게 되는 것이다. 예컨대 석유회사가 원유 가격을 높게 유지하여 다른 기업으로 하여금 원유 확보를 어렵게 함으로써 경쟁자들이 정제나 유통단계에 개입하는 것을 방해하는 것이다.

이체가격이 현지국의 이익과 반하는 방향으로 조작되면, 현지국은 국제수지면에서 손실을 입게 되고, 현지국의 주주는 당연히 받게 될 이윤의 일부를 잃게 되며, 노동자는 임금인상이 억제됨으로써 손실을 입게 되며, 소비자는 필요 이상의 높은 가격을 지불하지 않으면 안된다.

이체가격의 실제에 대해서는 자료가 거의 없지만, 스위스 제약회사의 영국소재 자회사는 시장가격이 1kg당 9파운드, 20파운드인 약품을 모회사로부터 각각 370파운드, 922파운드로 구입했다고 했다. 또 콜롬비아 정부의 연구에 의하면 1967~70년 사이에 약품의 수입가격이 국제가격 보다 867% 더 높았으며, 이체가격을 규제함으로써 년 1,500만 달러의 수입액 가운데 330만 달러를 절약할 수 있었다고 한다. 이체가격은 과세, 이윤의 송금제한을 회피하기 위해 채용되는 경우가 많지만, 미국재무성의 1973년 조사에 의하면, 이체가격으로부터 생기는 현지국의 외환손실은 배당의 송금이 가져오는 국제수지에 대한 부담보다 크다고 한다.

다국적기업의 이체가격조작을 체크함에 있어서는, 기업내 거래의 가격을 평가할 수 있도록 일관된 시장가격을 확립할 필요가 있다. 이를 위해서는 정부간의 협력이 필요하다. 또 이체가격은 이윤의 최대화, 위험의 최소화를 위해 행해지므로 그 원인이 될 수 있는 이윤 및 기술료 송금의 제한을 완화하든가, 재정상의 감동강화, 정치·경제적 환경의 개선에 의해 위험을 최소화시킬 필요가 있다.

5) 국제수지에 미치는 효과

현지국은 다국적기업이 국제수지에 미치는 효과에 대해 불만을 가지는 경우가 많다. 다국적기업은 현지국으로 들여온 것 이상을 갖고 나간다는 것이다. 다시 말해 다국적기업은 본국에서 들여온 자금보다 훨씬 큰 규모의 초과이윤을 거두어 본국으로 가지고 나간다는 것이다. 1972년의 미국 국제수지통계에 의하면 미국이 해외직접투자로부터 거둔 수익은 104억 달러인 데 비해 그와 관련하여 유출된 자금은 겨우 34억 달러로 나타나고 있다. 이는 국제수지 효과에 관한 현지국의 불만을 뒷받침해 주는 것이라고 말할 수 있을 것이다.

그러나 투자가 현지국의 국제수지에 미치는 효과는 간접적인 영향을 고려하면 상당히 복잡해진다. 이론적으로는 다음과 같이 생각할 수 있다.

직접투자의 국제수지 효과는 자본, 이윤, 이자, 특허료 등의 유출입에 의한 효과만이 아니다. 투자가 어떤 분야에서 행해지는가(예컨대 수입대체산업인가 수출산업인가), 어느 정도 현지국의 생산성·가격수준에 영향을 미치는가에 의해 전체적인 국제수지효과는 긍정적으로도 되고 부정적으로도 된다. 일반적으로 어느 효과가 강한가 하는 것은 단정할 수 없다. 직접투자의 생산효과가 커서 그 나라의 경쟁력향상에 공헌하면, 그 투자는 이자, 이윤의 지불에 의한 유출이 있더라도 그 이상의 국제수지개선효과가 있는 것이다. 요컨대 국제수지 효과는 일반적이 아니라 각 경우에 따라서 판단해야 하며, 또 시간이 경과함에 따라 그 효과는 달라진다.

최초의 직접투자에 관해서 이윤의 재투자가 행해지는 경우 최초의 투자액과 이윤을 비교해서 외국투자가 지나친 이윤을 거두고 있다고 현지국은 흔히 비난한다. 그러나 이윤규모와 비교되어야 할 것은 최초투자와 재투자를 합친 총투자규모가 되어야 할 것이다.

6) 소득분배효과

다국적기업의 활동은 소득의 국내외의 분배에 영향을 미친다. 엔클레이브(포령지) 투자나 기술적 종속성에 대한 불안은 외국투자가 과연 자국의 경제개발에 공헌하는가에 대한 불안을 나타내는 것이지만, 현지국은 또 한편 분배의 공평성에도 관심을 갖고 있다. 현지국은 외국기업을 유치하기 위해 과세 및 기타 우대조치를 제공하며, 또 때때로 그 제품을 외국과의 경쟁으로부터 보호하기 위해 높은 관세를 부과한다. 외국기업은 이러한 보호장벽의 뒤에서 과대한 이윤을 거두는 경우가 있다. 우대조치는 소득을 자국민으로부터 외국기업으로 이전시킨다. 바꾸어 말하면 현지국의 소비자는 비용이 높은 재화를 구입한다고 하는 희생을 치르게 되며, 이에 따라 외국기업은 높은 이윤·로열티·관리자의 봉급이라는 형태로 수입을 얻는다. 이것은 외국기업 유치에 따르는 비용이라고 말할 수 있지만, 외국투자가 자국의 경제성장이나 자원분배에 미치는 공헌, 즉 외국투자의 이익을 비용이 웃돌게 되면 현지국이 외국기업을 배제할 근거가 발생하게 된다. 따라서 다국적기업과 현지국과의 대립은 이익에 비해 지불하는 비용이 높다고 생각되는 경우에 발생한다. 그리고 그 코스트는 경제적인 것에 한정되는 것은 아니다. 사회적·정치적인 비용이 지나치게 커서 대립이 격화될 수도 있다. 또 외국투자가 합작기업의 형태로 행해지는 경우, 현지국측 파트너는 지배계층인 경우가 많기 때문에 외국투자는 이들의 지배를 강화하게 됨으로써 현지국 내에서의 계층간의 분배문제에도 영향을 미치게 된다는 점에 주의할 필요가 있다.

7) 반경쟁적 효과

다국적기업의 투자에 의해 현지국의 독점적 시장이 타파되는 장점이 있는 반면, 다국적기업이 독자적 행동을 취하는 폐해도 발생한다. 즉 다국적기업은 수출영역을 제한하거나 이체가격제도의 채용, 제품의 과도한 차별화 등에 의해 경쟁을 제한한다. 또 다국적기업들은 현지국의 수입대체정책이나 관세정책에 과잉반응을 보여 좁은 시장에 수개 회사가 진출함으로써 과잉설비와 비능률을 가져오는 경우가 흔히 있으며, 이렇게 되면 보호에 의한 고가격하에서 코스트가 높은 소량생산이 이루어지게 된다.

4. 투자국의 이해

투자국 내부에서 대외투자에 대한 반대가 발생하게 되는 것은, 주로 단기에 있어서 투자국의 국제수지와 고용에 불리한 효과를 가져온다고 보기 때문이다. 1960년대에 미국은 자본유출을 제한하기 위해 이자평형세 등 각종 해외투자억제책을 취했다. 그러나 이들 조치가 직접투자의 규제에 큰 효과가 없었으므로 1970년대에는 철폐되었다. 국제수지에 관해서는, 예컨대 해외 자회사의 생산이 본국 모회사의 수출을 대신한다거나, 모회사로 역수출된다고 하는 투자국에 불리한 효과도 있지만, 모회사로부터 보완적인 상품(예컨대 원자재)의 수출을 촉진하거나, 투자가 현지국의 국민소득을 증대시켜 투자국 상품에 대한 수입수요를 자극시킨다는 유리한 효과도 있다. 또 장기적으로는 투자이익이 본국으로 환류됨으로써 본국의 국제수지에 플러스가 된다.

고용에 관해서는, AFL-CIO는 미국기업의 해외생산 활동으로 1966~69년 중 50만 명이 직장을 잃었다고 주장하면서 다국적기업이 본국의 「고용을 수출」한다고 비난하였다. 그들의 주장은, (1) 수출을 대신하여 해외생산이 이루어짐으로써 미국 내의 고용이 상실되었다는 점, (2) 미국 내의 일부 공장을 폐쇄하여 노동집약적인 생산과정을 저임금국으로 이전시키고 그 제품을 역수입함으로써 실업이 발생하게 된다는 점, (3) 미정부의 원조를 얻어 개발된 기술을 해외자회사가 이용함으로써 기술의 이전과정을 단축시켰으며 그 결과 미국은 수출시장을 잃게 되고 따라서 고용이 감소되었다는 점을 들어, 다국적기업의 해외투자를 비난하고 있는 것이다. 고용수출이란 비난은 미국뿐만 아니라 유럽내에서도 높으며, 특히 불황기에는 더욱 강해진다.

이같은 주장은, 해외투자와 관련된 모회사로부터의 수출에서 발생하는 고용의 확대, 해외투자활동에 따르는 관리기능의 모회사에의 집중, 컨설턴트(consultant)업 등 서비스적인 직정의 창출이 가져오는 플러스의 고용효과를 고려하지 않고 있다. 문제는 해외생산이 어느 정도 수출을 대신하게 되는가에 있는데, 이것은 투자가 이루어진 경우 얼마만큼 미국기업에 의해 해외시장이 유지되었느냐의 비율에 좌우된다. 중요한 것은 고용구조가 변한다는 것인데, 노동집약적인 생산과정이 해외에 입지하게 됨으로써 직장을 잃게 되는 노동의 기술수준은, 새로 창출되는 고용에서 필요로 하는 기술수준보다 낮다. 낮은 기술인력이 높은 기술수준의 직장을 얻기 위해서는 재훈련을 거치지 않으면 안되며, 또한 같은 기술수준의 직장을 얻는 문제도 특정의 지역·산업에 실업이 집중해 있는 경우에는 곤란하다.

해외투자로 인해 기술이전이 촉진됨으로써 미국의 비교우위가 상실되고 이에 따라 수출과 고용이 감소된다는 주장도 단기적인 면만 보고 있는 것이다. 기술혁신은 끊임없이 진행되고 있으며 이에 따라 고도의 기술로 생산되는 새로운 생산물이 개발되고, 또 해외투자로 벌어들인 수익을 연구개발 지출에 돌릴 수 있는 것이다. 또 한편 기술을 이전받은 현지국의 생산성과 소득수준이 상승하므로 수입이 증가될 가능성도 있는 것이다.

투자국에 있어서의 다국적기업의 폐해로서 중요한 것은, (1) 조세피난처(tax heaven) 그리고 각국의 세제 차이를 이용하여 투자국내의 과세를 회피하는 것, (2) 다국적기업이 독점·과점기업의 지위를 이용하여 투자국정부의 금융·재정정책을 회피할 수 있는 힘을 갖고 있다는 것(예컨대 정부가 금융긴축정책을 취하더라도 해외에서 자금을 조달할 수 있음), (3) 독점적인 기업활동은 자원배분이란 관점에서 볼 때 유해하다는 것 등을 들 수 있다. 이같은 폐해에 대해서는 국제적으로 과세협정을 체결하거나 독점금지정책을 추진하는 등의 적절한 정책이 필요하다.

2.5 다국적기업에 대한 규제

다국적기업이 현지국에 미치는 효과를 규제하려고 하는 시도가 자주 취해지고 있다. 일반적으로 선진공업국은 외국기업을 차별하지 않는다. 개도국에서는 극단적인 경우로서의 국유화가 1970년대에 급격히 증가하였다. 즉 1960년대에 40건이던 것이 1970년대에는 93건으로 늘었다. 지역으로서는 아프리카와 중남미, 업종으로서는 석유 및 기타 광물자원의 분야에서 많았다.

현지국의 다국적기업에 대한 규제는, 외국기업이 자국의 경제개발, 국제수지, 고용에 유리한 효과를 가져오게 하고 또 분배가 자국민에 대해 유리하게 되도록 하는 한편 외국투자에 따르는 비용을 최소화시키는데 그 목적이 있다.

이를 위해 현지국 특히 개도국은 다음과 같은 수단을 흔히 취하고 있다.

1. 기업경영 : ① 소유에 있어서 자국민의 참가요구, ② 경영진에 자국민의 등용 요구
2. 기술이전 : ① 현지국내에서의 연구개발수행 요구, ② 국내에서의 대규모적인 노동훈련 요구, ③ 기술이전의 촉구
3. 기업의 자금조달 : ① 현지기업의 자금조달을 압박하지 않도록 차입금을 현지국외에서 조달할 것, ② 현지국민의 자본참가를 촉진시키도록 주식투자는 현지시장을 이용할 것을 요구
4. 이윤의 분할 : ① 자원보유국에 유리하도록 광구권을 재교섭, ② 현지에서의 가공도를 높이도록 요구
5. 국제수지 : ① 원재료·부품 등 투입물의 국산화율을 높여 수입을 감소시키도록 요구, ② 수출확대를 요구, ③ 도입기술 및 기타 서비스에 대한 로열티 지불의 상한을 설정

이 외에도, 영세한 국내기업도 충분히 수행할 수 있는 섬유 등의 경공업부문, 그리고 유통부문 서비스부문과 같이 외자를 필요로 하지 않는 부문에 대한 외자진출을 제한한다.

이상과 같은 정책들은 외국기업으로 하여금 (1) 자국의 경제발전에 기여하게 하고,

(2) 소득분배를 자국민에게 유리하게 하고, (3) 기술 등의 대외의존을 낮추는 것을 목표로 하고 있다. 이같은 일련의 시책들을 「현지화 정책」이라 한다. 이들 현지화정책은 궁극적으로는 일정기간 후의 페이드 아웃(fade out)을 요구하게 된다. 페이드 아웃이란 투자국의 출자비율이 현지국의 투자비율에 비해 소수로 되게 하여, 현지국측에 경영권을 이양하는 것을 의미한다.

페이드 아웃에 의해 현지국에 소유권을 넘겨줄 때, 기업의 자산을 얼마로 평가할 것인가 하는 곤란한 문제가 있다. 모회사로서는 당연히 자산을 최대한 회수하려고 하며, 현지국 역시 될 수 있으면 많은 자산을 넘겨받고 싶어한다. 그러므로 기업의 자산가치 평가방법에 관해 미리 합의해 둘 필요가 있다. 그같은 합의가 되어 있는 경우에도 트러블이 일어나기 쉽다.

다국적기업의 행동을 규제하는 현지국의 정책이 효과적으로 작용하기 위해서는, 현지국 자체가 그 나름의 조건을 갖추고 있어야 한다. 즉 외국기업의 장점을 흡수하여 자국의 경제개발에 기여하도록 하기 위해서는 현지국 자체가 흡수능력을 갖추고 있지 않으면 안된다. 우선 경영능력과 기술을 흡수할 수 있는 잠재능력을 갖고 있어야 하는 바, 이를 위해서는 (1) 교육수준, 노동의욕 등의 인적 요소, (2) 해당 산업의 발전에 유리한 인프라스트럭처(infrastructure, 하부구조 혹은 사회자본)와 관련산업이 존재해야 한다.

제3절 글로벌 기업

1. 글로벌 기업의 정의

1980년대 이후 국제경제 시장의 뚜렷한 특색은 산업의 글로벌화이다. 즉, 국가 혹은 지역으로 분리되어 있던 세계경제는 산업을 중심으로 하나의 시장으로 구성되기 시작한 것이다. 이러한 환경변화는 현지화 전략을 추구하던 기업들이나 국제화를 수행하던 기업들이 글로벌 기업으로 전환하도록 강요하고 있다. 이러한 기업은 한 국가의 영역에 국한해서 가장 효율적인 생산과 판매 방식을 결정하던 형태에서 전 세계를 대상으로 가장 효율적인 판매지역을 결정하고 가장 수익성이 높은 판매지점을 결정하는 형태를 가진다. 따라서 그 성격상 무국적 기업(stateless company)라고 할 수도 있다.

또한 현지화 기업 단계에서 발전된 형태의 기업으로 파악하는 개념에서 글로벌 기업은 현지화된 거점별 사업의 통합을 의미한다. 앞에서 지적한 바와 같이 현지화된 기업의 특성에 본사의 강력한 통제 체재를 결합한 것이다. 이러한 의미에서 글로벌 기업은 글로벌 지역기업(global local firm)이라고 할 수 있다.

기업의 이러한 글로벌화 경향은 적극적인 세계화의 경향에 따른 것이 아니라 오히려 세계 경제의 블록화로 인해서 발생하는 현상이라고 할 수 있다. 1990년대 이후 세계는 자유화의 과정을 가지지만 오히려 지역별 자유화를 형성하면서 블록화되는 경향이 발생했다. 따라서 세계를 무대로 활동하는 기업들은 어느 블록에서든 간에 역내기업으로서의 위상을 가짐으로써 차별대우를 받지 않고 정상적인 활동을 하고자 한다.

2. 글로벌 기업의 형성동기와 특색

글로벌 기업이 갖는 장점은 (1) 수입금지와 같은 무역장벽을 제거할 수 있다. 즉, 현대 자동차가 미국의 수입규제를 효과적으로 피하고 미국 판로를 개척하기 위하여 미국 앨라배마 주에 승용차 조립공장을 세우고 동시에 판매망을 확보했다. 이러한 현대차의 해외 진출은 그 기업에 부품을 제공하던 기업들로 하여금 해외 시장으로 진출하도록 하는 계기를 부여한다. (2) 생산비용을 절감할 수 있다. 노동집약적 생산이 필요한 산업은 생산비용이 상대적으로 저렴한 지역을 찾아가게 된다. 예를 들어서 일본의 전자 전기 산업의 기업들은 제품조립을 위하여 저렴한 노동을 공급받을 수 있는 중국의 어떤 지역에 조립공장을 설립할 수 있다. 혹은 자원을 싸게 구입할 수 있는 곳에 들어가서 자원의 투자개발사가 될 수도 있다. 또한 보다 높은 생산효율성을 가진 생산요소를 고용할 수도 있다. (3) 글로벌 기업은 특정한 국가의 정치적 이해를 초월할 수 있다. 블록화의 강화나 국가와 국가의 이해관계의 대립 등은 한 기업이 정치적으로 대립하고 있는 교역상대국에 문화적 정치적 진입장벽으로 작용한다. 이럴 때 글로벌 기업은 교역상대국의 정치적 이해관계를 넘어서서 진입할 수 있으며 오히려 상대 국가는 글로벌 기업의 유치를 통해서 얻을 수 있는 경제적 이익을 위하여 다양한 진입동기를 제공할 수도 있다.(4) 신기술의 도입을 위하여 기업들은 그런 기술을 가지고 있는 지역으로 기업의 주소를 이전할 수 있다. 예를 들어 세계의 전자 기업들의 선진국의 첨단 기술이나 경영기법을 습득하기 위하여 전략적으로 실리콘 밸리에 현지 법인을 설립한다. 역으로 제품의 수명주기에 따라 선진국의 기업은 중진국이나 후진국으로 들어가서 그 대상국가에 기술을 이전하면서 수출기업으로써 역할을 지속하기도 한다.

제5장 국제경영관리

국제경영관리란 기업이 국제적인 사업을 추구하는 데 있어 실제적으로 일어나는 제반 경영문제를 처리하는 활동을 말한다. 국제경영관리는 국내 시장을 전제로 한 일반적 경영관리를 국제적인 시각에서 다루는 것이라 할 수 있다.

국제경영활동은 국내경영체계에서와 같이 생산, 마케팅, 재무, 인사, 회계, 그리고 조직으로 나누어 볼 수 있다. [그림 5-1]은 기업의 경영활동을 경영학의 제영역으로 나누어 재구성 해 본 것이다. 이 그림에 의하면 기업은 그 기초를 구성하기 위해서 일차적으로 조직이 확립되고, 여기에서 파생되는 자료를 처리하기 위한 회계체계가 이루어지며, 이와 같은 조직 및 회계라는 하부구조위에 생산 및 마케팅이라는 라인 기능과 재무 및 인사라는 스탭기능의 4개의 기둥으로써 경영활동이 전개되는 통합적 시스템이라고 할 수 있다.

국제경영에 있어서도 이러한 체계는 그대로 적용된다. 즉 국제생산, 국제마케팅, 국제재무, 국제인사, 국제회계, 그리고 국제조직이라는 여섯 가지 기능이 국제기업 내에서 각기 전문영역을 가지고 있는 것이다. 따라서 국제경영이란 이러한 관리기능이 경영정책이라는 최고 의사결정활동에 의하여 지배·조정되는 경영활동이라고 정의할 수 있다. 다음에서는 국제기업의 경영활동에 필요한 각각의 기능을 살펴보기로 한다(국제회계는 제외함).

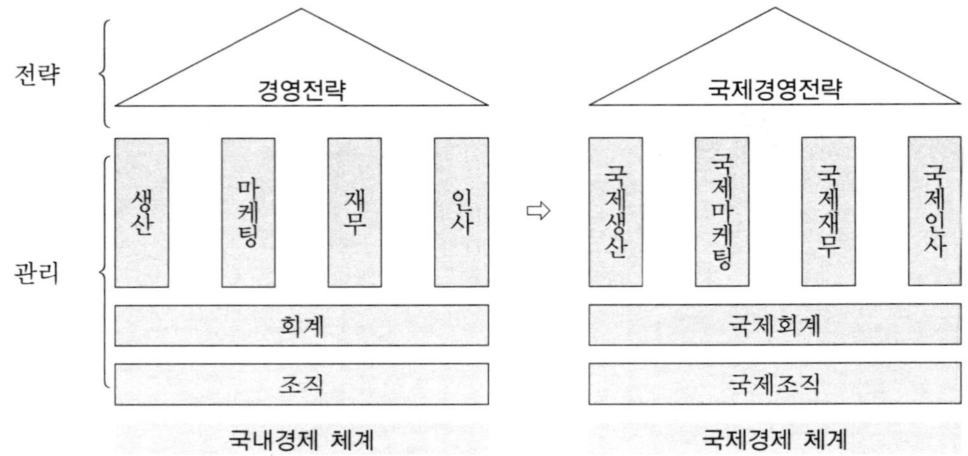

[그림 5-1] 국제경영관리의 체계

제1절 국제조직

조직이란 기업의 목표달성을 위해 권한, 책임, 의사전달 및 통제의 사내관계를 정립하는 것이다. 기업이 국제화전략을 추구함에 있어서 그 성패여부는 선택된 전략을 효과적으로 수행할 수 있는 적절한 조직이 뒷받침되고 있는가에 달려 있다고 해도 과언이 아니다.

1. 국제조직의 발전

국내기업이 해외로 눈을 돌려 국제화과정을 밟게 되면 그 기업의 조직형태도 자연히 변화하게 된다. <표 5-1>은 국제화정도에 따라 조직구조를 달리하는 국제조직의 발전과정을 보이고 있다.

수출이 국내 판매의 부수적 활동이 되고 해외시장진출을 시작하는 기업은 수출과 또는 수출부를 두게 된다. 그러나 수출의 규모와 중요성이 커지면 수출사업본부로 확대된다. 이와 같은 수출사업본부는 국내 판매와는 별도로 독자적인 수출활동을 하며 수출사업본부장은 부장 내지 임원이 맡는 것이 일반적이다.

국제영업이 크게 확대되면 전 세계적인 경영관이 필요해지며 해외영업 기지를 마련할 필요가 있다. 기업은 제품별로 또는 지역별로 생산, 마케팅, 수익 등에 책임을 지는 국제적 조직을 갖춘다. 한 단계 더 발전하여 직접투자를 확대하고 적극적인 해외생산과 마케팅 활동을 전개하게 되면 해외지역본부회사를 설립하며 규모에 따라 본사의 부사장급 또는 해외담당사장이 담당한다. 마지막 단계로서는 국제투자가 막대해지고 지리적으로 다변화하고 업종이 다양화된 기업은 범세계적 조직구조로 편성된다.

모든 기업이 이상의 단계별 발전과정을 거치는 것은 아니다. 여기서 보여주는 것은 단지 기업의 사업 활동의 내용과 중요성이 달라짐에 따라 조직도 거기에 맞게 바뀌어 나간다는 것, 즉 사업전략 또는 활동과 조직과의 관계를 보여주는 것이다.

▌표 5-1▐ 국제조직의 발전과정

기업의 국제활동	국제활동의 책임조직	책임자
직접 및 간접수출을 하되 무역의 비중이 적음.	수출과 또는 수출부(export section or department)	국내마케팅 책임자의 명령지시를 받는 수출과·부장
수출의 중요성이 증가함.	수출사업본부(export division)	부장 내지 임원급의 수출사업본부장
자체적 해외마케팅을 전개함.	현지법인인 해외마케팅 자회사(overseas marketing subsidiary)	본사의 임원급인 자회사장
해외생산을 개시함.	국제운영본부(international division)	보통 부사장급인 국제영업본부장
국제투자가 증가함.	본국내 또는 해외의 자회사(international company) 또는 해외지역본부 회사(regional headquarters company)	본사의 부사장급인 사장 또는 본사의 사장과 동급인 해외담당사장
국제투자가 막대하고 지리적으로 다변화하며 업종이 다양화된 다국적기업 활동을 전개함.	지역별, 제품별, 기능별로 편성된 또는 그 혼합의 범세계조직구조(global organizational structure)	다국적기업활동은 복수의 최고경영자가 책임짐.

2. 국제조직의 형태

1) 지역별 조직

지역별 조직은 세계시장을 여러 지역시장으로 나누어 각 지역책임자에게 의사결정의 책임을 위임하고 본사 사장에게 직접 보고하도록 하는 조직구조이다.

[그림 5-2]에서 보듯이 지역별 조직은 세계시장을 아시아, 유럽, 북미, 중동 등 각 지역별로 나누어 담당지역을 정한다. 이 지역별 조직은 각국의 시장특성이 뚜렷한 경우에 특히 적절하며, 각 지역의 특수한 환경에 제품을 적응시켜 운용할 수 있다. 반면 기술정보의 상호이전과 제품별·국별 전문성의 조정이 어려운 것이 단점이다.

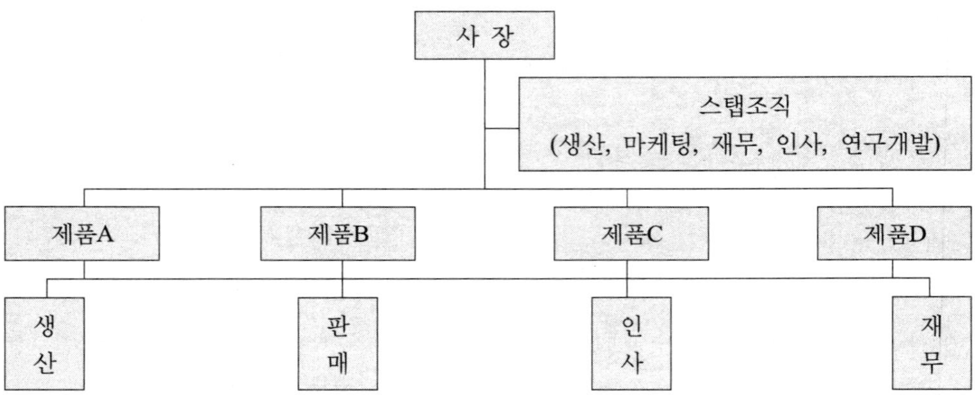

[그림 5-2] 지역별 조직

2) 제품별 조직

[그림 5-3]에 나타나 있는 제품별 조직은 최고경영자 밑에 여러 제품이 제각기 하나의 부서를 구성하고 그 제품별 부서 밑에 생산, 판매, 인사, 재무 등의 기능에 따라 조직이 이루어진 형태이다. 이 제품별 조직은 매우 다양한 품목으로 최종 소비재시장에까지 침투할 때 또는 비교적 기술수준이 높은 제품을 해외시장에서 생산할 때 유용하다. 또한 세계적인 제품계획이 가능하고 생산, 마케팅에서 기업의 제품 노하우를 활용할 수 있는 장점이 있다. 반면 제품책임자가 지역별 환경에 정통하지 못하다는 단점이 있다. 이 점에 대해서는 지역전문가의 협조를 얻을 필요가 있다.

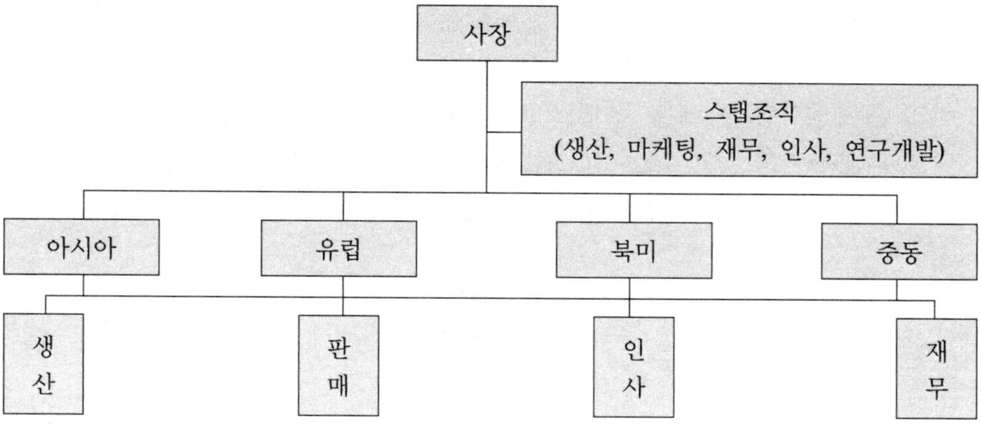

[그림 5-3] 제품별 조직

3) 기능별 조직

기능별 조직은 마케팅, 재무, 생산, 인사 등의 기능에 따라 부서가 나누어져 있는 형태이다. [그림 5-4]에서 보는 기능별 조직은 기업에서 취급하는 제품의 종류가 다양하지 않고 생산 또는 판매의 대상지역이 넓지 않을 때 가장 흔히 쓰이는 형태이다. 마케팅, 생산 등의 기능이 국제경영에 특히 중요할 때 이 조직의 장점이 있다. 그러나 마케팅부서와 생산부서 등 부서간에 격차가 생기고 의사전달이 원활하지 못한 단점이 있어 국제기업의 조직으로는 별로 이용이 되지 못하고 있다.

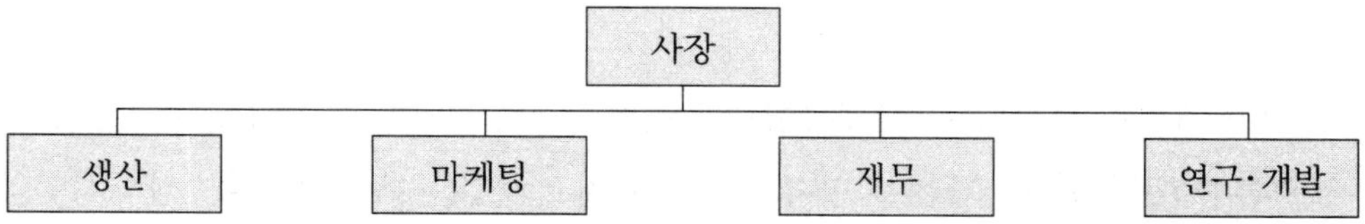

[그림 5-4] 기능별 조직

해외영업활동을 수행하고 있는 미국기업들의 조직은 다음 네 가지 기본형으로 분류된다.

1. A형: 이 형은 본격적인 해외사업을 전개하려는 기업으로서는 가장 전형적인 조직이다. 이 경우 해외 사업에 있어서의 제 1선의 책임자는 지역담당과장이다. 그들은 담당지역에 관해서 제품수출, 현지생산의 전반에 걸쳐 책임을 갖고 있

다. 이 경우 유리한 점은 동일지역에 대한 광범위한 관리가 가능하고 지역내 제 활동의 조정이 잘 행하여질 수 있다는 점 등이다.

또한 해외사업부내에는 「스탭」들이 있어 부장, 지역담당과장 및 자회사들이 이들을 충분히 활용할 수가 있다. 이 A형의 단점으로서는 제품수출, 기술수출, 현지생산이라고 하는 이질적인 분야를 모두 커버하여야 한다는 점이다.

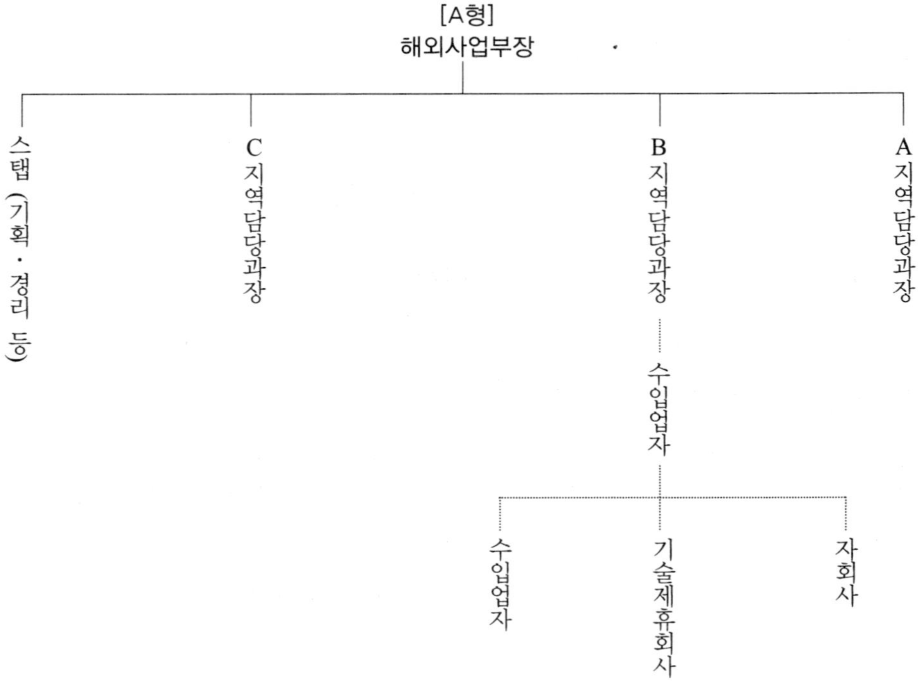

2. B형: A형과 다른 점은 해외사업부가 독자적으로 「스탭」을 갖지 않고 「스탭」은 국내사업과 공유한다는 점이다. 이 형은 비교적 소규모 기업 혹은 해외사업의 전사업에 대한 비중이 비교적 적은 기업에 있어서는 스탭의 중복을 피할 수 있어 경제적인 조직이라고 할 수 있다.

   그러나 한편으로는 「스탭」들 중에 해외문제가 소홀히 취급될 위험성도 다분히 내포하고 있다. 즉 「스탭」을 갖고 있지 못하는 해외사업부장이나 지역담당과장이 이로 인해 신속한 의사결정을 내리지 못할 사태가 발생할 가능성도 있다.

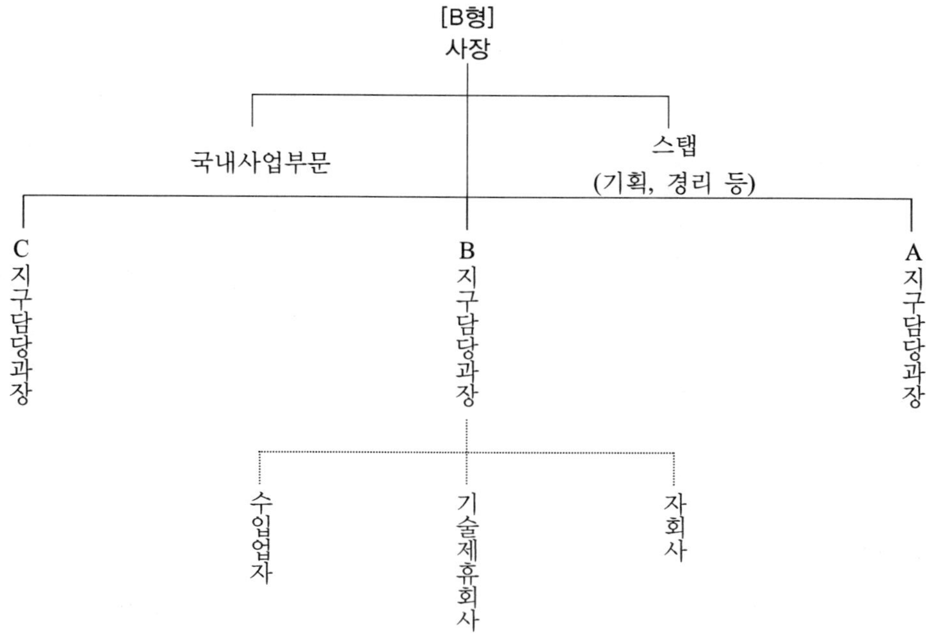

3. C형: 이 형은 해외사업을 활동의 성질에 따라 관리하고자 하는 조직이다. 제품수출, 기술수출 및 현지생산 등은 각기 서로 다른 성격을 갖고 있기 때문에 이들을 별도로 전문적으로 관리하는 것이 보다 효율적일 수도 있다. 그러나 1국 내지는 1개 지역에서 복수의 활동을 행하고 있는 기업에게는 각 활동간의 조정에 관한 문제를 야기시킬 수 있고 곤란을 초래할 수도 있기 때문에 이 형은 적절치 않다.

   따라서 이 형은 1개국 또는 1개 지역에 1종류의 활동만을 행하는 기업에 적당하다. 예컨대 유럽에는 제품수출, 미국에는 기술수출, 동남아에는 현지생산 등 지역별로 독립된 사업을 영위하는 경우이다. 그러나 이 경우에도 각 지역마다 「스탭」으로서 전문가를 두는 것이 바람직하다.

[C형]

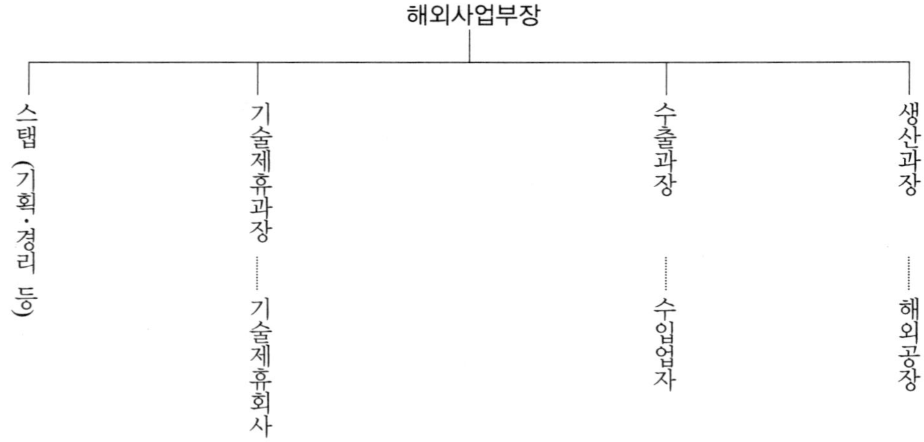

4. D형: 이 형은 매우 드물다. 자회사의 관리가 여러 사람 혹은 여러 부문에 의해, 즉 어떤 경우에는 생산과장, 어느 경우에는 노무과장에 의해 행해지기 때문에 일 자체가 지연되거나 또는 혼란을 야기시킬 소지가 많다. 그러나 기능별 전문가에 의해 관리가 행해진다는 이점도 있다. 결국 이 형은 자회사의 독립도가 매우 강하고 모회사에 의한 관리를 거의 필요로 하지 않는 경우에 한해 적합한 것이라고 말할 수 있다.이 경우 모회사의 해외사업부는 기능별 「컨설턴트」의 집합체와 같다.

[D형]

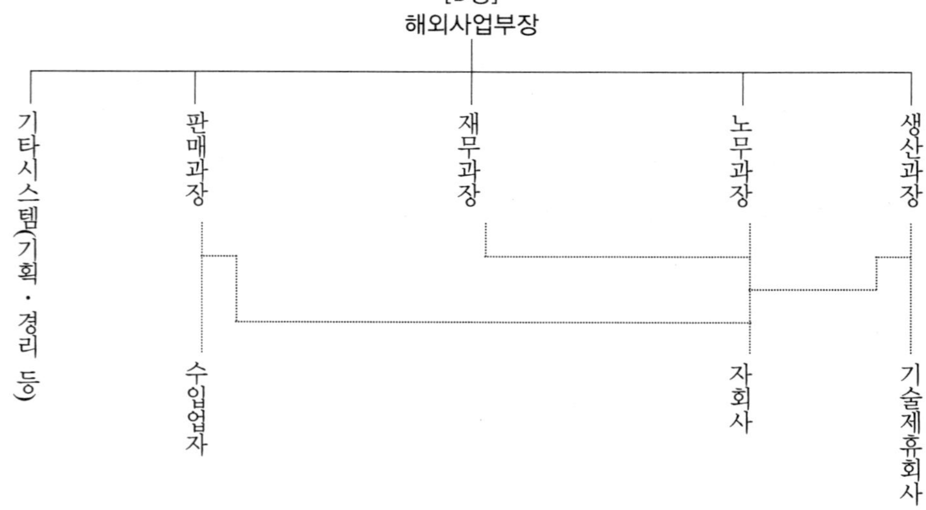

제2절 국제생산

1. 현지생산의 의의

국제화가 진전됨에 따라 기업은 본국에서 생산된 제품을 해외에 수출하는 해외지향적 기업에서 현지에서 생산과 마케팅을 동시에 수행하는 현지생산기업으로 변화한다. 이 변화를 초래하는 필요조건이 바로 생산입지의 국제적 이전이다. 현지생산은 현지국의 시장을 확보할 수 있고 배당금을 본사에 송금함으로써 투자자금을 회수할 수 있으며 한편 현지국과의 경제협력이 증대된다는 이점을 가지고 있다.

그러나 현지생산은 경영환경이 다르고 그 변화가 예측하기 어렵다는 위험요소를 내포하고 있다. 현지생산이 직면할 수 있는 어려움으로서는 외국기업을 포함한 현지기업과의 경쟁, 수입품과의 경쟁, 원재료의 코스트가 높다는 것, 저생산성, 높은 노동코스트, 현지자금조달의 곤란성, 높은 금리, 현지국정부의 정책변경 등을 들 수 있다.

2. 현지생산의 장·단점

일반적으로 현지생산은 다음과 같은 이해득실을 가지고 있다.

1) 이점

① 상대국의 무역장벽이 배제된다. 현지생산은 고관세와 수입제한 등의 무역장벽에 관계없이 상대국 시장에서 직접 상품을 공급할 수 있을 뿐 아니라, 오히려 현지국정부의 적극적인 보호 아래 외국기업과의 경쟁을 피해 안정된 생산활동을 할 수 있다.

② 현지국의 외자법과 지역개발법에 의해 각종 우대조치를 받을 수 있다.

③ 현지시장에 밀착된 마케팅활동을 펼 수 있다. 완성품수출의 경우에는 생산지와 시장과의 거리가 멀고 그 사이에 무역업자와 상대국 유통경로가 개재되어 있어 적절한 마케팅활동이 곤란하다. 또 생산에서 판매까지의 리드타임이 길고 환경변화에 신속히 대처하기가 어렵다. 현지생산은 이같은 불리점을 극복할 수 있다.

④ 현지국에서 활동의 자유를 누릴 수 있다. 현지생산을 하게 되면 해당국가의 거주자로 취급받기 때문에 기업활동이 자유롭게 된다. 현지법인이 아니고 지점 혹은 지사로 되어 있는 경우에는 영업활동이 크게 제약받는다.

⑤ 상품의 품질 및 성능을 확보할 수 있다. 현지생산을 하지 않고 현지의 회사와 기술제휴를 하는 경우에는 상품의 생산을 직접 관리할 수가 없기 때문에 품질과 성능의 유지가 곤란하다.

⑥ 개발도상국에 진출하는 경우 풍부하고 값싼 노동력을 활용할 수 있고 일반특혜관세(GSP)의 혜택을 누릴 수 있다(GSP란 선진국이 개도국으로부터의 공업제품 수입에 대해 관세상의 특혜를 제공하는 것을 말함).

2) 불리점

① 정치·경제상의 불안요인을 안고 있다. 즉 현지국의 정치체제의 변경, 정변, 전쟁 등의 발생으로 현지법인을 몰수당할 위험성이 있다. 또 개발도상국의 대다수는 정치, 경제적으로 불안정하므로 그 변화가 급격히 일어날 가능성이 크다.

② 저생산성으로 인해 수익이 악화될 가능성이 항상 존재한다. 즉 현지국 정부에 의한 현지조달비율의 인상요구, 고금리, 노동자의 작업능률저하, 현지조달 원재료 및 부품의 가격 상승 등의 불리한 요소가 싼 임금수준이란 유리성을 상쇄해 버릴 수 있는 가능성이 항상 존재하므로 현지생산의 채산성이 악화될 수 있다. 이에 따라 현지법인의 경영이 불안정하고 기대이익에 큰 변동을 미치는 경우가 많다.

3. 로지스틱스 전략과 현지생산의 입지조건 선택

1) 로지스틱스 전략의 개념

해외사업장의 전략적 배치를 로지스틱스(logistics) 계획이라고 한다. 이는 마케팅, 생산, 재무, 경영상의 유리성과 현지국의 지리적, 정치적, 경제적, 사회적 조건을 고려하여 세계적인 관점에서 어디에 생산거점 및 판매거점을 설정하여야 할 것인가에 대한 전략이다. 국제기업의 논리에 따르면 기업은 코스트가 최저인 지점에 생산을 집중하고, 가장 유망한 시장에서 최대한의 이익을 얻을 수 있도록 판매를 행하게 된다.

2) 현지생산의 입지조건 선택

생산의 입지조건은 국내나 해외나 기본적으로 같다. 그러나 해외의 생산입지는 로지스틱스의 관점에서 선택되지 않으면 안된다. 해외생산의 입지선택은 그 대상범위가 넓기 때문에 국내에서의 경우보다 선택의 여지가 클 뿐 아니라 그 조건이 불안정하여 입지선택 그 자체가 매우 어렵다. 따라서 해외생산의 입지선택은 보다 엄격하게 행해지지 않으면 안되는 것이다.

현지생산의 입지선정에 있어 고려해야 할 주요 사항으로서는 (1)투자환경, (2) 현지정부의 외국기업 수용태세, (3) 현지국의 사회간접자본 수준, (4) 원자재 조달능력 등이다.

제3절 국제마케팅

1. 국제마케팅의 개념

국제마케팅에 관한 정의는 학자마다 약간의 차이를 보이고 있다. "국제마케팅은 한 기업의 재화 및 용역을 한 나라 이상의 소비자 및 사용자에게로 이동시키는 영업활동의 수행이다"라고 정의되기도 하고 또는 "국제마케팅이란 기업의 모든 자원과 목적을 세계적인 시장기회에 집중시키는 과정이다."라고 정의되기도 한다. 이와 같이 학자마다 정의를 약간씩 달리하고 있긴 하나 본질적으로는 다를 바가 없다.

국제마케팅을 보다 구체적으로 정의한다면, 국내시장을 대상으로 하는 국내마케팅과 대립되는 개념으로서 해외시장을 대상으로 하여 수행되는 마케팅 활동을 말한다. 따라서 국제마케팅에는 상품수출을 중심으로 하는 수출마케팅과 현지에서 자사제품의 생산·판매를 행하는 국제사업 활동이 포함된다.

2. 글로벌마케팅의 전개과정

기업의 국제화가 진행됨에 따라 마케팅활동도 국내마케팅으로부터 국제마케팅으로 확대된다. 이와 같이 국내마케팅에서 국제마케팅으로 발전해 가게 되는 것은 국내기업이 수출기업, 다국적기업, 그리고 세계기업으로 성장해 가기 때문이다. 기업의 국제화가 이렇게 진전해 감에 따라서 마케팅도 이에 대응하여 국내마케팅단계, 수출마케팅단계, 현지마케팅단계, 글로벌마케팅단계로 발전해 가게 된다. 마케팅의 이와 같은 전개과정을 요약하면 <표 5-2>와 같다.

▌표 5-2▌ 국제마케팅의 전개과정

항목	국내마케팅	국제마케팅		
		수출마케팅	현지마케팅	세계마케팅
대상시장	국내시장	해외의 불특정 다수시장	특정 현지 시장	세계의 특정 다수 시장
마케팅대상	단일요소 또는 복합요소	상품(완제품 및 원자재), 기술, 자본, 인력 등의 단일요소	상품, 기술, 자본, 인력, 상표, 경영 등 의 복합요소 및 그 시스템	좌동
마케팅전략	시장적응	바이어에 의존	현지적응	표준화
전략형태	매입 및 판매	수출, 기술이전(하청단계의) 해외건설	(원청단계의) 해외건설, 해외직접투자, 해외자원개발	해외직접투자 및 이와 결합된 해외자원개발
경쟁대상	국내기업 또는 국내투자 외국기업	바이어	현지기업 또는 현지투자 외국기업	세계기업
일반적 경쟁형태	독과점 및 경쟁	경쟁	독과점 및 경쟁	독과점
기업의 형태	국내기업	해외지향기업 (수출기업)	현지지향기업 (다국적기업)	세계지향기업 (세계기업)

또한 국제 마케팅도 역시 일반적인 마케팅의 절차를 거친다. 그러나 해외 마케팅이라는 차원에서 일반 마케팅과 다소 차이가 있다. 그 과정은 시장조사(research), 그리고 조사 자료에 근거한 시장구분(segmentation)과 목표설정(targeting), 그리고 목표시장에서 기업의 위치를 선정하는 포지셔닝(positioning), 그리고 마케팅 믹스(marketing mix)의 전략을 수행하고 다시 시장조사의 근거로써 전략 전반에 대한 사후 관리로 이루어진다.

1) 글로벌마케팅의 진행과정

(1) 국내마케팅단계

주로 국내시장을 대상으로 소비자지향의 마케팅이 전개되는 단계이다. 해외시장과는 수동적인 접촉만이 이루어지며 국내시장이 기업마케팅활동의 주요 의사결정 대상이 된다. 상품은 국내시장의 수요에 적합한 형태로 개발된다.

(2) 수출마케팅단계

국내시장뿐만 아니라 해외시장에까지 마케팅활동이 확대되어 전개되는 단계이다. 국내기업간 경쟁이 심화되어 수익성이 떨어지거나 국내시장이 포화상태에 이르러 더 이상의 성장을 기대하기 어려울 때, 더 많은 이익기회와 성장을 추구하기 위해 국내에서 생산되는 상품을 해외로 진출시킴으로써 시장확대가 이루어진다. 그러나 아직도 기업활동의 기초는 여전히 국내시장에 있게 되고, 기업조직, 경영자의 시야나 제품라인에는 근본적인 변화가 발생하지 않는다. 수출상품에 있어서도 국내상품의 내용과 형태, 그리고 품질을 그대로 유지하거나 바이어의 요구에 따라 약간의 가공만을 시도할 뿐이며, 가격도 소비자잉여보다는 생산원가를 기준으로 하여 결정된다.

(3) 현지마케팅단계

기업이 현지시장의 유통구조에 뛰어들어 상품을 판매하면 더 큰 부가가치를 얻을 수 있다. 따라서 어느 정도의 능력을 쌓은 기업은 수출마케팅단계에서 한 걸음 더 나아가 현지마케팅을 추구하게 된다. 이때에는 본국의 시장과 별개로 현지시장에서 이윤을 극대화하는 방향으로 경영활동을 벌이게 되며, 이에 따라 마케팅전략에 있어서도 현지시장의 소비자요구에 맞는 상품 및 가격, 그리고 판매촉진방법을 채택하게 된다.

(4) 글로벌마케팅 단계

기업의 현지마케팅 활동이 한층 더 확대되어 세계 각국의 여러 지역에서 이루어지면, 마케팅활동 중의 일부 또는 전부를 표준화하는 편이 기업에 더 많은 이윤을 가져다주게 된다. 예컨대 자동차회사의 경우 유럽의 10여개 국가에 현지공장을 세워 현지국의 수요를 제각기 충족시키는 것보다는 독일 또는 프랑스와 같은 나라에 하나의 공장을 세워 유럽의 모든 나라는 아닐지라도 여러 나라에서 공통적으로 선호하는 표준형 자동차를 생산·판매하는 편이 제품개발비, 제조원가, 선전광고 등의 면에서 훨씬 유리하게 된다. 이와 같이 전 세계를 하나의 시장으로 보고 국제기업 전체의 이윤을 극대화하는 방향으로 나아가는 마케팅활동을 세계마케팅이라 할 수 있으며, 이러한 단계의 기업에게는 현지마케팅 단계와 근본적으로 다른 기업조직과 경영시야가 요구된다.

2) 글로벌마케팅의 전략 개발

경영전략이란 미래의 일정기간에 걸쳐 다국적기업에 중요한 여러 가지 기회, 위험, 문제점 등을 체계적으로 다루는 전략이며, 최고경영자가 기업의 미래를 설계하는 하나의 과정이라고 할 수 있다. 국제마케팅전략은 다국적기업의 경영전략 가운데 매우 중요한 부분이다.

다국적기업이 마케팅전략을 수립하는 데는 보통 [그림 5-5]와 같은 과정을 거치며 이에 따른 정보와 의사결정이 필요하다.

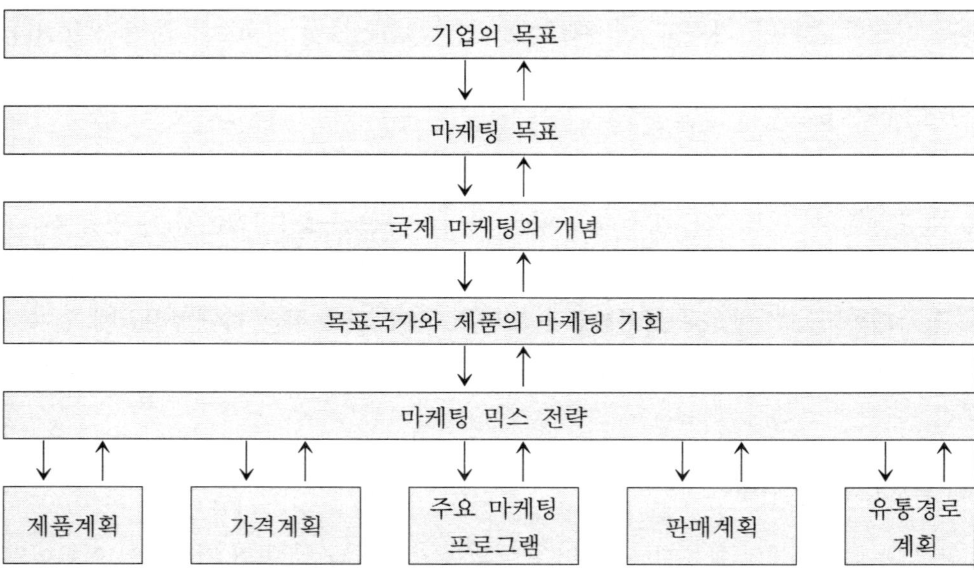

[그림 5-5] 국제마케팅전략의 수립과정

(1) 마케팅 조사

먼저 기업의 목표 및 마케팅의 목표를 설정하여 국제적 마케팅개념을 가진 마케팅 전략의 수립을 위한 기반을 조성하기 위하여 무엇보다도 각 국가의 마케팅 상황과 잠재수요를 분석하고 국가별·제품별로 마케팅의 최적기회를 포착한다.

마케팅 환경조사가 정확히 되지 않는다면 어떤 탁월한 마케팅 전략도 의미가 없게 된다. 정확한 환경조사는 시장진입의 기본적인 조사이다. 즉, 시장의 기회(Opportunities)와 위험(Threats)요소를 먼저 파악하고 그 기회를 장악하고 위험을 극복할 수 있는 기업의 시장에 대한 강점(Strengths)과 단점(Weaknesses)을 파악하는 것이다. 이것을 SWOT분석이라 한다. 외부환경의 파악하고 이 결과를 내부 환경에 대응시켜 가장 효율적인 전략을 수립하는 것이 이 분석의 목적이다.

[그림 5-6] 국제마케팅전략의 수립과정

(2) 시장분석 및 포지셔닝

파악된 다양한 시장들을 세분화하여 구분하는 것을 시장세분화(segmentation)라고 한다. 즉, 소비자집단에 대한 세밀한 구분을 통해서 소비자집단에 적합한 마케팅을 수립할 수 있는 근거를 가지기 위한 목적이다. 이 세분화에는 국가군을 형성하는 국제시장세분화(international market segmentation)와 각 국가의 내부 시장을 세분화하여 그 특성에 맞게끔 재구성하는 시장간 세분화(inter-market segmentation)가 있다. 이 작업은 끊임없이 변화하는 글로벌 고객들의 다양한 욕구를 파악하는 작업이기 때문에 세분화는 지속적으로 시행되어야 하며 범지구적으로 파악되어야 한다. 적어도 대상 국가들의 내부 시장에 대한 구체적인 구분이 지속적으로 이루어져야 한다.

이러한 세분화를 통해서 목표시장이 설정(targeting)된다. 세분화를 통하여 이미 소비자의 욕구가 동일한 그룹으로 구분했기 때문에 그 소비자들에게 매력적이면서 적합한 기술, 자본, 그리고 제품의 특성을 가지고 그 시장에 접근한다. 즉, 대형차를 중심으로 접근할 것인지 소형차를 중심으로 접근할 것인지를 선택할 수 있다.

어떤 세분시장을 표적시장으로 삼을 것인가를 결정하고 나면 그 표적시장의 소비자들에게 어떤 이미지를 심어줄 것인가를 결정해야한다. 즉 표적시장에 차별화된 가치를 만들어 어떤 이미지 등을 소비자들이 소유하기를 원하는가에 대한 의사결정을 해야하는 것이다. 제품의 주요한 속성을 근거로 하여 소비자가 제품을 마음속에 어떻게 정의하도록 하여야 하는데 이것이 포지셔닝(positioning)이다. 소비자의 욕구가 변하면 기업은 브랜드이 이미지에도 변화를 시켜주어야 하는데 이러한 작업이 리포지셔닝이다. 소비자의 마음속에 긍정적인 1등 브랜드라고 포지셔닝되었더라도 시대가 변화고 소비가 변화하면 고객의 기호와 취향이 변하게 되므로 리포지셔닝이 필요하다. 소비자들 마음속에 견고하게 위치를 구축한 브랜드를 리포지셔닝하는 것은 상당히 어렵다. 하지만 앞에서 언급하였듯이 고객의 다양한 니즈와 변화하는 시장에 생존하기 위해서는 어쩔 수 없이 변화에 따르는 리포지셔닝이 필요하다 하겠다.

이젠 기업들은 소비자그룹이 원하는 자사의 제품을 제공하여 자사의 제품이 그 시장에서 독립적인 위치를 차지할 수 있도록 한다. 즉, 제품의 차별화와 경쟁차별화를 실시하는 것이다. 예를 들어서 서비스를 좋아하는 고객과 품질을 좋아하는 고객을 구분하고 그 고객에 맞추어진 판매활동을 실시할 수 있다.

(3) 마케팅 믹스 전략

이러한 작업이 끝나면 이젠 마케팅 믹스 전략을 세울 수 있다. 글로벌 기업은 마케팅 믹스전략을 현지국의 마케팅 환경에 맞게 수행한다. 즉, 마케팅 활동의 4요소, 즉 제품(product), 가격(price), 유통(place) 그리고 촉진(promotion)등이 현지국의 상황에 맞게 이루어져야 한다. 지역별 특성에 맞는 마케팅믹스전략을 수립할 것인지 아니면 표준화된 전략을 수립할 것인지를 먼저 결정해야 한다.

국제마케팅 전략의 수립과정에서 가장 중요한 부분을 차지하는 것이 국제마케팅 믹스전략이다. 다국적기업의 경영자는 목표시장의 시장잠재력 및 마케팅기회를 포착하고 평가한 후에는 국제마케팅 믹스(international marketing mix)전략을 수립하게 된다.

[그림 5-7]은 마케팅 믹스 전략의 기본적인 체계를 보이고 있다. 다국적기업의 마케팅 믹스 전략은 특히 현지국의 경제적·법적·사회적·문화적 요인의 변동에 적절히 대응할 수 있도록 마련되어야 하며, 마케팅 관습, 소비자의 특성 등이 고려되어야 하고 현지시장에서의 실제 경쟁은 물론 잠재적 경쟁에도 적응되도록 전략이 수립되어야 한다. 따라서 국제경영자가 합리적인 전략수립을 하기 위해서는 경영정보를 효율적으로 수집·분석·평가하는 정보시스템이 필수적 여건이 된다.

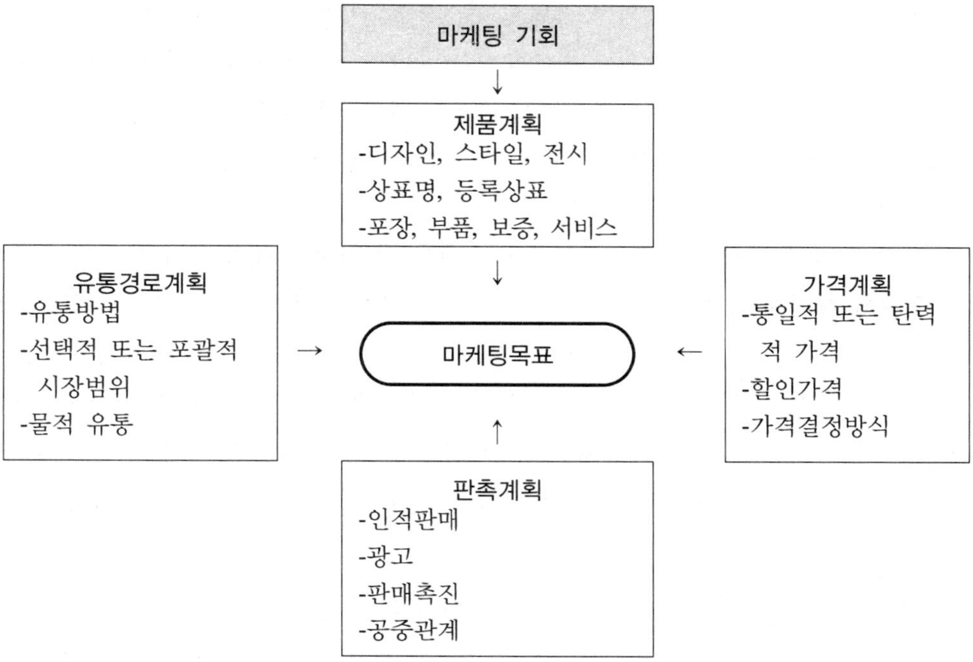

[그림 5-7] 마케팅 믹스전략

① 제품계획

소비자의 욕구를 충족시킬 수 있는 제품의 개발이야말로 마케팅활동에 있어서 가장 중요한 요소이다. 어떤 제품을 생산·판매할 것이냐에 따라서 가격결정, 유통경로, 판매촉진의 마케팅 믹스의 기본요소별 전략이 결정된다. 그런데 다국적기업의 시장환경은 마라마다 다른 특성을 가지고 있기 때문에 국내기업보다 복잡한 제품계획에 직면하게 된다. 즉 다국적기업의 제품계획은 국내기업의 제품계획과 동일한 원리 아래서 이루어지나 그 내용면에서 좀더 복잡한 양상을 갖는다고 하겠다.

고도화된 사회에서 고객의 제품에 대한 욕구는 대단히 까다롭고 복잡하다. 제품에 있어 원산지, 가격, 포장, 디자인, 맛, 크기, 용도 등 관련해서 소비자는 자기가 구매하고자하는 제품은 어떠해야 한다고 나름의 바람을 가지고 있다. 경우에 따라 상황에 따라 충분히 바뀌어 질 수 있지만 특정 소비자 집단의 기호와 욕구에 일치하는 제품의 개념을 결정하는 일은 매우 중요하다.

마케팅에서 수행해야 하는 가장 중요한 개념은 팔릴 수 있는 제품의 개념을 확인하고 결정하는 것이며 최근에는 하나의 제품만을 생산하는 기업은 거의 없다. 따라서 서로 다른 세분시장을 정하여 제품을 출시하고 그에 맞는 포지셔닝이 요구된다.

제품계획에서의 중요한 과제는 제품의 폭(width)과 깊이(depth)를 결정하는 것이다. 제품의 폭이란 한 기업이 시장에 내놓는 제품의 종류, 즉 제품계열의 수를 의미하며, 제품의 깊이란 각 품목내에서 디자인, 스타일, 품질에 따라 상이한 정도, 즉 제품품목수를 의미한다.

제품의 폭을 확대함으로써 해외시장에서 제품 및 기술에 대한 성가를 높일 수 있고, 제품의 깊이를 깊게 함으로써 취미와 구매욕구가 다양한 구매자를 포섭할 수가 있다.

한편 제품수명주기(product life 사이클)의 개념도 제품계획에 유용하다. 그러나 이 개념을 효과적으로 응용하기 위해서는 (1) 제품의 수명주기 유형, (2) 각 단계별 기간, (3) 명확한 제품개념, (4) 목표시장에서의 수명단계 등을 먼저 파악하여야 한다.

② 가격결정계획

제품과 서비스의 효율적인 가격결정은 흔히 기업의 성공적인 운영에 중요한 요인이 된다. 모든 기업에 있어서 가격결정에 영향을 미치는 기본적 요소(예컨대 원가·수요·이윤 등)가 동일하다고 하더라도 이들의 결합된 결과, 즉 가격은 제품의 본질, 시장의 특성, 법률 및 윤리적 제약, 기업의 목표 등에 따라서 변한다.

가격은 여러 가지 이유로 마케팅전략 수립자들에게 독특한 전략적 중요성을 갖는다. 가격은 기업의 자원과 구매자의 수요와 공급을 조화시키는 데 있어서 중요한 고려사항이며, 제품계획, 판촉계획, 유통계획과는 달리 수요와 공급의 변동을 조화시키기 위해 신속히, 그리고 빈번히 조정 될 수 있다.

한편 가격은 시장에서 중요한 경쟁수단이므로 다른 마케팅 믹스의 요소들과 관련하여 가격계획을 수립하여야 한다. 즉 시장침투를 위해서 가격경쟁에 중점을 둘 것이냐 아니면 비가격경쟁, 즉 제품의 품질, 상표명, 광고 등에 중점을 둘 것인가를 결정하여야 한다. 대부분의 기업들은 목표 시장의 상품에 대해 안정된 가격을 유지하고 현지시장에서 경쟁기업의 가격수준과 비슷하게 유지하려고 하나, 가격에 민감하고 제품이 차별화되지 않은 시장의 침투를 위해서는 가격의 소폭 인하도 효과적이다.

다국적 기업의 가격결정은 획일화보다 국가 별로 차별화되어 이루어지는 것이 일반적이다. 그러나 이러한 가격 차별화가 국가 간의 비공식적 거래, 즉 회색시장(gray market)을 유발할 수 있다. 이러한 회색시장의 문제는 인접해 있는 국가 간에 동일상표에 대해 가격차이가 있을 경우 빈번하게 발생할 수 있으며, 유럽연합(EU)과 같이 단일시장이 형성되고 단일 통화까지 사용하는 지역에서는 더욱더 심각하게 대두될 수 있는 문제이다. 따라서 다국적 기업의 입장에서는 범세계적인 가격결정계획을 해야 할 필요성이 제기되고 있는 것이다.

③ 유통경로계획

유통경로계획이란 다국적 기업이 해외시장에 공급해야 할 제품 및 서비스를 현지시장 및 제 3국시장에 가장 적절한 판매경로를 최적이용하는 전략의 수립을 의미한다. 이때는 어떻게 하면 가장 유리하고 싼 값으로 제품을 국경을 넘어 또는 현지시장에서 직접·간접으로 최종소비자나 사용자에게 전달하느냐 하는 것이 기본적인 과제가 된다.

그러므로 유통경로의 결정은 기업이 어떻게 목표시장에 도달할 것인가를 결정하는 것이며, 이와 같은 유통경로의 선택 및 수행은 중간상인의 선택 및 평가와 함께 이루어진다.

다국적기업이 유통전략을 설계할 때에는 우선 각국 시장의 소비자특성, 제품특성, 각국 시장의 마케팅구조, 경쟁적 특성, 기업의 내부자원 등을 고려하여 기업의 장기적 목표와 부합하도록 조정하여야 한다. 특히 유통구조는 국가에 따라 상당히 다른 형태를 보이므로 그 시장에 적절한 경로를 선정하여야 한다.

일반적으로 유통경로가 길면 길수록 많은 중개업자가 개입된다. 따라서 그만큼 수출시장에서의 통제가 어려워져 본사가 유통경로의 의사결정을 수행·감독하기가 어렵다. 문화와 경제환경의 차이는 이러한 문제를 더욱 악화시킨다. 따라서 유통경로의 결정은 마케팅 믹스의 다른 어떤 요소보다도 현지자회사나 지점의 권한이 크게 작용한다.

그러므로 유통경로전략에 있어 다국적 기업이 의사결정 해야 할 주요한 과제는 표준화된 유통경로를 선택할 것인지 아니면 유통경로를 국가별로 달리 할 것인지이다. 먼저 제품을 취급하고자 하는 모든 유통업체에 제품을 판매하게 하는 개방적 유통전략방법이 있다. 그리고 하나의 유통경로를 선택해서 그 경로에만 판매하게 하거나 지역별로 제한된 수만을 엄선해서 그곳에서만 판매하게 하는 선택적 유통전략방법이 있다. 마지막으로 딱 한군데에서만 판매를 허락하는 독점적 유통전략방법도 있다.

④ 판매촉진계획

판매촉진(promotion)계획이란 기업이 자사의 제품과 서비스에 대하여 시장행위에 영향을 주기 위한 전략적 시도이다. 소비자들에게 효과적으로 의사전달을 하는 과정이라 할 수 있다. 여기에는 인적 판매(personal selling), 광고(advertising), 판매촉진

(sales promotion), 공중관계(public relation)의 네 가지가 포함된다.

인적 판매란 사람이 직접 판매를 촉진시키는 매체로 사용되는 방법이며 대인판매의 가장 효과적인 방법이다. 즉 제품이나 서비스의 판매를 목적으로 하는 기존고객 또는 잠재고객에 대한 판매 프리젠테이션이나 대화 등의 개인적 커뮤니케이션을 의미한다. 인적판매를 위해서는 판매 프리젠테이션이 주로 사용되지만 박람회, 업종별 전시회, 컨벤션 행사 등 다양하게 표현되기도 한다. 그러나 비용이 많이 드는 단점이 있다.

신문, 잡지, 영화, 라디오, TV 등의 통신매체를 통하는 광고는 비교적 저렴한 비용으로 광범위하게 잠재구매자를 접할 수는 있으나 제품을 구매하도록 직접 고객을 설득하는 효과는 낮다. 국제 촉진전략에서 가장 큰 비중을 차지하는 전략이 광고전략이라 할 수 있는데 여러 가지 어려움이 있을 수 있다. 언어의 장벽이 가장 큰 문제로 광고문안의 표준화가 어렵다. 언어가 상징성을 내포하고 있기 때문이다. 동일한 영어권이라해도 미국과 영국 그리고 호주의 영어가 차이가 있고, 특히나 광고문안을 다른 언어로 번역했을 때 오류가 발생한다. 그래서 이러한 번역의 오류를 줄이기 위해 시각적인 부분에 비중을 두는 경우도 많다. 하지만 시각적 요인에서도 색깔, 그림, 심벌, 모델, 음악 등을 받아들이는데 있어서 나라마다 상당한 차이가 있다. 그러므로 광고문안이나 광고물을 대개 현지의 상황에 적응시켜야 하는 경우가 많다.

국제 한편 판매촉진은 구매시점 진열(point of purchase display), 전시, 시범, 판매경연, 견본, 쿠폰, 할인권 등을 통하여 이루어지는 방법으로 인적 판매와 광고를 보완 또는 강화한다. 이렇게 판매촉진은 제품이나 서비스의 구매를 촉진하기 위한 단기적인 동기부여의 수단 일체를 말한다고 할 수 있다.

마지막으로 공중관계는 기업과 제품에 대하여 긍정적인 인상을 주게 함으로써 간접적으로 제품의 판매를 촉진시키는 홍보방법을 의미한다. 이는 특히 개도국이 다국적기업의 활동과 관련하여 부정적인 태도를 취하는 경우 기업홍보활동, 즉 특정제품의 판매보다도 기업이미지의 창조를 목표로 하게 되는 바, 이때 이 방법이 중요한 수단으로 등장한다. 그러므로 공중관계는 기업이 자사의 이미지를 제고한다던지, 자사에 대한 호의적인 평판을 얻거나 비호의적인 평판을 제거 또는 완화하려는 커뮤니케이션 활동을 벌이는 것 등을 통해 기업과 직간접적으로 관련이 있는 여러 유형의 집단들과 좋은 관계를 유지해 나가는 활동을 해야한다.

앞에서 언급하였듯이 이상의 판매촉진수단 중에서 가장 중요한 것은 광고전략이다. 광고비는 예상판매액의 일정비율로 단순하게 책정하기도 하지만 때로는 이와 반대일 경우도 있다. 즉 신제품의 경우에는 오히려 초기에 많은 광고비가 필요하다. 따라서 먼저 광고목표를 설정한 다음, 이를 달성하기 위한 광고비를 책정하는 것이 일반적이다.

광고계획의 수립에 있어서 가장 중요한 요소는 이용가능한 광고매체를 파악하여 표적시장이 특성에 맞게 최적 결합시키는 것이다. 이에 따라서 표적시장 내의 잠재 구매자에게 효과적인 메시지를 전달할 수 있으며 소비자의 구매의욕을 창출시킬 수가 있는 것이다. 한편 이때 메시지 전달의 수단인 언어와 그 문화적 환경이 국내와 다른 국제광고의 경우는 광고전략의 수립과정이 한층 복잡해진다. 왜냐하면 그만큼 변수가 더 증가하기 때문이다.

제 4 절 국제인사

1. 국제인사의 의의

국제경영에 있어서 경영자의 자질은 국제경영 활동의 성패를 결정짓는 가장 중요한 변수 중의 하나이다. 특정국의 문화환경에서 성장, 생활해 온 경영자가 두 국가 또는 수개국의 다른 문화환경에서 경영활동을 수행하기란 결코 쉽지 않다.

따라서 다른 문화환경에서 성장한 경영자가 다원적 문화환경하에서 업무수행을 할 수 있도록 하고 유능한 국제경영인을 양성·확보하는 인적관리는 그 중요성을 아무리 강조해도 지나침이 없다.

2. 국제경영자의 선발

해외자회사에 파견되는 사원의 이상적 조건으로서 「마라토너의 정력, 아인슈타인과 같은 지적 능력, 언어학자와 같은 언어능력, 외교관의 재치 및 피라미드 건축자만큼의 인내심을 지닌 사람」이어야 한다고 한다. 그러나 현실적으로 이러한 사람은 존재하지 않는다. 그만큼 국제경영자의 자질을 갖추기 어렵다는 것을 나타내주는 말이라고 하겠다.

다국적기업이 현실적으로 파견사원을 선발할 때 고려하는 요소는 다음의 다섯 가지로 구분해 볼 수 있다.

첫째 요소는 사원의 업무수행능력이다. 국내경영에서와 마찬가지로 사원의 업무수행능력은 국제경영활동의 성패를 좌우하는 1차적 결정요소이다. 해외파견사원에 있어서 이 요소는 한층 중요하다. 왜냐하면 해외자회사의 경영자는 본사와의 접촉이 용이하지 못한 상황에서 의사결정을 하여야 하기 때문이다.

둘째 요소는 대인관계능력이다. 기업내의 상사, 동료 및 부하직원을 다루는 능력뿐만 아니라 현지회사 및 소비자와의 관계설정에 대한 능력을 포함한다. 이는 외국문화에 대한 지식과 가치관 이해, 그리고 생활방식과 영업행태가 상이한 현지인과의 의사소통을 통하여 원활한 인간관계를 유지하는 능력이다.

셋째는 환경 연수변수에 대한 조정능력이다. 이는 정부, 경쟁기업, 노조 및 소비자 등과 관련되어 있는 환경적 제약에 대응하는 능력을 의미한다. 국내경영에서와는 달리 해외 자회사의 경영자는 환경적 제약 자체도 변수로서 고려하여야 한다. 현지국의 정치적·법적·사회경제적 구조는 본국과 크게 차이가 날 수 있다. 이 경우 상이한 환경에 대한 조정문제가 발생한다. 따라서 해외파견사원은 현지국의 상이한 체계를 이해하고 이에 대해 적응력을 갖추어야 한다.

넷째는 파견사원의 개인적 동기이다. 파견대상 사원이 해외에서의 업무수행을 진실로 원하고 있느냐의 문제이다. 해외파견사원이 해외에서의 업무수행에 대한 강한 관심이 없다면 해외경영의 실패위험은 커지기 마련이다.

다섯째는 파견사원의 가족상황이다. 이는 사원가족의 외국환경에 대한 적응능력의 문제이다. 해외활동과 외국문화에 대한 부인 및 가족의 태도는 본인의 활동에 큰 영향을 미친다.

3. 국제경영자의 교육

한국기업의 해외직접투자와 관련하여 가장 큰 제약요인으로 등장하는 것이 국제경영자의 부족이다. 국제경영자란 국제적 안목을 가진 경영자를 의미한다. 여기서 국제적 안목이란 국제적 차원에서 이익, 투자, 원자재 확보, R&D, 마케팅의 기회를 발견하고 이를 이용하기 위한 전략을 개발, 수행, 평가할 수 있는 능력, 그리고 이에 따르는 기업의 위험과 수익을 체계적으로 분석할 수 있는 능력을 뜻한다.

따라서 국제경영자의 양성에는 선발·훈련·경험 등이 복합적으로 작용해야 하며, 이 때문에 장기간의 시간이 필요하게 된다. 그리고 기업은 국제경영자의 양성계획을 수립하고 이에 필요한 훈련프로그램을 개발하여야 한다. 즉 현지사회와의 상호의존성 및 환경차이의 정도를 규명하여 해외파견사원을 일단 선발한 후에는 상황에 맞는 훈련프로그램이 추진되어야 한다. 사원의 수행업무가 현지사회와의 많은 접촉을 요구하고 양국 간의 환경차이가 크게 나타나면 해외파견사원은 지역연구는 물론 민감도훈련까지의 다양한 훈련을 받아야 한다. 반면 현지사회와의 접촉이 적고 문화적 차이가 적은 경우에는 지역연구 정도의 훈련프로그램으로서도 충분 할 수 있다. 이러한 양 극단 사이에 다양한 상황이 존재할 것이므로 각각의 상황에 맞는 훈련프로그램이 결정되어야 할 것이다.

얼마 전에 한국기업의 대미투자에 대한 실패사례가 공개된 적이 있다. 이 기업의 실패요인으로 제시된 것이 현지고용인에 대한 관리능력의 실패로 전해지고 있다. 이는 해당기업이 국제경영인을 제대로 갖추지 못하고 있음을 말해 준다. 특히 한국은 과거 식민지를 지배한 경험이 없어 외국인의 관리에 어려움을 겪고 있다. 이러한 문제를 해결하기 위해서는 장기적으로는 국제경영인의 양성과 단기적으로는 수행업무와 환경차이를 확인·파악하여 이에 적합한 해외파견사원의 선발 및 훈련프로그램의 개발·시행이 이루어져야 할 것이다.

제5절 국제재무관리

국제재무관리(international financial management)란 국제기업이 그 활동과 관련하여 소요자금의 결정 등을 포함하여 자금계획을 수립, 이에 의거하여 자금을 조달 및 운용하는 것을 말한다.

국제재무관리의 메커니즘은 국내재무관리와 동일하다. 그러나 다음 두 가지 점에 있어 차이가 있다.

첫째, 그 대상영역에 있어 국내재무관리는 그 범위가 일국 내로 한정되지만 국제재무관리는 전세계를 영역으로 해서 이루어진다.

둘째, 국제재무관리는 다국간에 걸쳐서 이루어지므로 국내재무관리와는 달리 환위험을 비롯하여 경영위험·신용위험·정치적 위험을 안고 있다(표 5-3).

▌표 5-3▌ 위험의 유형

위험
- ① 경영위험(business risk)과 재무위험(financial risk)
- ② 신용위험(credit risk)
- ③ 환위험(foreign exchange risk)
  - 환산위험(translation exposure)
  - 거래위험(transaction exposure)
  - 경제적 위험(ecomnomic exposure)
- ④ 정치적 위험(political risk)
  - 전쟁위험(war risk)
  - 수용위험(expropriation risk)
  - 송금위험(transfer risk)
  - 재해위험(catastrophe risk)

이들 위험의 각각에 대해 살펴보면 다음과 같다.

1. 경영위험과 재무위험은 국내기업 및 국제기업에 상관없이 수반되는 통상적인 위험이다.
2. 신용위험은 제품을 판매하거나 차관을 공여할 경우 구매자와 차주가 지불능력을 상실하거나 채무를 이행할 의사가 없기 때문에 채무를 이행하지 않음으로써 채권자에게 가해지는 재무가치의 상실가능성을 의미한다.
3. 환위험은 환율의 변동으로 외화표시 자산과 부채의 평가액에 영향을 미치는 가능성을 의미하는데, 특히 환위험은 국제재무관리론과 국제금융론, 나아가서 국제경영학과 국제경제학이라는 독립된 학문분야가 필요한 주요 근거 중의 하나이다. 따라서 국제재무관리론은 기존 재무관리론의 단순한 연장이 아니라 기존의 재무관리론이 다루지 않고 해결하지 못하는 문제에 대한 해답을 제시해 주고 이론을 정립시켜 주는 데 그 의의가 있다.
4. 정치적 위험은 비정상적이고 기업이 통제가능한 위험이 아니므로 상당히 광범위한 개념이라 할 수 있다. 넓은 의미로는 전쟁위험, 수용위험, 송금위험, 재해위험을 포함한다.

다음으로 국제무역관리에 있어서 특히 중요한 자금조달원에 대해 간략히 고찰하고자 한다.

국제기업이 원활한 영업활동을 위해서 필요한 자금을 조달할 수 있는 원천은 크게 기업내부와 기업외부로 나눌 수 있다.

첫째, 기업내부적으로는 (1) 본국의 본사가 추가투자를 하거나 외화대부를 할 수 있으며, (2) 현지에서 주식을 발행하거나 내부유보(감가상각 충당금 등)를 통하여 자금을 조달할 수 있다.

둘째, 기업외부적으로는 (1) 본국내에서 각종 금융기관으로부터 자금을 조달하거나, (2) 현지국내에서 현지금융기관, 현지 정부기관 등에서 자금을 조달할 수 있다.

이상과 같이 국제기업은 국내기업에 비해 보다 다양한 자금조달원천을 이용할 수가 있으며 이를 요약하면 [그림 5-7]과 같다.

다음으로 자금을 조달하는 데 있어서 고려해야 할 몇 가지 사항을 보면 다음과 같다.

1. 차입목적이나 자금의 사용용도에 맞는 조달형태를 선택한다.
2. 가장 저렴한 금리와 비용으로 조달할 수 있는 자금원을 찾는다.
3. 평가절하 혹은 절상 및 외환관리에 의한 위험이나 기타 환율의 변동에 따른 영향을 고려한다.
4. 각국 간의 자금이동에 수반되는 세제·법률에 관하여 검토한다.

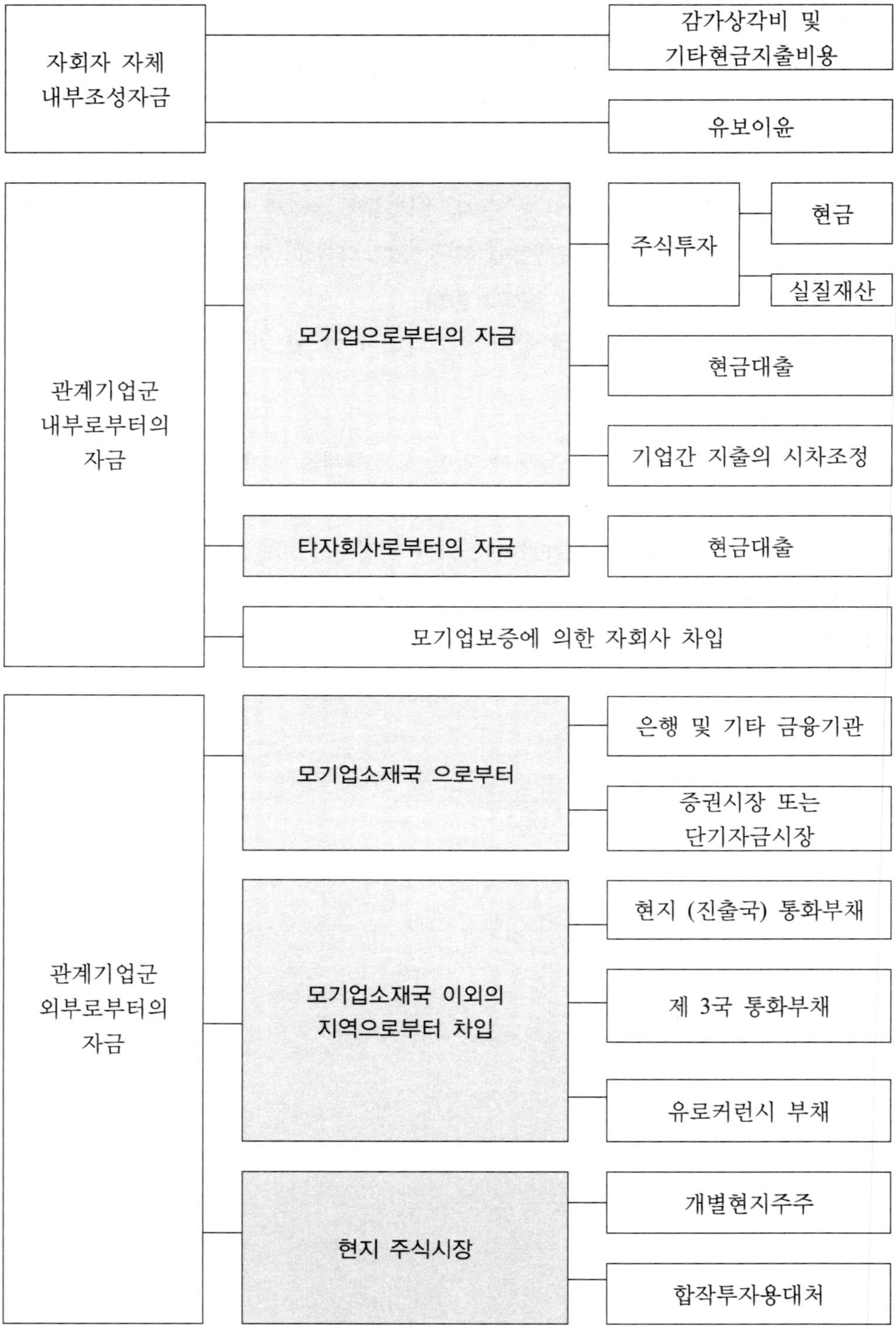

[그림 5-8] 국제기업의 현지자회사 자금조달체계

1. 환위험 관리

환위험은 환율변동에 따른 환차손의 발생가능성을 지칭하는 것이다. 환노출은 장래의 예상치 못한 환율변동으로 인해 기업이 보유하고 있는 외화표시 순자산의 가치 또는 현금흐름의 순가치가 변동될 수 있는 불확실성을 말한다. 기업의 환노출은 회계적 환노출, 거래적 환노출, 경제적 환노출의 세가지 유형으로 구분해 볼 수 있다.

첫째로 회계적 환노출은 외국통화로 표시된 자산, 부채, 수익, 비용 등을 자국통화 또는 특정통화로 환산할 때 발생하는 가치변동을 말한다. 일반적으로 해외자회사의 재무제표를 본사의 것과 통합하여 연결 재무제표를 작성하거나 자사의 외화표시자산, 부채를 결산일에 자국통화로 환산하는 과정에서 발생할 수 있다.

둘째로 거래적 환노출은 외화로 표시된 확정된 거래를 결제하는 과정에서 발생하는 이익이나 손실을 가리키는 것이다. 거래가 환율변동 이전에 발생하였으나 변경 후에 처리하기 때문에 발생한다. 주로 무역거래나 단기적인 자본투자에서 발생하는 것으로 일반적인 환위험이라고 하면 바로 이 거래적 환위험을 의미한다고 할 수 있다. 거래적 환노출을 야기하는 구체적인 거래의 종류로는 외화로 표시된 외상거래의 매입, 매출과 외화로 표시된 채권, 채무 그리고 선물환 거래의 약정이 여기에 속한다.

셋째로 경제적 환노출은 예기치 않은 환율변동으로 인해 기업의 미래현금흐름의 순가치가 변동할 가능성을 의미한다. 기업의 가치는 미래의 기대되는 현금흐름의 총현재가치라고 할 수 있는데 환율의 변동으로 인해 미래에 기대되는 현금흐름이 바뀐다면 기업의 가치도 바뀔 가능성이 있다. 이러한 경제적 환위험은 미래의 가격, 비용, 매출에 영향을 미치면서 기업의 가치뿐만 아니라 기업의 경쟁력에도 영향을 준다.

제 4 편

국제상거래

흔히 국제상거래론을 수출입절차에 관한 것을 다루는 것쯤으로 이해하는 사람들이 적지 않다. 그러나 실제로는 국제상거래론이 다루는 영역은 대단히 넓다. 국제상거래론은 무역계약론, 국제통상법, 상품학, 신용장론, 관세론, 운송론, 해상보험론, 무역결제론, 상사중재론, 국제상관습론, 무역외국어 등 매우 다양한 각론으로 구성된다.

신용장만 하더라도 신용장의 복잡한 조건들과 그 조건들에 따르는 원칙과 배경까지 다 이해한다는 것은 대단히 어려운 일이기도 하다. 또한 미국, 일본, 유럽 등의 주요 통화들(US$, ¥, € 등)의 환시세는 끊임없이 변하고 있다. 무역결제를 제대로 터득하지 못한 사람이 이 환율변동의 늪을 헤쳐 나가기는 쉽지 않다.

또한 클레임의 예를 들어 보자. 애써 선적해서 보낸 상품이 클레임에 걸리기도 한다. 상사중재에 대한 이해가 부족한 담당자는 어떻게 처리해야 할지 잘 모를 뿐만 아니라 기껏 처리한다는 것이 오히려 사태를 악화시킬 수 있다. 클레임은 언제 어디서든 제기될 수 있고 클레임을 해결하는 것은 상품을 공급하는 공급업자나 판매하는 수출업자들에게 공급이나 수출만큼이나 중요한 문제이다.

지구상의 160개가 넘는 국가는 모두 우리의 수출시장이다. 국가마다 관심이 다르고 사고방식이 다르다. 교역상대국의 특유의 문화적 관습과 법적인 절차를 모르고 교역을 성공시키기란 무척이나 어려운 일이다. 바이어의 입장에서 교역파트너를 고려한 제안들이 오히려 교역파트너와의 기존 거래관계마저 끊어 버리는 사례가 허다하다. 낯선 외국인과 거래를 한다는 것은 결코 쉬운 일이 아니다. 난해한 국제경제이론을 잘 아는 것과 교역을 원활히 수행한다는 것은 또 다른 문제이다. 무역거래를 실행하는 단계에서 부딪히고 해결해 나가야 하는 과제들이 국제상거래론이 다루어야 하는 주요 문제들이다.

본서에서는 국제상거래론 중 가장 중요하다고 생각되는 부분만을 다루었다. 사실 무역거래를 행하는 것만큼 흥미롭고 활동적인 일도 드물 것이다. 그러나 이를 교과서를 통해 공부하는 것만큼 무미건조한 일 또한 드물기 때문에 여러분들의 인내를 기대한다.

제1장 국제상거래의 기초

무역거래는 상품의 매매거래라는 점에서는 국내 상거래와 동일하지만 정치와 경제뿐만 아니라 사회적 문화적 배경이 다른 외국과의 거래이므로 국내 상거래보다는 훨씬 복잡하다. 무역의 거래를 다루는 무역실무에는 무역계약, 신용장, 관세, 보험 및 클레임처리 등 많은 요소가 포함되어 있다. 본장에서는 무역실무를 구성하고 있는 각론을 다루기 전에 무역거래의 전반적인 흐름을 개괄적으로 설명하고 무역실무에 대한 윤곽을 제시하고자 한다.

일반적으로 무역거래는 (1) 해외 거래처의 탐색, (2) 거래관계의 수립(거래사의 선정), (3) 거래조건의 제시 및 매매계약 체결, (4) 매매계약 이행, (5) 사후처리의 순으로 이루어진다. 대금을 신용장방식에 의해 결제하는 수출거래를 중심으로 무역거래를 살펴보면 다음의 <표 1-1>과 같은 흐름을 가진다.

▌표 1-1▐ 무역거래의 흐름(1)

유망시장 및 거래처 선정(시장조사)

↓

거래관계의 수립(거래제의, 회, 신용조사)

↓

일반거래조건 협정과 매매계약체결(offer, 매매계약)

↓

매매계약이행(상품확보, 화물운송, 보험계약, 대금회수)

↓

사후처리(클레임 문제 처리)

제1절 국제상거래의 의의

1. 국제상거래의 개념

무역은 국내거래에 상대적인 개념으로 국제간의 재화와 서비스의 유통을 의미한다. 넓은 의미의 무역은 국제간에 이루어지는 모든 경제거래로서 물품거래는 물론이고, 국제간의 기술 및 서비스 거래, 해외투자와 같은 자본의 이동을 포괄한다. 좁은 의미의 무역은 물품의 수출입만을 말한다. 여기서 물품이란 유형재와 무형재를 모두 가리키며, 최근에는 물품이외에 전자적인 형태의 무체물까지도 수출입의 대상에 포함시키고 있는 추세이다. 특히 정보통신혁명과 함께 늘어나고 있는 전자상거래 영역까지 무역의 범위가 확대되고 있다.

오늘날의 무역의 개념은 단순히 국경을 중심으로 국내거래와 국제거래로 구분하던 개념에서 해외시장과 국내시장을 구분하지 않는 전 세계의 장벽을 없애고 교역하는 세계무역(World Trade)으로 발전하였다.

2. 국제상거래의 종류

수출자와 수입자가 직접 계약을 체결하고 물품과 대금을 주고받는 기본적 무역거래 외에 일반적으로 알려진 무역의 유형에는 다음과 같은 것들이 있다.

1) 중개무역과 중계무역

중계무역은 중계상이 물품을 수출할 것을 목적으로 자기책임과 비용부담으로 수입한 후 다시 제3국으로 수출함으로써 매매차익을 얻는 거래이다.

중개무역은 수출국과 수입국의 중간에서 제3국의 상인이 중개·알선하여 거래가 이루어지는 경우 제3국의 중개인 입장에서 볼 때의 무역을 말한다.

2) 연계무역

연계무역(counter trade)이란 대외무역법상 수출과 수입이 연계된 무역거래로서 물물교환(barter trade), 구상무역(compensation trade), 대응구매(counter purchase), 제품환매(buy back) 등에 의하여 이루어지는 수출입으로 규정하고 있다(대외무역관리규정 제1-0-2조 10).

물물교환(Barter trade)은 통화결제가 수반되지 않는 순수한 연계무역방식을 말한다. 예를 들어 우리나라의 수출상이 대만의 수입상에게 사과를 수출하고 이에 대한 대가로서 바나나를 수입함으로써 상계 처리하는 방식이 이에 해당된다.

구상무역(compensation trade)은 특수신용장의 도움으로 거래금액 차이나 수요의 시차에 관해 융통성을 부여함으로써 물물교환의 까다로움을 완화시킨 것이다. 따라서 거래의 실현 가능성은 훨씬 높아진다. 구상무역은 일반적으로 하나의 계약서에 의해 거래가 이루어지며, 환거래가 발생하고 대응수입의무를 제3국에 전가할 수 있다는 점을 제외하고는 물물교환방식과 동일하다.

대응구매(counter purchase)는 수출액의 전부 혹은 일부에 해당하는 수입자의 제품을 대응수입 하는 경우를 말한다. 수출과 수입이 두 개의 별도 계약서에 의하여 거래가 이루어지는 형태로 형식상 완전 분리된 두 개의 일반무역거래형태로서 환거래가 발생하고, 거래당사자간에 합의된 통화로 결제한다. 대응수입의 의무를 제3국에 전가시키는 것이 가능하다.

3) 가공무역과 보세가공무역

가공무역(processing trade)이란 외화가득액을 얻을 목적으로 원료 또는 반제품을 외국에서 수입 또는 수출해서 이것을 가공 또는 조립한 후 다시 외국에 수출 또는 수입하는 거래 형태를 말하며, 가공무역은 다시 가공하는 주체가 누구인가에 따라서 수탁가공무역과 위탁가공무역으로 구분할 수 있다.

보세가공무역(Bonded Process Transaction : BPT)은 정부가 지정한 특정 보세지역에 가공설비를 설치하여 외국에서 들여온 원자재를 가공하여 생산한 제품을 다시 외국으로 수출하는 거래형태를 말한다.

보세가공무역업체는 원자재를 외국에서 들여올 때 일반가공무역에서와 같이 유환이나 무환으로 할 수도 있다. 보세가공무역은 원자재 수입시 관세를 부담하지 않는다는 것과, 원자재를 수입하는 당사자와 완제품을 수출하는 당사자가 동일인이 아니라도 된다는 점에서 가공무역과 다르다.

4) OEM과 ODM

OEM(original equipment manufacturing)은 주문자상표부착방식을 말하는 것으로서 하도급생산의 한 형태이다. OEM 방식으로 생산하는 기업은 해외의 주문자에게 제품을 수출하도록 이미 약정한 상태이므로 따로 판로를 염려할 필요가 없다. 그리고 또한 수출상대국의 상표를 이용함으로써 수입억제 여론을 완화시키는 부수적 효과도 누릴 수 있다.

ODM(Original Development Manufacturing)방식은 제조업자 개발생산 수출방식으로 주문자의 요구에 따라 제조업자가 제품을 생산하는 방식으로 수출업체는 반드시 자체 제품개발능력이 있어야 한다. 공급가에 개발비를 추가할 수 있어 OEM에 비해 부가가치가 높다.

5) 보세창고인도거래

수출자가 수입국내 보세구역의 보세창고에 미리 화물을 반입해 두고 나서 수입자와 계약을 확정하여 이를 판매하는 거래방식을 말한다.

새로운 시장을 개척하는 수출자나, 수출용 원자재를 들여와서 제조업체에 판매하는 수입자의 경우 BWT는 유용한 전략이 될 수 있다. 그러나 다른 한편으로 BWT는 재고 부담의 가능성, 수출 후 계약체결 및 대금결제에 이르는 기간 동안의 자금부담, 그리고 창고료 부담과 같은 약점도 갖고 있음을 유념해야 한다.

6) 녹다운 수출(Knock-down Export)

녹다운 수출(Knock-down export)은 완제품을 수출하는 것이 아니라 조립할 수 있는 시설과 능력을 가지고 있는 거래처에 대하여 부품이나 반제품으로 수출하고 실수요지에서 제품을 완성토록 하는 현지조립방식의 수출을 말한다.

주로 선진국의 자동차, 기계류 수출에서 볼 수 있는데, 완제품에 대한 수입제한이나 고율의 관세가 부과되는 것을 피하여 상대방의 시장에 침투할 수 있는 장점이 있다.

3. 국제상거래 절차

1) 수출절차(신용장 방식)

① 수출물품의 선정

수출하고자하는 물품을 선정하거나 직접 제조 생산하는 경우 자신의 물품이 수출에 적합한지 여부 등을 고려하여야 한다.

② 수출시장 조사

선정된 물품이 해외시장에서의 판로 또는 동종 업종에서의 시장 진출여부 등을 고려하여 해당 물품의 시장성을 판단한다.

③ 수출승인이나 수출요건의 확인

해당 수출품의 수출제한사항이나 별도의 수출요건 등을 관세청 UNI-PASS사이트에서 해당 HS No. 검색을 통하여 수출요령을 확인할 수 있다.

④ 거래처의 선정 및 수출계약의 체결

해당 물품에 대한 수입업자를 선정한 후 수출계약서를 작성한다.

⑤ 수출신용장의 접수

주거래은행이나 통지은행을 통하여 신용장이 발행되었음이 통보되면 직접 신용장을 접수한다.

⑥ 수출물품의 조달

수출업자가 자금이 부족한 경우 무역금융 제도를 이용하여 수출물품을 조달하기 위해 제조하는데 드는 비용이나 구매하는데 필요한 자금을 은행을 통하여 조달받을 수 있다.

⑦ 수출검사, 포장, 해상운송 및 해상보험 계약의 체결

가격 조건이 CIF 또는 CIP인 경우 수출업자는 수입업자를 위하여 해상보험계약을 체결하여야 한다.

⑧ 수출통관 및 선적

수출물품에 대한 수출신고를 하고 수출신고필증을 교부받고, 물품을 선적한 후 선박회사로부터 선화증권을 교부받는다.

⑨ 수출대금의 회수 및 관세환급

수출업자가 수출물품을 제조·생산하기 위하여 해외에서 원자재를 수입한 경우 해당 원자재 수입시에 납부한 관세 등을 환급받는다.

2) 수입절차(신용장 방식)

① 수입물품의 선정

수입하고자 하는 물품을 선택한다. 국내 판로가 확보되어 있어야 수입하자마자 유통을 시킬 수 있으므로 미리 국내 유통망이나 거래처를 확보해두어야 한다.

② 수입승인과 수입요건의 확인

수입하고자하는 물품의 HS코드를 파악하여 품목별 수출입요령이나 관세청 UNI-

PASS사이트에서 해당 HS No.를 검색하면 해당 물품에 대한 수입요령을 확인할 수 있다.

③ 해외 거래처의 물색

처음부터 수입 거래처가 선정되어 있었던 경우가 아니라면 해당물품을 수출하고자 하는 해외 거래처를 물색하여야 한다. 다양한 경로를 통하여 신뢰할 수 있는 업체를 선정하여야 하는데, 온라인 중개사이트(예 : EC21)를 이용하면 편리하게 거래처를 선정할 수 있다.

④ 수입계약의 체결

거래처가 선정되면 수입계약을 체결한다.

⑤ 수입신용장의 발행

수입계약서의 내용과 일치하도록 신용장발행의뢰신청서를 작성하여 거래은행으로 하여금 신용장을 발행한다.

⑥ 대금결제 및 선적서류의 인수

발행은행으로부터 서류 도착 통지가 오면 신용장 대금을 결제하고 선적서류 등을 수취한다.

⑦ 수입통관과 물품의 인수

수입자는 선화증권을 선적회사에 제시하고 화물인도지시서를 수령한다. 이 때 관세사에게 수입통관을 의뢰하여 수입신고필증을 교부받아 두 가지 서류를 보세구역에 제시하여 수입물품을 인수한다.

제2절 해외시장조사

1. 해외시장조사(Market Research)

1) 해외시장조사의 의의

해외시장조사는 주로 자사 물품의 시장성 혹은 판매적정성을 알기 위한 조사와 연구를 의미하는 것으로 목표시장을 선정하고 잠재고객을 파악한다.

수출업자의 입장에서 가장 우선시 고려되어야 할 내용으로 목적시장에 대한 정확한 시장조사가 선행되어야 한다. 전세계적인 조직망을 갖춘 기관을 통한 위탁조사, 자체조사 등의 방법을 통해 이루어지며, 가장 좋은 방법은 직접 조사 방법이지만 비용이 상당히 많이 드는 단점이 있다.

2) 해외시장조사 방법

철저한 해외시장 조사를 통하여 자사 물품의 시장성을 판단한 후 목적 시장을 선정한 후 잠재적인 소비자나 유용한 거래처를 확보하기 위하여 다음과 같은 방법을 이용하게 된다.

① 무역업자 자신이 직접 시장을 시찰하든가 또는 민간무역사절단에 참가하여 거래처를 물색한다. 또한 자사의 해외지점 등을 통하여 물색하기도 한다.
② 외국환을 취급하는 거래은행에 의뢰하여 신뢰할 수 있는 거래처의 소개받는다.
③ 해외에 있는 기존 거래처로부터 소개받는다.
④ 자국의 상공회의소 등을 통하여 교역대상 시장의 상공회의소에 새로운 거래처 소개를 의뢰한다.
⑤ 한국무역협회 등을 통하여 거래처를 물색한다. 무역협회는 세계 각국의 무역협회와 연결되어 있으므로 세계 각국의 무역상으로부터 거래의뢰를 받고 있다.
⑥ 무역진흥공사(KOTRA) 및 해외무역관에 거래처의 물색을 의뢰한다.
⑦ 교역대상지에 주재하는 우리나라의 재외공관 및 영사관에 교섭을 의뢰하거나 혹은 주한외국공관의 상무관에게 의뢰할 수도 있다.
⑧ 상공인 인명록에서 목적시장의 유력한 연관업자를 조사하여 직접 서신으로 교섭한다.
⑨ 인터넷의 무역거래사이트를 통한 거래처 탐색이 있다. 국내의 사이트로는 EC21, ECPlaza, T-page 등이 있다.
⑩ 직접방문의 형태가 있다. 이 방법에는 해외기업에 대한 직접방문과 각종 무역박람회참가의 방법이 있다. 경비의 문제가 있지만 거래처 발굴에 있어서는 가장 확실한 방법이다.

제3절 거래관계의 형성

1. 거래 권유장의 발송

목적시장에서 잠재력과 능력을 갖춘 거래처를 발굴하고 선정한 후에 거래 권유장(circular letter)을 보내게 된다. 이 서신은 수입업자에게 보내는 첫 서신이 된다. 거래제의서신의 작성은 구체적인 형태가 없다. 그러나 대략 서신수령자를 알게 된 경위, 자사에 대한 소개 즉, 자사의 업종 및 취급상품 그리고 자사의 지위, 경험, 생산규모 등을 명시하고 또한 자사에 대한 신뢰를 위하여 신용조회처를 제시해 주는 것을 내용으로 한다.

이러한 거래권유장(Circular letter)은 계약을 체결(Conclude)하고자 하는 확정적인 의사표시인 offer와 구분된다.

2. 조회(Inquiry)

수출업자의 거래제안 서신에 대해서 수입업자가 거래상의 문의를 하는 것을 조회(Inquiry)라 한다. 조회는 광의로는 물품매매에 관한 전반적인 조회를 의미하는 것이지만 협의로는 구체적인 취급상품의 매매조건에 대해 의뢰하는 것이다. 따라서 조회란 수입업자가 수출자와의 거래계약 전에 취하는 물품구입에 대한 최초의 의사표시이다.

이때 수출업자는 조회를 보내온 외국회사들에 대해 신용조사를 행하여 신뢰에 대한 사전조사를 실시하는 것이 좋다.

거래조회 서한을 작성할 경우에 ① 물품의 종류 및 품질, ② 물품의 수량, ③ 가격조건, ④ 선적시기, ⑤ 포장방법, ⑥ 대금결제조건, ⑦ Catalogue나 Price List 또는 Sample 요구 등을 기재하여야 한다.

3. 신용조사

무역거래에서 거래 상대방의 신용상태를 확인하는 것은 향후 거래 가능성을 진단하고 거래시 위험요소를 사전에 예방한다는 면에서 대단히 중요한 일이다.

신용조사는 해당 업체의 거래규모, 자본 상태, 평판, 경영 능력 등을 대상으로 하여 이루어지며 이는 상대방과의 거래의 안정성을 위하여 반드시 필요한 절차라고 할 수 있다.

신용조사의 방법으로서는 거래은행에 의한 조사, 상업흥신소(commercial credit agencies) 그리고 신용보증기금(Korea Credit Guarantee Fund)과 같은 관련기관에 의한 조사 등이 있다. 주요 조사내용은 첫 번째로 수입업자의 자본(capital)으로써 수입업자의 재정상태(financial status)이고, 두 번째는 능력(capacity) 즉, 영업능력(business ability) 이며, 세 번째로는 개성(character)을 들 수 있다. 이 중에서 개성은 교역상대방의 성실성, 영업태도, 평판 그리고 계약이행에 대한 열의 등을 조사하는 것으로써 수출업자와 수입업자 모두에게 거래에 대한 위험요소를 사전에 예방한다는 차원에서 매우 중요한 요소이다.

수출업자와 수입업자 간에 거래제의가 성립되고 신용조사를 통해서 서로를 신뢰할 만한 거래당사자로 인정하게 되면 양 거래당사자는 앞으로의 거래에서 생길 수 있는 분쟁을 회피하고 거래를 편리하게 하기 위하여 일반거래조건협정(general agreement on terms and conditions of business)을 명확히 해두어야 한다. 일반거래조건협정서는 본 계약이 이루어지기 전에 미래의 확실한 거래를 위해 수출업자와 수입업자가 지켜야 할 원칙들을 양자가 포괄적으로 합의하고 작성하는 것이다.

무역거래의 개괄적인 흐름을 요약하면 [그림 1-1]과 같다.

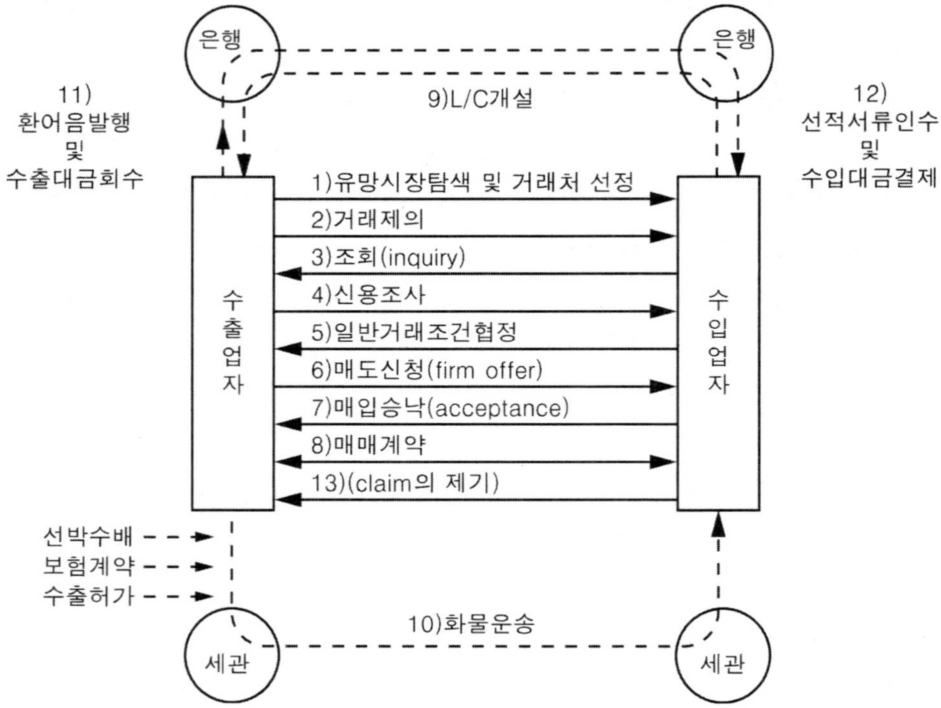

[그림 1-1] 무역거래의 흐름

제2장 무역법규

제1절 무역관련법규의 기능

무역은 각 국가 간의 상이한 관습, 문화, 법률, 언어, 종교 등의 차이로 인하여 계약의 체결에서 종료에 이르기까지 상당한 문제가 야기되어질 수 있다. 따라서 이러한 문제를 미연에 방지하고 문제가 발생되는 경우 이를 신속하게 해결하기 위하여 국제상관습과 관례가 만들어졌으며, 실제 이러한 국제상관습이나 국제법규 등은 계약서 작성시 준거법으로 뿐만 아니라 실제 재판에도 적용하고 있다.

또한 자국 산업의 보호와 국민 보건 위생 건강을 위한 많은 국내법을 두고 교역 대상물품에 대한 규제를 하고 있다.

특히 환경오염 등으로 인한 식품 분야에 있어서 대부분의 국가에서는 이에 관한 국내법규를 강화하여 교역 대상물품에 대한 규제를 강화하고 있는 추세이다.

그러므로 무역관련 국제상관습 및 법규에 대한 이해는 상당히 중요한 의미를 지닌다고 할 수 있으며, 따라서, 다음과 같은 많은 종류의 국제상관습 및 법규에 대한 이해가 요구된다.

제2절 국내무역법규

1. 대외무역법

대외무역법은 무역의 주체에 대한 인적관리, 행정관리로서의 수출입 질서 유지, 객체에 대한 물적 관리로서 전략물자 수출입 공고 등을 규제하는 무역에 관한 기본법이다. 대외무역법은 거래 물품에 관한 수출입공고제도에 의하여 종합적이고 체계적으로 규제하고 있을 뿐만 아니라 물품 수출입의 승인제도와 거래형태 및 수출입가격 등에 관하여도 규제를 하고 있다. 수출입공고는 무역자유화의 원칙에 따라 수출의 경우에는 국내자원보호상 필요한 경우와 외국의 수입쿼터품목이나 수출자율규제품목 등 수출의 관리가 필요한 품목이나 국내물자 수급 조정품목 이외에는 원칙적으로 장려하고, 수입의 경우에도 공안, 도덕, 풍속을 해치거나, 불요불급한 사치성 소비재 품목의 수입을 제한하는 외에 국내 1차 산업, 유치산업 및 기간산업의 보호 등을 위하여 수입을 조정하는 방향으로 책정되고 있다.

2. 관세법

관세법은 관세의 부과와 징수 수출입물품의 통관을 적정하게 하고 관세수입을 확보함으로써 국민경제의 발전에 이바지함을 목적으로 한다(법 제1조). 관세법의 목적에 비추어 볼 때 알 수 있듯이 관세법은 관세행정, 즉 관세의 부과·징수와 통관절차에 관한 모든 사항을 포괄적으로 규정하고 있으며, 별표로써 관세율표가 부속되어 있다.

우리나라의 관세법은 관세법시행에 필요한 사항, 관세법에서 위임한 사항을 규정한 대통령령인 관세법시행령과 관세법과 동 시행령의 시행에 필요한 사항과 관세법 시행령이 위임한 사항을 규정한 기획재정부령인 관세법시행규칙으로 체계를 이루고 있다. 대외무역법이 무역의 대상이 되는 물품을 규제하는 성격을 지니고 있는 반면 관세법은 이러한 물품에 대한 행정행위를 위한 서류를 관리하는 성격을 지니고 있다.

3. 외국환거래법

외국환거래와 그 밖의 대외거래의 자유를 보장하고 시장기능을 활성화하여 대외거래의 원활화 및 국제수지의 균형과 통화가치의 안정을 도모함으로써 국민경제의 건전한 발전에 이바지함을 목적으로 한다. 이러한 외국환거래법은 물품의 수출입에 따른 대금의 지급 및 영수에 관한 결제 방법, 결제수단 등에 대한 관리 등에 관한 규정을 두고 있다.

외국환거래법은 무역의 대상이 되는 물품의 교역에 대한 대가로 교환이 되는 외환을 관리하는 법규이다. 특히 외환의 불법적인 반출입은 국내 경제뿐만 아니라 국제경제에 부정적인 영향을 미치기 때문에 우리나라 뿐만 아니라 모든 국가에서 외국환의 규제와 관리에 관한 법규를 시행하고 있다.

4. 기타 무역 관련 법규

대부분의 국가는 자국의 경제정책 또는 무역정책에 따라 무역 거래에 대하여 일정한 규제를 하고 있으며, 우리나라에서도 각종 법규 및 제도적 장치에 의하여 무역을 일부 규제하고 있다.

우리나라에서는 무역 3대 기본법인 관세법, 대외무역법, 외국환거래법과 함께 기타 관세환급특례법, 약사법, 검역법, 주세법, 개별소비세법, 부가가치세법, 농어촌특별세법, 특정범죄가중처벌법, 교육세법, 식품위생법 등의 50여개의 개별법에 의해 수출입에 대한 규제를 하고 있다.

제3절 국외무역법규

무역관련 국외법규 및 관습은 상인들 간의 오랜 국제 교역을 통하여 발생한 분쟁과 이를 해결하기 위한 노력의 결과로 형성되어 온 역사적 산물이다. 따라서 국제 교역의 거래 단계마다 많은 관습과 법규들이 존재하기 때문에 국제교역을 원활히 하기 위해서는 이에 대한 기본적인 사항을 알고 교역에 임하는 것이 바람직하다. 이하에서 국외무역관련 법규 및 상관습에 대해 알아본다.

1. 계약관련

1) 국제물품매매계약에 관한 유엔 협약(일명 비엔나 협약, 1980)

국제물품매매계약에 관한 유엔협약(United Nations Conventions on Contracts for the International Sale of Goods: CISG)은 유엔국제무역법위원회(UNCITRAL)에서 1966년부터 본격적인 초안 작성과 검토를 시작하였으며 1980년 비엔나 유엔외교회의에서 국제물품매매계약에 관한 유엔협약(UNCCIS)을 정식으로 채택하였고, 1988년 1월 1일부터 발효하게 되었다. 우리나라는 아직 가입하지 않은 상태이며 이 협약은 국제물품매매계약에 있어서 적용 범위, 계약의 성립, 물품의 매매에 대한 매도인, 매수인의 의무와 책임, 그리고 협약의 가입과 관련된 사항을 규정하고 있다.

2) 인코텀즈(Incoterms, 2010)

Incoterms란 정형무역거래조건의 해석에 관한 국제규칙(International Rules for the Interpretation Commercial Terms)의 약칭이다. 국제상업회의소(International Chamber of Commerce: ICC)에서 의해 1936년 제정된 후 사용되고 있다. 계약당사자들이 각 국가간의 상이한 무역관행을 인식하지 못하고 있기 때문에 야기될 수 있는 시간 및 금전상의 낭비와 오해 및 분쟁 등의 문제를 해소하기 위하여 제정되었으며 현재 11가지 규칙으로 구성되어 있다.

3) 물품매매법(Sale of Goods Act, 1979)

영국 물품매매법의 기초 법안은 1888년 참머(M. Chamers)경에 의해 처음으로 작성되었고, 1893년 '물품매매에 관한 법률을 규정한 법'으로 개정되었다.

그 주요 내용은 계약의 성립, 대금, 계약의 효력과 이행, 계약위반 등에 관한 법률로서 총7장 64조로 구성되어 있다. 이 법은 1894년부터 시행되어 오다가 1979년에 귀족원의 동의를 얻어 개정된 후 1980년부터 그 효력을 얻어 시행되고 있다.

4) 미국 통일상법전(Uniform Commercial Code, 1953)

1952년 미국법률협회와 통일주법전국위원회에서 공포한 법으로 미국에 있는 여러 주 중 유일하게 대륙법 체계를 따르는 루이지애나주를 제외한 모든 주에 적용되는 상법 기본이다. 통일상법전의 초안은 주법통일위원회와 미국법위원회의 공동위원회가 심의하여 양 위원회 총회에서 전원 토론을 거쳤고 변호사와 법학교수들이 초안을 작성하였으며, 1942년 법률이 입안되어 1952년 공표되었다. 물품매매에 관한 일반 내용을 1,2편으로 나누어 종합적으로 규정하고 있으며 특히 FOB, FAS, CIF, C&F, EX SHIP 조건과 같은 무역에 관한 정형거래조건을 규정하고 있는 최초의 성문법이다.

2. 결제관련

1) 화환신용장통일규칙 및 관례

1933년 국제상업회의소(ICC)에 의해 제정된 이후 무역실무, 은행업무, 운송기술, 운송계약 등의 변화에 대응하여 수차례 개정되어 현재 39개 조항으로 구성되어 있으며, 2007년 7월 1일부터 시행되고 있는 **상업신용장에 관한 보편적인 규범으로 신용장실무에 있어서 기준이다.**

2) 추심에 관한 통일규칙

처음 제정된 것은 1956년이며 그 후 1967년 및 1978년에 개정되어 이용되어 오다가 1995년 ICC Publication No. 522로 대폭 개정되기에 이르렀다. 우리나라는 1979년 6월부터 전국은행연합회에서 이를 채택하고 시행하여 오고 있다. URC 522는 총 26개 조항으로 구성되어 있다.

우리나라는 1979년 6월부터 전국은행연합회에서 이를 채택하고 시행하여 오고 있으며 현재 총26개 조항으로 구성되어 있다.

3. 운송관련

1) 헤이그 규칙(Hague Rulkes, 1924)

선주들이 계약자유의 원칙하에 선화증권에 선주에게 유리하도록 과도한 면책약관을 기재하여 화주에게 불리한 계약을 체결하고 선화증권을 발행했다. 이에 대하여 1921년 해상운송과 관련된 이해관계자가 모여 Harter 법을 기초로 운송인의 면책범위를 제한시키는 규정을 제정했다.

그러나 1924년 Hague Rules의 임의 원칙에 대한 화주단체의 반발로 1924년 각국 정부 대표로 구성된 Brussel의 해상법 외교회의에서 이미 제정된 Hague Rules의 문안을 수정하여 "선화증권에 관한 규칙의 통일을 위한 국제규칙"을 제정하였다.

2) 헤이그-비스비 규칙(Hague-Visby Rules, 1968)

1963년 스톡홀름에서 열린 국제해사법회(CMI) 회의에서 처음 상정되고 비스비(Visby)에서 논의되어 1968년 2월 브뤼셀에서 채택되었다. 이후 1977년 6월 23일 헤이그규칙의 개정의정서로 발효되었으며, 비스비의정서라고도 한다. 헤이그규칙의 일부분으로 유효하며, 운송인 및 운송인의 사용인에 대한 책임규정으로서는 가장 보편적이고 많은 국가들이 수용하는 규칙으로 전문은 17개조로 구성되어 있다.

3) 함부르크 규칙(Hamburg Rules, 1978)

「해상물품운송에 관한 UN협약」을 의미하며 헤이그 규칙이 선진국의 이익을 대변하였다는 개도국의 주장을 받아들여 1978년에 제정하여 1992년 11월에 발효된 국제규칙이다.

4) 국제물품복합운송에 관한 유엔협약

복합운송에서의 운송인과 화주의 권리의무를 규정하고 있으며, 1980년 5월 24일 제네바에서 채택되었다.

4. 보험관련

1) 영국 해상보험법

1906년에 제정된 영국 해상보험법(Marine Insurance Act: MIA)은 해상보험증권과 관련된 방대한 판례들을 정리한 것으로 영국방식의 해상보험증권을 사용하고 있는 보험시장에서는 중요한 준거법이다.

2) ICC 협회적화약관

해상적화보험의 보상범위에 관한 보험조건을 규정한 것으로서 원래는 해상보험증권에 첨부하여 사용하기 위해 런던보험자협회(Institute of London Underwriter : ILU)가 제정한 특별약관을 말한다.

3) York Antwerp Rules(YAR)

공동해손에 해당하는 희생 및 비용은 각종 분담 이익에 따라 분담함을 규정하고 있다.

5. 중재관련

1) 뉴욕협약(New York Convention)

외국중재판정의 승인 및 집행에 관한 협약으로 중재판정의 집행력 보장을 위해서 국제상업회의소와 UN 경제이사회가 주도하여 United Convention on the Recognition and Enforcement of Foreign Arbitral Awards(외국중재판정의 승인 및 집행에 관한 협약)이 체결되었다. 상사중재계약의 효력은 뉴욕협약 회원국 간에 상호주의에 의거 보장받게 된다.

2) ICLOCA 규칙(Rules of Arbitration for Letter of Credit Disputes)

신용장관련분쟁의 신속하고 원만한 해결을 위하여 1996년 미국의 은행업계의 주도하에 설립된 국제신용장중재센터(International Center for Letter of Credit Arbitration: ICLOCA)에서는 제정한 신용장분쟁을 위한 중재규칙(Rules of Arbitration for Letter of Credit Disputes: ICLOCA 규칙)으로 유엔국제무역법위원회(United Nations Commission on International Trade Law; UNCITRAL)에 의하여 제정된 중재규칙(UNCITRAL Arbitration Rules)을 기초로 하여 1996년 9월에 제정되었다. 동 규칙은 총 4장 43조로 구성되어 있다.

제3장 무역계약

무역계약은 무역물품에 대한 매매계약으로 당사간의 의사 합의에 의한 법률행위이다. 무역계약은 매매계약을 주계약으로 하고 운송계약, 보험계약, 외국환거래계약 등의 거래이행을 위한 종속계약을 수반한다. 즉, 격지 간 물품이동을 위한 운송계약, 운송 중의 위험을 회피하기 위한 보험계약, 환어음과 선적서류로 대금을 회수하기 위한 환계약 등이 이에 해당된다.

일반적으로 일정한 조건에 따라 물품을 매도하겠다는 수출자의 의사표시인 청약(offer)에 대하여 수입자가 이를 구매하겠다는 의사표시인 승낙(acceptance)을 함으로서 계약이 성립된다.

제1절 무역계약의 법적성격

1. 낙성계약(諾成契約 consensual contract)

일방의 청약을 상대가 승낙함으로써 계약이 성립한다는 의미이다. 무역계약은 청약(offer)에 대한 승낙(acceptance)로 성립한다. 이를 다르게 표현하자면 당사자 간의 합의에 의해 계약이 성립한다는 것이다. 이와는 달리 의사합치 외에 목적물의 인도 등 기타의 행위가 있어야 성립하는 계약을 요물계약(要物契約)이라고 한다.

2. 쌍무계약(雙務契約 bilateral contract)

계약이 체결됨으로써 당사자 쌍방에게 의무가 발생하는 경우를 말한다. 이와 반대로 한쪽만이 의무를 지게 되는 경우를 편무계약(片務契約)이라고 한다. 무역계약이 성립되면 수출자에게는 약정에 따라 물품을 인도할 의무가, 수입자에게는 대금을 지급할 의무가 주어진다.

3. 유상계약(有償契約 onerous contract)

계약이 체결됨으로써 상대방에게 대가를 지불해야 하는 계약을 말한다. 반면, 대가의 지불이 없는 경우는 무상계약(無償契約)이 된다. 무역계약을 체결하면 수출자는 물품이라는 대가를 지불해야 하고, 수입자는 물품대금을 대가로 지불해야 한다. 유상계약은 쌍무계약의 다른 표현인 것처럼 보일 수도 있지만, 대가의 지불과 의무의 발생은 별개의 문제이다. 따라서 쌍무계약은 모두 유상계약이지만, 유상계약이라고 해서 반드시 쌍무계약인 것은 아니다.

4. 불요식계약(不要式契約 informal contract)

계약의 성립을 위해 당사자 간 합의 외에 특별한 형식이 요구되지 않는 계약을 말하는 것으로, 요식계약과 대칭되는 개념이다. 무역계약은 정해진 형식 없이 구두나 전화, 서류 등 어떤 방법에 의해서도 성립될 수 있다.

제2절 청약 및 승낙

국내매매계약과 마찬가지로 무역계약도 매도인과 매수인 사이에 물품매매에 대하여 합의가 될 때 성립한다. 법률적으로는 계약의 성립에는 관계당사자의 의사 합치가 필요하다. 일반적으로 당사자의 일방이 계약의 청약을 행하고 다른 당사자가 그 것을 승낙함으로서 계약이 성립한다.

1. 청약

1) 청약의 의의

청약(offer)이란 청약자(offeror)가 피청약자(offeree)에 대하여 일정한 조건으로 계약을 체결하고 싶다는 취지의 의사표시로서 그 의사표시에 대한 무조건의 승낙(acceptance)이 있을 때 계약이 성립되고 이에 구속된다고 하는 확정적 의사표시이다.

청약의 주요 내용은 매매의 목적물인 물품의 품명 외에 규격, 수량, 단가, 금액, 선적일과 선적항, 목적항, 포장재와 포장방법, 품질, 원산지, 결제방법 등 무역계약의 기본 조건이 제시되며 이밖에 오퍼의 발행일, 유효기간도 표시된다.

청약의 유효기간은 청약을 행하는 자가 자유로 정하는 것이 가능하다. 그러기 때문에 승낙의 기간을 정하지 아니한 청약에 대하여는 합리적인 기간 내에 승낙을 하는 것이 필요하다. 단지 상당한 기간의 의미를 명확히 결정하는 것이 어려워 청약의 기간을 명시하는 것이 일반적이다.

2) 청약의 방법

법률이나 당사자간 계약으로 특별히 규정하지 않았을 경우, 청약의 방법에는 제한이 없다. 따라서 구두, 전화, 행위 등에 의해 청약이 이루어지고 이를 상대방이 승낙하면 계약이 성립된다. 그리고 그 이행과정에서 클레임이 제기되지 않는다면 아무런 문제가 없다. 그러나 이런 청약방법은 오해나 착오를 유발할 수 있고 분쟁발생 시 증거능력에 문제가 있을 수 있으므로, 무역거래에서는 일반적으로 우편, telex, 팩시밀리, email 등에 의한 서신으로 청약을 행하게 된다.

3) 청약의 효력

청약은 그 통지가 상대방에게 도달한 때 효력이 발생한다. 우리나라에서는 그 통지가 청약자로부터 피청약자에게 도달한 때 효력을 발생한다는 도달주의를 취하고 있다.

4) 청약의 종류

청약은 각 구분 기준에 따라 다음과 같이 분류된다.

(1) 확정청약(firm offer)과 불확정청약(free offer)

청약의 확정성 여부를 기준으로 한 것으로서, 확정청약만이 법률적인 의미의 청약으로 볼 수 있다. 피청약자의 승낙에도 불구하고 청약자가 이를 준수할 의무가 없는 불확정청약은 법률적으로 단지 청약의 유인에 불과하다. 확정청약에는 대개 유효기간이 명시되어 있는데, 이는 상대방이 승낙할 경우 계약이 바로 성립되기 때문이다. 이 경우 동시에 여러 개의 청약을 남발한다면 계약을 모두 이행하기 어렵다. 따라서 청약자는 일정한 유효기간을 정하여 하나의 잠재적 거래처에 대해서만 청약한 후 응답이 없을 경우에 또 다른 상대에게 오퍼를 보내는 것이 현명하다.

(2) 매도청약(selling offer)과 매수청약(buying offer)

청약자가 누구인가를 기준으로 한 분류이다. 구매자시장(buyer's market)이 일반적인 공산품 거래에 있어서는 수출자가 청약을 하는 경우가 많으므로, 일반적으로 청약이라면 매도청약을 의미하는 경우가 많다. 하지만, 무역계약에서 청약자(offeror)는 수출자가 될 수도 있고 수입자가 될 수도 있다. 매수청약은 매입주문서(purchase order)의 형식을 취하는 경우가 많으며, 상대방이 이를 승낙할 의사를 가질 경우 이에 대해 일반적으로 승인서(acknowledgement) 혹은 주문확인서(confirmation of order)란 이름의 서류를 보내게 된다.

(3) 원청약(original offer)과 반대청약(counter offer)

실제 무역에서 어떤 청약에 대해 상대방이 이의 없이 곧바로 승낙을 하게 되는 경우는 흔치 않다. 일반적으로 피청약자는 청약된 거래조건들을 자신에게 보다 유리하게 변경시키려 하게 된다. 이처럼 청약의 일부 조건들을 수정한 새로운 오퍼를 반대청약(counter offer)이라고 한다.

(4) 조건부청약

① 무확정 청약(offer without engagement)

시세의 변동에 따라서 수시로 그 조건의 변경을 인정하는 청약으로서 일종의 자유청약이다.

② 재고잔류조건부 청약(offer subject to being unsold)

어떤 한정된 수량의 물품에 대하여 동시에 다수의 매수인 앞으로 청약을 하고 물품의 매진과 동시에 청약의 효력도 소멸되며 일종의 자유청약으로 선착순매매조건부 청약(offer subject to prior sale)이라고도 한다.

③ 점검매매 청약(offer on approval)

청약과 함께 발송한 현물을 피청약자가 점검한 후 만약 구매의사가 있으면 송금하고 그렇지 않으면 현물을 반환하도록 하는 청약으로서 일종의 확정청약이다.

④ 반품허용조건부 청약(offer on sale or return)

청약과 함께 물품을 대량으로 송부하여 피청약자로 하여금 이를 판매하게 하고 팔리지 않은 물품을 다시 반납하도록 하는 조건의 청약으로 일종의 확정청약이다.

2. 승낙

1) 승낙의 의의

승낙이란 청약의 의사를 받아들인 피청약자가 계약을 성립시키기 위해 청약자에게 행하는 의사표시이다.

영미법에서는 계약 성립의 요건인 양 당사자간 의사의 합치가 이루어지기 위해서, 승낙은 절대적(absolute)이고 무조건적(unconditional)이어야 한다고 규정하고 있다. 비록 승낙이라는 이름의 의사표시라 하더라도 단서가 붙어있거나 청약의 내용이 변경된 경우라면 이는 하나의 counter offer에 지나지 않는다.

승낙이 유효하기 위해서는 청약의 내용과 완전히 일치해야 한다는 것을 영미법에서는 '완전일치의 원칙'(mirror image rule)이라 부른다.

2) 승낙의 방법

청약과 마찬가지로 승낙의 형식에는 아무런 제한이 없다. 그러나 청약에 의해 특정한 방식이 지정될 경우에는 반드시 그것을 따라야만 한다. 청약에서 승낙 방식을 특정하고 있음에도 불구하고 이를 따르지 않을 경우, 그 청약에 대한 동의는 승낙으로 인정되지 않으며 하나의 counter offer에 지나지 않는다.

거절의 의사를 표명하지 않을 경우 승낙으로 간주하겠다는 문구를 청약자가 일방적으로 offer에 담아 보내는 수도 있다. 이 경우 피청약자의 침묵에 대해 계약 성립을 주장하는 것은 인정되지 않는다. 그러나 만약 피청약자가 승낙 여부의 의사를 표시할 의무가 있는 것으로 이미 거래가 지속되고 있었을 경우라면, 피청약자의 침묵이 승낙으로 간주될 수도 있다. 하지만 그런 경우라 하더라도 실무에서 당사자들은 침묵이 아니라 명백한 의사표시를 주고 받는 것이 분쟁예방에 도움이 된다.

제 3 절 무역계약서

1. 일반거래조건협정서

계약서는 개별거래마다 계약조건을 일일이 처음부터 끝까지 나열하는 방식으로 작성할 수도 있다. 그러나 그것은 매우 비효율적인 일일 수도 있으며, 때로는 중요한 사항을 빠뜨림으로써 분쟁을 발생시킬 가능성도 있다.

그러므로, 동일한 당사자 간에 동일한 물품을 계속 반복적으로 거래하게 되는 경우 일반적인 거래조건에 대한 포괄적인 합의를 담은 계약서를 작성하고 필요할 때마다 선적을 하는 방식의 무역계약 형태로 Agreement on General Terms and Conditions of Business(일반거래조건협정서)를 교환한다.

일반거래조건협정서는 계약 당사자 가운데 어느 한 쪽이 당사 고유의 양식으로 만들어둔 문안 2부에 각각 서명하여 상대방에게 전달하는 경우가 일반적이다. 상대방이 그 내용을 받아들일 경우 서명한 후 한 부는 자신이 보관하고 한 부는 반송함으로써 각각 협정서를 보유하게 된다. 협정서를 사전에 교환하지 않고 당사 고유의 계약서 뒷면에 인쇄해 두는 경우도 있다. 만약 그 계약서에 상대방이 서명한다면 뒷면의 일반거래조건은 그 계약에서 효력을 갖게 되는 것이다.

2. 매매계약서

무역계약의 특성은 청약(offer)에 대하여 상대방이 승낙(acceptance)함으로써 성립되는 낙성계약이라는 것이다. 그러나 청약의 성질상 무역계약의 기본적인 사항만 기재되므로 청약만으로는 무역계약의 모든 내용을 포함하기에 부족하거나 분쟁이 발생할 때를 대비할 필요가 있다고 생각하여 별도의 매매계약서를 작성하고 이를 서로 교환한다.

무역계약서 형식에는 매도계약서 및 구매계약서 방식이 있다. 매도계약서는 매도청약을 발행한 매도인측에서 청약에 대한 승낙을 받으면 청약의 내용과 추가사항을 기재하여 작성한다. 매도인이 매도계약서를 2통 작성하여 서명한 후 매수인에게 보내면 1통은 매수인이 서명하여 보관하고 1통은 수출업자에게 재송부함으로써 정식계약이 성립된다. 매도계약서는 Sales Contract, Sales Note라고 부른다.

구매계약서는 매수인이 대량으로 정기적으로 반복 구매할 때 주로 사용되며 필요한 상품의 종류, 수량, 단가, 품질, 선적기일 등을 미리 인쇄된 양식 2통에 일방적으로 기재하고 서명하여 매도인에게 송부하고 1통은 매도인이 동의하면 서명하여 보관하고 1통은 매수인에게 재송부함으로써 정식계약이 성립된다. 구매계약서는 Purchase Order Form, Purchase Note라고 부른다.

제4장 무역계약의 기본조건

앞서 본대로 수출업자와 수입업자는 구체적 거래에 들어가기 전에 「무역거래의 기본조건(generalterms and conditions of business)」에 대해 협정한다. 이는 앞으로의 거래과정에서 발생할 수 있는 불가피한 무역 분쟁의 회피와 거래의 편의를 위해 반드시 필요하다. 여기서는 이 「기본조건」에 반드시 포함되어야 할 사항에는 어떤 것이 있으며 그 내용이 무엇인가를 살펴보고자 한다.

「무역거래의 기본조건」에 포함되어야 할 주요 항목에는 ①품질조건(quality), ②수량조건(quantity), ③가격조건(price), ④인도조건(shipment), ⑤결제조건(payment), ⑥보험조건(insurance) 등이 있다. 이밖에 포장조건이나 클레임해결을 위한 중재조건 등이 있다. 아래에서는 ①~⑥까지의 주요 조건에 대해 각각 살펴본다.

제1절 품질조건

1. 품질결정방법

무역거래에 있어 품질결정의 방법으로서 일반적으로 이용되는 것으로는 견본, 규격, 상표, 표준품, 명세서 등의 방법이 있다. 오늘날 무역거래에서는 대개 견본에 의해 품질을 정하는 방식이 채택되고 있다.

각각의 품질결정 방법에 대해서 간략히 살펴보면 다음과 같다.

▌표 4-1▌ 품질결정방법

품질 결정 방법	내 용	주요 용도
견본매매	상품의 품질을 수입업자가 제시하는 견본에 의해 결정. 상품의 품질을 구체적으로 제시해서는 안됨	대부분의 공산품
상표매매	상표가치가 세계적으로 널리 알려진 상품	Parker만년필, 샤넬 등
규격품매매	상품의 규격이나 품질이 국제적으로 공인되어 있는 경우	KS, JIS, ISO 9000
표준품매매	공산품과는 달리 개별 상품의 규격, 상표, 견본이 불가능한 경우 표준품을 품질로 결정	농산물, 수산물, 광물 등
명세서매매	거래 기계류로써 상품의 상세한 설명을 담고 있는 설계도나 명세서 등을 기준으로 품질을 결정	선박, 철도, 발전기 등

1. 견본(sample) : 상품의 품질을 수입업자가 제시하는 견본에 의해 결정한다. 견본에 의해 품질을 결정할 때 수출업자가 주의할 점은 "견본과 완전히 일치하는 것(quality to be fully equal to sample)"이라는 표현을 써서는 안 되며 "대체로 견본과 비슷한 것(quality to be similar to sample)"이라는 표현을 사용해야 한다. 수입업자가 claim을 제기해 올 가능성을 방지하기 위해서이다.
2. 상표(trade mark 혹은 brand) : 세계적으로 널리 품질이 알려진 상품의 경우에는 견본을 제시할 필요가 없이 상표(trade mark)나 통명(brand)에 의해 품질을 결정하게 된다(예 : PARKER의 만년필, REVLON의 화장품).
3. 명세서(description) : 선반, 발전기 등 거대한 기계류는 그 구조, 특징, 성능을 상세히 알려주는 명세서(혹은 설계도)에 의해 품질을 결정한다.
4. 표준품(standard) : 농산물, 수산물, 광물 등 공산품과 달리 규격, 상표, 견본이 불가능한 경우는 그 상품을 대표하는 표준품으로 품질을 정한다(예컨대, 곡물의 경우 그 계절의 출하품 가운데 평균적인 품질의 것으로 품질을 결정한다).
5. 규격품(type 혹은 grade) : KS(Korean Standard), JIS(Japan Industrial Standard) ISO9000 등과 같이 물품의 규격이 국제적으로 공인되고 있는 경우에는 그 품질수준을 믿을 수 있으므로, 이것으로 품질을 결정한다.

2. 품질결정시기

국제거래는 장거리 운송에 따른 위험이 존재하므로 품질의 결정시기가 매우 중요한 문제이다. 선적항에서 상품매매계약 체결 시에 제시된 품질과 도착항에서 매수인에게 인도된 상품의 품질은 다를 수 있다. 그러므로 거래당사자 간에 상품의 품질을 선적 시로 하느냐 양륙 시로 하느냐는 아주 중요한 문제이다.

선적품질조건(shipped quality terms): 상품 품질의 평가시기를 선적이 완료된 시점으로 하는 조건이다. 이 조건에 속하는 것은 선적지인도조건인 FCA, FAS, FOB,

CFR, CPT 및 FAQ와 GMQ 조건이다.

양륙품질조건(landed quality terms): 상품 품질의 평가시기를 상품이 양륙된 시점으로 이 조건에 속하는 것은 도착지인도조건인 DAT, DAP, DDP 조건으로 운송도중 변질될 수 있는 곡물, 피혁, 어류 등과 같은 상품에 사용된다.

제2절 수량조건

무역거래에 사용되는 수량의 단위는 상품의 성질과 관습에 따라 여러 가지가 있지만 이것을 크게 나누어 보면 ① 중량(weight), ② 용적(measurement), ③ 개수(piece, dozen), ④ 포장(package), ⑤ 길이(length), ⑥ 면적(square) 등이 있다.

중량을 표시하는 단위에는 ton, lb, kg 등이 있으며 이 중 ton의 경우는 long ton, short ton, metric ton을 반드시 구별하여야 한다.[1)]

용적으로는 SF(super foot), M/T(measurement ton), CBM(Cubic meter) 그리고 Barrel이 있다. 1SF는 1 square feet × 1 inch이며 1M/T는 40 cubic feet(cft)이다. CBM은 세제곱미터를 의미하고 Barrel은 원유에 대한 용적량을 나타낸다.

개수를 나타내는 단위는 Dozen과 Gross가 있고 1Dozen은 12개를 의미하고 1Gross는 12Dozen을 의미한다. 길이를 나타내는 단위는 Meter, Yard 그리고 Feet가 있다. 면적은 SF(square foot), SM(square meter)가 있다. 포장의 단위는 Case, Bag, Bundle 그리고 Barrel이 있다.

중량(weight)은 원자재의 측정에, 용적(measurement)은 액체와 목재에, 개수는 잡화류에 그리고 포장(package)은 원면이나 시멘트에 길이(length)는 직물과 전선에 그리고 면적(square)은 합판이나 타일 등에 사용된다.

수량을 결정하는 시기도 역시 품질결정시기와 같은 조건으로 결정된다. 선적수량조건은 상품의 수량을 검사하는 시기를 선적완료시에 결정하고 양륙수량조건은 그 시기를 상품이 인도지에 양륙되었을 때 검사하는 조건이다.

상품의 수량에 대해서는 다소의 과부족용인조항(more and less clause)을 정해둔다.

---

1) Long Ton (English Ton; Gross Ton)=1,016kg
Short Ton (American Ton; Net Ton)=907kg
Metric Ton (French Ton; Kilo Ton)=1,000kg

과부족용인조항을 구체적으로 명시하지 않고 신용장방식거래를 채택하는 경우에 5 %의 과부족 허용을 용인한다.

제3절 가격조건

물품매매계약에서 당사자들이 가장 우선적으로 고려하는 것 중의 하나는 단연 가격일 것이다. 언어, 관습, 법률 및 통화가 상이한 국가 간의 거래에서 가격조건과 관련하여 발생할 수 있는 문제는 두 가지로 요약된다. 첫 번째는 매매가격을 어느 나라의 통화를 할 것인가 하는 거래통화에 대한 것이고, 다른 하나는 수출입에 따른 각종 비용 및 위험을 누가 부담하는가 하는 가격의 기준에 관한 것이다.

먼저 가격조건에서 문제가 되는 것이 거래통화에 대한 것인데, 무역거래에 있어서 대금을 어느 나라 통화로서 표시하고 또 결제하는가는 오늘날 국제통화의 불안정성에 기인하는 문제라 할 수 있다. 따라서 거래통화는 국제적으로 널리 통용되는 안정적인 통화로 표시하여 환위험을 최소로 해야 한다.

일반적으로 수출입당사국의 통화를 포함하여, 제3국의 통화에 의하여 결제를 행하여도 좋지만, 실무에서는 외국환은행이 매일 환시세를 설정하고 언제나 외화의 매입에 응하는 국가의 통화로 가격이 표시되고 결제되는 것이 보통이다.

둘째, 가격의 기준, 즉 매매기준가격의 문제가 있는데, 가격의 기준은 계약의 물품의 인도, 즉 인도의 장소가 수출지인가 또는 수입지인가에 의하여 기본적으로 다르다. 또 매도인 및 매수인이 어떠한 범위까지의 비용을 부담하는가에 따라서도 다르게 결정된다.

무역거래에 있어서 물품의 가격은 물품의 제조원가를 기준으로 원가에 이윤을 붙이고 거기에 수출입에 수반되는 각종비용을 포함시킨 수출입요소비용 전체에 의하여 단가가 산정되고 그에 따라 가격제시가 이루어진다.

물품의 수출입에 소요되는 제비용을 살펴보면, 물품의 제조 또는 조달원가, 포장비, 희망이익, 각종 검사 및 증명료와 인허가 비용, 선적항까지의 수출국에서의 내륙수송비, 창고료 또는 보관료, 수출통관비용, 수출세, 선적비용, 해상운임, 보험료, 양하비용, 항구세와 부두사용료, 각종 행정비용, 그 밖에 수출입에 수반되는 이자, 환비용, 수수료, 케이블 또는 텔렉스 등의 통신비용을 포함한 여러 가지 영업비용 또는 잡비 등을 들 수 있다.

오늘날 가격조건과 관련하여 해석상의 차이에서 발생하는 분쟁과 마찰을 해소하고 수출입상품의 가격을 매번 개별적으로 정하는 데서 오는 불편함을 제거하기 위하여 수출입상품의 가격은 국제상업회의소(ICC: International Chamber of Commerce)가 제정한 무역조건의 해석에 대한 국제규칙(INCOTERMS: International Rules for Interpretation of Trade Terms)이 이용되고 있어 무역거래에 참여하는 당사자들은 동 규칙을 이해하는 것이 중요하다.

제4절 선적조건

선적(shipment)조건이란 모든 운송에 있어서 물품을 양적(loading)하는 것뿐만 아니라 우편에 있어서 발송(dispatch) 그리고 복합운송에 있어서 수탁(taking in charge)을 포함하는 포괄적 의미를 가지며 (1) 약정품을 언제 인도할 것인가의 선적시기에 대한 문제와, (2) 분할선적(partial shipment)과, (3) 환적(trans-shipment) 그리고 선적지연에 대한 허용에 대한 협정을 내용으로 다루는 조건이다.

선적시기를 정할 때 막연한 표현을 사용하지 않고 정확한 날짜를 명시하여야 한다. 막연한 표현은 분쟁을 야기할 수 있고 날짜에 대한 막연한 표현이 신용장에 기재되었을 경우 은행은 신용장에 명시된 날짜를 무시할 수 있다.

분할선적은 화물을 일시에 전량을 선적하지 않고 몇 차례로 나누어 선적하는 것을 말한다. 선적조건에서 분할선적을 금지하는 조항이 포함되어 있지 않다면 분할선적이 허용되는 것으로 간주된다. 환적이란 출발항에서 선적된 화물을 수송 도중에 다른 선박에 옮겨 싣는 것을 말한다. 매수인이 환적을 원하지 않는 경우에는 환적금지 문구를 선적조건에 삽입하여야 한다. 그럼에도 불구하고 복합운송에 있어서 환적금지 문구는 인정되지 않는다.

매도인이 고의나 과실에 의해서 발생한 선적지연은 매도인이 책임져야 한다. 그러나 천재지변이나 전쟁 등 불가항력적인 사건의 경우에 면책될 수 있다. 불가항력의 경우에 면책이 될 수 있도록 하기 위해서는 선적조건에 면책조항이 구체적으로 명시되어야 한다.

제5절 대금결제조건

교역당사자들은 계약을 체결할 때 대금결제조건으로 대금지급시기, 대금지급방법 및 대금지급통화에 대해 합의하여야 한다.

1. 대금지급시기

상품의 인도와 대금지급의 시기에 의해 대금지급 결제방식을 분류하면 다음과 같다.

① **선불 혹은 전불(advance payment)** : 물품이 선적 또는 인도되기 전에 대금을 미리 지불하는 조건을 선불 혹은 전불이라 한다. 그 종류에는 상품을 주문함과 동시에 현금으로 결제하는 CWO(Cash with Order : 주문불)방식과 주문과 동시에 송금해 주는 단순송금방식이 있다.

② **동시불(concurrent payment)** : 물품의 선적 혹은 인도 또는 선적서류의 인도와 동시에 대금결제가 이루어지는 것을 동시불 조건이라 하며, 여기에는 현물인도와 동시에 현금결제가 이루어지는 COD(Cash on Delivery : 현물상환불), 신용장에 의한 거래에서 수출업자가 발행한 환어음이 수입업자에게 제시되면 즉시 대금을 지급해야 하는 일람불방식(at sight base), 그리고 마지막으로 어음을 추심(collection)해서 대금을 회수하는 경우에 어음이 수입업자에게 제시되었을 때 대금을 지급해야 선적서류를 인도받을 수 있는 지불도방식(D/P : documents against payment) 등이 있다.

③ **후불(연불, deferred payment)** : 물품의 선적 혹은 인도, 또는 선적서류가 인도된 후 일정한 기간이 지나야 대금이 결제되는 외상거래조건을 후불조건이라 한다. 여기에는 신용장에 의한 거래에서 어음이 수입업자에게 제시된 후 일정기간이 지나야 대금이 지급되는 기한불방식(usance base)과 신용장방식이 아니고 어음을 추심해서 대금을 회수하는 경우에 수입업자는 어음제시가 있어도 대금지급을 하지 않고 어음을 인수(acceptance)하기만 하면 선적서류가 인도되며 대금은 어음의 만기일에 지급되는 인수도방식(D/A : documents against acceptance)이 있다.

2. 대금결제방법

무역대금에 대한 지급방식으로는 ① 현금결제 ② 신용장에 의한 결제 ③ 추심방식에 의한 결제 ④ 송금방식에 의한 결제 ⑤ 국제전자상거래에 의한 결제가 있다.

① **어음결제조건** : 수출업자가 수입업자를 지급인(drawee)으로 하는 어음을 발행하여 이를 은행에 매각(negotiation) 또는 추심(collection)하여 수출대금을 회수하는 방식이다. 어음을 신용장에 의한 어음과 무신용장거래에 의한 어음으로 대별할 수도 있다. 신용장방식에 의한 거래에서 사용되는 어음에는 일람불어음(sight bill)과 기한부어음(usance bill)이 있으며, 무신용장거래인 추심결제방식에 의한 수출입에서 발행되는 어음은 어음지급서류인도조건(D/P: Document against Payment)조건에 의한 어음과 어음인수서류인도(D/A: Document against Acceptance)조건에 의한 어음이 있다.

② **송금환결제조건** : 수입업자가 수출업자에게 은행을 통해서 송금환이나 송금수표의 형태로 대금을 송금하는 방식으로 송금시기에 따라 사전송금방식, 동시지급방식, 사후송금방식으로 나뉘며 송금수단에 따라서 전신환(T/T : telegraphic transfer), 우편환(M/T : mail transfer) 그리고 송금수표(D/D: Demand Draft)에 의하여 송금함으로써 대금을 결제하는 조건이다.

③ **물품결제조건** : 수출입의 대가로 다른 물품을 수입 또는 수출하는 물물교환방식(barter trade system)이다. 최근에 들어 구상무역(compensation trade)이나 연계무역(counter trade)이 크게 증가하고 있다.

3. 대금결제통화와 장소

결제통화는 환시세의 변동으로 인한 환위험이 심하지 않은 안정된 통화로서 국제통용성 및 공신력이 높은 통화를 채택하여야 한다. 국제거래의 매매기준이 되는 기준통화로 미국 달러화(US$), EU의 유료화(EURO), 일본의 엔화(JPY) 등이 있다.

결제장소는 당사자간의 특약이 없는 한 매도인의 영업지가 되는데, 이는 물품인도와 대금지급이 동시이행조건이라는 계약이론에 따르는 것이 일반적이기 때문이다. 국제물품매매계약에 관한 UN협약(CISG)에 의하면 대금지급은 매도인의 영업장소에서 행하여지거나, 대금지급이 물품 또는 서류와 상환으로 이루어지는 때에는 그러한 상환이 행해지는 장소에서 지급되어야 한다.

제6절 보험조건

화물의 해상운송에는 위험이 따르기 때문에 물품을 안전하게 인도하기 위해서는 만일의 사고에 대비하여 반드시 해상보험에 부보하여야 한다. 매매당사자가 보험에 가입해야 하는 이유는 운송조건과 밀접한 관련이 있다. 즉 운송회사와 화주사이에 체결된 운송계약에서는 운송인의 고의 또는 중과실이 아닌 경우, 사고발생시 운송인의 손해배상책임한도가 설정되어 있기 때문에 화주가 자신의 적화에 대하여 완전한 보상을 받는 것은 사실상 불가능하기 때문이다.

가격조건이 FOB와 CFR인 경우는 수입업자가, CIF인 경우는 수출업자가 보험계약을 체결하고 보험료를 지급한다. 보험조건은 보험회사가 부담하는 위험(risk)과 손해의 범위에 따라 여러 가지 형태로 나누어지며, 보험조건의 차이에 따라 보험료에 차이가 있다.

따라서 보험조건에서는 보험금액과 보험가액, 보험료 및 해상위험에 대한 부보범위를 결정해야 한다. 별도의 합의가 없는 한 CIF 또는 CIP 조건인 경우에는 매도인이 매수인을 위하여 상업송장가액의 110%로 부보하게 되는데, 이때 10%는 무역거래시 수입상이 기대하는 희망이익이다.

해상적하보험에 있어 실무적으로 가장 많이 사용되는 협회적하약관에는 ICC(A), ICC(B), ICC(C) Clause 등 세가지 기본약관이 있는데, 매매당사자들은 부보범위와 보험료 등을 고려하여 계약화물에 가장 적합한 형태의 보험조건을 선정해야 한다.

제7절 포장조건

1. 포장

포장(packing)은 화물이 인도과정에서 손상을 입지 않도록 안전하게 보호하고 상품으로서의 가치를 유지할 수 있도록 하기 위한 것이다. 따라서 개품운송의 경우 포장이 반드시 필요한데, 그 비용이 저렴하면서도 견고하여야 한다. 무역거래에서 포장에 관해서는 그 종류와 재질, 화인(貨印)이 문제가 된다.

포장의 종류에는 개장(unitary packing), 내장(interior packing) 및 외장(outer packing)이 있다. 외장에는 반드시 목적물의 확인과 운송 목적지의 판별을 쉽게 하기 위하여 특정한 기호나 문자 따위로 화인(mark)을 표기하여야 한다.

2. 화인

포장화물의 표면에 기입하는 특정한 기호, 번호, 목적지, 취급상의문구 등을 총칭하는 것으로 화물취급자로 하여금 다른 물건과 구분하여 매수인의 사용편의 및 선적서류와 물품과의 대조에 편의를 주는데 있다.

화인은 여러 가지 내용으로 구성되어 있는데 상호가 표시된 주화인, 목적항, 원산지표시 등은 반드시 표시해야 한다. 일반적으로 화인은 계약체결 시 매수인이 요청하게 되는데, 별도의 요청이 없을 경우에는 매도인 임의의 방식으로 표시하면 된다.

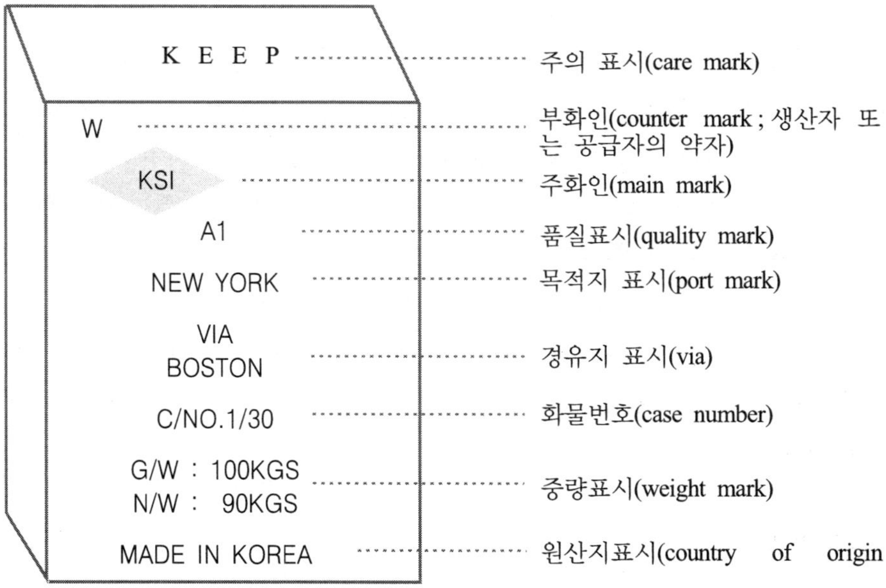

[화인의 예]

제8절 분쟁해결조건

무역계약을 체결할 때는 물품매매와 관련된 기본적인 조건 이외에 계약이행이후 발생될지도 모르는 분쟁에 관한 법적 구제조건들에 대해서도 약정해두어야 한다.

1. 불가항력조항

불가항력(不可抗力 force majeure)이란 당사자가 통제할 수 없는 모든 사건을 말한다. 불의의 사태에 의해 계약을 이행할 수 없게 되는 경우를 대비하여, 계약을 체결할 때 미리 불가항력조항을 삽입해 두어야 분쟁을 예방할 수 있다.

2. 중재조항

무역거래 당사자 가운데 한쪽이 상대방의 거래이행 내용에 대해 만족하지 못할 때 클레임(claim)이 제기된다. 클레임은 권리의 회복이나 손해배상을 청구하는 것으로서 단순한 불만(complaint)과는 다르다.

이러한 클레임을 해결하는 방법으로는 당사자간의 화해(amicable settlement) 혹은 타협(compromise), 제3자의 알선(斡旋 intercession) 및 조정(調停 conciliation), 중재기관의 중재(仲裁 arbitration), 소송(litigation)이 있다. 분쟁이 당사자간의 화해나 조정으로 해결될 수 없다면, 법률소송보다는 중재의 방법에 의하는 것이 판정의 효력이나 비용측면에서 모두 유리하다.

중재란, 당사자간의 중재계약에 따라 사법(私法)상의 법률관계에 관한 분쟁을 법원의 판정에 의하지 않고 사인(私人)인 제3자에게 맡겨 판정을 의뢰하며, 그 판정에 복종함으로써 분쟁을 해결하는 방법이다. 중재판정은 법률에 의해 국가공권력으로 강제집행된다.

3. 재판관할조항

만약 계약에서 중재조항을 두지 않았거나 뉴욕협약 비체약국 기업과의 분쟁이라면, 해결되지 못한 클레임은 결국 소송에 의존할 수밖에 없게 된다. 그런 경우를 대비하여 소송을 맡을 법원을 당사자간에 미리 약정해 놓은 것이 재판관할(jurisdiction)

조항이다.

재판관할에 관한 합의를 함에 있어서, 그것이 관계당사국에서 유효한지 그리고 선정된 법원이 외국인의 기소권을 인정하는지 등을 미리 검토해야 한다. 그리고 관할법원으로 한국, 미국 등 국가의 이름을 지정할 것이 아니라, 부산, 뉴욕 등 구체적 지역을 명시하는 것이 좋다.

4. 준거법조항

무역계약의 성립과 이행 그리고 해석에 관하여 어느 나라의 법률을 적용할 것인가를 규정한 것이 준거법(governing law)조항이다. 분쟁이 발생하고 난 후 준거법이 어느 것이 되는 가를 판정하기는 매우 곤란하다. 당사자는 서로 자기에게 유리한 쪽을 고집할 것이고, 준거법 판정에 관한 해석기준이 국가별로 상이하기 때문이다. 그러므로 계약에서 준거법을 미리 명확히 약정해 두어야 한다.

제5장 국제상관습과 정형거래규칙

제1절 국제상관습의 의의

무역은 격지간의 거래이므로 매도인이 매수인에게 물품을 운송하려면 시간과 비용이 많이 들고, 이에 따라 비용 및 운항기간 동안 있을 수 있는 파손위험 등을 어느 선까지 누가 부담할 것인지를 정하는 것이 문제된다. 그런데 이를 매 거래시마다 어디까지 누구 부담인지를 일일이 기술하려면 상당히 번거로울 뿐만 아니라 해석의 차이로 오해 및 분쟁이 있을 수 있다.

이러한 문제점들을 해결하기 위해 상인들간의 국제 교역을 통하여 오랜 기간 동안 자연스럽게 형성되어 법적 규범력을 가지게 되는 관례가 있는데 이러한 관례들을 관습이라고 한다. 특히 국제 간의 물품의 교역에 있어서 서로 상이한 국가, 문화, 제도 등의 차이로 인하여 많은 관습들이 존재하고 있다.

이러한 관습에 바탕을 두고 묵시적 또는 명시적으로 계약에 적용하여 무역거래가 신속하고 안전하게 행하여지고 있다. 일반적으로 개개의 무역계약의 내용이 간결하게 표현되는 데도 불구하고 거액의 무역거래가 원활히 이루어지고 있는 것은 주로 무역관습에 의거한 묵시조항에 의하여 무역계약이 보완되고 있기 때문이다. 무역관습은 지역 또는 거래상품의 종류에 따라 서로 다른 경우도 있지만 상품의 종류나 거래장소 등을 불문하고 널리 일반적으로 적용되기도 한다.

이러한 상관습은 국제 간의 교역의 활성화와 운송수단의 발달과 정보통신 기술의 발전 등으로 인하여 자주 변화되고 있으므로 이러한 변화에 신속하게 적응하기 위해 ICC를 비롯한 국제기구에서 국제관습의 정형화와 해석상 오류를 미연에 방지하고자 노력을 하고 있다. 무역계약은 이러한 규칙을 기초로 해서 이행되는 것이기 때문에 무역계약을 정확하게 체결하고 이행하기 위해서는 현행 무역거래에서 통용되는 무역관습을 이해하지 않으면 안 된다.

제2절 정형거래규칙

1. Incoterms(인코텀즈)

1) Incoterms의 개념 및 목적

무역거래의 이행과정에서 지출되는 각종 비용과 위험을 누가 부담할 것인가의 문제는, 상대방이 제시한 가격으로 거래를 성사시킬 것인지를 판단하는 데 있어서 결정적 관건이 된다. 거래의 편의를 위해 상인들은 간단한 몇 글자만으로써 이러한 비용과 위험의 부담자를 묵시적으로 이해하는 관습을 오랜 세월에 걸쳐 발전시켰다. 그것이 바로 FOB(Free on Board)와 CIF(Cost, Insurance and Freight)로 대표되는「정형거래조건」이다.

인코텀즈(Incoterms)란 "International Commercial Terms"의 약어로 무역거래에 사용되는 정형거래조건(trade terms)으로 거래당사자의 권리와 의무를 국제적으로 통일시킨 것이다. 국가별 상관행 차이에 따른 거래당사자간 법률관계로 야기된 오해와 분쟁을 미연에 방지하기 위해 국제상업회의소(ICC)가 1936년 무역거래조건 해석에 관한 국제규칙(International Rules for the Interpretation of Trade Terms, 일명 Incoterms)을 제정하였다. 이 규칙을 "Incoterms 1936"이라고 한다. 그 후 규칙은 현재의 국제무역관행 및 흐름에 맞추어 나가기 위해 1953년, 1967년, 1976년, 1980년, 1990년, 2000년 그리고 현재 2010년에 개정과 추가가 행해졌다. 인코텀즈 2010은 2010년 9월에 개정되어 2011년 1월1일부터 Incoterms® 2010이라는 명칭으로 시행되었다.

2) 인코텀즈 2010의 주요개정 내용

인코텀즈는 국제상공회의소(ICC)에 의해 약 10년 단위로 7차례가 개정되었는데, 특히 이번은 관세자유지역의 지속적인 확대, 전자통신 사용 증대, 물류 보안 강화,

운송 관행의 변화 등을 고려해 이루어졌다.

① 규칙이 단순화되고, 명확화

종전 규칙에 비해 서문, 사용 설명, 개별 당사자 의무 등을 단순, 명확하게 하였다.

② 공식 명칭의 변경과 상표 등록화

이전의 '정형거래조건에 관한 국제 해석 규칙'을 '국내 및 국제 무역조건 사용에 관한 ICC규칙'으로 변경하여 국내의 거래에서도 사용가능하도록 하였다. 그리고 Incoterms® 를 상표로 등록하였다.

③ 'D'건의 일부 폐지 및 신설

DES·DEQ·DAF·DDU 등 4개를 폐지하고 DAP·DAT 등 2개 조건을 새롭게 신설하여 총 11조건으로 제정하였다.

④ 운송방식에 따른 분류

이전의 그룹 E, F, C, D 의 분류 방식을 '운송방식 불문 규칙'과 '선박운송 전용 규칙'으로 재분류하였다.

⑤ 본선난간(Ship's rail) 개념의 포기

본선인도조건 FOB, CFR, CIF 등에서의 끊임없는 논란이 되었던 위험의 분기점을 본선난간(Ship's rail)에서 갑판(On board)으로 변경하였다.

3) 실무적용상 유의사항

① 인코텀즈는 단순히 가격조건만을 의미하는 것이 아니다. 인코텀즈는 운송·보험·통관 업무의 당사자 및 비용과 위험의 분기점을 구분해 주는 포괄적인 계약 조건이다.

② 인코텀즈 2010이 시행된다고 해서 종전의 인코텀즈 조건이 사용금지되는 것은 아니다. 심지어 변형된 인코텀즈가 얼마든지 사용될 수 있다.

③ 인코텀즈는 매매계약에 자동적으로 적용되지 않는 임의규칙이다. 그러기에 인코텀즈의 버전을 명확히하여 적용한다고 명시해야 된다.

④ 개별조건에서 가능한 구체적인 인도 장소나 항구를 명기하는 것이 분쟁의 소지를 줄인다.

⑤ 인코텀즈2010은 복합운송조건의 활용을 권장한다.

⑥ 터미널화물처리비(THC) 부담자를 운송계약 체결자로 한다.

2. 개정미국무역정의(Revised American Foreign Trade Definitions, 1990)

1919년 뉴욕의 India House에서 개최된 전미국무역회의(National Foreign Trade Convention)는「수출가격조건의 정의(Definitions of Export Quotations)」혹은「FOB에 관한 India House 규칙(India House Rule for FOB)」라 부르는 통일규칙을 채택하였다. 미국의 거래관습에서 대륙국으로서의 특성이 가장 잘 나타나 있는 부분은 다양한 FOB의 변종들이므로, 이 규칙의 핵심은 단연 4계통 8종의 FOB이다. 여기에 FAS, CIF, C&F를 더하여, 이 규칙은 4가지 조건의 표준해석을 달고 있다.

그러나 이 정의가 매도인에게 유리하게 만들어졌다는 수입자들의 불만이 지속되었다. 그리고 1930년대를 거치면서 미국은 명실상부한 세계경제의 중심국가로서 무역을 주도하게 된다. 이러한 사정들을 고려하여, 1941년 전미국무역협회(National Foreign Trade Council) 등을 주축으로 통일규칙의 개정작업이 진행되었다. 그 결과가「Revised Foreign Trade Definitions 1941」이다. 개정된 규칙에는 기존의 4개 조건 이외에 Ex(point of origin)과 Ex Dock이 추가되어 6개로 늘어났다. 이 가운데에서도 FOB는 특히 다시 6가지로 나뉘어 사용된다.

그후 1990년에는 그간의 무역관습의 변화를 감안하여 각 조건에 매매당사자의 새로운 의무를 추가하였는데, 그것이「Revised Foreign Trade Definitions 1990」이다. 여기서는 Ex(point of origin)을 EXW로, C&F를 CFR로, 그리고 Ex Dock를 DEQ Delivered로 개칭하여 Incoterms와 대응시켰다.

한편 Incoterms 1980이 공표됨에 따라, 미국의 Trade Organizations 에서는 더 이상 이 정의를 사용하지 않기로 결의한 바 있다. 하지만 이 결의가 그 사용을 법적으로 금지하는 것은 아니므로, 개정미국무역정의는 미국지역의 무역거래에서 지금도 여전히 사용되고 있다. 따라서 특히 미국의 수출입자와 거래할 때는, 정형거래조건의 해석이 Incoterms에 의거한다는 점을 분명히 명시할 필요가 더욱 커진다.

3. CIF계약에 관한 Warsaw-Oxford Rules(Warsaw-Oxford Rules for CIF Contract, 1932)

국제법협회(International Law Association : ILA)는 1928년 Warsaw에서 열린 회의에서 CIF계약에 관한 통일초안을 상정하여 채택했다. 뒤이어 1931년에는 ICC의 강력한 후원 하에 Warsaw 규칙의 개정초안이 작성되었고, 이는 다음해인 1932년

Oxford에서 개최된 ILA회의에 회부되어 마침내「Warsaw- Oxford Rules 1932」가 탄생한다.

이것은 서문과 21개 조항으로 되어있는데, Incoterms와는 달리 소유권이전에 관한 규정도 포함하고 있다.

CIF라는 단일조건에 대해 이처럼 별도의 통일규칙을 둔다는 사실은, 그만큼 CIF 조건의 성격이 독특하며 간단하지 않다는 것을 시사한다.

제3절 INCOTERMS 2010의 정형거래규칙

1. RULES FOR ANY MODE OR MODES OF TRANSPORT

1) EXW(공장인도조건)

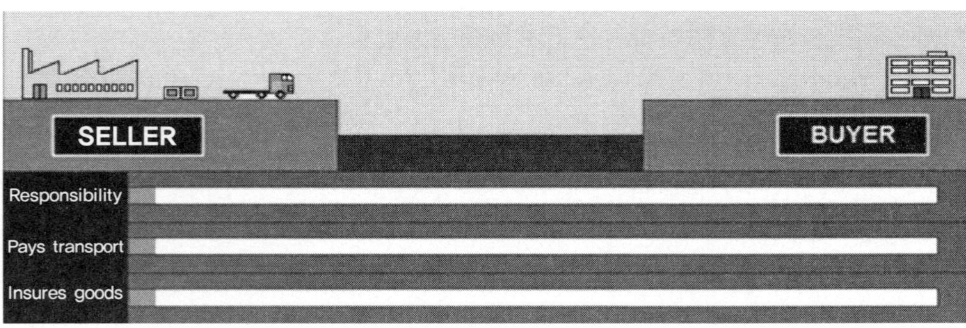

이 규칙은 운송 수단의 종류에 관계없이 사용될 수 있다. 그리고 하나 이상의 운송 수단이 사용되느냐의 여부에 관계없이 사용될 수 있다. 이 규칙은 국내 교역에 적합한 반면 국제 교역에는 FCA을 사용해야 한다.

Ex Works는 매도인의 영업장소(작업장, 공장, 창고 등)에서 매수인의 임의처분 상태로 물품을 놓아두었을 때 매도인이 인도하는 것을 의미한다. 매도인은 수취용 차량에 적재할 필요가 없으며, 수출통관이 필요한 경우에도 물품의 수출통관을 이행할 필요가 없다.

당사자들은 가능한 합의된 인도 장소의 지점을 명확하게 지정하여야 한다. 왜냐하면 해당 지점까지 비용과 위험을 매도인이 부담해야 하기 때문이다. 매수인은 합의된 인도 장소에서 합의된 지점으로부터 물품을 수취하는데 수반되는 모든 비용과 위험을 부담하여야 한다. EXW 규칙은 매도인에 대한 최소한의 의무를 나타내고 있다.

이 규칙을 사용하는 경우 다음과 같은 사항을 유의하여야 한다.

a) 비록 실무적으로 매도인이 물품을 적재하기 유리한 입장에 있더라도 매도인은 물품을 적재할 의무가 없다. 만약 매도인이 물품을 적재하였다면 이는 매수인의 위험과 비용으로 한 것이다. 만약 매도인이 물품을 적재하기 훨씬 더 유리한 입장에 있는 경우에는 매도인이 자신의 비용과 위험으로 물품을 적재하는 의무가 있는 FCA 규칙이 적당하다.

b) 물품을 수출하기 위하여 EXW 규칙으로 매도인으로부터 물품을 구입한 매수인은 매도인이 단지 수출을 위해 매수인에게 필요한 협조만 할 의무가 있는 것이지 매도인이 수출통관을 할 의무는 없다는 사실에 주의하여야 한다. 따라서 매수인이 직접 또는 간접적으로 수출통관을 할 수 없는 경우에는 EXW 규칙을 사용하지 않는 것이 바람직하다.

c) 매수인은 매도인에게 물품의 수출에 관한 정보의 제공에 대하여 제한적 의무를 가진다. 그러나 매도인은 과세 또는 보고를 위하여 이러한 정보가 필요할 수도 있다.

2) FCA(운송인 인도조건)

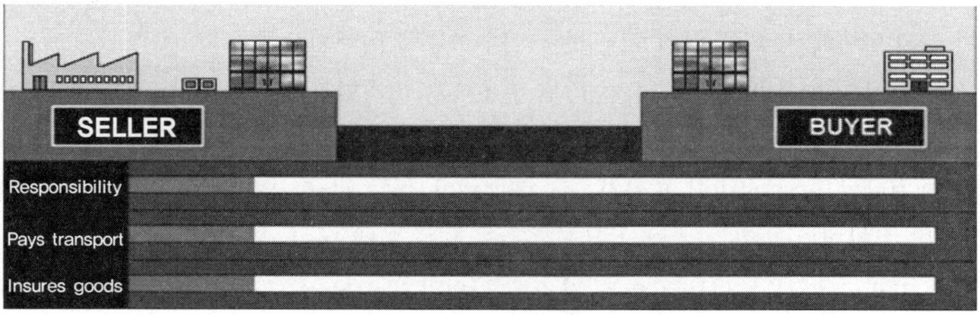

"Free Carrier" 는 매도인이 자신의 영업장 또는 합의된 장소에서 매수인에게 의해 지정된 운송업자 또는 다른 당사자에게 물품을 인도하는 것을 의미한다.

당사자들은 합의된 인도 장소의 인도지점을 가능한 명확하게 구체화해야 하며 해당 지점에서 위험이 매수인에게 이전된다. 만약 당사자들이 매도인의 영업장소에서 물품을 인도하고자 한다면 영업장소의 주소를 특정하여야 한다. 반면에, 다른 장소에서 물품을 인도하고자 한다면 다른 구체적 인도 장소를 특정하여야 한다. 매도인의 영업자 이외의 장소를 지정하는 경우에는 매도인은 이동완료된 차량에서 물품의 양화준비완료시 물품의 인도가 이루어진다.

FCA 규칙은 적용가능하다면 매도인이 물품의 수출통관 이행하여야 한다. 하지만, 매도인은 물품의 수입 통관, 수입관세, 수입 관련 통관 절차에 관한 의무는 없다.

3) CPT(운송비 지급 조건)

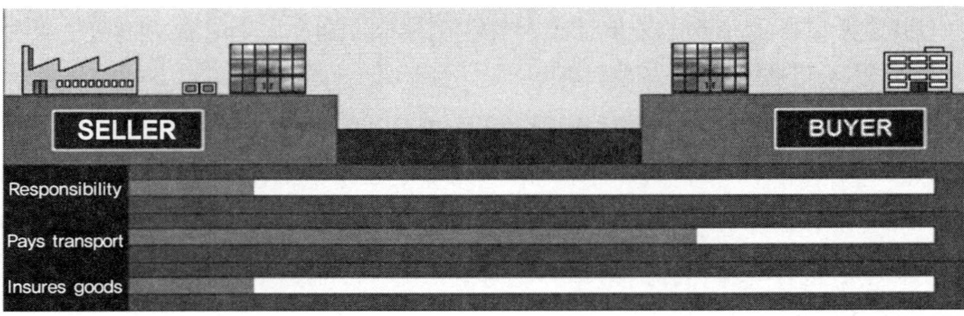

"Carriage Paid To"은 매도인이 합의된 장소(당사자 사이에 장소가 합의된 경우)에서 매도인이 지정한 운송인 또는 다른 당사자에게 물품을 인도하는 것을 의미하며 매도인은 합의된 도착지까지 물품을 운송하기 위해 필요로 하는 운송계약과 운송비를 지급하여야 한다.

CPT, CIP, CFR, CIF 규칙이 사용되는 경우 물품이 도착지에 도착하는 때가 아니라 운송인에게 물품이 넘겨지는 때에 인도의무가 이행된다.

이 규칙은 위험과 비용이 서로 다른 장소에서 이전되기 때문에 두 가지 중요한 지점이 있다. 당사자들은 위험이 매수인에게 이전되는 인도 장소와 매도인이 운송계약을 체결하기 위한 합의된 도착장소를 매매계약서에 가능한 명확하게 명시하여야 한다. 만약 합의된 도착 장소까지 물품을 운송하기 위해 여러 명의 운송인이 이용되는 경우 그리고 당사자가 특정 인도 장소를 합의하지 않은 경우 매수인은 선택권이 없으며, 매도인이 전적으로 선택한 지점에서 최초의 운송인에게 물품이 인도되는 때 위험이 이전된다. 만약 당사자들이 위험의 이전 지점을 그 이후의 단계(예를 들어 부두 또는 공항)로 하고자 하는 경우 매매계약서에 이를 명확히 할 필요가 있다.

당사자들은 또한 가능한 합의된 도착장소의 지점을 정확하게 특정하여야 한다. 왜냐하면 이 지점까지의 비용은 매도인의 비용으로 하기 때문이다. 매도인은 이러한 선택에 명확하게 일치하도록 운송계약을 체결하여야 한다. 만약 운송계약에서 매도인이 합의된 도착 장소에서 물품의 양화와 관련한 비용을 부담하였다면 별도로 당사자들의 합의가 없으면 매도인은 이러한 비용을 매수인으로부터 회수할 권리가 없다. CPT 규칙은 매도인이 물품의 수출통관 이행하여야 한다. 하지만, 매도인은 물품의 수입 통관, 수입관세, 수입 관련 통관 절차에 관한 의무는 없다.

4) CIP(운송비·보험료 지급 조건)

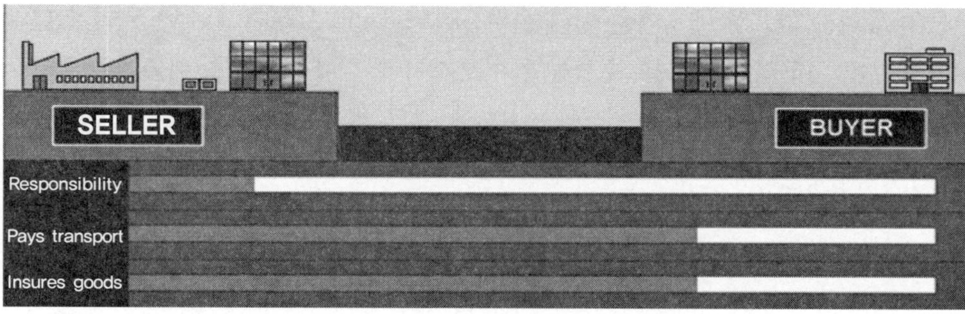

"Carriage and Insurance Paid to"은 매도인이 합의된 장소(당사자 사이에 장소가 합의된 경우)에서 매도인이 지정한 운송인 또는 다른 당사자에게 물품을 인도하는 것을 의미하며 매도인은 합의된 도착지까지 물품을 운송하기 필요로 하는 운송계약과 운송비를 지급하여야 한다.

매도인은 물품이 운송되는 동안에 물품의 멸실 및 손상에 대한 매수인의 위험에 대해 보험계약을 체결하여야 한다. CIP 규칙 하에서 매수인은 매도인은 오로지 최소 부담의 보험만을 취득하도록 요구된다는 사실에 주의하여야 한다. 매수인이 보다 더 큰 부보로 보호받기를 원한다면 매도인과 명시적으로 합의하거나 매수인이 별도로 자신을 위하여 추가적 보험계약을 체결하여야 한다.

CPT, CIP, CFR, CIF 규칙이 사용되는 경우 물품이 도착지에 도착하는 때가 아니라 운송인에게 물품이 넘겨지는 때에 인도의무가 이행된다.

이 규칙은 위험과 비용이 서로 다른 장소에서 이전되기 때문에 두 가지 중요한 지점이 있다. 당사자들은 위험이 매수인에게 이전되는 인도 장소와 매도인이 운송계약을 체결하기 위한 합의된 도착장소를 매매계약서에 가능한 명확하게 하여야 한다. 만약 합의된 도착 장소까지 물품을 운송하기 위해 여러 명의 운송이 이용되는 경우 그리고 당사자가 특정 인도 장소를 합의하지 않은 경우 매수인은 선택권이 없으며, 매도인이 전적으로 선택한 지점에서 최초의 운송인에게 물품이 인도되는 때 위험이 이전된다.

만약 당사자들이 위험의 이전 지점을 그 이후의 단계(예를 들어 부두 또는 공항)

로 하고자 하는 경우 매매계약서에 이를 명확히 할 필요가 있다.

당사자들은 또한 가능한 합의된 도착장소의 지점을 정확하게 특정하여야 한다. 왜냐하면 이 지점까지의 비용은 매도인의 비용으로 하기 때문이다. 매도인은 이러한 선택에 명확하게 일치하도록 운송계약을 체결하여야 한다. 만약 운송계약에서 매도인이 합의된 도착 장소에서 물품의 양화가 관련한 비용을 부담하였다면 별도로 당사자들의 합의가 없으면 매도인은 이러한 비용을 매수인으로부터 회수할 권리가 없다. CIP 규칙은 매도인이 물품의 수출통관 이행하여야 한다. 하지만, 매도인은 물품의 수입 통관, 수입관세, 수입 관련 통관 절차에 관한 의무는 없다.

5) DAT(터미널 인도 조건)

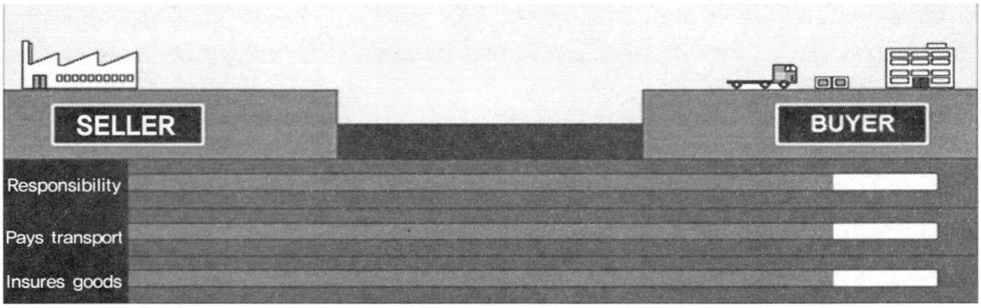

"도착터미널인도"란 물품이 도착운송수단으로부터 양하된 상태로 지정목적항이나 지정목적지의 지정터미널에서 매수인의 처분하에 놓이는 때에 매도인이 인도한 것으로 되는 것을 말한다. 여기에서 "터미널"이란 부두, 창고, 컨테이너장치장(CY) 또는 도로·철도·항공화물의 터미널과 같은 장소를 포함하며, 지붕의 유무를 불문한다. 매도인은 지정목적항이나 지정목적지까지 물품을 운송하고 거기서 양하하는 데 수반하는 모든 위험을 부담한다.

이 규칙은 운송 수단의 종류에 관계없이 사용될 수 있다. 그리고 하나 이상의 운송 수단이 사용되느냐의 여부에 관계없이 사용될 수 있다.

"Delivered at Terminal"는 지정 도착항 또는 지정 목적지에 있는 지정 터미널에서 도착된 운송 수단으로부터 일단 양화한 물품을 매수인의 임의 처분 상태로 인도하는 것을 의미한다. 터미널은 덮개의 유무를 불문하고 부두, 창고, CY, 도로, 철도 또는 항공 화물 터미널과 같은 장소를 포함한다. 매도인은 합의된 부두 또는 장소의 터미널까지 물품을 운송하여 양화하는데 수반되는 모든 위험을 부담하여야 한다.

당사자들은 가능한 터미널을 명확히 하여야 한다. 그리고 가능한 합의된 항구 또는 도착 장소에 있는 터미널 내의 지점을 명확히 하여야 한다. 왜냐하면 이 지점까지의 위험은 매도인의 책임으로 하기 때문이다. 매도인은 이러한 선택과 정확하게 일치하는 운송 계약을 체결하여야 한다.

만약 당사자들이 터미널에서 다른 장소로 물품을 운송하고 처리하는데 수반되는 위험과 비용을 매도인이 부담하기로 하고자 한다면 DAP 또는 DDP 규칙을 사용하여야 한다.

DAT 규칙은 매도인이 물품의 수출통관 이행하여야 한다. 하지만, 매도인은 물품의 수입 통관, 수입관세, 수입 관련 통관 절차에 관한 의무는 없다.

6) DAP(도착지 인도 조건)

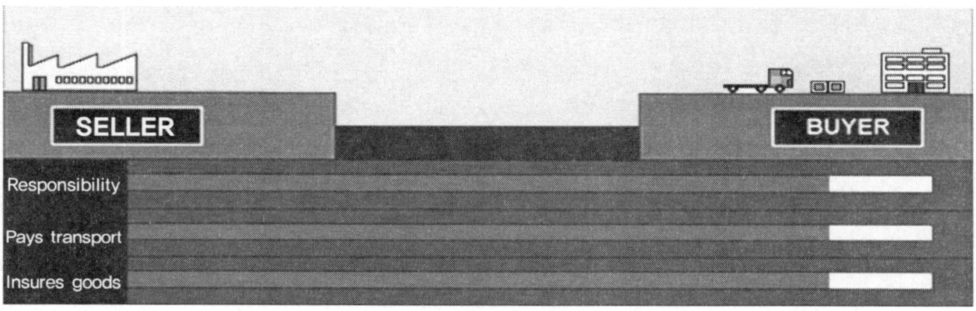

"도착장소인도"란 물품이 지정목적지에서 도착운송수단에 실린 채 양하준비된 상태로 매수인의 처분하에 놓이는 때에 매도인이 인도한 것으로 되는 것을 말한다. 매도인은 그러한 지정장소까지 물품을 운송하는 데 수반하는 모든 위험을 부담한다.

이 규칙은 운송 수단의 종류에 관계없이 사용될 수 있다. 그리고 하나 이상의 운송 수단이 사용되느냐의 여부에 관계없이 사용될 수 있다.

"Delivered at Place" 규칙은 합의된 도착장소에서 물품을 도착된 운송수단으로부터 양화하지 않은 상태로 매수인의 임의 처분상태에 인도하는 것을 의미한다. 매도인은 합의된 인도 장소까지 물품을 가져오는데 수반되는 위험을 부담하여야 한다.

당사자들은 또한 가능한 합의된 도착장소의 지점을 정확하게 특정하여야 한다. 왜냐하면 이 지점까지의 위험은 매도인의 위험으로 하기 때문이다. 매도인은 이러한 선택에 명확하게 일치하도록 운송계약을 체결하여야 한다. 만약 운송계약에서 매도인이 합의된 도착 장소에서 물품의 양화가 관련한 비용을 부담하였다면 별도로 당사자들의 합의가 없으면 매도인은 이러한 비용을 매수인으로부터 회수할 권리가 없다.

DAP 규칙은 매도인이 물품의 수출통관 이행하여야 한다. 하지만, 매도인은 물품의 수입 통관, 수입관세, 수입 관련 통관 절차에 대한 의무는 없다. 만약 당사자들이 물품의 수입 통관, 수입관세의 납부, 모든 수입통관절차를 매도인이 할 것을 원한다면 DDP 규칙을 사용하여야 한다.

7) DDP(관세지급 인도 조건)

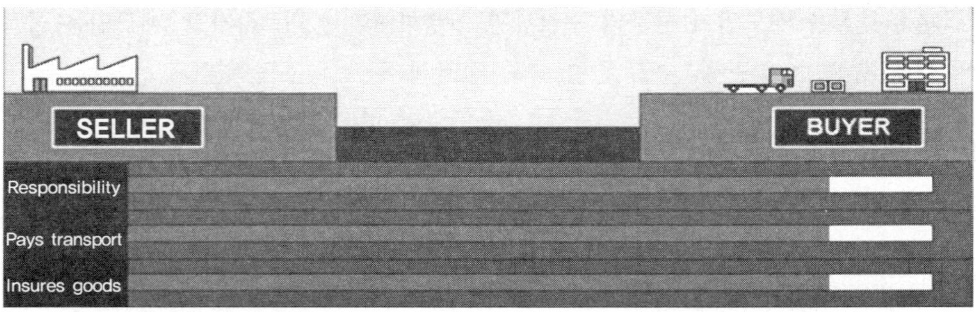

이 규칙은 운송 수단의 종류에 관계없이 사용될 수 있다. 그리고 하나 이상의 운송 수단이 사용되느냐의 여부에 관계없이 사용될 수 있다.

"Delivered Duty Paid" 규칙은 매도인이 합의된 도착 장소에서 수입통관을 필한 물품을 도착된 운송 수단으로부터 양화하지 않은 상태로 매수인의 임의 처분 상태에 인도하는 것을 의미한다. 매도인은 합의된 도착 장소에 물품을 가져오는데 수반되는 모든 비용과 위험을 감수하여야 하며, 물품의 수출 통관뿐만 아니라 수입통관, 수출과 수입에 대한 모든 관세, 모든 통관 절차를 이행할 의무를 가진다.

DDP 규칙은 매도인의 최대 의무를 나타낸다.

당사자들은 또한 가능한 합의된 도착장소의 지점을 정확하게 특정하여야 한다. 왜냐하면 이 지점까지의 위험과 비용은 매도인의 위험으로 하기 때문이다. 매도인은 이러한 선택에 명확하게 일치하도록 운송계약을 체결하여야 한다. 만약 운송계약에서 매도인이 합의된 도착 장소에서 물품의 양화가 관련한 비용을 부담하였다면 별도로 당사자들의 합의가 없으면 매도인은 이러한 비용을 매수인으로부터 회수할 권리가 없다.

만약 매도인이 직접 또는 간접적으로 수입 통관 절차를 이행할 수 없다면 DDP 규칙을 사용해서는 안된다. 만약 당사자들이 수입 통관과 관련된 모든 비용과 위험을 매수인이 부담하기를 원한다면 DAP 규칙을 사용하여야 한다. 그리고 당사자들이 별도로 매매계약서에서 합의하지 않은 한 물품의 수입과 관련되는 VAT 또는 기타 세금들은 매도인이 부담하여야 한다.

2. RULES FOR SEA AND INLAND WATERWAY TRANSPORT

1) FAS(선측 인도 조건)

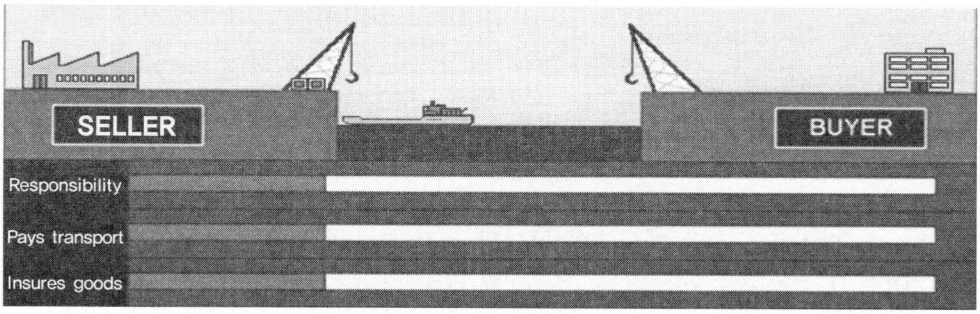

"Free Alongside Ship" 규칙은 매도인이 물품을 매수인이 지정된 본선의 선측(예를 들어, 부두 또는 부선 상)에 인도하는 것을 의미한다. 물품의 멸실 및 손상에 대한 위험은 물품이 본선의 선측에 인도되는 경우 이전되며, 매수인은 그 순간부터 모든 비용을 감수하여야 한다.

당사들은 합의된 선적항의 선적 지점을 가능한 명확하게 특정하여야 한다. 그 지점까지의 모든 비용과 위험은 매도인이 부담하는데, 이러한 비용과 화물 처리에 관련된 비용은 항구의 관습에 따라 다양하기 때문이다.

매도인은 지정된 선적 항구에서 매수인이 지정한 선박의 선측에 물품을 인도하거나 선적을 위해 이미 인도된 물품을 조달하여야 한다. 여기서, "procure"는 상품의 매매에서 특히 일반적인 연속매매를 위한 조달이다.

물품이 컨테이너에 적입된 경우 매도인은 본선의 선측이 아니라 터미널에서 운송인에게 인도하는 것이 일반적이다. 이러한 경우에는 FAS 규칙은 부적절하며, FCA 규칙을 사용하여야 한다.

FAS 규칙은 매도인이 수출 통관을 이행하도록 요구된다. 하지만, 매도인은 물품의 수입 통관, 수입관세, 수입 관련 통관 절차에 관한 의무를 지니지 않는다.

2) FOB(본선 인도 조건)

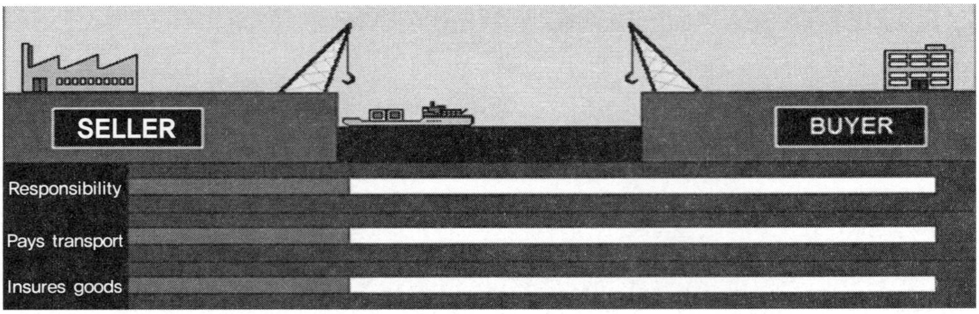

"Free on Board" 규칙은 매도인이 합의된 선적 항구에서 매수인에 의해 지정된 선박의 본선 상에 물품을 인도하거나 이미 선적을 위해 인도된 물품을 조달하는 것을 의미한다. 물품의 멸실 및 손상에 대한 위험은 물품이 본선의 갑판 상에 이전되며 매수인은 그 순간부터 모든 비용을 부담하여야 한다.

매도인은 본선의 선상에 물품을 인도하거나 선적을 위해 이미 인도된 물품을 조달하여야 한다. 여기서, "procure"는 상품의 매매에서 특히 일반적인 연속매매를 위한 조달이다. FOB 규칙은 물품이 본선에 적재되기 전에 운송인에게 인도되는 경우, 예를 들면 터미널에서 인도되는 컨테이너 물품에는 적절하지 않을 것이다. 이러한 경우에는 FCA 규칙이 사용되어야 한다. FOB 규칙은 매도인이 수출 통관을 이행하도록 요구된다. 하지만, 매도인은 물품의 수입 통관, 수입관세, 수입 관련 통관 절차에 관한 의무를 지니지 않는다.

3) CFR(운임 포함 규칙)

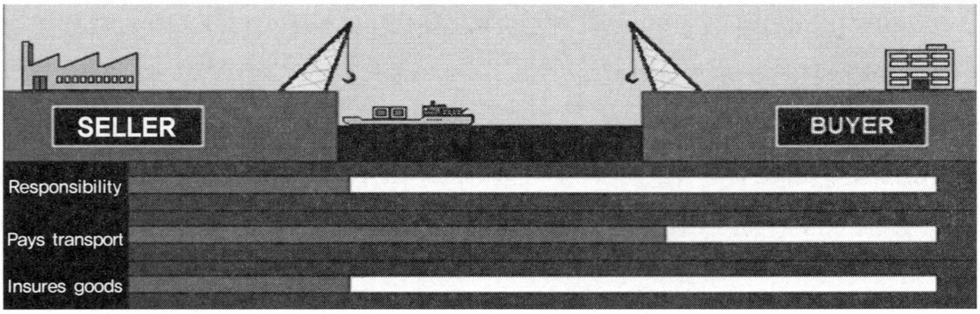

"Cost and Freight" 규칙은 매도인이 합의된 선적 항구에서 매수인에 의해 지정된

선박의 본선 상에 물품을 인도하거나 이미 선적을 위해 인도된 물품을 조달하는 것을 의미한다. 물품의 멸실 및 손상에 대한 위험은 물품이 본선의 갑판 상에 이전된다. 매도인은 물품의 운송 계약을 체결하여야 하며, 합의된 도착 항구에 물품을 가져오는데 필요한 비용과 운임을 부담하여야 한다.

CPT, CIP, CFR, CIF 규칙이 사용되는 경우 물품이 도착지에 도착하는 때가 아니라 선택된 규칙에서 규정한 방식에 따라 운송인에게 물품이 넘겨지는 때에 인도의무가 이행된다. 이 규칙은 위험과 비용이 서로 다른 장소에서 이전되기 때문에 두 가지 중요한 지점이 있다. 계약서는 항상 도착 항구를 특정화하여야 하는 반면 매수인에게 위험이 이전되는 선적 항구는 특정화 하지 않을 것이다. 만약 선적 항구가 매수인에게 특별히 이점이 있다면 당사자들은 계약서에 가능한 정확하게 이를 특정화하여야 한다.

당사자들은 이 지점까지의 비용은 매도인이 부담하기 때문에 가능한 정확하게 합의된 도착 항구의 지점을 특정화하여야 한다. 매도인은 이러한 선택에 명확하게 일치하도록 운송계약을 체결하여야 한다.

만약 운송계약에서 매도인이 합의된 도착 장소에서 물품의 양화와 관련한 비용을 부담하였다면 별도로 당사자들의 합의가 없으면 매도인은 이러한 비용을 매수인으로부터 회수할 권리가 없다. 매도인은 본선의 선상에 물품을 인도하거나 선적을 위해 이미 인도된 물품을 조달하여야 한다. 또한 매도인은 운송 계약을 체결하거나 그러한 계약을 주선하여야 한다. 여기서, “procure”는 상품의 매매에서 특히 일반적인 연속매매를 위한 조달이다.

CFR 규칙은 물품이 본선에 적재되기 전에 운송인에게 인도되는 경우, 예를 들면 터미널에서 인도되는 컨테이너 물품에는 적절하지 않을 것이다. 이러한 경우에는 CPT 규칙이 사용되어야 한다. CFR 규칙은 매도인이 수출 통관을 이행하도록 요구된다. 하지만, 매도인은 물품의 수입 통관, 수입관세, 수입 관련 통관 절차에 관한 의무를 지니지 않는다.

4) CIF(운임·보험료 포함 규칙)

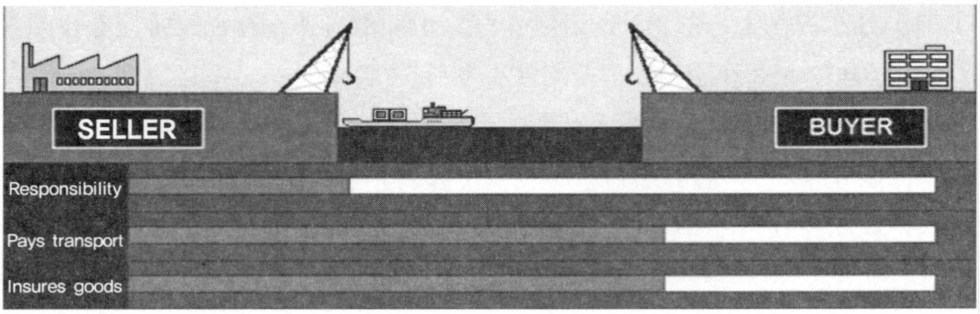

"Cost, Insurance and Freight" 규칙은 매도인이 합의된 선적 항구에서 매수인에 의해 지정된 선박의 본선 상에 물품을 인도하거나 이미 선적을 위해 인도된 물품을 조달하는 것을 의미한다. 물품의 멸실 및 손상에 대한 위험은 물품이 본선의 갑판 상에 이전된다. 매도인은 물품의 운송 계약을 체결하여야 하며, 합의된 도착 항구에 물품을 가져오는데 필요한 비용과 운임을 부담하여야 한다.

또한 매도인은 운송 도중 물품의 멸실 및 손상에 대한 매수인의 위험에 대하여 보험을 부보하여야 한다. 매수인은 CIF 규칙에서 매도인은 최소부담의 보험만을 취득하도록 요구된다는 사실에 주의하여야 한다. 매수인이 보다 광범위한 담보로 보호받고자 하는 경우에는 매수인은 매도인과 명시적으로 담보의 정도를 합의하거나, 혹은 자신의 부담으로 별도의 보험을 수배할 필요가 있다.

CPT, CIP, CFR, CIF 규칙이 사용되는 경우 물품이 도착지에 도착하는 때가 아니라 선택된 규칙에서 규정한 방식에 따라 운송인에게 물품이 넘겨지는 때에 인도의무가 이행된다.

이 규칙은 위험과 비용이 서로 다른 장소에서 이전되기 때문에 두 가지 중요한 지점이 있다. 계약서는 항상 도착 항구를 특정화하여야 하는 반면 매수인에게 위험이 이전되는 선적 항구는 특정화 하지 않을 것이다. 만약 선적 항구가 매수인에게 특별히 이점이 있다면 당사자들은 계약서에 가능한 정확하게 이를 특정화하여야 한다.

당사자들은 이 지점까지의 비용은 매도인이 부담하기 때문에 가능한 정확하게 합의된 도착 항구의 지점을 특정화하여야 한다. 매도인은 이러한 선택에 명확하게 일치하도록 운송계약을 체결하여야 한다.

만약 운송계약에서 매도인이 합의된 도착 장소에서 물품의 양화와 관련한 비용을 부담하였다면 별도로 당사자들의 합의가 없으면 매도인은 이러한 비용을 매수인으로부터 회수할 권리가 없다. 매도인은 본선의 선상에 물품을 인도하거나 선적을 위해 이미 인도된 물품을 조달하여야 한다. 또한 매도인은 운송 계약을 체결하거나 그러한 계약을 주선하여야 한다. 여기서, "procure"는 상품의 매매에서 특히 일반적인 연속매매를 위한 조달이다.

CIF 규칙은 물품이 본선에 적재되기 전에 운송인에게 인도되는 경우, 예를 들면 터미널에서 인도되는 컨테이너 물품에는 적절하지 않을 것이다. 이러한 경우에는 CIP 규칙이 사용되어야 한다. CIF 규칙은 매도인이 수출 통관을 이행하도록 요구된다. 하지만, 매도인은 물품의 수입 통관, 수입관세, 수입 관련 통관 절차에 관한 의무를 지니지 않는다.

제6장 무역대금결제와 선적서류

제1절 무역대금결제의 기초

1. 무역대금결제의 의의

무역계약이 체결되면 당사자들은 계약에 의하여 발생하는 각종 의무를 이행해야 하는데, 물품매매계약에서 가장 중요한 의무가 매도인인 수출상의 물품인도의무와 매수인인 수입상의 대금지급의무이다. 이를 매수인인 수입상의 입장에서 보면 매도인이 제공한 물품에 하자가 없는 한 매수인은 계약에서 정한 금액, 시기 및 방법에 따라 대금을 지급하여야 한다.

그런데 국제무역거래는 서로 다른 국가의 당사자들 사이에 이루어지는 격지자간의 거래이기 때문에 국내 거래와 비교할 때 일반적으로 1회의 거래량과 금액이 대량이고 거액이며, 계약체결에서부터 종료시까지 장기간이 소요되기 때문에 운송위험, 신용위험, 환위험, 국가위험 등 거래상의 제위험을 수반한다. 따라서 계약당사자들은 이러한 위험을 회피하고 계약이행의 확실성을 보장하는 한편, 신속한 거래가 가능하고 거래상의 편의를 도모할 수 있는 무역대금결제수단을 채택하고자 한다.

무역대금결제(settlement)라 함은 국제매매계약상의 대금지급약정(payment agreements)에 의한 결제통화와 장소 및 시기 그리고 그 형태에 따라 매수인이 대금지급의 의무를 이행함을 의미한다. 당사자들은 무역대금결제와 관련된 분쟁을 미연에 방지하기 위하여 결제통화, 결제장소, 결제시기 등의 결제조건(payment terms)에 대하여 구체적이고 명확하게 명시할 필요가 있다.

무역거래에 있어서 대금지급(payment)은 어음결제, 현금결제, 송금환 결제 등이 있을 수 있으며, 그 중에서도 가장 보편적이고 유용한 지급약정으로는 선적서류를 동반한 환어음에 의한 지급방식인 화환결제제도를 들 수 있다. 이와 같이 무역대금결제방식으로는 전통적으로 신용장방식(L/C)이 가장 선호되어왔으며, 이 외에도 추심방식(collection), 송금방식(remittance), 국제팩토링결제나 포페이팅결제 또는 국제금융리스결제 및 국제전자결제 등의 다양한 결제형태가 있다.

이하에서 국제무역결제에 일반적으로 사용되는 신용장방식, 추심방식, 송금방식, 팩토링과 포페이팅의 결제방식을 살펴보고자 한다.

2. 무역대금결제의 유형

무역대금결제의 유형은 그 시기에 따라 선지급, 동시지급, 후지급 및 분할지급으로 나눌 수 있다.

1) 선지급

선지급(advance payment)이란 수출상이 계약물품을 선적 또는 인도하기 전에 수입상이 대금을 미리 지급하는 방식을 말한다. 이 방식은 수출상에게 유리하고, 수입상에게 불리한 조건으로 견본구입이나 소액거래 등에 사용된다. 선지급의 유형은 다음과 같다.

① CWO(Cash With Order)

상품의 구매를 위한 주문과 동시에 현금결제가 이루지고, 특별주문, 소량견본대금 지불시 이용하며, 매수인에게 불리하다.

② 전대신용장(Red clause / Packing L/C)

수익자인 매도인의 신용장 수취와 더불어 미리 대금부터 결제되는 방식으로 선적 이전에 대금(prices)이나 선금(advance)이 제공된다.

③ Remittance basis(단순송금방식)

상품주문과 동시에 우편환(M/T: mail transfer), 전신환(T/T: telegraphic transfer), 송금환수표(D/D: demand draft) 등으로 송금된다.

2) 동시지급

동시지급(concurrent payment)이란 수출상이 물품을 인도하거나 선적서류를 인도할 때 수입상이 대금을 지급하는 것을 말한다. 이는 당사자들에게 신용위험을 발생시키지 않기 때문에 가장 바람직한 것이지만, 국제무역거래의 특성상 동시지급은 아래와 같이 특수한 상황에서만 이루어진다.

① COD(Cash On Delivery) : 물품인도현금결제방식으로 수입국에 수출상의 대리점이 소재하고 있는 경우에 이용가능하다.

② CAD(Cash Against Document) : 서류상환불현금결제방식으로 수입상의 대리점이 수출국에 소재하고 있을 때 이용가능하다.

③ At sight L/C : 일람출급신용장방식으로 수출상이 지정은행에게 환어음과 선적서류를 제시할 때 지정은행이 결제대금을 즉시 지급하는 방식이다.

④ D/P(Document against payment) : 무신용장거래에서 어음이 매수인에게 제시되었을 때 매수인이 대금지급을 완료했을 때 선적서류가 인도되는 대금지급인도조건을 말한다.

3) 후지급

후지급(deferred payment)이란 수출상이 물품 또는 선적서류를 인도한 후 일정기간이 지난 다음에 수입상이 대금지급을 하는 것으로 연지급이라고도 한다. 이는 수출상에게 불리하고, 수입상에게 유리한 조건이다. 후지급은 보통 1년을 기준으로 단기연지급과 중장기연지급으로 나누어진다.

단기 연지급조건에 속하는 것으로는 신용장방식의 거래에서 어음이 매수인에게 제시된 후 일정기간이 경과해야 어음대금이 지급되는 기한부어음(usance bill, after sight bill, time draft)에 의한 기한불방식(usance base)과 무신용장거래에서 어음을 추심할 때 어음제시가 있어도 매수인은 대금지급을 하지 않고 어음상의 채무인수 즉 어음인수(acceptance)만을 하면 선적서류가 인도되어 어음만기일에 대금을 지급하는 어음인수인도방식(D/A)이 있다.

중장기 연지급조건은 물품의 선적이나 인도 후 대체로 1년 이상 10년 이내에 결제가 완료되는 조건으로 Plant, 선박, 철도차량 등 거래의 규모가 큰 중공업제품의 거래에 이용된다.

제2절 신용장방식

1. 신용장의 개요

1) 신용장의 의의

신용장(Letter of Credit, L/C)은 수입업자의 요청으로 수입업자의 거래은행이 수출업자를 수익자로 하여 발행한다. 이때 거래은행은 발행은행이 되고 이 은행은 수출업자 혹은 그 지시인이 신용장에 명기된 조건과 일치하는 운송서류를 제시하면 대금의 지급을 이행한다. 그리고 신용장을 통해 어음이 발행된 경우 어음의 지급 및 인수를 수출업자와 어음매입은행 혹은 선의의 어음매입자에게 확약하는 증서이다. 다시 말해서 신용장은 「은행의 조건부 지급확약」으로 요약될 수 있다. 이는 신용장의 발행은행이 수출업자가 제시한 환어음과 선적서류가 신용장의 제조건에 일치하는 것을 조건으로 자신의 고객인 수입업자를 대신하여 수출업자인 수익자에게 대금지급을 확실하게 약속한다는 것을 의미한다.

2) 신용장의 필요성과 기능

국제무역거래는 역사적·사회적·경제적 배경이 서로 다르고 거리상 멀리 떨어져 있는 국가간의 매매거래이다. 따라서 국내거래와 달리 상품의 인도와 대금의 결제에 많은 위험이 뒤따른다.

수출업자는 대금을 회수하지 못하게 될 위험을 회피하기 위해 수입업자에게 상품을 인도하기 전에 대금을 미리 받고자 하며, 수입업자는 반대로 상품을 인수받지 못할 위험을 회피하기 위해 상품을 인수받은 후에 대금을 지불하고자 한다. 신용장은 이처럼 서로 다른 입장에 놓여 있는 양자를 모두 만족시켜 준다. 즉 신용장은 수출업자에 대해서는 대금의 회수를 보증하고 수입업자에게는 상품의 입수를 보증해 준다. 국제무역이 복잡해지고 규모가 확대될수록 신용장의 필요성 및 중요성은 더욱 커지고 있다.

신용장거래를 보장하고 신용장거래의 통일을 위한 국제규칙으로서 "상업화환신용장에 관한 통일규칙(Uniform Customs and Practice for Commercial Documentary Credits)"이 1933년 6월에 국제상업회의소(ICC)에 의해 제정되었으며 그 후 여섯 차례에 걸쳐서 개정되었다. 최근의 개정은 2007년에 이루어졌고 개정된 화환신용장통일규칙은 "UCP 600"으로 통칭되고 있으며 신용장 관계당사자의 책임과 의무를 규정하고 있다.

신용장의 중요한 기능을 요약하면 다음과 같다.

첫째, 신용장은 신용위험(credit risk)을 방지한다. 즉 신용장은 수입업자의 지급불능 또는 지급거절이라는 위험을 제거, 수출업자로 하여금 확실하게 대금회수를 할 수 있도록 한다.

둘째, 금융수단의 기능을 한다. 수출업자는 신용장을 확보하고 있기 때문에 선적 후 즉시 수출대금을 은행으로부터 수령할 수 있을 뿐만 아니라, 선적 전에도 수출상품의 생산, 집하, 가공에 필요한 자금을 융자받을 수 있다(수출금융). 현재 우리나라는 신용장베이스로 이루어지는 수출에 대해 양적·질적인 면에서 우대하고 있다.

셋째, 환결제의 위험을 피할 수 있다. 신용장은 일반적으로 수입업자가 수입허가를 받은 후에 은행이 발행한다. 그러므로 수출업자는 수입업자가 대금결제 의사와 능력을 갖고 있더라도 수입국의 외환관리에 의해 대외지급이 불가능하게 되는 위험을 신용장을 수령함으로써 회피할 수 있다.

넷째, 수출거래를 확정시키는 기능을 갖는다. 수출계약이 성립되어 있더라도 수입업자 사정에 의해 계약이 취소될 위험이 항상 존재한다. 그러나 신용장은 대개 취소불능조건으로 되어 있으므로 신용장이 일단 도착한 후에는 수출업자의 동의 없이는 취소 혹은 조건변경을 할 수 없다.

3) 신용장거래의 당사자

신용장거래에 관여하고 개입하는 당사자를 신용장의 관계당사자(the parties to the L/C)라고 한다. 이들은 신용장거래에서 갖게 되는 권리와 의무의 범위에 따라 기본당사자와 기타당사자로 구분된다. 전자는 신용장거래의 직접적인 권리와 의무를 갖는 당사자들로서 신용장발행 의뢰인, 발행은행, 수익자를 지칭한다. 취소불능신용장에서는 이러한 기본관계당사자의 합의 없이는 신용장의 변경이나 취소가 불가능하다. 후자는 신용장 거래의 직접적인 권리와 의무는 갖고 있지 않으나 거래의 원활을 위하여 간접적으로 협조하거나 대행하는 역할을 수행한다. 통지은행, 지급은행, 인수은행, 매입은행, 상환은행, 확인은행 등이 여기에 해당한다.

① 신용장 발행의뢰인(applicant)

신용장 발행을 발행은행에 지시, 요청하는 자로서 보통 수입업자가 된다. 이 발행의뢰인이 대개 대금을 결제하게 되므로 대금결제인(accountee) 혹은 환어음지급인 (drawee)이라고도 부른다.

② 발행은행(issuing bank)

신용장을 발행하여 수익자(수출업자)가 제시한 서류와 상환으로 환어음을 지급 또는 인수할 것을 확약한 은행이다. 개설은행(opening bank)이라고도 한다.

③ 수익자(beneficiary)

발행은행이 발행한 신용장에 의해 이익을 받게 되는 자이며 대개 수출업자가 된다.

④ 통지은행(notifying bank)

발행은행의 요청에 따라 신용장을 수익자에게 통지해 주는 은행을 통지은행 (notifying bank 혹은 advising bank)이라 한다. 통지은행은 수출국에 소재한다. 통지은행은 수익자에게 신용장발행의 사실을 통지하는 역할만 하며 신용장에 대해 하등의 책임이나 의무를 지지 않는다. 그러나 통지은행은 자기가 통지하는 신용장이 허위가 아닌지에 대해 정당한 주의를 기울여야 할 의무가 있다(최근 한 외국은행 서울지점이 통지해 준 허위 L/C와 관련하여 이 은행이 정당한 주의를 기울이지 않았다고 하여 큰 논란이 일어난 바 있다).

⑤ 매입은행(negotiating bank)

신용장에 의거하여 수출업자(수익자)가 발행한 환어음을 매입하는 은행을 매입은행(negotiating bank) 혹은 할인은행이라고 한다. 신용장의 수익자(수출업자)는 선적을 완료하면 신용장의 규정에 따라 수입업자 또는 발행은행 앞으로 환어음을 발행하고 여기에 신용장에서 요구하는 선적서류를 첨부, 신용장과 함께 자기의 거래은행에 그 어음의 매입을 의뢰하게 된다. 이때 매입 또는 할인하는 은행이 매입은행인 것이다(이를 흔히 nego 은행이라고 통칭한다). 신용장에 따라서는 매입은행이 지정되어 있는 경우가 있는데 이때는 그 지정은행만이 매입은행이 될 수 있다.

⑥ 지급은행(paying bank)

신용장에 따라서는 수출환어음의 매입(Nego)을 허용하지 않고 특정은행으로 하여금 선적서류와 상환으로 수익자(수출업자)에게 지급할 것을 명시하고 있는 경우가 있다. 이때 지급을 위임받은 은행을 지급은행(paying bank)이라 한다. 지급은행은 L/C 발행은행 자신이나 발행은행이 대금의 결제를 위하여 미리 금액을 예탁해 둔 은행만이 될 수 있다.

⑦ 확인은행(confirming bank)

발행은행의 위탁은 받은 제 3의 은행이 신용장에 의거하여 발행되는 환어음에 대한 인수, 지급 또는 매입을 보증하는 경우 그 보증하는 은행을 확인은행(confirming bank)이라 한다. L/C발행은행의 신용도가 낮거나 수입국의 외화지급능력이 의심스러울 때 수출업자가 공신력이 있는 제 3의 은행의 확인을 요청하는 경우가 있다. 이때 확인을 해주는 제 3의 은행이 확인은행이다. 1970년대 중반까지만 하더라도 외국의 수출업자들은 한국의 외화지급능력을 믿지 못하거나 한국 은행들의 공신력을 믿을 수 없다고 하여 우리 은행들이 발행한 신용장에 대해 선진국 은행의 확인을 요청해 오곤 하였다. 이에 따라서 우리나라 수입업자들이 겪은 고통은 말할 수 없을 정도였다. 그런데 지금에 와서는 우리 수출업자들이 후진국에 수출을 할 때 그 나라 은행들을 믿지 못하여 선진국 은행의 확인을 요청하는 경우가 흔히 있다. 상황이 바뀐 것이다.

⑧ 인수은행(confirming bank)

신용장에 의해 발행된 환어음이 기한부 어음일 경우 지급은행은 지급전에 어음을 인수하고 어음 만기일에 어음을 지급한다. 이와 같이 기한부 어음을 인수하는 은행을 인수은행이라고 부른다.

⑨ 상환은행(confirming bank)

매입은행은 수출업자에게 환어음과 선적서류를 매입하여 발행은행으로부터 대금을 상환받는다. 하지만 매입은행이 선적서류는 발행은행에 송부하지만 환어음은 제3의 은행에 이전시켜 대금을 상환받는 경우가 있다. 이때 제3의 은행이 상환은행이다.

2. 신용장통일규칙

신용장통일규칙(Uniform Customs and Practice for Documentary Credits: UCP)이란 신용장의 국제적 이용을 위하여 신용장업무를 취급하는 당사자들이 준수해야 할 제반 사항과 통일적 해석기준을 규정한 국제규칙이다. 이는 국제상업회의소(International Chamber of Commerce: ICC)가 제정한 것으로서 신용장거래에 관하여 가장 권위 있는 국제적 규범이라 할 수 있다.

신용장통일규칙은 국제적으로 통일된 신용장 해석기준과 거래의 준칙을 제공한다. 그러나 신용장통일규칙은 법(law)이 아니라 민간단체인 국제상업회의소에서 제정한 규칙(rule)에 불과하므로 모든 신용장거래에 자동적으로 적용되지 않는다. 따라서 신용장통일규칙이 법적 구속력을 갖기 위해서는 이 규칙을 거래의 준칙으로 하겠다는 당사자들의 합의가 있어야 한다.

현재 실무상 사용되고 있는 대부분의 신용장에는 당사자들의 합의를 반영하는 “This L/C is subject to Uniform Customs and Practice for Documentary Credits, 2007 Revision, ICC Publication No. 600.”이라는 준거문언이 삽입되어 신용장통일규칙이 실제 거래에 보편적으로 적용되고 있다.

신용장통일규칙은 1933년 처음 제정된 이래 6차에 걸쳐 개정이 이루어졌는데, 현재 적용되고 있는 것은 2007년 개정된 제6차 화환신용장통일규칙, 즉 “UCP 600”이 사용되고 있다.

3. 신용장에 의한 대금결제과정

이상에서 설명한 신용장 당사자 간의 거래의 흐름을 요약하면 [그림 6-1]과 같다.

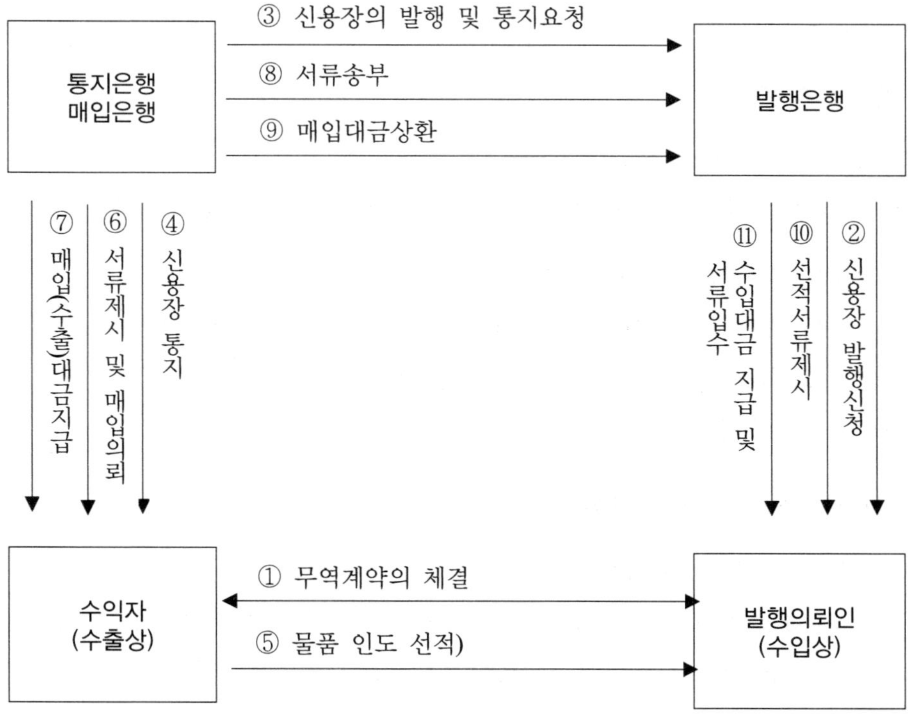

[그림 6-1] 신용장에 의한 대금결제과정(매입제한신용장)

① 수출업자(수익자)와 수입업자(발행의뢰인)간에 매매계약이 체결되고, ②대금결제방식이

L/C에 의한 결제방식인 경우에는 수입업자는 자기의 거래은행(발행은행)에 신용장발행을 의뢰한다. ③신용장을 발행한 뒤 발행은행은 이 사실을 수출업자의 국가에 있는 자회사 은행이나 환거래은행(correspondent bank)에 송부한다. ④자회사은행이나 환거래은행은 신용장을 수출업자에게 통지한다. ⑤신용장을 수령한 수출업자는 상품을 선적한다. ⑥그리고 선적서류를 구비하고 환어음(draft)을 발행하여 수입업자의 거래은행인 매입은행에 화환매입을 요청한다. ⑦매입은행은 구비서류가 신용장이 제시하고 있는 내용과 일치하는 경우 대금을 지급한다. ⑧환어음을 매입한 은행은 L/C발행은행 앞으로 환어음과 선적서류를 발송한다. ⑨수입업자 본국의 L/C발행은행은 매입은행에게 대금을 지불한다. ⑩수입업자 본국의 L/C발행은행은 수입업자로부터 환어음과 선적서류를 제시한다. ⑪수입업자는 대금을 지급하고 선적서류를 인도받는다. ⑫수입업자는 선적서류(B/L)를 제시하고 화물을 인수한다.

4. 신용장의 종류

1) 신용장의 분류

(1) 사용자의 입장에 따른 분류

L/C는 사용자가 누구냐에 다라 수출신용장(Export L/C)과 수입신용장(Import L/C)으로 구분할 수 있다.

(2) 경제적 기능에 따른 분류

① 상업신용장(Commercial L/C)

상거래로 인하여 발생한 대금의 결제를 위하여 발행되는 L/C이다.

② 여행자신용장(Traveller's L/C)

해외여행자의 현금휴대의 위험을 제거하고 편의를 위해 여행자인 수익자가 발행한 어음을 매입하도록 발행은행이 자행의 본·지점이나 환거래은행에 위임하고 이의 상환을 약속한 신용장이다.

(3) 화물의 이동여부에 따른 분류

① 화환신용장(Documentary L/C)

환어음에 해당 선적서류를 첨부할 것을 요청하는 신용장이다. 수입대금의 지급은 선적서류(화물을 대표하는 성격을 가짐)와의 교환으로 이루어지게 되는 셈이다.

② 무화환신용장(Clean L/C)

신용장에 의해서 발행되는 환어음에 선적서류가 첨부되지 않고 그 대신 영수증(Simple Receipt)이나 진술서(Statement) 또는 확인서(Certificate)를 첨부할 것을 조건으로 발행되는 신용장이다. 다시 말해 영수증만 제시하면 대금을 지급한다는 것이다. 이 L/C는 주로 선박운임, 대리점수수료, 기술용역대가, 견본료 등의 대가지급수단으로 사용되고 있다. 입찰보증이나 계약이행보증 등을 위한 보증신용장(Stand-by L/C)도 여기에 속한다.

참고

Stand-by L/C는 외국, 특히 미국에 소재하는 우리 기업들의 지사가 현지 미국은행으로부터 융자받을 때 많이 사용된다. 예컨대 (주)삼화의 New York 지사가 New York의 Citibank 로부터 500만 달러를 차입하고자 할 때 한국의 (주)삼화 본사가 Stand-by L/C(삼화의 거래은행인 한국 상업은행이 발행)를 Citibank 앞으로 보내주는 방식을 취하고 있다. L/C를 받은 Citibank는 안심하고 (주)삼화 New York지사에 융자를 해준다. 왜냐하면 한국상업은행의 보증이 있기 때문이다.

2) 상업신용장의 종류

이처럼 신용장은 다양하게 분류된다. 그러나 무역거래에서 일반적으로 사용되는 것은 상업신용장이다. 상업신용장은 다시 무화환 혹은 무담보신용장(Clean L/C)과 화환신용장(Documentary L/C)으로 나누어진다. 이중 수출입거래의 결제를 위해 사용되는 것은 화화신용장이다. 우리가 보통 신용장이라고 부르는 것은 이 화환신용장을 의미한다. 여기서는 화환 신용장의 종류를 살펴본다.

(1) 취소불능신용장과 취소가능신용장

신용장이 일단 발행된 후에는 신용장 당사자 전부의 동의없이는 취소또는 변경을 할 수 없는 신용장을 취소불능신용장(Irrevocable L/C)이라 하며, 발행은행이 언제라도 신용장을 취소 또는 변경할 수 있는 신용장을 취소가능신용장(Revocable L/C)이라고 한다.

(2) 확인신용장(Confirmed L/C)과 무확인신용장(Unconfirmed L/C)

신용장의 확인(confirmation)이란 신용장 발행은행 이외의 제3의 은행이 추가적으로 수익자가 발행하는 환어음의 인수, 지급 및 매입을 약속하는 것을 말한다. 따라서 이러한 확인이 첨부된 신용장을 확인신용장, 확인이 첨부되지 않은 신용장을 무확인신용장이라 한다. 확인신용장은 발행은행의 신용도가 낮거나 수입국의 외환사정 등이 악화될 경우에 대비하여 발행되며, 확인신용장의 수익자는 확인은행에 의해 발행은행과 동일한 보증을 이중으로 받기 때문에 안전하며, 신용장의 매입이 보다 용이해진다. 신용장의 확인은 보통의 경우 수익자의 주소지에 있는 통지은행이 행하는 것이 일반적이다.

(3) 일람출급신용장(Sight L/C)과 기한부신용장(Usance L/C)

신용장에 의거하여 발행된 환어음이 일람출급인 신용장을 일람출급신용장이라 하며, 이 경우는 환어음이 지급인에게 제시되면 즉시 지급이 이루어진다. 반면에 Usance L/C는 환어음이 지급인에게 제시되면 지급인은 이를 즉시 인수하고 어음의 만기일이 되면 대금을 지급한다.

참고

예컨대 신용장에서 대금지급일을 「일람후 30일(at sight 30 days)」로 표시하고 있으면 이는 Usance L/C이다. 이 경우 지급인은 환어음을 처음 제시받을 때 대금을 지급하지 않고 단지 이를 인수(acceptance)만 하게 된다. 인수란 것은 지급인(대개 수입자)이 환어음상에 「본인이 이를 인수한다」고 기입하고 서명을 하는 행위를 말한다. 이렇게 인수행위를 하게 되면 어음의 인수자는 어음의 기일(이 경우는 인수 30일 후)이 되었을 때 대금을 지급할 의무를 지게 된다. 다시 말해 인수란 지급의 확약인 것이다.

(4) 양도가능신용장과 양도불가능신용장

양도가능신용장(Transferable L/C)이란 신용장의 수익자(수출업자)가 제 3자에게 신용장금액의 전부 또는 일부를 양도할 수 있도록 허용하고 있는 신용장을 말한다(양도는 1회에 한함). 양도가능신용장은 신용장상에 "Transferable"이라고 명시하고 있다. "Transferable"이라고 명시되어 있지 않는 신용장은 양도불능신용장(Non-Transferabel L/C)으로 간주한다.

(5) 회전신용장

계속적인 거래가 행해지는 경우에 거래할 때마다 신용장을 발행하려면 많은 시간과 비용이 든다. 또 한번에 거액의 신용장을 발행하게 되면 과중한 자금부담이 생긴다. 회전신용장(Revolving L/C)은 이러한 부담을 덜기 위하여 일정기간 동안 일정한 금액의 범위내에서 신용장금액이 자동적으로 갱신되어 다시 사용할 수 있도록 하는 조건으로 발행된 신용장을 말한다.

(6) 내국신용장(Local L/C)

신용장의 수익자인 수출자가 수출상품을 국내의 다른 제조업자 또는 상품공급업자로부터 매입하여 선적하게 되는 경우가 많다. 이러한 경우에 국내의 제조업자 또는 상품공급업자는 수출자의 신용이 충분하지 않으면 수출자에게 신용장이 도착하여 있더라도 대금의 선급을 요구하거나 은행의 지급보증 등을 요구할 수가 있다. 이러한 경우에 신용장의 수익자인 수출자는 수출상품의 매입을 용이하게 할 목적으로 거래은행에 대하여 자신 앞으로 내도한 신용장을 담보로 자신을 매입자로 하고 제조업자 또는 국내공급업자를 수익자로 하는 다른 하나의 신용장발행을 의뢰할 수 있다.

예컨대 신발수출을 하는 (주)화승이 1백만 달러의 수출신용장을 받았을 경우, 그 생산에 필요한 20만 달러 어치의 원자재를 국내기업인 한진사로부터 구입해야 한다고 하자. 이 경우 (주)화승은 거래은행인 제일은행에 요청하여 수출신용장(1백만 달러)을 담보로 한진사 앞으로 내국신용장을 발행하게 한다. 이렇게 함으로써 (주)화승은 자금부담 없이 원자재를 구입할 수 있다. 한진사 역시 안심하고(제일은행이 내국신용장으로 지급을 보증하기 때문) 물품을 인도할 수 있는 것이다. 이와 같이 원신용장의 수익자인 수출업자가 국내에 있는 원료공급자, 하청업자 또는 생산업자에게 자기가 받은 신용장을 담보로 자기의 거래은행으로 하여금 새로운 신용장을 발행하도록 요청하는데, 이때 발행된 신용장을 내국신용장(Local L/C)이라고 한다.

제 3 절 추심방식(Collection Basis)

1. 추심방식의 개요

1) 추심방식의 의의

추심(Collection)이란 은행이 접수된 지시에 따라 ① 지급 또는 인수를 받거나, ② 지급인도 또는 인수인도 하거나, ③ 기타의 조건에 따라 인도할 목적으로 금융서류 및 상업서류를 취급하는 것을 의미한다. 쉽게 말해서 채권자가 은행을 통하여 채무자에게 채권금액을 청구하는 행위가 곧 추심행위이다. 은행이 채권자의 의뢰와 지시에 따라 채무자로부터 대금을 받기위하여 서류를 취급하는 일련의 행위를 추심이라고 한다.

2) 추심거래의 당사자

(1) 추심거래 당사자

추심거래에 관여하는 자를 추심거래 당사자라고 한다. ICC의 「추심에 관한 통일규칙」에 따르면 추심거래의 관계당사자인 추심의뢰인, 추심의뢰은행, 추심은행, 제시은행과 그리고 지급인을 포함하여 추심당사자로 규정하고 있다. 따라서 지급인은 추심당사자이기는 하지만 추심거래의 관계당사자는 아니라는 사실에 유의해야 된다.

① 추심의뢰인(principal)

은행에 추심을 의뢰하는 자를 추심의뢰인이라고 한다. 채권자인 수출상이 추심의뢰인이 된다. 추심에 따른 은행의 모든 수수료와 비용은 원칙적으로 추심의뢰인이 부담하기로 되어 있다. 수출업자는 선적이 완료 되면 은행에 추심을 의뢰하기 위하여 환어음(bill of exchange)을 발행하므로 발행인(drawer)이라고도 한다.

② 추심의뢰은행(remitting bank)

수출업자인 추심의뢰인으로부터 금융서류와 상업서류의 추심을 의뢰받을 수출국에 소재하고 있는 은행을 추심의뢰은행이라 한다. 추심의뢰 은행은 추심의뢰인의 요청에 따라 서류를 수입지국의 은행으로 송부하게 된다. 그리고 추심의뢰은행은 추심의뢰인의 지시내용을 임의로 변경할 수 없다.

③ 추심은행(collecting bank)

추심의뢰은행 이외에 추심과정에 참여하는 모든 은행을 추심은행이라 한다. 일반적으로 수입업자의 거래은행이 추심은행이 된다. 추심은행이 추심의뢰은행으로부터 송부되어 온 서류를 채무자인 수입업자에게 제시하고 대금을 징수한다. 추심은행은 추심의뢰서상의 지시내용을 따를 수 없는 경우에는 그러한 사실을 통지해야 함은 물론 추심결과 또한 즉시 추심의뢰 은행에 통지해야한다.

④ 제시은행(presenting bank)

수입업자와 거래가 있는 경우에는 추심은행이 직접 서류를 제시하고 대금을 징수하게 될 것이므로 별도의 제시은행이 개입되지 않고도 추심거래는 종결 될 수 있다. 그러나 만약 추심은행이 채무자인 수입업자와 거래관계가 없는 경우에는 수입업자와 거래관계가 있는 다른 은행으로 하여금 수입업자에게 서류를 제시하도록 조처할 것이므로 그때에는 당연히 제시은행이 등장하게 된다. 그러한 이유로 추심거래에 등장하여 지급인에게 서류를 제시하는 은행을 제시은행이라 한다.

예컨대 수출국의 추심의뢰은행이 수입국에 소재하고 있는 자행의 해외지점을 추심은행으로 선정하여 서류를 송부였으나 그 해외지점과 수입업자간에 거래가 없을 때에는 추심은행인 해외지점이 수입업자와 거래가 있는 은행으로 서류를 다시 송부하면 수입업자의 거래은행이 동 서류를 수입업자에게 제시하게 되는데, 이 경우 수입업자의 거래은행이 제시은행이 된다는 말이다. 넓은 의미에서 제시은행도 결국은 추심은행에 포함된다.

⑤ 지급인(drawee)

추심의뢰인의 추심의뢰에 대하여 최종적으로 지급의무를 부담하는 채무자인 수입업자를 말한다. 지급인은 추심당사자일 뿐 추심거래의 관계당사자는 아니다.

3) 추심결제방식의 유형

(1) 지급인도(documents against payment : D/P)방식

수입업자가 운송서류를 받음과 동시에 수입대금을 지급하는 방식이다. 따라서 화물을 대표하는 운송서류와 상환으로 대금지급이 이루어지게 되므로, 수입업자는 대금을 지급하지 않는 한 운송서류를 교부받을 수가 없는 조건의 결제방식이다.

수출업자는 약정물품을 선적한 후 수입업자를 지급인(drawee)으로 하는 일람불화환어음(documentary sight bill)을 발행하여 자신의 거래은행에 추심을 의뢰한다. 추심을 의뢰받은 수출업자의 거래은행은 동 일람불화환어음을 수입업자의 거래은행 앞으로 보내어 추심을 의뢰한다. 수입업자의 거래은행 앞으로 보내어 추심을 의뢰한다. 수입업자의 거래은행은 지급인인 수입업자에게 동 화환어음을 인도함과 동시에 대금을 지급받는다. 그리고 지급받은 대금은 추심의뢰은행인 수출업자의 거래은행에게 송금한다. 송금받은 수출업자의 거래은행(추심의뢰은행)은 추심의뢰인인 수출업자에게 대금을 지급한다.

D/P방식은 화물을 대표하는 운송서류를 인도함과 동시에 대금지급이 이루어지므로, 수출업자는 물품까지 인도하고 대금을 영수하지 못하게 되는 경우는 없고, 반대로 수입업자는 대금을 지급하고도 운송서류를 수령하지 못하는 경우는 없다.

그러나 만약 수령한 운송서류가 위조된 가짜서류라면 대금을 지급하고도 약정물품을 인도받지 못하게 될 위험이 수입업자 측에 있으며, 반대로 수출업자 측에게는 대금의 영수가 보장되지 않는다. 즉, 선적된 물품이 국제 운송중이거나 아니면 이미 수입지국에 도착되어 있음에도 불구하고 수입업자가 운송서류의 인수를 거절하고 대금을 지급하지 않거나 또는 지급불능에 처할 경우 그때에 수출업자는 동 물품을 국내로 반송해오거나 현지에서 전매 또는 공매 처분해야 되므로 그에 따른 위험을 감수해야 되기 때문이다.

결국 D/P방식 역시 대금의 결제가 보장되지 않기 때문에 위험이 수출업자에게 집중되어 있는 결제방식이라 할 수 있다. 다만 D/P방식은 보지사 간 또는 모회사와 자회사의 거래 시나 상호 신뢰하는 당사자간의 거래시에 이용될 수 있는 결제 방식이라 할 수 있다.

(2) 인수인도(documents against acceptance : D/A)방식

수입업자가 기한부화환어음(documentary usance bill)을 인수(acceptance)함과 동시에 운송서류를 수령하고 그리고 일정기간이 경과한 후에 대금을 지급하는 방식이다. 따라서 수출업자는 화물을 대표하는 서류를 인도하고도 그 즉시 대금을 영수할 수 없으나, 수입업자는 수령한 서류를 운송회사에 제시하고 물품을 인수하여 국내에서 판매한 수 그 대금으로 지급할 수 있는 조건의 결제방식이다.

수출업자는 약정물품을 선적한 후 수입업자가 지급인으로 된 기한부화환어음을 발행하여 자신의 거래은행에 추심을 의뢰한다. 추심을 의뢰받은 수출업자의 거래은행(추심의뢰은행)은 동 기한부화환어음을 수입업자의 거래은행 앞으로 보내면서 추심을 의뢰한다. 수입업자의 거래은행(추심은행)은 지급인인 수입업자에게 동 기한부화환어음의 인수(acceptance)를 받음과 동시에 첨부된 운송서류를 인도한다. 그로부터 일정기간이 경과하여 어음의 지급만기일이 도래하면 수입업자는 인수한 어음금액을 지급하게 되고, 그 대금을 지급받은 수입업자의 거래은행(추심은행)은 수출업자의 거래은행(추심의뢰은행)에게 송금한다. 송금받은 수출업자의 거래은행(추심의뢰은행)은 추심의뢰인인 수출업자에게 대금을 지급한다.

D/A방식은 신용위험이 수출업자에게 과도하게 집중되어 있는 지급방식이다. 왜냐하면 수입업자는 물품을 수령하고도 상당기간 후에 대금을 지급하면 되기 때문에 아무런 위험이 없는 반면에 수출업자 측에서 보면 대금영수가 보장되지 않을 뿐만 아니라 심지어는 물품의 회수도 보장되지 않기 때문이다. 즉, 물품도 주고 대금을 받지 못하는 경우가 있을 수 있다는 말이다.

결국 D/P방식보다 D/A방식이 수출업자에게 더 불리한 지급방식이다. 그러므로

D/A방식 역시 본지사간 또는 자회사와 모회사간의 거래 시나 상호 신뢰하는 당사자간의 대량거래가 아닌 거래 시에 이용될 수 있는 지급방식이라 할 수 있다. D/P또는 D/A로 구분되는 추심거래 역시 국제간에 이루어지는 거래이며, 환어음이 발행되므로 이를 규율할 준거법이 문제된다. 추심거래는 별도의 당사자합의가 없거나 자국법률의 규정에 위배되지 않는 한 국제상업회의소가 제정한 「추심에 관한 통일규칙」이 준용된다.

2. 추심통일규칙

일반적으로 추심거래의 실무에서는 추심통일규칙이 준거법으로 적용되고 있다. 이 규칙은 국가마다 추심거래에 관한 법률과 관습이 다르기 때문에 이를 통일하기 위하여 국제상업회의소가 제정한 것으로 본래의 명칭은 “상업어음의 추심에 관한 통일규칙((Uniform Rule for Collections of Commercial Paper: URC)이었다. 이 규칙은 1967년 제1차 개정, 1978년 제2차 개정에 이어 1995년에 제3차 개정되어 1996년 1월 1일부터 시행되고 있다.

추심통일규칙은 신용장통일규칙과 마찬가지로 법이 아니라 규칙에 불과하므로 모든 추심거래에 자동적으로 적용되지 않는다. 즉 추심통일규칙에 따르겠다는 당사자들의 합의가 있어야 해당 추심거래에 이 규칙이 적용된다. 실무상 대부분의 추심거래에 있어서 추심의뢰인이 추심을 지시하는 추심지시서에는 "This Collection is subject to Uniform Rules for Collections, 1995 Revision, ICC No. 522."라는 문언이 삽입되어 추심통일규칙이 준거법으로 적용되고 있다.

3. 추심방식에 의한 대금결제과정

추심방식에 의한 대금결제과정을 설명하면 다음과 같다.

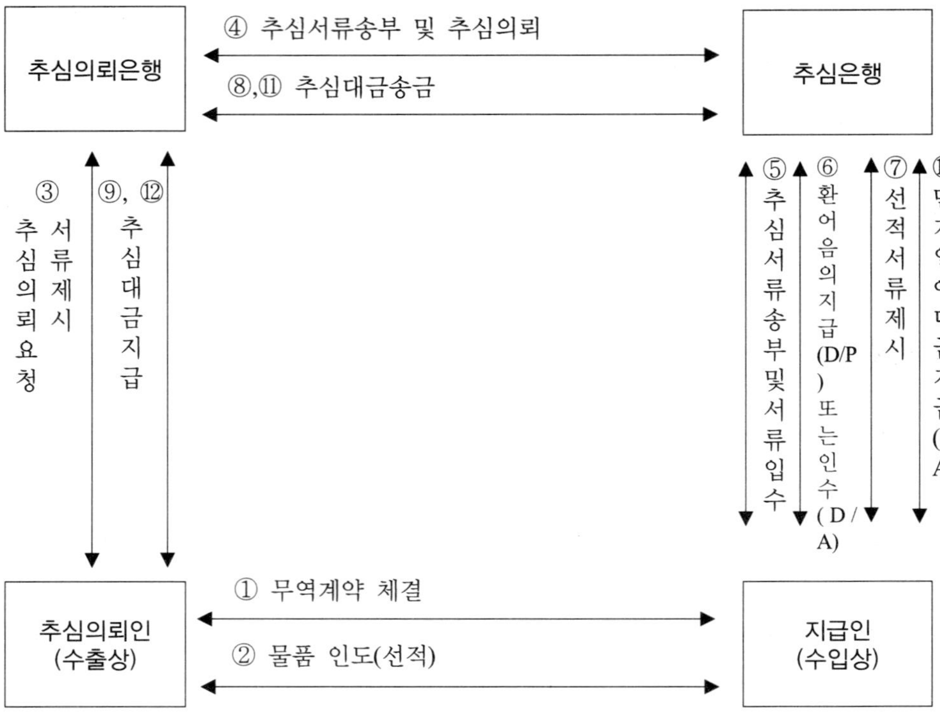

[그림 6-2] 추심에 의한 대금결제과정

① 수출입 당사자간에 무역계약을 체결하고 추심에 의한 대금결제에 합의한다.

② 수출상은 계약에서 정한 선적기간내에 상품을 선적하고 관련서류를 입수한 후 수출통관을 완료한다.

③ 수출상은 환어음을 발행하고 추심의뢰은행에 추심지시서와 선적서류를 제시하여 추심의뢰를 지시한다. 이때 수출상이 발행하는 환어음이 일람출급어음이면 D/P가 되고 기한부어음이면 D/A가 된다.

④ 추심의뢰은행은 추심지시서와 함께 수출상이 제시한 환어음과 선적서류를 수입국에 있는 추심은행에 송부하여 추심을 의뢰한다.

⑤ 추심은행은 환어음의 지급인인 수입상에게 추심서류의 도착을 통지한다. 이때 추심은행이 수입상의 거래은행인 경우에는 추심은행이 직접 수입상에게 통지하고, 그렇지 않은 경우에는 다른 수입상 거래은행(제시은행)을 통하여 통지한다.

⑥ 추심은행으로부터 관련 서류를 제시받으면 환어음의 지급인인 수입상은 D/P의 경우에는 어음대금을 지급하고, D/A의 경우에는 어음을 인수한 후 선적서류를 수령한다. D/A의 경우 수입상은 환어음을 인수한 후 만기일이 되면 어음을 지급한다.

⑦ 추심은행은 D/P의 경우에는 수입상으로부터 받은 어음대금을 추심의뢰은행에게 송금하고, D/A의 경우에는 환어음의 인수사실과 만기일을 통보한다.

⑧ 추심의뢰은행은 D/P의 경우에는 송금되어온 어음대금을 수출상에게 즉시 지급하고 D/A의 경우에는 수출상에게 환어음의 인수사실을 통지한 후 만기일에 추심은행으로부터 송금되어온 어음대금을 수출상에게 지급한다.

제4절 송금방식(Remittance Basis)

1. 송금방식의 개요

송금(Remittance)방식은 수입상이 계약물품을 인수하기 전이나 인수 후 또는 인수와 동시에 송금수표(D/D; Demand Draft), 우편송금(M/T; Mail Transfer), 전신송금(T/T; Telegraphic Transfer), 현금, 수표(Banker's Check, Personal Check 등) 등의 방법으로 수출업자에게 송금하여 수입대금을 결제하는 방식이다. 그러므로 물품의 선적시점을 기준으로 해서 선적 전에 대금을 송금하여 주는 방식을 선불송금방식, 선적 후에 대금을 송금해주는 방식을 후불송금방식이라 할 수 있다.

송금방식의 특징은 다음과 같이 요약될 수 있다.

① 환어음이 사용되지 않기 때문에 어음법이 적용되지 않는다.
② 송금방식에 적용되는 국제규칙(International Rule)이 없다.
③ 서류 및 대금결제가 수출입 당사자의 개인적 책임하에 직접 처리된다. 대금결제는 수입지의 은행을 통하여 수출상에게 송금되고 서류(상품)는 은행을 경유하지 않고 직접 수출상이 수입상에게 송부한다.
④ 소액 및 샘플거래, 본지사간 거래, 신용을 믿을 수 있는 거래선 사이에 사용되는 결제방식이다.
⑤ 수출입결제방식 중에서 은행 수수료가 가장 낮다.

2. 송금방식의 종류

1) 결제시기에 따른 종류

(1) 사전송금

사전송금(advance remittance)이란 수입상이 물품이나 운송서류의 인도 전에 은행을 통하여 수출상에게 대금을 송금하여 지급하는 방식으로 단순송금방식이라고도 한다. 사전송금은 수출상에게 유리하고 수입상에게는 자금부담과 위험이 따른다.

(2) 사후송금

사후송금(later remittance)이란 수출상이 물품을 선적하고 난 후 수입상이 물품이나 운송서류를 인수한 후 대금을 은행을 통하여 수출상에게 지급하는 방식이다. 사후송금은 수출상이 물품 제공 후 수출대금을 받지 못할 위험이 있기 때문에 수입상에게 유리하고 수출상에게 불리한 방식이다.

(3) 동시지급

동시지급방식은 수입국에서 물품을 인도하면서 현금으로 대금을 결제하는 방식과 수출국에서 선적서류를 인도하면서 현금으로 대금결제를 하는 방식으로 나눌 수 있다. 서류상환현금결제(cash against document: CAD)란 수출상이 물품을 선적하고 이를 증명하는 제반 운송서류를 거래은행을 통하거나 직접 수입상에게 제시하면 수입상은 운송서류와 상환으로 대금을 지급하는 방식이다.

물품인도현금결제(cash on delivery: COD)란 수출상이 물품을 선적하여 수입국에 있는 자신의 지사나 대리인에게 물품을 송부하면 수입상이 물품의 품질 등을 검사한 후 물품과 상환으로 대금을 지급하는 방식이다. 이 방식은 수입상이 대금을 지급하기 이전에 직접 물품의 상태나 품질을 검사할 수 있다는 장점이 있다.

2) 송금수단에 의한 분류

수입업자가 수출업자 앞으로 상품대금을 보내는 지급수단을 보내는 지급수단에 제한을 두지 않기 때문에 현금, 수표, 환(換) 등 무엇이든지 다 될 수 있다. 하지만 수입업자가 수출업자에게 송금할 때는 대부분 금융기관을 이용하고 있어 금융기관을 이용한 송금방법에는 다음과 같은 방법이 있다.

(1) 송금수표(demand draft : D/D)

수입상(채무자)이 물품대금을 입금하고 송금은행으로부터 발행받은 송금수표(demand draft : D/D)를 채무자인 송금인이 수출상(채권자)인 수취인에게 직접 우편으로 발송하는 방법으로써 운송 도중 분실의 위험이 있으나 개인간 소액송금 등에 이용된다. 무역거래에서는 거의 사용되지 않는 방식이나, 국제통신판매품 및 외국서적 구입시, 또는 외국 어학연수신청 접수금, TOEFL, GRE 등의 시험응시료를 납부할 때 송금수표가 이용되기도 한다.

(2) 우편송금(mail transfer : M/T)

수입상의 요청으로 송금은행이 직접 지급은행 앞으로 수출상(채권자)에게 일정금액을 지급해주도록 위탁하는 지급지시서(payment order)에 해당하는 우편환(mail transfer : M/T)을 발행하여 이를 송금은행이 직접 지급은행 앞으로 우편으로 송부하는 방법으로써 급하지 않은 소액송금 시에 주로 이용된다.

(3) 전신송금(telegraphic transfer : T/T)

수입상의 요청에 따라 송금은행이 지급은행 앞으로 수취인에게 인정금액을 지급해주도록 전신환(telegraphic trasfer : T/T)의 형식으로 지급지시를 하는 방법으로써 “wire transfer"라고 부르기도 한다. 거액의 송금이나 시급을 요하는 송금 시에 주로 이용된다. 오늘날 국제은행간 송금은 SWIFT를 이용하여 지급지시를 하는 방법이 주로 이용되고 있다.

3. 송금방식에 의한 대금결제과정

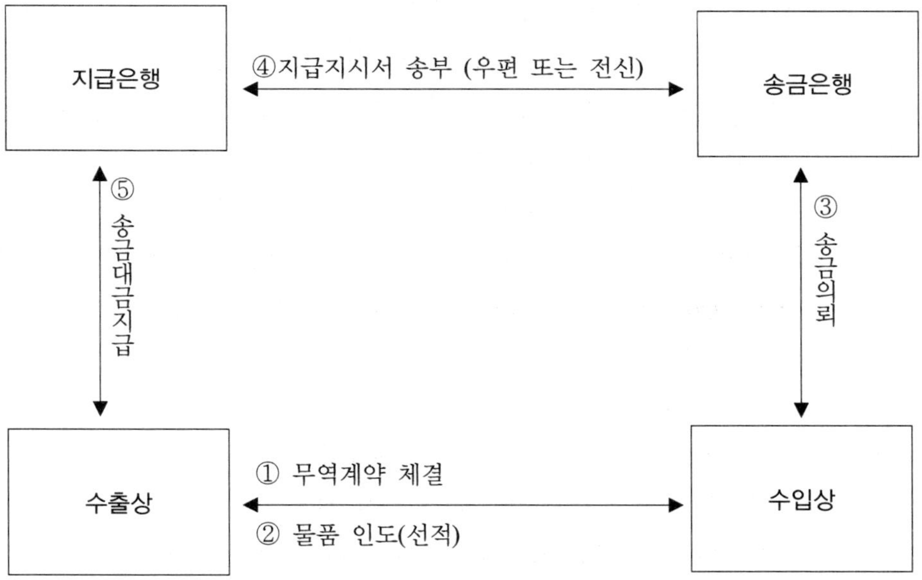

[그림 6-3] 송금방식(M/T 또는 T/T)에 의한 대금결제과정

① 수출상과 수입상은 무역계약에서 대금은 T/T방식으로 결제하기로 약정한다.
② 수출상은 수입상에게 물품을 선적하여 발송한다.
③ 수입상은 거래은행인 송금은행에 T/T방식으로 송금을 의뢰한다.

④ 송금은행은 환거래계약이 체결된 지급은행에게 지급지시서를 전신으로 보낸다.
⑤ 수출상은 지급은행에 지급청구를 하여 대금을 지급받거나 또는 지급은행의 송금도착 통지에 의하여 대금을 지급받는다.

제5절 국제팩토링

1. 국제팩토링의 개요

팩토링(factoring)이란 판매자(client)가 구매자인 고객(customer)에게 물품이나 서비스를 제공함으로써 발생하는 외상매출채권(account receivable)과 관련하여 팩토링회사(factor)가 판매자를 대신하여 구매자에 관한 신용조사, 신용위험의 인수(지급보증), 매출채건의 관리 및 대금회수, 금융제공 및 기타 서비스를 제공하는 방식의 금융서비스를 말한다.

국제팩토링(International Factoring)은 무신용장방식의 신용조건부 무역거래와 관련하여 국제팩터링기구에 가입한 회원(팩터)인 팩토링회사가 신용조사 및 신용위험인수, 금융제공, 대금회수 기타 업무처리대행 등의 서비스를 제공하는 것으로 거래당사자는 수출업자, 수출팩터, 수입업자, 수입팩터 등 네 당사자로 이루어진다. 국제팩토링은 전 세계 팩터의 회원 망을 통하여 수입상의 신용을 바탕으로 이루어지는 무신용장방식의 새로운 무역거래 방법이다. 다시 말하자면, 국제팩토링은 무신용장방식의 외상수출거래(O/A, D/A 거래 등)에 수입팩터의 '신용승인'이 첨가되는 거래이며, 신용승인(credit approval)이란 수입상이 자금부족, 파산 등의 재무상 이유로 수입팩터링 채무를 이행하지 못하는 경우에 수입팩터가 그 대금을 대신하여 지급할 것임을 약속하는 일종의 보증서를 말한다.

팩터는 수출상을 위하여 수출채권과 관련된 대금회수를 보장하고 회수업무에 따른 장부기장등 회계업무와 전도금융에 이르기까지 제반서비스를 제공한다. 그리고 수입상에게는 수입을위한 신용을 공여해 줌으로써 해외로부터 신용으로 물품을 구매할 수 있도록 한다.

팩토링의 취급역사는 오래 되었으나, 현대적 의미의 팩토링은 1920년대에 미국에서 비롯되었으며, 국내 팩토링과 국제팩토링이 있다.

우리나라에서 국제팩토링은 1979년 아세아종합금융회사(우리종합금융)가 처음 취급하였다. 국제팩토링은 수출자나 수입자에게 제공된다. 국제 Factor들의 국제기구에는 Factors Chain International(FCI)이 있는데, 본부는 네덜란드에 있다.

2. 국제팩토링 결제의 이점

국제팩토링 결제의 이점을 수출업자와 수입업자로 대별하면 다음과 같다.

1) 수출업자의 이점

① 수입팩터로 부터 수입상에 대한 신용승인이 이루어지면, 수입상의 클레임이 제기되지 않는 한 수출상은 해당 신용승인 한도 내에서 그 대금지급을 보장받게 된다.

② 따라서 수출상은 외상수출로 인한 대금회수 불안을 제가할 수 있으며 당해 매출채권을 수출팩터에게 양도함으로써 수출대전을 조기에 즉시 현금화할 수 있다.

③ 수출상은 수입상에게 신용장거래보다 유리한 조건으로 제시할 수도 있게 되어 대외경쟁력을 확보할 수 있으며, 신용장거래를 원하지 않는 수입상과의 거래도 가능하므로 새로운 시장개척이 용이하다.

④ 팩토링거래를 통하여 본인의 지명도를 제고할 수 있으며, 전 세계에 걸친 팩터의 회원망을 통하여 해외시장 정보를 신속·정확하게 입수 한다.

⑤ 신용장방식과는 달리 서류작성에 대한 과도한 부담 없이 간편하게 실무를 처리할 수 있으며, 추심방식(D/P·D/A NEGO)과는 달리 외상채권을 양도할 때 별도의 담보를 제공할 필요가 없으므로 담보부족으로 인한 곤란을 겪지 않는다.(수입펙터의 신용승인 통보가 곧 담보역할임)

⑥ 대금회수·수출채권의 기일관리 등 제반 회계업무의 부담에서 벗어나 생산·판매에만 전념함으로써 원가절감과 생산성 증대를 실현한다.

2) 수입업자의 이점

① 별도담보가 없이 본인 신용만으로 기한의 이익을 향유하여 외상수입이 가능하다.

② 신용장개설에 따른 개설수수료 등의 부담이 없으므로 비용을 경감할 수 있다.

③ 물품수령 후 일정기간 내에 수입대금을 결제하면 되므로 자금 부담이 경감되고 수입결제자금의 부족 시 금융수혜가 가능하다.

④ 수입대금의 결제 전에 물품의 품질 등을 확인할 수 있어 신용장방식의 약점(제

시된 서류가 신용장의 제 조건에 일치하는 한 물품 상의 하자에도 불구하고 대금을 지급하여야 하는 불합리성)을 제가할 수 있다.

⑤ 수입팩터로 부터 만기일 관리 회계관리 서비스를 제공받을 수 있다.

3. 국제팩토링에 의한 무역대금결제과정

포페이팅의 특징을 요약하면 다음과 같다.

① 수입상으로부터 물품주문을 받는다.

② 국제팩토링방식으로 수출하고자 하는 수출상은 먼저 수출 팩터에게 수입상에 대한 신용조사를 팩터의 소정양식인 신용승인신청서에 의하여 의뢰한다.

③ 수출팩터는 수출상으로부터 접수한 수입상에 대한 신용승인신청서에 따라 수입국의 거래팩터에게 수입상에 대한 신용조사 및 수입팩터가 지급 보증할 수 있는 신용한도를 요청한다.

④ 수입팩터에는 수입상에 대한 신용조사를 실시한다.

⑤ 신용조사의 결과 및 승인을 수출팩터에게 통지한다.

⑥ 수출팩터는 수입팩터로부터 접수된 수입상의 신용승인내용을 검토하고 수출상에게 통지하며 팩토링 방식으로 수출할 수 있도록 지원한다.

⑦ 수출상은 신용승인 내용을 근거로 수입상과 국제팩토링방식 수출입계약을 체결한다.

⑧ 수출상은 물품을 선적한다.

⑨ 수출상은 송장 등 매출채권을 수출 팩터에게 양도한다.

⑩ 수출팩터는 운송서류를 확인한 후 송장의 금액의 100% 이내에서 수출상에게 전도금을 제공한다.

⑪ 수출팩터는 송장의 원본 및 사본에 수입팩터로부터 우송되어 온 양도 문언을 삽입하고 원본은 수입상에게 우송하되 사본은 수입 팩터에게 양도한다.

⑫ 수입상은 수입대금의 지급기일이 되면 수입대금을 수입 팩터에게 지급한다.

⑬ 수입팩터는 수입상으로부터 대금을 영수하면 즉시 수출 팩터에게 송금한다.

⑭ 수출팩터는 수입 팩터로부터 송금되어 온 수출대금을 수출상에게 지급하게 된다. 이 때 수출팩터는 수출상에게 전도금융한 금액과 수입 팩터로부터 송금되어 온 수출대금을 서로 상계하여 정산한다.

제6절 포페이팅

1. 포페이팅의 개요

포페이팅((Forfaiting)이란 국제상거래에서 일반적으로 5년 만기정도의 약속어음이나 환어음의 할인으로써 수출거래에 따른 환어음이나 약속어음을 소구권없이(without recourse) 고정이자율로 할인하는 금융결제방식을 말한다. 포페이팅에는 수출상과 수입상 그리고 포페이터(forfeiter)와 보증은행이 당사자로 등장한다. 포페이터는 중장기어음을 할인 매입하는 은행이며, 보증은행은 수입상을 위하여 지급을 보증하는 어음보증 또는 지급보증서를 발행하는 은행이다. 포페이팅을 이용하게 되면 수출상은 중장기채권을 상환청구의 부담 없이 할인을 통하여 자금화 할 수 있으며, 동시에 대금회수불능의 위험에서 벗어날 수 있다.

포페이팅을 상기에서 살펴본 국제팩토링과 비교하면 크게 두 가지 점에서 차이가 있다. 우선 국제팩토링과 포페이팅 양자가 수출상에 대한 소구권이 없고 할인선지급방식이라는 점에서는 유사하지만, 포페이팅이 1년 이상 5년 미만의 중장기 금융인 반면 팩토링은 180일 이내의 단기금융이라는 점에서 차이가 있다. 둘째, 포페이팅이 보통 수입상이 발행한 약속어음을 할인하고 정치적 위험과 국가차원에서 발생하는 대금지급의 위험 등을 모두 커버하는 반면에 팩토링은 수입상의 신용위험만을 커버한다는 점에서도 차이가 있다.

2. 포페이팅 결제의 특징

포페이팅의 특징을 요약하면 다음과 같다.

① 채권을 포기하거나 양도하고 현금을 받는 것을 말한다.

② 프랑스어 'forfait'에서 유래된 용어로 무소구(Without Recourse)조건 수출환어음 매입이라고도 한다.

③ 수출의 대가로 받은 어음을 고정 이자율로 할인하여 거래하는 무역금융 기법으로 국가 위험도가 높은 새로운 시장을 개척하려는 경우에 알맞다.

④ 수출업자는 수출대금을 미리 받아 새로운 투자를 할 수 있다.

⑤ 차후 발생하는 수입자의 대금지급 거절이나 연기에서 오는 손해는 일체 부담하

지 않아도 되는 장점이 있다.

⑥ 지급보증서 발급비용 등이 포함된 수수료를 비교적 높게 부담해야 하며, 금융비용의 증가로 수입물품의 가격을 상승시키는 단점이 있다.

3. 포페이팅에 의한 대금결제과정

포페이팅 거래의 당사자에는 수출업자, 수입업자, 포페이터(forfaiter), 보증은행이 있다. 포페이터란 수출상의 중장기연불어음을 할인매입 하는자를 말하며 주로 금융기관(투자신탁회사, 은행)이 역할을 담당한다. 보증은행이란 수입상의 거래은행으로서 연불 수출입거래에서 발생한 환어음이나 약속어음 뒷면에 아발(aval)을 하거나 지급보증서를 발행하여 forfaiter가 안심하고 연불채권을 매입할 수 있도록 하는 담당을 한다.

포페이팅 결제의 거래과정은 다음과 같다.

① 수출입업자는 상호 수출입계약을 체결하고, 수출업자는 상품을 선적한다.

② 수출업자는 상품선적 후 취득한 포페이팅 결제 대상어음을 지급보증은행에 제시하고 지급보증을 받아 포페이팅계약을 체결한 포페이터에게 제시하여 할인매입을 받는다. 이 경우 포페이터는 특별한 하자가 없는 한 즉시 할인매입지급을 하여 준다.

③ 포페이터는 만기에 보증어음을 지급보증은행에 제시하여 지급대금을 보상 받는다.

④ 지급보증은행은 지급한 대상어음을 수입업자에게 제시하여 만기에 지급대금을 결제받는다.

제7절 무역대금결제 관련 선적서류

선적서류(shipping documents)란 수출화물의 선적을 증명하는 선하증권(B/L) 등의 제서류를 말하며 수출물품의 종류나 거래조건에 따라 2종에서 10여종에 이른다. 오늘날 무역거래의 대금결제는 대부분 신용장, D/P 혹은 D/A조건에 의해 이루어지는 바, 어느 결제방법이든 선적서류의 첨부가 필수적이다.

선적서류는 어느 경우에나 반드시 필요한 주요 서류와 필요한 경우에만 첨부하면 되는 부속서류로 나눌 수 있다. 주요 서류는 선하증권과 상업송장이며, 부속서류로는 보험증권, 포장명세서, 원산지증명서, 세관송장, 영사송장, 품질증명서, 검사증 등을 들 수 있다. CIF 조건의 수출에서는 보험증권이 주요 서류에 해당된다.

1. 선하증권

선하증권(Bill of Lading, B/L)이란 화주와 선박회사 간에 해상운송계약에 의하여 선박회사가 발행하는 유가증권이다. 즉 선주가 자기 선박에 화물을 적재하였음을 증명하고 이 화물을 도착항에서 수화인 또는 그 지시인에게 인도할 것을 약정한 유가증권이다.

선하증권은 B/L상에 기재된 화물에 대한 권리를 화체하는 것으로서 B/L의 인도 및 이서(endorsement)에 의해 화물에 대한 소유권이 이전된다.

선하증권의 종류에는 화물이 실제로 본선에 적재완료 후에 발행되는 선적선하증권(Shipped B/L 혹은 On Board B/L), 선적전이라도 화물을 선박회사가 지정하는 장소에 반입했을 때 발행되는 수취선하증권(Received B/L), 선하증권의 수하인(Consignee)의 난에 특정인을 기입한 기명식 선하증권(Straight B/L), 특정인을 기재하지 않고 단순히 “Order” 또는 “Order of Shipper”라고 표시한 지시식 선하증권(Order B/L), 선적화물의 수량, 포장, 기타의 점에 대하여 하자가 있고 그것에 대하여 사고적요가 B/L상에 기재된 사고선하증권(Foul B/L 혹은 Dirty B/L), 이러한 사고적요가 기재되어 있지 않은 무사고선하증권(Clean B/L) 등이 있다.

2. 상업송장

송장(invoice)이란 수출업자가 작성하여 수입업자에게 보내는 선적안내서, 선적화물의 계산서 및 내용명세서이다. 수출업자에게는 상품대금 및 비용의 청구서 역할을 하며 은행에 대해 Nego 의뢰 및 대금추심을 의뢰할 때 필요한 서류이다. 그리고 수입업자에게는 수입계산서 역할을 하며, 수입지에서 통관할 때 필요한 서류이다.

송장이 갖는 이와 같은 역할 때문에 거래계약의 존재 및 이행의 사실을 입증하는 유력한 증거자료가 된다. 수출업자의 입장에서는 수출상품의 정확성 및 진실성을 입증하기 위한 세관신고의 증명자료가 되고 있다.

송장은 그 용도에 따라 상업송장과 공용송장으로 분류되며, 상업송장(commercial

invoice)은 다시 그 작성시기와 용도에 따라 선적송장(shipping invoice)과 견적송장(pro-forma invoice)으로 구별된다. 공용송장(official invoice) 역시 세관송장(customs invoice)과 영사송장(consular invoice)으로 구별된다. 일반적으로 송장이라고 하면 상업송장 중에서 선적송장을 말한다. 선적송장이란 실제로 선적된 화물의 내용과 가격을 명시한 서류이다.

3. 항공화물운송장

항공화물의 발달과 함께 항공운송에서 화물의 유통을 보장하는 항공화물운송장(Airway Bill)이 만들어졌다. 이 서류는 항공운송인이 발행하는 운송장이지만 선하증권과 달리 유가증권으로서의 기능은 가지지 못한다. 단지 화물의 수취증에 불과하다. 이 서류는 운송계약의 증거가 되며 항공사가 목적지의 수화인에게 교부한다. 송화인에게는 수출서류 매입시에 제시되는 서류이다.

4. 보험증권

보험증권이란 보험계약의 요령, 내용 및 조건 등을 기재한 증서이다. 수출업자는 보험료를 지급하고 보험증권을 발행받아 다른 선적서류와 함께 수입업자에게 송부해야 한다. 보험증권은 CIF 가격조건인 경우에는 반드시 필요하다.

5. 포장명세서

포장명세서(packing list)는 포장되어 있는 내장품의 명세서로서 수출업자가 수입업자 앞으로 작성하는 서류이다. 상업송장에서는 각 상자의 순중량 및 상자 안의 내용이 분명하지 않기 때문에 그것을 분명하게 하기 위해 송장의 보충서류로서 필요한 것이다.

제7장 국제운송과 보험

국제무역에서 운송이 맡고 있는 역할은 매우 중요하다. 운송의 방법 및 제반여건은 날로 변모하고 있다. 수출입업자는 원활한 운송업무를 위해 풍부한 운송지식과 경험을 필요로 한다.

제1절 국제운송의 종류

수출입상품의 운송은 해상, 항공, 육상의 세 가지 방법에 의해 이루어진다. 또한 경우에 따라서는 세 가지 방법이 복합되어 운송이 이루어지기도 한다.

1. 해상운송

해상운송(ocean transportation)은 다른 운송수단과 비교하여 신속성, 편리성, 안전성, 정확성 등에서 뒤떨어지지만 일시에 대량으로 장거리를 운송할 수 있는 경제성으로 인해 국제무역의 운송수단으로서 가장 지배적인 지위를 점하고 있다. 세계 각국이 대부분 바다로 둘러싸여 있기 때문에 해운은 국제무역에 있어서 앞으로도 계속 중요한 역할을 담당할 것으로 전망된다.

2. 육상운송

수출입화물을 트럭, 화차 등을 통해 육상으로 운송하는 것으로, 해상 이동이 필요

없는 서유럽국가들 사이에서 많이 이용된다. 주로 공로운송과 철도운송으로 나뉘는데, 공로운송의 특징은 소량의 화물과 단거리인 화물에 적합하며 일관운송 및 국제복합운송에서 문전운송(door to door service)을 실현할 수 있는 운송 수단이라는 점이다. 철도운송은 철로를 이용하는 운송으로서 공로운송에 비하여 대량으로 화물을 수송하며 중장거리 운송에서 공로운송과 경쟁관계에 있다. 또한 공로운송의 특징인 문전운송을 실현하지 못하기 때문에 일반적으로 주요구간에 있어 철로를 이용하고 문전구간은 공로를 이용하는 복합적인 방식으로 이용되고 있다.

3. 항공운송

1970년대에 들어 대형 점보제트기 등의 항공기 산업이 급속히 발달하면서 화물수송에 있어서 항공기가 중요한 역할을 담당하게 되었다. 항공운송의 급속한 발달에 의해 해상운송이 갖는 수송상의 단점이라고 볼 수 있는 신속성·정확성·안전성의 단점을 극복할 수 있게 되었다. 그러나 해상운송보다 운임이 비싸고 항공운송에 적합한 화물이 아니면 이용이 곤란하다는 단점을 가지고 있다. 항공운송은 화물주가 직접 항공회사와 거래하지 않는다. 항공운송 대리업체가 모든 운송업무를 취급하며, 항공회사는 단지 수송만을 담당한다.

4. 복합운송 및 컨테이너 운송

복합운송(combined transport)이란 두 개 이상의 운송수단(해·육·공)에 의하여 복합수송(through or multimodal transportation)이 이루어지는 것을 말한다. 복합수송은 유통코스트의 절감과 컨테이너에 의한 일관수송이라는 두 측면이 결합되어 이루어진 국제수송상의 일대 혁명이라고 말할 수 있다.

컨테이너란 수송설비의 한 종류로 내구성과 반복 사용이 가능하며 취급이 용이한 1m3이상의 내부용적을 가진 설비를 말하는데, 이러한 설비에 화물을 담아 운송하는 것을 컨테이너운송이라 한다. 이에 대한 세부적인 내용은 제2절 제5항에서 다룬다.

제2절 해상운송

1. 해상운송의 의의

해상운송(carriage by sea)이란 항해용으로 제공된 선박에 의하여 이루어지는 해상에서의 화물 또는 여객의 운송을 말한다. 여기에서 선박은 상행위에 제공되는 상선을 의미하며, 무역거래의 관점에서 볼 때 그 운송대상은 화물로 제한된다. 따라서 해상운송은 해운업자의 영업용 상선에 의하여 이루어지는 화물의 운송이라 할 수 있다.

해상운송은 무역거래에 이용되는 운송방식 중 가장 보편적인 것으로서 다음과 같은 특성을 지니고 있다. 첫째, 다른 운송수단과 비교할 수 없을 정도의 대량수송이 가능하다는 점이다. 둘째, 대량수송으로 운송원가를 크게 낮춤으로써 단위당 운송비가 매우 저렴하다는 점이다. 셋째, 주로 장거리운송에 이용되며, 운송경로가 자유롭고 운항속도가 느리다는 점이다. 넷째, 국가 사이의 운송이 전제되므로 국제성을 갖는다는 점이다.

2. 해상운송의 형태

해상운송은 선박의 운항형태에 따라 정기선 운송과 부정기선 운송으로 나누어진다. 이들 운송에 투입된 선박을 각각 정기선(liner)과 부정기선(tramp)이라 한다.

1) 정기선운송

정기선은 정기항로를 사전에 결정된 운항계획에 따라 규칙적으로 반복하여 항행하는 선박을 말한다. 따라서 정기선은 불특정다수 화주에 대해 서비스를 제공하고, 만선이 되지 않더라도 예정된 일정에 따라 운행한다. 정기선은 보통 개품운송계약의 형식을 취한다. 주로 살화물을 운송하는 부정기선과는 달리 공산품 등의 일반화물 또는 포장화물을 운송한다. 정기선은 단위화물을 운송하는 컨테이너선과 비단위화물을 운송하는 재래정기선으로 분류된다. 오늘날 주요한 정기항로에는 컨테이너선이 투입되며, 정기선을 운항하는 해운업자를 정기선해운업자(liner company)라고 한다.

정기선 운송은 항해일정을 공시하여 일반화물의 운송을 인수하기 때문에 부정기선 운송에서와는 다른 다음과 같은 특징을 가지고 있다.

① 특정의 항로 일정이 정해져서 정기적으로 발착하고 일정한 동형선이 배선되어 화물의 유무와 관계없이 운항한다.
② 운송대상화물은 주로 소량의 일반화물이다.
③ 운임은 공시된 운임표(tariff)에 의거 한다.
④ 정기선 운임은 liner terms로서 선적, 양륙의 하역비를 선주가 부담한다.
⑤ 정기운항에 투입되는 선박은 부정기선에 비해 고가이며, 화물도 완제품 내지 반제품인 2차 상품이 대종을 이뤄 1차 상품인 원자재 및 농·광산물 등의 부정기선화물에 비해 고가이다.
⑥ 다양한 화물의 취급 및 여러 항구를 기항하므로 취항 항구마다 영업소를 두게 되어 조직규모가 대형조직으로 구성된다.

2) 부정기선운송

부정기선은 수요자의 요구에 따라 수시로 어디에나 취항하는 선박을 말한다. 정기선의 경우 화물이 선박을 찾아오는 것이라면, 부정기선은 선박이 화물을 찾아가는 것으로 비유할 수 있다. 부정기선 운송은 일정한 항로 또는 화주를 한정하거나 제한하지 않고 선복의 수요가 있을 때마다 화주가 요구하는 시기와 항로에 따라서 화물을 운송하는 방식이다. 이러한 방식으로 선박을 운항하는 해운업자를 부정기선업자라 한다.

부정기선의 대상화물은 주로 곡물, 광석 등이며 화주가 선박회사로부터 선복의 일부 또는 전부를 빌리는 계약방식(이를 용선계약(charter)이라 함)에 의해 운송한다. 부정기선 시장은 시장참여가 자유로운 경쟁시장으로 운임도 정기선과는 달리 선복의 수요공급 관계에 의해 결정되므로 항상 변동한다.

3) 정기선운송 방식의 변화

최근에 들어 정기선의 일반화물은 거의 컨테이너(container) 방식으로 수송되고 있다. 컨테이너수송은 화물을 큰 컨테이너에 채워 넣어 특별히 만들어진 컨테이너전용선(container ship)으로 수송되기 때문에 적재·양하 시간이 재래선에 비해 매우 단축되어 선박의 가동률이 현격히 상승되었다. 이것은 선박의 대형화, 고속화에도 연결되어 수송비가 저렴하게 되었다. 또 접속되는 내륙운송도 해상과 일관되어 행해짐으로써 이종 수송수단에 의한 해륙일관수송(combined transportation)이 가능하게 되었다. 이에 따라 오늘날 컨테이너수송이 정기선 화물수송의 주류로 되고 있다.

컨테이너수송은 다음 네 가지 장점을 갖고 있다.

① **경제성** : 포자이용 및 하역비, 조작비의 절감이 가능하다.

② **신속성** : 기계화 하역 및 전용선에 의한 수송으로 재래선보다 운송기간 단축이 가능하다.

③ **안전성** : 컨테이너는 매우 견고하므로 하역 및 운송에 있어 파손을 예방할 수 있다.

④ **수송구간 확대** : door to door service의 발달로 판매자 창고에서 구매자 창고까지 container에 의한 일관수송이 가능하다.

한편 컨테이너 수송은 다음 두 가지 단점을 갖고 있다.

① **이용 가능한 화물의 제한** : 컨테이너에 의한 운송은 특수 용기에 내적하여야 하는 특성 때문에 규격화되지 않은 화물은 이용이 곤란하다.

② **시설에 따른 경비부담** : 컨테이너 전용부두 및 terminal의 설치와 컨테이너 전용선의 확보에 막대한 경비가 소요된다.

컨테이너와 관련한 내용은 아래에서 더 상세히 알아보도록 하겠다.

3. 해상화물운송계약

수출업자는 상품을 적재할 본선을 수배하여 해상운송계약을 체결하여야 한다. 해상화물 운송계약에는 운송방법에 따라 용선계약과 개품운송계약의 두 가지가 있다. 수출업자는 화물의 종류·성질·수량에 따라 그 중 어떤 운송방법에 의할 것인가를 결정하여야 한다.

1) 개품운송계약

개품운송계약은 개개의 화물의 운송을 목적으로 선박회사가 불특정다수의 화주와 개별적으로 운송계약을 체결하는 것을 말한다. 따라서 다수 화주의 대량의 화물들이 하나의 선박에 같이 적재된다. 개품운송은 주로 정기선 운송에서 이용되는 운송계약의 형태이다. 운송인은 불특정다수의 화주로부터 개개 물품의 운송을 인수하며 그 대가로 운임을 받고, 각 화물별로 선하증권을 발급하여 계약의 내용을 증명한다.

개품운송계약은 불요식계약이므로 계약체결에 있어서 어떠한 방식도 요구되지 않으나 계약내용을 명확하게 정하고 후일의 분쟁을 예방하기 위하여 선복요청서(shipping request; S/R)를 작성하여 제출하는 것이 바람직하다.

2) 용선계약

용선계약은 해상운송인이나 선박소유자가 선복의 전부 또는 일부를 제공하여 화물을 운송하기로 약속하고, 이에 대하여 상대방인 용선자는 그 대가로서 운임(용선료)을 지급할 것을 약속하는 계약이다. 용선계약은 용선하는 선복의 범위에 따라 전부용선과 일부용선으로 나누어지고, 용선계약의 기간에 따라 항해용선계약과 정기용선계약으로 구별된다. 그런데 우리 상법에서는 용선계약을 항해용선계약과 정기용선계약 및 선체용선계약으로 구분하고 있다.

정기용선계약과 항해용선계약에서는 선주가 선장의 임명과 지휘감독을 담당한다. 그러나 선박임대차계약인 선체용선계약은 임차인이 선장의 임명과 지휘감독에 대한 권리를 가진다. 책임의 한계에 있어서는 정기용선계약과 항해용선계약이 용선자가 선복을 이용하고 선주는 운송만을 책임지는 반면에 선체용선계약에서는 모든 책임을 임차인이 진다. 운임은 항해용선계약에서는 화물의 수량 또는 선복으로 결정되지만 정기용선계약에서는 운행기간에 의해 결정되고 선체용선계약에 있어서 임차료는 기간에 의해 결정된다.

항해용선계약과 정기용선계약에 있어서 용선자는 기항담보에 대한 책임을 지지 않는다. 그러나 선체용선계약에 있어서 임차인은 화주 또는 용선자에 대해 기항담보 책임을 진다. 선주의 비용부담은 항해용선계약에 있어서 선원급료, 식대, 윤활유, 연료, 유지 및 수선료 그리고 보험료와 항비 하역비와 도선료에 이르기까지 선박과 선원에 관련된 제반 비용을 부담하고 용선자는 비용을 부담하지 않는다. 정기용선계약에 있어서 선원급료, 식대, 음료수, 윤활유, 및 보험료, 감가상각비는 선주가 부담하지만 연료, 항비, 하역비, 예선비와 도선료는 용선자가 부담한다. 선체용선계약에 있어서 선주는 단지 감가상각비와 보험료만을 지불하고 나머지는 모두 용선자가 부담한다.

다른 계약과 마찬가지로 항해용선계약도 조화 등의 과정을 거쳐 청약 및 승낙의 의사를 교환함으로써 성립되며, 성약확인서(fixture note) 및 용선계약서(charter party; C/P)가 작성된다. 용선계약서는 운송계약서임에도 불구하고 선적서류로는 인정되지 않기 때문에 운송인인 선주는 화물이 선적된 후 항해용선자에게 별도로 선하증권을 발행한다.

4. 해상운송 관련 서류

1) 선하증권

선하증권(Bill of Lading ; B/L)이란 운송인이 화주(송하인)로부터 물품을 인수한 후 화주에게 발행하는 운송증권으로서 그 소지인에게 증권과 상환하여 화물을 인도할 것을 확약하는 유가증권이다. 우리 상법에서는 선하증권에 기재해야 할 여러 가지 사항을 명시적으로 규정하고 있는데, 이와 같이 선하증권은 법정기재사항이 있는 요식증권(formal instrument)이다.

선하증권은 원본 3통이 1조(set)로 발행되며, 그 중 한 통이 목적항에서 운송인에게 정당하게 제시되면 나머지 2통은 그 시점부터 무효로 된다. 일반적으로 무역거래에서 선하증권은 지시식으로 발행되어 유통되며, 상업송장 및 보험증권과 더불어 가장 중요한 선적서류이자 화환매입 시의 기본서류이다.

선하증권은 다음과 같은 3가지 기능을 가지고 있다.

첫째, 선하증권은 화물수령증(receipt of goods)으로서 운송인이 송하인(수출상)으로부터 화물을 인수하였음을 나타내는 서류이다.

둘째, 선하증권은 운송인에 대한 화물의 인도청구권을 나타내는 권리증권(document of title)이며, 이 기능에 의하여 무역업자들은 운송 중인 화물을 전매할 수 있다.

셋째, 선하증권은 운송계약서 자체는 아니지만, 운송인과 화주 사이에 체결된 운송계약의 존재를 증명하는 유력한 증거(evidence of contract)로 인정된다.

2) 해상화물운송장

해상화물운송장(Sea Waybill ; SWB)이란 해상화물운송에 관하여 운송인과 화주 사이에 체결되는 운송계약을 증명하는 서류이다. 해상화물운송장은 선하증권과는 달리 유가증권이 아니고 단순한 화물수령증에 불과하므로 유통성이 없고, 화물의 인도 시에 이를 제시 또는 상환할 필요가 없다. 우리 상법에서는 선하증권과 마찬가지로 해상화물운송장의 기재사항을 규정하고 있으므로 해상화물운송장은 요식증권이다.

해상화물운송장은 화물이 선하증권보다 먼저 목적항에 도착하는 현상, 유가증권인 선하증권을 분실하는 경우 등에 따른 문제점을 해결하기 위하여 등장한 것이며, 기명식으로 발행되는 비유통증권이다.

5. 컨테이너운송

컨테이너(container)운송이란 특정화물 뿐만 아니라 다양한 화물을 정해진 규격의 상자 속에 넣어서 육상, 해상, 항공의 모든 운송 형태를 충족시키면서 물건을 이동시킬 수 있는 운송수단을 의미한다. 컨테이너 운송은 화물운송의 3대 원칙 즉, 안전성, 신속성 그리고 경제성을 모두 충족시킬 수 있는 적합한 구조를 가지고 있다. 컨테이너운송은 복합운송에서 물건을 옮게 실어야 할 경우 개별 화물을 따로 옮기지 않고 컨테이너만을 옮기는 방식을 사용하기 때문에 일관수송(through transportation)이 가능하며 수출상의 창고에서 수입상의 창고까지 운송하는 door to door방식으로 운송된다.

컨테이너를 국제적으로 규격화하는 것은 운송수단 즉, 선박의 구조와 화물차량의 구조를 세계적으로 결정하는 문제이므로 자연스러운 일이다. 따라서 국제표준화기구(ISO: international standard organization)는 다음과 같이 컨테이너의 기준을 정한다.

① 충분한 내구력
② 운송수단이 바뀔 경우 화물이 이적되지 않도록 설계할 것
③ 운송수단이 바뀔 때 조작이 쉬울 것
④ 화물을 채우고 비우기가 쉽게 설계될 것
⑤ 내부용적이 35.3 큐빅피트(1m3) 이상일 것

컨테이너는 한 개를 다 채우느냐 아니냐에 따라 FCL(Full container load cargo)와 LCL(Less than container load cargo)로 구분된다. LCL의 경우 같은 방향의 화물집하소로 가는 다양한 화물들이 출발지의 화물집하소에서 한 컨테이너에 채워지는 경우가 대부분이다. 이러한 운송형태에 따라서 다음과 같은 네 가지 형태의 컨테이너운송형태가 결정된다.

① 컨테이너 야드(CY)에서 컨테이너 야드로 운송(CY)
② 컨테이너 야드(CY)에서 컨테이너 화물집하소(CFS)로 운송
③ 컨테이너 화물집하소(CFS)에서 컨테이너 야드(CY)로 운송
④ 컨테이너 화물집하소(CFS)에서 컨테이너 화물집하소(CFS)로 운송

제3절 해상보험

1. 해상보험의 개요

1) 해상보험의 정의

해상보험(marine insurance)이란 손해보험의 일종으로서 해상위험으로 인해 발생하는 손해의 보상을 목적으로 한다. 영국의 해상보험법 1906(Marine Insurance Act 1906, 이하 MIA)의 제1조에 '해상사업에 수반하는 손해'의 보상을 약속하는 계약으로 정의하고 있고, 한국의 상법 제693조에서는 '해상사업에 관한 사고로 인하여 생길 손해를 보상할 것을 목적으로 하는 보험'을 해상보험이라고 정의하고 있다. 이러한 해상사업에 수반하는 위험으로 해상위험(marine perils)이 있는데, 첫째로 선박의 좌초, 침몰, 충돌, 폭풍우 등 해상고유의 위험(perils of the sea)과 둘째로 화재, 전쟁, 해적, 폭동, 포획, 나포, 선장 및 선원의 악행 등 기타 위험이 있다.

2) 해상보험계약의 당사자

① **보험자**(insurer, underwriter) : 보험자란 보험계약자와 보험계약을 체결하고 해상사업에 관한 사고에 의하여 발생하는 손해를 보상할 것을 약속하는 자이다. 우리나라의 경우 주식회사 또는 상호회사인 보험회사가 보험자가 된다. 그러나 영국의 경우 Lloyd's Underwriter와 같은 개인보험업자도 위험을 인수하고 있다.

② **보험계약자**(policy holder) : 보험계약자란 보험자와 보험계약을 체결하고 보험료를 지급할 의무를 지는 자를 말한다. 인코텀즈 2010상의 FOB규칙에서는 수입업자가, CIF규칙에서는 수출업자가 보험계약자가 된다.

③ **피보험자**(insured) : 피보험자란 보험계약에 의해서 보호되는 자, 즉 보험사고의 발생으로 손해를 입은 경우 보험자에게 직접 손해보상을 청구할 수 있는 자를 말한다. 인코텀즈 2010에서는 FOB, CIF규칙 모두 수입업자가 피보험자가 된다.

④ **보험대리점**(insurance agent) : 보험대리점이란 보험회사를 위하여 보험계약의 체결을 대리하거나 중개하는 것을 영업으로 하는 독립된 상인을 말한다.

⑤ **보험중개인**(insurance broker) : 보험중개인이란 독립적으로 보험자와 보험계약자 사이의 보험계약의 체결을 중개하는 것을 영업으로 하는 자를 말한다. 보험

중개인은 보험가입을 원하는 사람을 위해 보험자와 접촉해서 자신의 고객인 보험가입 희망자에게 필요한 보험을 알선한다.

3) 해상보험계약의 주요 원리

① 피보험이익

해상보험에서 보험의 대상은 화물이나 선박이다. 그런데 보험이 보호하는 대상은 화물이나 선박 그 자체가 아니라 이 화물이나 선박에 대하여 특정인이 가지는 이해관계이다. 보험계약을 체결하는 목적은 이 이해관계이며 이것이 바로 피보험이익이다. 즉 피보험이익(Insurable Interest)이란 보험의 목적이 손상됨으로써 손실을 입는 특정인과 보험의 대상(화물이나 선박) 사이에 존재하는 이해관계를 말한다. 그러므로 해상보험의 대상이 되는 것은 단지 화물이나 선박 자체에만 국한되는 것이 아니고 사고가 발생한 경우 그에 따라 손해를 입을 염려가 있는 것, 즉 금전으로 견적할 수 있는 것은 모두 해상보험의 대상이 된다.

② 고지의무

고지의무(Insurable Interest)란 보험의 청약부터 보험계약의 체결 시 까지 보험계약자 또는 피보험자가 보험자에 대하여 보험자의 보험인수 여부 또는 계약내용의 결정에 영향을 미칠 수 있는 모든 중요한 사실을 고지해야 할 의무를 말한다. MIA 제18조에 따르면 피보험자가 이러한 고지의무를 위반할 경우 보험자는 보험계약을 취소할 수 있다. 우리나라 상법(제651조)에서도 만일 보험계약자가 고의 또는 중대한 과실에 의해 중요한 사항에 관하여 불고지 또는 부실고지를 한 때에는 보험자는 계약을 해지할 수 있다고 규정하고 있다.

③ 담보

담보(warranty)란 위험측정을 용이하게 하는 안전장치의 하나로서 피보험자가 엄격하게 이행하거나 충족시켜야 할 약속을 말한다. 구체적으로는 피보험자가 특정한 일을 하거나 하지 않을 것을 약속하거나 특정한 조건을 구비할 것을 보증하는 것, 특정 사항의 존재 또는 부존재를 확약하는 것이다.

2. 해상위험

해상위험(maritime perils)이란 해상보험에서 보험자가 부담하는 위험을 말한다. 영국의 MIA(제3조)에서는 해상위험을 항해에 기인되고 항해에 수반되는 위험이라고

정의하고 있다. 해상위험에는 선박의 좌초, 침몰, 충돌, 폭풍우 등 해상고유의 위험(perils of the sea)과 화재, 전쟁, 해적, 폭동, 포획, 나포, 선원의 악행 등 기타 위험이 있다. 해상보험계약을 체결하면 법률과 계약조건에 따라 해상위험을 담보위험, 면책위험, 비담보위험으로 나눌 수 있다.

1) 담보위험

담보위험(risks covered, perils insured against)이란 보험자가 그 위험에 의하여 발생한 손해를 보상할 것을 약속한 위험, 다시 말해 보험자가 피보험자에게 발생한 손해보상을 해주겠다고 약속한 위험이다. 즉 담보위험에 대해서는 특정의 위험을 면책사유로 정하여 보험자의 보상책임을 제한하지 않는 한 어떤 원인에 의한 것인지를 불문하고 보험자는 책임을 지게 된다.

구약관의 경우 ICC(A/R), ICC(WA), ICC(FPA)의 순서대로, 또한 신약관의 경우에는 ICC(A), ICC(B), ICC(C)의 순서대로 보험자의 담보위험이 적어지며, 그에 따라 보험료가 점점 더 낮아지게 된다. 현행 보험증권과 약관상의 담보위험은 뒤에서 살펴보기로 한다.

2) 면책위험

면책위험(excepted or excluded perils)이란 그 위험에 기인하여 발생한 손해에 대하여 보험자가 보상책임을 지지 않는 위험으로서 보험자의 보상책임을 적극적으로 제한하는 것이다. 즉 어떤 위험이 발생시킨 손해에 대하여 보험자가 손해 보상을 하지 않겠다고 한 위험으로 보험자의 보상을 면책시키기 때문에 면책위험이라고 한다. 형식상 면책위험은 첫째, 약관에 의한 약정면책위험과 둘째, 법률상의 면책규정에 따른 법정면책위험으로 나누어진다. 또한 면책위험은 특약에 의해서도 보험자가 담보하지 않는 절대적 면책위험과 특약이 있으면 담보하는 상대적 면책위험으로 구분할 수 있다.

열거책임주의를 취하는 경우 원칙적으로 보험자는 열거위험으로 인한 손해가 아니면 보상책임을 지지 않는다. 영국의 MIA 제55조에는 법정면책위험을 열거하여 보험자의 보상책임이 없도록 하고 있다. 예를 들어, 피보험자의 고의적인 불법행위(wilful misconduct), 항해의 지연(delay), 통상의 자연소모(ordinary wear and tear), 통상의 누손 및 파손(ordinary leakage and breakage), 보험의 목적의 성질 또는 하자(inherent vice or nature of the subject-matter insured), 쥐나 벌레에 의한 원인으로 생긴 손해(loss proximately caused by rats or vermin) 등이 그것이다. 이러한 MIA상의 법정면책위험은 대부분 약관에 반영되어 있다.

한편 전쟁위험이나 동맹파업위험의 경우 그 위험측정이 곤란하기 때문에 적절한 보험료를 산정하기 위하여 일단 상대적 면책위험으로 정해 놓고 보험계약자의 요청이 있으면 특약에 의하여 부담하도록 하고 있다. 이들 두 위험에 대해서는 각각 별개로 부보할 수 있으나, 실무상으로는 광의의 전쟁보험으로서 통합된 형태로 부보되고 있고 보험료에 있어서도 단일의 할증보험료율이 적용되고 있다.

3) 비담보위험

비담보위험(perils not covered, perils not insured)이란 보험계약상 담보위험과 면책위험에 속하지 않는 기타 모든 위험을 의미하는 것으로서 중립위험(neutral perils)이라고도 한다. 비담보위험에 의하여 손해가 발생한 경우 보험자는 비담보위험에 대해서는 손해보상여부에 관한 어떠한 의사표시도 하지 않은 것이므로 그 손해를 보상할 책임이 없다.

4) 인과관계

해상보험자는 계약상의 담보위험으로 인하여 발생한 손해를 보상한다. 즉 손해가 발생한 경우 보험자는 그 손해의 원인이 무엇인지를 밝혀 그 원인이 담보위험인 경우에는 손해를 보상하지만, 면책위험이나 비담보위험인 경우에는 손해를 보상하지 않는다. 따라서 보험자가 손해를 보상하기 위해서는 담보위험과 손해 사이에 원인과 결과로서의 일정한 관계가 존재하여야 하며, 이를 해상보험에서의 인과관계(causation)라 한다.

일반적으로 해상보험에서는 특정 사고가 다수의 위험이 함께 작용하여 손해의 원인을 구성하게 된다. 이때 다수의 원인 중 어떤 원인은 담보위험이고 또 다른 원인은 면책위험이나 비담보위험일 수 있다. 따라서 이렇게 발생한 손해에 대해 보험자의 보상책임여부를 결정하는 것이 매우 어렵게 된다. 이에 따라 보험자와 피보험자 간의 손해보상에 대한 기준을 명확하게 하기 위해 피보험이익에 대한 손해을 발생시킨 원인을 단순화하여 보험자가 담보할 것인지 아닌지를 결정하기 위한 판단 기준이 필요하다. 우리나라를 포함한 대부분의 국가에서는 법률 및 약관상 인과관계에 대한 판단 기준을 설정하고 있지 않지만, 영국의 MIA 제55조 제1항에서는 근인설(the doctrine of proximate cause)을 채택하고 있다.

근인설에 따르면 손해가 담보위험의 간접효과가 아닌 직접효과일 때에만 보험자가 보상책임을 진다. 즉 손해를 발생시킨 복수의 원인 중에서 직접적인 것(즉, 근인) 하나만을 찾아내고 그것이 보험자의 담보위험이면 모든 손해를 보상하고, 그것이 면책위험이나 비담보위험이면 전혀 손해를 보상하지 않는다는 것이다.

영국에서 근인설은 이전까지 시간적으로 손해에 가장 가까운 원인을 근인으로 간주하는 최후조건설이 채택되었다. 이 기준은 복수의 원인에 의하여 손해가 발생했을 경우에는 시간적으로 손해에 가장 근접한 최후의 원인이 그 손해의 근인이며, 그것이 보험자의 부담위험인지 아닌지에 의하여 보상책임이 결정된다. 어떻게 보면 최후 원인이 손해에 미친 영향이 매우 미미한 경우에 본 기준의 합리성이 매우 미약하게 된다.

따라서 현재에는 효과 측면에서 손해에 가장 근접한 원인을 근인으로 보는 최유력조건설이 일반적으로 채택되고 있다. 이를 적용하면 시간적 순서와 관계없이 결과를 발생시킨 효과적·직접적 또는 우월한(effective, direct or predominant) 원인이 손해발생의 근인으로 인정된다.

3. 해상보험자의 위험부담방식

1) 포괄책임주의

해상보험의 발생 초에는 보험자의 위험부담에 대한 범위는 포괄적이었는데 이는 해상고유의 위험에 대해 나누기 보다는 포괄적으로 지칭하여 사용하는 것에 있었다. 포괄책임주의를 적용할 경우에는 보험자는 법정 및 약정 면책위험을 제외한 일체의 해상위험을 부담하게 된다. 즉 손해를 발생시킨 위험이 면책사유에 해당하지 않는 한 피보험자는 보험의 보호를 받을 수 있으며, 손해보상을 청구할 때에도 단순히 해상위험에 의하여 손해가 발생했음을 입증하면 되는 것이다. 만일 보험자가 보상책임을 거부하고자 하면 반드시 그 손해가 면책위험으로 인하여 발생했다는 반증을 제시하여야 하므로 피보험자 측에 유리하다고 할 수 있다. 우리 상법 제693조에서도 '해상사업에 관한 사고'로 기술함으로써 포괄책임주의를 채택하고 있다.

2) 열거책임주의

영·미의 경우 보험자가 해상위험 중에서 특정의 위험만을 부담하는 열거책임주의를 채용하고 있다. 특히 영국의 MIA 제3조에서는 해상위험의 종류를 구체적으로 열거하고 있고, 또 로이즈S.G.보험증권의 본문에 있는 위험조항에서도 보험자가 부담하는 위험을 열거하고 있다. 해상보험계약의 약관의 경우 구 ICC(WA) 및 (FPA)의 제5조, 신 ICC(B) 및 (C)의 제1조 위험 조항을 통해 열거책임주의를 택하고 있다.

열거책임주의를 적용하게 되면 보험자는 보험증권이나 약관에 열거된 위험에 의한 손해만을 보상하므로 열거되지 않는 위험에 대하여 보험의 보호를 받기 위해서는 특약 등을 통해 보험자에게 추가로 부담해 줄 것을 요청하는 것이 필요하다. 이와 같이 보험자의 담보 사항을 최대화한 것이 구 ICC(ALL Risks)와 신 ICC(A)으로 사실상 포괄책임주의로 변경한 것으로 볼 수 있다. 그러나 일반적인 포괄책임주의에서와 마찬가지로 이들 약관의 경우에도 각종 면책사유에 의하여 보험자의 위험부담의 범위가 제한되고 있다.

열거책임주의를 채택한 상황에서는 보험자의 위험부담범위는 좁아진다. 또한 손해발생 시 보험자의 보상을 받기 위해서는 보험 가입된 피보험이익에 손해가 발생한 사실, 그 손해가 열거위험에 의하여 발생하였다는 적극적 사실을 입증해야만 보험보상을 받을 수 있으므로 포괄책임주의에 비해 피보험자가 불리하다.

그럼에도 불구하고 열거책임주의와 포괄책임주의 사이에 현실적인 큰 차이는 없다. 이는 포괄책임주의에서도 많은 면책조항을 설정하여 보험자의 담보위험을 제한하고 있고, 열거책임주의에서도 특약에 의하여 위험부담범위를 확대하거나 또는 전위험담보조항(all risks clause)을 첨부함으로 효과적인 면에서 볼 때, 사실상의 포괄책임주의를 적용하고 있는 것이기 때문이다.

4. 해상손해의 유형

보험의 목적물인 화물, 선박, 선임, 희망이익(수입업자의 입장에서 화물이 무사히 도착함으로써 이를 사용 혹은 판매하여 얻을 수 있다고 기대하는 이익) 등에 보험사고가 발생하게 되면 보험목적물이 손실을 입거나 비용이 발생하게 되는 바, 이때 피보험자가 입게 되는 경제상의 불이익을 해상손해라 한다.

해상보험에서 보상해 주는 해상손해(marine loss)는 다음과 같이 분류 할 수 있다.

① 물적손해(Physical loss)

전손(Total Loss) ⟨ 현실전손(Actual Total Loss)
추정전손(Constructive Total Loss)

분손(Partial Loss) < 공동해손(General Average) / 단독해손(Particular Average)

② 비용손해(Expenses loss)

구조비(salvage charge)

손해방지비용(sue&labor charge)

특별비용(particular charge)

③ 배상책임손해(Liability loss)

선박충돌손해배상책임(collision liability)

1) 전손

(1) 현실 전손

해상적하보험에서 화물에 대한 피보험이익은 화물의 물적 가치와 그 존재를 같이 하기 때문에 현실전손(actual total loss)은 화물 그 자체의 손해로서 경제적 가치를 현실적으로 전부 상실하는 것을 말한다. 따라서 현실전손은 보험목적물 또는 피보험이익이 원래의 상태로 복구할 가능성이 전혀 없기 때문에 절대전손(absolute total loss)라고도 한다. 보통은 선박의 전손으로 인해 적하 또한 전손이 되는 경우가 대부분이지만 때때로 적하만의 현실전손도 발생할 수 있다. 적하의 현실전손의 경우로 첫째, 보험의 목적인 화물이 물리적으로 파괴된 경우, 예를 들어 화재로 인한 소실 또는 적의 공격에 의한 파괴 등이 이에 해당한다. 둘째, 화물이 물리적으로는 존재하고 있으나 큰 손상으로 본래의 성질을 상실하는 경우로 식용 건포도의 운송 도중 부패로 인한 가축사료로의 사용 전환, 설탕의 바닷물에 의한 용해 등이 이에 해당한다. 셋째, 화물이 물리적으로는 존재하고 있으나 피보험자가 그 화물의 점유를 상실하여 회복할 수 없는 경우이다.

(2) 추정 전손

해상적하보험에서 화물이 현실적으로 전손은 아니나 현실전손으로 될 개연성이 높거나 또는 수선·회복 후의 화물가액을 초과하는 비용을 들이지 않고는 현실전손으로 되는 것이 불가피한 손해를 말한다. 따라서 추정전손은 현실적으로 전손은 아니나 법률적으로 전손으로 인정한다는 의미에서 의제전손 또는 해석전손이라고도 한다. 추정전손을 성립시키기 위해 피보험자는 보험자에게 위부(abandonment)를 통지하고 이에 대해 보험자가 승낙하게 되면 추정전손은 성립하게 된다. 이후 피보험자는 현실전손과 마찬가지로 보험금액의 전부(즉 전손보험금)를 보험자에게 청구할 수 있다. 이러한 추정전손이 성립하기 위해서 첫째, 피보험자가 화물의 점유를 상실하여 이를 회복할 가능성이 없을 것으로 예상되거나 또는 화물을 회복하기 위한 비용이 회복하였을 때의 화물가액을 초과할 것으로 예상되는 경우, 둘째, 화물의 심한 손상에 따른 수선비용과 목적지까지의 운송비용의 합계액이 목적지에 도착한 때에 화물 가액을 초과할 것으로 예상되는 경우가 있다.

2) 분손

보험목적물의 일부분이 피해를 입은 경우를 말하며, 전손의 상대적 개념으로 전손이 아닌 모든 손해는 분손으로 다루어진다. 영국의 MIA 제64조 1항에서는 단독해손은 손해를 입은 자가 그 손실을 단독으로 책임지는 손해라고 언급하고 있다. 공동해손은 선박 및 화물을 공동의 위험에서 구하기 위하여 선장이 고의로 선박 및 화물의 일부를 희생함으로써 입게 된 손해를 말한다. 공동해손은 손실의 비율에 따라 각 이해관계자에 의해 분담된다.

(1) 공동해손

공동해손은 해상과 관련한 제도 중 가장 오래된 제도의 하나로서, 선박이 맞닥뜨린 해상의 위험에 대해 선박의 무게를 가벼이 함으로 위험을 회피하는 방법이 관습화된 것이다. 이러한 공동해손(general average)에 대해 MIA 제66조에는 '공동해손행위의 직접적인 결과로서 발생한 손해'라 하고 있다. 여기서 공동해손행위(general average act)란 공동의 항해단체를 구성하는 선박 및 화물을 공동의 위험으로부터 구조할 목적을 가지고 공동의 안전을 위하여 고의적이고 합리적으로 이루어지는 구조행위를 말한다. 따라서 공동해손의 성립 요건은 첫째, 공동해손손해는 이례적이어야 하며, 둘째, 공동해손행위는 임의적·자발적이어야 하며, 셋째, 공동해손행위와 공동해손이 합리적이어야 하며, 넷째, 실제적인 위험이어야 하며, 마지막으로 그 위험이 항해단체 모두를 위협하는 것이어야 한다. 공동해손행위의 결과로 물적손해인 공동해손희생(general average sacrifice)과 비용손해인 공동해손비용(general average expenditure)이 발생하는데 이를 합쳐서 공동해손손해(general average loss)라고 한다.

공동해손 정산은 일반적으로 선주에 의해 이뤄지는데, 현재 공동해손의 성립요건과 범위 및 정산 등에 관하여 해상운송계약상의 준거법으로는 1994년 요크·앤트워프 규칙(York-Antwerp Rules 1994 : YAR)을 사용하고 있다.

(2) 단독해손

단독해손(Particular average)이란 분손 중 공동해손이 아닌 손해로서 그 손해를 입은 당사자가 단독으로 부담하여야 하는 것이다. 화물의 단독해손으로는 악천후(heavy weather)에 의한 바닷물의 유입·선박에 설치된 타 물체와의 접촉·화재 등에 의한 화물의 손해, 악천후 때문에 화물의 적부상태가 악화되어 발생한 파손·누손에 의한 손해 등을 들 수 있다.

3) 비용손해 및 책임손해

해상위험이 발생한 결과로서 비용의 지출에 의한 손해가 생긴 경우 이를 비용손해(expenditure loss)라 하고, 타인에 대한 책임의 부담에 따른 손해를 책임손해(liability loss)라 한다. 일반적으로 해상적하보험에서 비용손해와 책임손해는 간접손해에 속한다고 할 수 있다. 따라서 보험자는 원칙적으로 물적손해만을 보상하고, 비용손해나 책임손해를 보상할 책임은 없다. 비용손해는 구조료, 손해방지비용, 특별비용, 부대비용으로 구성되어 진다.

5. 해상적하보험약관

앞서 본대로 해상손해에는 여러 가지 종류가 있다. 그러나 이들 손해를 보험자가 모두 보상해 주는 것은 아니다. 보험자가 어느 범위까지의 손해를 보상해 주느냐 하는 것은 보험자와 보험계약자 사이에 약정되는 보험조건(혹은 담보조건)에 의해 결정된다.

그런데 각국이 공통적으로 사용해 오던 보험조건이 1982년부터 변경되었으며, 우리나라는 1983년 4월부터 구조건과 신조건을 병행하여 사용하고 있다. 여기서는 변경되기 전의 보험조건과 새로 개정된 보험조건에 대해 살펴보도록 한다.

1) 구협회적하약관

구협회적하약관의 보험조건(보험자가 보상해 주는 해상손해 혹은 해상위험의 범위)에는 F.P.A., W.A., A/R의 세 가지 종류가 있으며, 그 내용은 다음과 같다(표 7-1).

▌표 7-1▌ 구협회적하약관의 담보조건

담보위험

A/R조건 · WA조건 · FPA조건

1. 부보화물의 전손
2. 본선 또는 부선이 좌초, 침몰, 대화재를 당했을 경우의 단독해손
3. 공동해손으로 인한 희생, 손해
4. 적재, 환적, 하역작업 중의 매 포장단위당의 전손
5. 화재, 폭발, 충돌, 접촉
6. 조난항에서의 척하작업에 기인된 손해
7. 중간의 기항항 또는 피난항에서의 양하, 입고 등에 따른 특별비용(단, 그것이 WA 조건하에서 보험자 부보책임인 경우에 한함)
8. 상기 손해 이외에 풍랑으로 인해 발생한 단독해손
9. 하기 면책사항 이외의 모든 외부적 우발원인에 의한 손해

면책사항

1. 피보험자의 고의적인 불법행위로 인한 일체의 손해
2. 부보화물의 고유의 결함, 성질, 지연으로 인한 손해
3. 위험의 요건을 구비치 않은 사유에 의한 손해(즉 통상의 손해)
4. 전쟁, 폭동, 파업 등에 기인한 손해

1. 단독해손부담보조건(Free from Particular Average : F.P.A.) : 전손과 공동해손 및 비용손해는 보상하지만 단독해손은 보상하지 않는다(단, 선박의 좌초, 침몰, 화재, 충돌로 인한 손실은 단독해손이라도 보상됨).
2. 분손담보조건(With Average : W.A.) : 전손, 공동해손은 물론 단독해손도 보상한다(단, 보험가액의 3 ~ 5%에 해당하는 소손해는 보상하지 않는다. 이를 면책비율이라 한다).
3. 전위험담보조건(All Risks : A/R) : 보험목적물에 대한 모든 위험을 담보하는 조건이며 면책비율도 적용되지 않는다. 보험회사의 책임이 가장 무거운 조건이다(단, 이 조건에서도 화물고유의 성질로 인해 발생한 손해는 보상하지 않음).

2) 신협회적하약관

이번 새로이 변경된 담보조건(혹은 약관이라고도 함)의 명칭을 종전과 대비해 보면 A/R → A조항(A Clause), W.A. → B조항(B Clause), F.P.A.→ C조항(C Clause)으로 각각 변경되었다. 이번에 변경된 담보조건의 특징으로서는, (1) 종래와 달리 부담위험(보험회사가 보상해 주는 위험)과 면책위험(보험회사가 보상해 주지 않는 위험)이 명확하게 구분되어 있어 매우 쉽게 이해할 수 있도록 되어 있다는 점과, (2) A조항은

종래의 A/R, B조항은 종래의 W.A., C조항은 종래의 F.P.A.에 대응되는 것이지만, 각각의 내용은 상당한 차이가 있다. (3) 또 어떠한 조건으로 보험에 들었더라도 각 조건에서 부담해 주기로 되어 있는 위험으로 인해 발생한 손해는 전손·분손에 관계없이 보상되며 손해면책도 적용되지 않는다. 개정된 보험조건과 각 조건하에서 보상되는 부담위험은 다음과 같다.

(1) ICC (C) : C조항에서는 다음에 열거된 위험으로 인한 손실을 보상한다.

① 다음의 사유로 인해 발생한 손실

1. 화재 또는 폭발
2. 본선 또는 부선의 좌초, 교사, 침몰, 전복
3. ~~육상운송용구~~의 전복 또는 탈선
4. 본선, 부선 또는 ~~운송용구~~와 물 이외의 다른 물체와의 충돌 또는 접촉
5. 피난항에서의 화물의 하역

② 다음의 사유로 인해 발생되는 손실

1. 공동해손희생손해
2. 투하

C조항 하에서 보험자가 책임지지 않는 위험(면책위험)은 다음 열거한 일반면책위험 외에 선박의 부적합으로 인한 손실 및 전쟁, 동맹파업위험이 있다.

1. 피보험자의 고의의 비행에 귀속하는 손실
2. 피보험자적의 통상의 누손, 통상의 중량·용량의 부족 또는 자연소모
3. 피보험목적의 포장 또는 준비의 불완전 또는 부적절로부터 야기된 손실
4. 피보험목적의 고유의 하자 또는 성질을 근원으로 하는 손실
5. 지연을 근원하여 생긴 손실
6. 본선의 소유자, 관리자, 용선자 또는 운항자의 지불불능 또는 금전상의 채무불이행으로 생긴 손실
7. 피보험목적에 대한 어떤 자의 불법행위에 의한 의도적인 손상 또는 파괴
8. 원자, 핵분열, 핵결합 또는 이와 비슷한 핵무기 등의 전쟁무기를 사용함으로써 일어나는 손실

(2) ICC (B) : B조항에서는 C조항에서 담보하는 위험에 추가하여 다음의 위험을 담보

한다.

1. 지진, 화산의 분화, 낙뢰로 인한 손실
2. 갑판유실로 생긴 손실
3. 본선, 부선, 선창, 운송용구, 컨테이너, 지게자동차 또는 보관 장소에 해수, 호수, 강물의 침입으로 생긴 손실
4. 본선, 부선으로의 선적 또는 양하 작업 중 바다에 떨어지거나 갑판에 추락한 포장단위당 전손

B조항에서의 면책위험은 C조항과 동일하다.

(3) ICC (A) : B조항과 C조항이 부담위험을 구체적으로 열거하고 있는 데 반하여 A조항은 포괄책임주의를 채택하고 있다. 따라서 A조항은 약관에 규정한 면책위험을 제외한 일체의 위험을 부담한다. A조항에서의 면책위험도 B조항과 C조항의 면책위험과 동일하나, 다만 일반면책위험 중 위의 7번 조항을 A조항에서는 면책으로 하지 않고 있다.

6. 해상보험과 무역계약

1) FOB 계약과 해상보험

FOB 계약에서는 계약물품은 매매계약서상에 지정된 선적항에서 수출업자에 의하여 선박내로 반입되어야 한다. 계약물품에 관한 위험은 계약물품이 본선에 적재된 때 수출업자로부터 수입업자에게로 이전된다. FOB 계약에 따른 화물의 해상보험계약의 성립은 본선에 적재된 화물에 대해 수입업자가 보험계약자로서 계약을 체결하게 된다. 따라서 FOB 계약에서는 수입업자가 자기 자신을 위하여 자유의사로 계약물품의 본선반입 완료 이후의 위험에 대하여 해상보험계약을 체결하면 된다.

FOB 계약의 수입업자는 보통 수출업자로부터 선적통지를 받고 난 후에 보험계약을 체결하게 된다. 따라서 보험계약을 체결하고자 할 때, 이미 화물이 선적 완료되었고 본선은 항해 중에 있는 경우가 발생하게 된다. 이러한 경우에 소급약관(lost or not lost)을 포함하여 보험의 개시 시기를 선적시점으로 소급함으로 위험의 담보가 가능하게 할 수 있다. 그러나 보험계약체결 당시에 피보험자가 화물에 이미 손해가 발생한 사실을 알고 있을 때에는 보험계약이 무효가 될 수 있다. 이는 사고 사실을 확인

하고 보험금 수령에 목적을 둘 수 있기 때문이다. 따라서 이에 대처하기 위해서는 수입업자는 선명미상예정보험증권으로 보험 가입을 미리 확인하여 둘 필요가 있다.

2) CIF 계약과 해상보험

CIF 계약은 FOB 계약과 더불어 무역거래에서 가장 많이 채택되어 사용되고 있는 거래조건이다. CIF 계약에서는 계약물품에 대한 위험부담이 선적항의 본선에 적재된 때 수출업자로부터 수입업자에게 이전되지만 목적항까지의 해상운송계약과 해상보험을 수출업자가 체결, 그 비용을 부담하여야 한다. CIF 계약에서는 물품의 소유권 이전이 서류 인도 방식으로서 선하증권을 포함한 선적서류의 유통에 의하여 성립되므로, 현물 인도 방식의 FOB 계약의 경우처럼 위험부담과 비용부담이 선적항의 본선에서 동시에 분기되어 이뤄지는 것은 아니다. CIF 계약은 목적항까지의 해상보험계약을 수출업자가 체결하여야 하며, 선적서류에 의한 소유권 이전은 수입업자의 위험부담시기가 개시된 이후에 이루어지기 때문에 해상보험증권의 양도에 의하여 수입업자의 위험부담이 소급 담보되어야 한다.

CIF 계약에서 해상보험계약의 체결에 관한 수출업자의 의무는 다음과 같다.

1. 수출업자는 자기의 비용으로 운송 상의 위험을 담보하는 양도 가능한 해상보험증권을 취득할 것
2. 신용 있는 보험자와 적어도 ICC (C)조건으로 해상보험계약을 체결할 것
3. CIF 가격에 10%를 가산한 금액으로 부보할 것
4. 매매계약서의 표시통화로 일치시켜 부보할 것

따라서 수출업자는 최소한의 조건으로 보험을 가입하기 때문에, 특별한 합의가 없는 한 도난, 발하, 누손, 파손, 훼손, 타화물과의 접촉, 기타 특정거래 고유의 위험 등에 대해 보험 가입의 의무가 없다.

이상에서와 같이 CIF 계약에 있어서는 계약물품에 대한 위험부담의 분기가 서류의 유통에 의하여 소급 확정되므로 수출업자는 하나의 보험계약과 일치된 해상보험증권을 취득하여 수입업자에게 전달하여야 한다. 이 경우 수출업자는 하나의 보험계약에 의하여 화물이 선적항의 본선현측난간을 통과하기 전까지는 자기 자신의 이익을 위하여, 그 이후는 수입업자의 이익을 위하여 부보하게 되는 것이다. 현재 실무적으로 위험의 분기점은 본선 적재 후, 매도인에서 매수인에게 이전되지만 이 경우 보험계약은 이중적으로 부보해야 하는 번거로움이 생긴다. 따라서 매도인의 위험부담

에 속하는 운송구간을 포함한 전체구간에 대하여 부보하도록 한다. 이는 매수인을 위해 본선 적재 시까지, 매도인을 위해 본선 적재 이후부터라는 두 개의 피보험이익을 부보하는 것이 된다. 이를 매도인이 해상보험증권에 배서하는 방식을 통해 매수인에게 양도함으로써 피보험이익의 이전과 소유권 이전을 동시에 하게 된다.

7. 클레임의 처리

1) 손해보상청구에 관한 피보험자의 의무

보험의 목적에 발생한 손해에 대하여 보험자에게 보상청구를 하는 것을 클레임이라고 한다. 구보험증권 본문의 손해방지조항, 구ICC 제9조 수탁자조항, 신ICC 제16조 피보험자의 의무조항에서는 클레임 처리과정에서의 피보험자의 의무에 관하여 규정하고 있다. 또한 구보험증권의 이면과 신보험증권의 표면에는 손해발생 시에 피보험자가 취해야 할 각종 조치 및 절차 등을 규정하고 있는 중요약관(Important Clause)이 있다.

보험사고가 발생한 경우 피보험자는 우선 손해의 방지·경감을 위하여 노력함과 동시에 손해발생 사실을 지체 없이 보험자에게 통지하여야 한다. 그 후 피보험자는 손해조사를 하고 손해의 증명에 필요한 검정보고서(survey report)를 확보하여야 하는데, 이는 보험자의 보상책임 유무를 결정하는 중요한 자료가 된다.

화물의 손해가 운송인 등 제3자의 귀책사유로 인하여 발생한 경우 피보험자는 그 제 3자에 대한 손해배상청구권 등의 권리를 보존하고 행사할 수 있도록 확보해둘 의무가 있다. 화물에 대한 손해가 적하보험계약에 의하여 보상되는 손해라면 통상 피보험자는 보험자로부터 손해를 보상받고 제3자에 대한 권리는 보험자에게 양도한다. 즉 보험자는 보험금을 지급한 후 피보험자가 가지는 권리를 대위 취득하게 되는 것이다.

2) 보험금청구에 필요한 서류

보험사고가 발생하여 손해보상을 청구하는 경우 일반적으로 피보험자는 신·구보험증권상의 중요약관(Important Clause)에서 규정하고 있는 서류들을 제출하게 된다. 이들 서류는 다음과 같다.

① 보험증권 또는 보험증명서 원본

② 상업송장

③ 선하증권 또는 기타 운송서류
④ 검정보고서 또는 기타 증거 서류
⑤ 운송인 등 귀책사유가 있는 자와의 교신문
⑥ 기타 사고 사실을 입증할 수 있는 서류
⑦ 양륙항과 최종목적지에서의 양륙보고서 및 중량증명서

제4절 무역보험

1. 무역보험의 의의

무역계약이 성립된 후 불의의 사태발생으로 계약의 이행이 불가능하게 되거나, 생산이 완료된 상품을 선적할 수 없게 되거나, 해외수출자의 계약불이행으로 적기에 물품을 인도받지 못하거나 수출대금 또는 선급금을 회수하지 못하게 되는 위험도 존재한다. 이러한 위험은 앞에서 살펴본 해상보험으로는 커버될 수 없고 별도의 무역보험에 의하여 부보될 수 있다.

무역보험은 수출국에서 무역과 해외투자를 촉진시키기 위한 목적으로 이루어지는 정책적인 보험제도라는 점에서 물품의 멸실·손상의 위험 및 손해를 대상으로 하는 해상적화보험과는 그 대상과 성격이 다르다. 다시 말해서 무역보험은 특별법에 의하여 설립된 한국무역보험공사가 보험자가 되어 수출업자, 수입업자, 생산자 또는 수출대금을 융자해 준 금융기관 등이 입는 손실을 보상해 줌으로써 궁극적으로 무역과 해외투자를 촉진하여 국가경쟁력을 강화하고 국민경제의 발전에 이바지함을 목적으로 하는 비영리정책보험이다.

2. 무역보험의 종류

무역보험은 수출보험과 수입보험으로 구분된다. 수출보험은 수출거래에 수반되는 제 위험 가운데 해상보험 등 통상의 보험으로는 담보할 수 없는 위험, 즉 수입국에서의 전쟁, 내란, 수입제한, 환거래제한 등으로 인한 비상위험(political risk)과 수입자의 계약 파기, 파산, 대금지급지연 또는 거절 등으로 인한 신용위험(credit risk), 기업가의 판매예측, 경영예측의 오류 등으로 수출자 또는 수출금융을 제공한 금융기관이 입게 되는 손실을 보상하여 우리나라의 수출을 촉진하고 진흥하기 위한 수출지원제도 이다.

수입보험은 한국무역보험공사가 정하는 대상거래, 즉 철, 동, 아연, 석탄, 원유 등의 주요자원과 시설재, 첨단제품, 외화획득용 원료 등 국민경제에 중요한 자원이나 물품을 수입하는 경우 국내기업이 부담하는 선급금, 미회수 위험을 담보하거나 국내기업에 대한 수입자금 대출지원이 원활하도록 지원하는 제도이다.

3. 무역보험의 기능

1) 수출거래상의 불안제거기능

수출보험은 수입국에서 발생하는 비상위험, 신용위험, 기업위험 등으로 인한 수출불능이나 수출물품에 대한 대금회수불능으로부터 수출자나 생산자가 입는 손실을 보상함으로써 수출거래에 따른 불안을 제거시켜 준다.

2) 신용수단의 공여기능

수출보험은 수출대금의 미회수위험을 담보하므로 금융기관으로 하여금 수출지원금융을 안심하고 제공할 수 있게 하고 환어음을 추심 전에 매입할 수 있게 함으로써 선적 후 여신행위를 용이하게 한다. 또한 보험사고가 발생하였을 때 기업이 받는 손실을 보상함으로써 자금의 유동성을 제고시키는 등 금융적 기능을 갖고 있다.

3) 수출진흥정책상의 기능

수출보험은 보험의 인수조건, 즉 담보하는 위험의 범위, 보상률, 보험료율 등을 조작하여 수출자의 활동을 촉진시키거나 또는 제한시킴으로써 무역관리상 간접통제방식으로 이용된다. 또한 수출자에게 저렴한 보험료의 적용과 수출자가 귀책사유가 없을 때 유리한 손실보상을 하여줌으로써 수출경쟁력강화 등 수출진흥정책상의 기능을 수행한다.

4) 해외 수입자에 대한 신용조사기능

수출보험은 보험인수관리 및 보험사고예방을 위하여 수입국사정 및 수입자에 대한 신용상태를 파악하여야 하므로 신용조사의 기능을 수행하게 된다.

5) 국내 수입자 및 금융기관의 수입손실 보상기능

수입보험은 해외에 소재하는 수출자에게 선급금을 지급하였으나 비상위험 또는 신용위험으로 인하여 선급금이 회수되지 못함에 따라 발생하는 손실을 보상하고 나아가 금융기관이 주요자원의 수입을 위하여 필요한 자금을 국내수입기업에 대출하였으나 국내기업의 파산 등으로 대출금이 회수되지 못함에 따라 발생하는 손실을 보상하는 기능을 수행한다.

4. 무역보험제도의 운영

한국의 무역보험은 처음에 정부의 수출지원정책의 일환으로 수출보험법[2]에 의거 도입된 제도이다. 1969년 2월부터 업무를 개시한 이래 그간 대한재보험공사와 한국수출입은행에서 정부를 대행하여 수출보험업무를 수행해 오다가 1992년 7월 7일자로 한국수출보험공사가 공식 발족되면서 전담 체제로 운영하여 왔으며 2010년 7월 한국무역보험공사(K-sure)로 재출범하였다.

한국의 무역보험법은 “이 법은 무역이나 그 밖의 대외거래와 관련하여 발생하는 위험을 담보하기 위한 무역보험제도를 효율적으로 운영함으로써 무역과 해외투자를 촉진하여 국가경쟁력을 강화하고 국민경제의 발전에 이바지함을 목적으로 한다”고 규정하고 있다.[3] 무역보험은 보험사업의 목적을 효율적으로 운영하기 위하여 정부예산이 정하는 바에 따라 무역보험기금을 설치하여 운영하고 있으며 기금의 결산상 손실이 발생한 때에는 우선적으로 적립금에 의해 보전하고 그 적립금이 부족할 경우에는 정부가 보전하도록 하여 궁극적으로 국가의 담보력을 근거로 운영하고 있다. 따라서 무역보험에서 수출보험의 보험자는 정부가 되고 보험사고 발생시 보험금지급의 궁극적 책임도 정부가 부담하게 된다.

2014년 2월 현재 한국무역보험공사가 운용하는 보험종목을 간략하게 나열하면 다음과 같다.

① 수출보험종목
- 단기성 보험
- 중장기성보험

2) 1968년 12월 31일 법률 제2063호로 제정되었다.
3) 한국 무역보험법 제1조.

- 신용보증보험

② 수입보험종목

- 수입자용
- 금융기관용

③ 기타보험

- 환변동보험
- 탄소종합보험
- 부품소재신뢰성보험
- 녹색산업종합보험

제8장 수출입통관과 관세환급

제1절 수출입통관의 개요

1. 수출입통관

한 국가의 무역관리는 수출입에 관한 각종 규제법규의 집행에 의하여 이루어지며, 이를 위하여 물품의 수출입시에는 관계행정기관의 장의 승인을 받도록 하고 있다.

이러한 수출입규제법규의 집행과 수출입의 승인사항의 확인은 물품이 현실적으로 국경을 출입할 때라야 가능하다. 따라서, 모든 외국무역선(기)은 개항에만 출입할 수 있게 하여 수출입물품에 대하여 세관에서 수출입규제법규를 집행하고 수출입사항과 현품을 대조·확인 하는 것이 바로 통관이다.

통관이란 서면으로 된 허가를 현장에서 현품에 의거 확인하여 현실적으로 물품의 수출입을 가능하게 하는 세관장의 행위라고 할 수 있다.

현행 우리나라는 전자통관을 원칙으로 하고 있으며, 한국형 전자통관시스템(UNI-PASS)을 통하여 물류흐름을 개선하고 짧은 시간 내에 P/L신고 비율을 상향시킴으로써 세계 일류의 통관 시스템을 갖추게 되었다.

2. 수출입 공고

1) 수출입공고의 의의

수출입공고는 물품을 어떠한 제도에 의하여 수출입 할 수 있는가를 국민일반에게 공고하는 제도로 물품의 수출, 수입에 관하여 산업통상자원부장관이 개개의 품목에 관한 관리내용을 담고 있는 품목리스트로 특정품목에 대한 수출입을 직접 제한 또는 금지하는 입장을 취하기 때문에 가장 강력한 직접적인 무역규제방식이다.

2) 수출입공고상의 품목

① 수출입금지품목

무역자유화 조치에 따라 현재 원칙적으로 수출입금지 품목은 없다.

② 수출입제한승인품목

품목별 수출입요령에 따라 수출입승인을 받아야만 되는 품목

③ 자동승인품목(A.A. : Automatic Approval items)

대부분의 품목은 자동승인품목으로 별다른 제약 없이 수출입을 할 수 있으나 특별법 등으로 제한을 받는 경우가 있다.

제2절 수출통관

1. 수출통관절차

수출자는 세관에의 수출신고전에 산업통상자원부장관 또는 관계행정기관의 장의 수출승인(E/L)을 받아야 하고, 그 수출품을 통관하려는 세관에 수출신고를 하여야 한다.

수출통관은 선적항의 세관에서 행하고 바로 선적할 수도 있고 수출품 제조공장의 내륙세관에서 운송하여 선적할 수도 있다.

수출 신고인은 화주, 관세사, 관세사법인 또는 통관취급법인의 명의로 하여야 하고, 신고서류는 일반적으로 수출신고서와 수출허가(승인)서, 송품장, 포장명세서 등이다. 세관은 수출신고를 받으면 우선 구비서류를 심사하고 세관검사대상품목에 대하여 현품을 검사하며 분석을 요하는 물품에 대하여는 분석을 하기도 하나, 세관검사대상품목이 아닌 물품은 서면심사만 한다. 심사와 검사가 끝나면 수출신고수리를 하고 수출신고필증을 교부받아 당해 물품을 선(기)적항의 보세구역에 보세운송하여

선(기)적하게 된다.

수출자는 수출신고필(신고수리) 후 30일 이내에 외국으로 향하는 선박에 선적하면 된다.

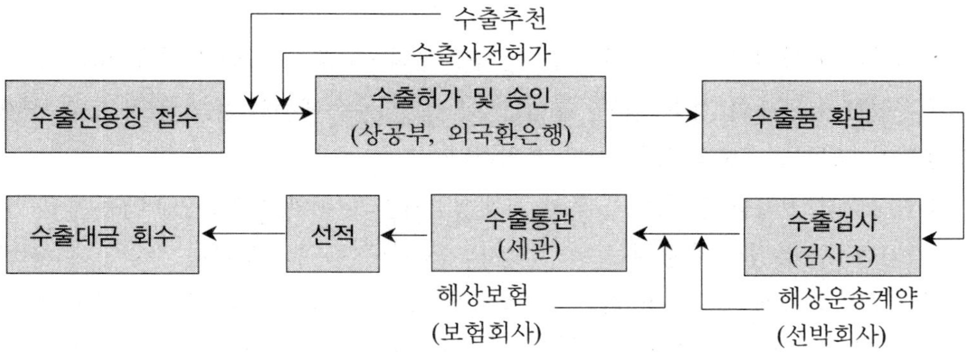

[그림 8-1] 수출절차

2. 수출통관시 구비서류

수출업자가 세관에 수출내용을 신고하는 서류로, 수출신고필증을 받기 위한 절차이다. 신고자의 상호와 제출번호, 수출자의 상호와 부호, 제조자의 주소와 상호·성명·통관고유번호·사업자등록번호, 구매자의 상호와 부호, 환급 신청인과 환급기관 등이 기재된다. 당해 물품을 선적하기 전까지 소재지 관할 세관장에게 제출한 뒤 수리를 받아야 한다.

수출업자 또는 관세사 또는 관세사 법인·통관을 취급하는 법인의 명의로 신고서를 작성한다.

① 수출신고서
② 수출승인서(수출승인 물품에 한함)
③ 상업송장 및 포장명세서
④ 은행에 제시하는 서류(신용장 조건인 경우) : 선하증권, 보험증권, 상업송장

제3절 수입통관

1. 수입통관 절차

우리나라의 관세법은 수입물품에는 관세를 부과한다고 규정하고 있다. 따라서. 수입통관절차는 관세의 징수, 감면, 분할납부승인, 징수유예승인 등의 절차 등과 함께 진행되기 때문에 수출통관절차보다 복잡하다.

수입신고전 절차를 살펴보면, 우선 관계행정기관의 장의 수입승인(I/L)을 받고 선하증권(B/L)·송품장·보험증권 등의 선적서류를 외국환은행으로부터 수령한 후 선하증권을 선박회사에 제출하여 화물인도지시서(Delivery Order;D/O)를 발급받고, 화물을 양륙(하역)하여 보세구역반입 또는 타소장치 허가를 얻어 타소장치를 하고 수입신고를 한다. 수입신고는 장치확인이 되어야 할 수 있고, 신고인도 화주 또는 관세사 등이어야 하며, 신고서류는 일반적으로 수입신고서, 수입승인서, 송품장 등 평가자료를 첨부한 가격신고서, 포장명세서, 원산지증명서(양허세율적용 품목에 한한다) 등이다.

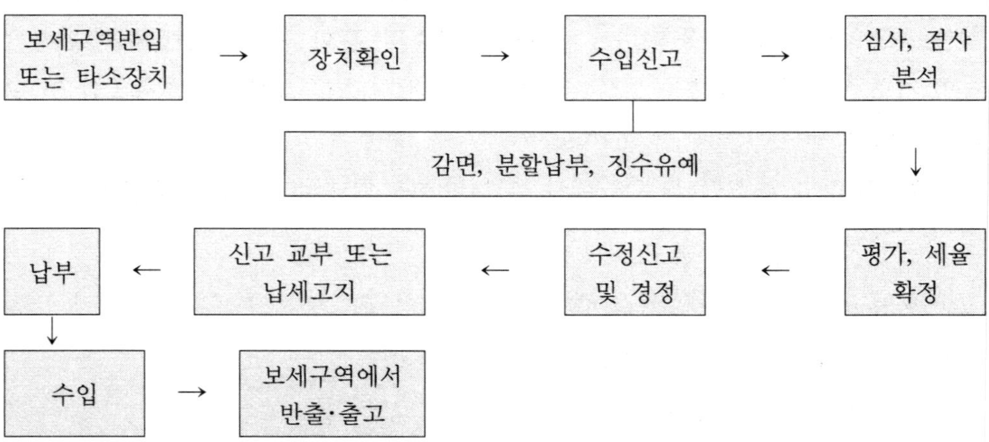

[그림 8-2] 수입통관의 절차

2. 수입통관시 제출서류

세관에 물품을 수입신고할 때에는 수입신고서와 함께 신고서를 정확히 기재하였는지 여부와 통관허용 여부를 판단할 자료를 제출받고 있는데 이들 서류를 "수입신고시 제출서류"라 한다. 신고시 제출서류를 제출하지 아니할 경우에는 세관에서는 이를 보완하도록 요구하고 보완에 응하지 아니할 경우에는 통관이 보류된다.

① 수입신고서
② 수입승인서
③ 가격신고서
④ 선하증권(B/L)부본 또는 항공화물운송장(AWB)부본
⑤ 송장(invoice) 및 포장명세서(세관장이 필요없다고 인정하는 경우에는 제출하지 아니할 수 있음)
⑥ 원산지증명서(관세율의 특혜를 받을 수 있는 해당국에서 생산된 물품인지 확인할 경우 등에만 제출하며, 수출국의 상공회의소 등에서 발급)
⑦ 보세운송신고(승인)서 사본(이고된 물품에 한함)
⑧ 관세감면(분납)/용도세율적용신청서(해당물품에 한함)

▌표▐ 수입신고시기에 따른 통관절차 구분

구분	출항전신고	입항전신고	입항후 보세구역 도착전 신고	보세구역장치 후 신고
신고시기	• 선박(항공기) 출항전	• 선박(항공기) 출항 후 입항보고전	• 입항후 당해 물품이 반입될 보세구역 도착전	• 당해 물품이 보세구역에 장치된 후
신고대상제한	• 항공기로 수입되는 물품 • 일본, 대만, 홍콩, 중국으로부터 선박으로 수입되는 물품 • 컨테이너화물은 FCL의 경우에 한함 • 담보면제 및 포괄담보 운영에 관	• 컨테이너화물은 FCL인 경우에 한함 • 담보면제 및 포괄 담보 운영에 관한 고시에 의거 담보면제한도액 또는 담보사용한도액이 있거나, 신고수리 전에 담보를 제공하거나 관세를 미리 납부한 물품	• 제한 없음	• 제한 없음

	한 고시에 의거 담보면제한도액 또는 담보사용한 도액이 있거나, 신고수리전에 담보를 제공하거나 관세를 미리 납부한 물품		
신고세관	• 입항예정지 세관	• 입항예정지 세관	• 입항지 또는 보세구역관할 세관	• 보세구역 관할 세관
검사대상 통보시기	• 출항후	• 수입신고일	• 수입신고일	• 수입신고일
검사생략물품 신고수리시기	• 적하목록 제출후	• 적하목록 제출후	• 보세구역 도착일	• 수입신고일
검사대상물품 신고수리시기	• 검사후	• 검사후	• 검사후	• 검사후

3. 관세의 부과와 징수

관세의 확정방식에는 신고납부방식과 부과고지방식의 두 가지가 있다. 신고납부방식이란 납세의무자 스스로가 세액을 결정하는 방식으로서 납세자가 스스로 세액을 결정하여 신고하고 스스로 납부한다는 의미에서 자진신고납부제도라고도 한다. 현재 부과고지방식은 일부 예외적인 경우에만 이용되고 신고납부방식에 의한 관세의 부과징수를 원칙으로 하고 있다. 관세법의 규정에 의한 신고납부 대상물품의 수입신고서는 납세신고서를 겸하고 있기 때문에 이 경우에는 과세표준·세율·세액 등을 납세의무자의 책임 하에 기입하여 신고납부서를 첨부하여 제출하여야 한다. 수입신고된 수입품은 검사·심사 등을 거쳐 신고가 수리되거나, 즉시 신고가 수리되어 반출 후에 과세가격 평가·납부 등의 절차가 이루어진다.

1) 신고납부제도

① 물품을 수입하고자 하는 자는 수입신고하는 때에 세관장에게 관세의 납부에 관한 신고를 하여야 한다. 즉, 납세의무자는 수입신고하는 때에 수입물품의 품명, 수량, 세율, 납부세액 등에 관한 신고를 하여야 하는 데 이를 납세신고라 한다.

수입신고는 입항 전에도 할 수 있고 입항 후 보세구역 등에 장치한 후에도 할 수 있는데, 수입통관절차는 여기서부터 시작된다. 실제로는 수입신고와 납세신고는 동시에 이루어진다.

② 세관장은 납세신고를 받으면 수입신고서에 기재된 사항과 이 법에 따른 확인사항 등을 심사하되, 신고한 세액에 대하여는 수입신고를 수리한 후에 심사한다. 다만, 신고한 세액에 대하여 관세채권을 확보하기가 곤란하거나, 수입신고를 수리한 후 세액심사를 하는 것이 적당하지 아니하다고 인정하여 기획재정부령으로 정하는 물품의 경우에는 수입신고를 수리하기 전에 이를 심사한다.

③ 세관장은 납세실적과 수입규모 등을 고려하여 관세청장이 정하는 요건을 갖춘 자가 신청할 때에는 납세신고한 세액을 자체적으로 심사(자율심사)하게 할 수 있다. 이 경우 해당 납세의무자는 자율심사한 결과를 세관장에게 제출하여야 한다.

④ 우리나라의 경우 수입신고를 수리한 후에 신고한 세액에 대하여 심사를 하고 있는데 이를 사후세액심사제도라 한다.

사후세액심사제도는 수입자가 신고납부한 금액을 그대로 인정하여 수입신고수리를 하고, 사후에 심사하는 방법으로 수입신고수리전 평가대상물품을 제외한 모든 신고납부 대상물품은 신속한 통관과 물류비용의 절감을 도모하기 위하여 수입신고를 수리하고 일정기간별로 신고한 내용에 대하여 사후에 심사하는 제도이다.

2) 부과고지

① 세관장이 관세액을 결정하여 고지하고 납세의무자는 납부기한 내에 관세 등을 납부하는 방식으로 우리나라는 원칙적으로 신고납부제도에 의하고 일부 예외적인 경우에 한하여 부과고지제도를 병행하고 있다.

② **구두고지(현장수납)** : 여행자 휴대품, 조난선박적재물품이 보세구역이 아닌 장소에 장치한 경우 물품을 검사한 공무원이 관세를 수납하는데 이를 구두고지라 한다. 이 경우 출납공무원 아닌 공무원이 관세를 수납한 때에는 출납공무원에게 인계하여야 하며, 출납공무원이 아닌 공무원이 선량한 관리자로서의 주의를 게을리하여 수납한 현금을 잃어버린 경우에는 변상하여야 한다.

제4절 관세환급

1. 관세환급의 개념

관세환급이란 세관에 납부한 관세를 어떠한 사유로 되돌려 받는 것을 말한다. 현행법령상 관세환급제도는 관세법상의 환급, 즉 과오납환급과 위약물품환급 그리고 수출지원을 위한 수출용원재료에 대한 관세 등 환급에 관한 특례법상의 환급이 있다.

일반적으로 관세환급이라 할 때에는 수출용원재료에 대한 관세 등 환급에 관한 특례법상의 관세환급을 말하며, 이를 통한 수출지원과 균형있는 산업발전에 이바지함을 그 목적으로 한다.

▮표 8-1▮ 관세환급의 종류

종 류	개 념
과오납환급	세관장이 징수한 관세가 세율적용의 착오, 과세가격결정착오 및 기타의 계산착오 등의 사유로 과다 징수된 경우 이를 되돌려 주는 것
위약물품에 대한 환급	수입한 물품이 계약내용과 상이하여 그 수입물품을 다시 수출한 경우 수입시에 징수한 세액을 되돌려 주는 것
환특법에 의한 수출용 원재료의 환급	수출물품의 생산에 사용된 원재료를 수입할 때 납부한 관세 등을 되돌려 주는 것

2. 관세환급대상 수출

환급대상이 되기 위해서는 제품을 수출 등에 제공하여야 하는 바, 이를 환급대상 수출이라 한다. 환급특례법상의 환급대상수출로서 수출용원재료에 대한 관세 등을 환급받을 수 있는 수출 등은 다음 각호의 1에 해당하는 것으로 한다(관세환급특례법 제4조).

① 관세법의 규정에 의하여 수출신고가 수리된 수출. 다만, 무상으로 수출하는 것에 대하여는 기획재정부령이 정하는 수출에 한한다.

② 우리나라 안에서 대가를 외화로 받는 판매 또는 공사 중 기획재정부령이 정하는 것

③ 관세법에 의한 보세구역 중 기획재정부령이 정하는 구역 또는 수출자유지역설치법에 의한 수출자유지역 안의 입주기업체에 대한 공급
④ 기타 수출로 인정되어 기획재정부령이 정하는 것

한편, 남북교류협력에 관한 법령에 의거 북한으로 반출한 물품(북한에서 임가공을 거친 후 다시 남한으로 반입되는 물품은 제외함)도 남북교류를 촉진시키기 위하여 환급대상수출로 인정하고 있다.

3. 관세환급대상 수입

1) 관세환급대상 수입의 요건

관세환급특례법상 환급대상이 될 수 있는 수입은 다음과 같다.

① 수출용(외화획득용) 원재료(환급대상원재료)에 해당
② 외국으로부터 수입하는 때에 관세 등을 납부하였거나 일괄납부 및 사후정산의 규정에 의한 일괄납부승인을 받은 물품(관세 등을 납부한 수입물품)
③ 수입신고수리일로부터 일정한 기간 내에 수출 등에 제공한 물품

2) 관세환급대상 수출용 원재료의 범위

관세 등의 환급을 받을 수 있는 수출용원재료는 다음 각호의 1에 해당하는 것이어야 한다(관세환급특례법 제3조).

① 수출물품을 생산한 경우에는 생산시의 물리적·화학적 변화과정에서 당해 수출물품에 물리적으로 결합되거나 화학적 반응 등으로 수출물품을 형성하는데 소요되는 원재료
② 수입한 상태 그대로 수출한 경우에는 수출물품

국내에서 생산된 원재료와 수입된 원재료가 동일한 질과 특성을 가지고 상호 대체사용이 가능하여 수출물품의 생산과정에서 이를 구분하지 아니하고 사용되는 경우에는 수출용원재료가 사용된 것으로 본다.

3) 관세환급대상이 아닌 수입

다음의 물품은 수입된 물품이라 할지라도 환급대상이 될 수 없다.

① 환급에 갈음하는 인하세율을 적용한 물품
② 간이세율을 적용받는 물품
③ 관세감면이나 관세분할납부대상이 되는 물품
④ 농림축산물의 내수용 물품
⑤ 할당관세 적용 물품

4. 관세환급방법

1) 정액환급제도

정액환급이란 물품을 수출하였을 때 수출물품별로 미리 정해진 금액을 환급하는 것이다. 즉, 수출물품별로 환급하여야 할 금액을 사전에 정하여 간이정액환급률표에 기재하여 놓고 물품을 수출하였을 때 수출면장만 제시하여 정액환급률표에 기재된 환급액을 그대로 환급받는 방법이다.

정액환급의 경우에는 납부한 세금을 개별적으로 확인하여 계산할 필요도 없어 편리하며, 국산원자재를 사용하였을 때에는 오히려 실제로 납부한 세금은 없는데도 환급을 받게 되는 경우가 있어 국산원자재의 사용을 촉진시킬 수 있다.

2) 개별환급

개별환급이란 수출 등에 공한 물품을 제조·가공하는 데 소요된 원재료의 수입시 납부한 관세 등의 세액을 소요량증명서와 수입신고필증 등에 의하여 확인·합계하여 환급하는 방법을 말한다. 개별환급방법은 정액환급에 비하여 납부세액을 정확하게 환급할 수 있는 장점은 있으나 구비서류가 복잡하고 환급금 산출에 많은 시일이 소요된다.

개별환급의 대상은 우선적으로 수출물품 중 정액환급대상으로서 정액환급률표에 게기되지 아니한 수출물품이 개별환급의 대상이 되며, 개별 수출업체가 개별환급을 원하여 개별환급신청을 할 경우 이 또한 개별환급 적용대상이 된다. 일반적으로 개별환급이 전체 환급실적의 대부분을 차지하고 있다.

제5절 수출입통관 관련서류

1. 원산지증명서

1) 원산지증명서

원산지증명서(certificate of origin)란 수출국 소재의 수입국영사 또는 수출지의 상업회의소가 해당물품이 해당국에서 생산, 제조 또는 가공되었다는 증명서이다. 원산지란 당해물품의 전부 또는 2개국 이상이 제조하는 경우 당해물품의 본질적인 특성을 최종적으로 부여한 국가를 의미한다.

원산지증명서의 사용목적은 특정국가나 지역으로부터 수입을 금지 또는 제한하기 위한 정책적 목적, 호혜통상협정이 체결된 국가간의 수입물품에 대한 협정세율의 적용을 통한 관세의 감면혜택의 부여목적, 선진국의 개발도상국에 대한 특혜관세 적용목적과 기타 국별수입통계의 목적으로도 사용된다.

경제통합의 진전과 함께 통합지역간의 역외국에 대한 규제가 발달하면서 원산지증명은 역외국의 규제수단으로 국적증서의 성격을 가진다. 원산지 인정기준을 충족시키는 것은 ① 자국에서 생산한 광산물, 농산물 및 식물, ② 자국에서 사육한 동물과 이로부터 채취한 물품, ③ 자국에서 수렵 및 어로로 획득한 물품, ④ 자국선박에 의해 획득한 어획물 및 기타 물품, ⑤ 자국에서 생산된 자재를 사용하여 생산된 제조 및 가공 물품 그리고 ⑥ 외국 원자재를 사용하여 생산된 물품으로 가공과정에서 새로운 상품적 특성이 발생한 상품 등이다.

2) 수출입 물품 등의 원산지의 표시

① 산업통상자원부장관이 공정한 거래 질서의 확립과 생산자 및 소비자 보호를 위하여 원산지를 표시하여야 하는 대상으로 공고한 물품 등을 수출하거나 수입하려는 자는 그 물품 등에 대하여 원산지를 표시하여야 한다.

② 수입된 원산지표시대상물품에 대하여 대통령령으로 정하는 단순한 가공활동을 거침으로써 해당 물품 등의 원산지 표시를 손상하거나 변형한 자는 그 단순 가공한 물품 등에 당초의 원산지를 표시하여야 한다.

③ 산업통상자원부장관은 원산지 표시방법을 위반하는 행위가 있으면 그 행위자에게 원상복구 등 대통령령으로 정하는 시정조치를 명하거나 3억원 이하의 과

징금을 부과할 수 있다.

3) 수출입 물품의 원산지 판정 기준

(1) 완전생산기준(Wholly Obtained Criteria)

당해 물품의 전부를 생산한 국가를 원산지로 본다. 주로 농수산물이나 광산물 등이 주로 이에 해당하는데 한 나라에서 생산한 원재료를 가지고 처음부터 그 나라에서 가공한 완제품의 원산지는 바로 그 나라가 되는 것이다.

(2) 실질적 변형기준(Substantial Transformation Criteria)

외국에서 원재료를 수입하여 한 나라에서 가공하는 경우와 같이 생산이 2개국 이상에 걸쳐 일어나는 경우의 원산지는 실질적 변형기준으로 판정한다.

① 세 번 변경 기준(Tariff Shift Rule)

세 번 변경 기준이란 수입되는 원료(Input)의 세 번과 완제품(Output)의 세 번을 비교하여 세 번이 일정단위 이상으로 변하는 경우 실질적 변형으로 인정하여 원산지를 부여하는 것을 말한다.

② 부가가치 기준(Value Added Rule)

부가가치 기준이란 특정제품의 전체 가치 중에서 최종 공정을 수행한 나라에서 일정수준의 부가가치비율을 창출하는 경우 원산지를 인정하는 기준이다.

③ 특정가공공정 기준(Processing Operation Rules)

실질적 변형을 판정하는 또 다른 기준이 특정가공공정 기준이다. 이는 가장 객관적 기준으로 제조공정 중 특정가공공정을 수행하거나 특정 부품을 사용한 국가를 원산지로 인정하는 기준을 말한다.

2. 수입화물선취보증서

수입화물선취보증서(Letter of Guarantee : L/G)란 수입물품은 이미 도착하였으나 운송서류가 도착하지 않았을 경우 운송서류 내도 이전에 수입상과 개설은행이 연대보증한 보증서를 선박회사에 선화증권 원본 대신 제출하고 수입화물을 인도받는 보증서이다.

이러한 수입화물선취보증서(L/G)는 형식적으로는 수입상이 선박회사 앞으로 발행하는 것으로서 인도받을 화물의 명세를 기재하고 화물선취에 관한 약정을 하며 개설은행은 보증인으로 서명하는데 실질적으로는 개설은행이 발행하는 증서로 간주되고 있다. 수입화물선취보증서(L/G)를 발급신청하는 경우 개설은행은 제출서류의 기재내용과 신용장과의 일치 여부를 확인한 후 보증서를 발급한다.

수입화물선취보증서(L/G)를 발급한 후 운송서류의 원본이 내도되면 보증서의 회수(redemption)를 위하여 선화증권의 원본에 개설은행이 배서하고 수입화물선취보증회수요청서(Redemption of Letter of Guarantee)와 함께 선박회사 앞으로 발송하여 보증서를 회수하는 것이 원칙이다.

3. 검사증명서

검사증명서(inspection certificate)란 물품의 품질에 대하여 매매계약시 품질의 결정방법과 시기등을 고려하여 수입상의 요청에 의하여 수출상이 제공하는 검사결과에 대한 증명서이다.

제9장 무역클레임과 상사중재

제1절 무역클레임의 종류

무역거래에 있어서 계약당사자의 일방이 계약을 불이행함으로써 상대방에게 손해를 끼쳤을 때 손해를 입은 당사자가 손해에 대해서 배상을 청구하는 것을 클레임이라고 한다. 물품의 성질과 운송이행 등과 관련해서 주로 수입업자가 클레임을 제기하지만 대금결제와 관련해서는 수출업자가 클레임을 제기한다. 수입업자가 제기하는 클레임의 내용으로는 ① 대금의 지급거절, ② 손해배상금의 청구, ③ 대금의 감액청구, ④물품의 인수거절 그리고 ⑤ 대체품의 청구가 있다.

클레임은 운송클레임(Transportation Claim), 보험클레임(Insurance Claim) 및 협의의 무역클레임(Trade Claim)으로 구분된다.

1. 운송클레임

운송클레임은 무역화물의 해상수송에 직접 기인하는 손해배상청구이다. 구체적으로는 하역·보관·운송에 기인하는 손해의 청구이다. 이러한 해상수송에 기인하는 손해가 발생한 경우에는 피해자인 화주측은 선박회사에 대해 손해배상청구를 하게 된다. 현실적으로는, 선박회사가 선하증권과 용선계약서에 많은 면책약관을 삽입하고 있으므로 화주가 선박회사에 대하여 제기할 수 있는 운송클레임의 범위는 극히 좁다.

2. 보험클레임

위에서 본대로 해상운송에서 발생한 손해라도 이것은 운송클레임으로서 선박회사에 구상할 수 있는 범위는 매우 좁기 때문에, 수송 중의 화물에 대한 손해는 보험클레임으로서 보험회사에 구상하게 된다. 이 경우 화물이 적절한 조건으로 보험계약이 체결되어 있는가, 손해가 보험에서 담보되는 범위의 것인지가 문제가 된다.

3. 협의의 무역클레임

운송클레임과 보험클레임은 주로 외생적, 자연적, 불가항력적인 해상수송상의 위험을 대상으로 한다. 이에 반해 협의의 무역클레임은 무역거래와 관련하여 매매계약 및 무역화물을 주된 대상으로 하는 손해배상청구이다. 일반적으로 무역클레임이라 함은 협의의 무역클레임을 말한다.

4. 무역클레임의 발생원인

무역클레임의 발생원인을 분류하면 다음과 같다.

① 품질불량(inferior quality)
② 품질상위(different quality)
③ 불완전포장(bad packing)
④ 파손(breakage)
⑤ 착하부족(shortage)
⑥ 선적상위(different shipment)
⑦ 선적지연(delayed shipment)
⑧ 법규위반(illegal shipment)
⑨ 계약불이행(breach of contract)
⑩ 해약(cancellation)

이상과 같은 무역클레임의 원인 중 1~4는 계약상품의 품질에 관한 클레임, 5는 수량클레임, 6,7,8은 선적에 관한 클레임, 9,10은 가격 및 결제에 관한 클레임이다. 이 밖에 특별한 경우의 원인도 허다하다([사례 1] 참조). 무역클레임을 방지하기 위해서는 수출업자와 수입업자는 모두 품질, 수량, 가격, 선적, 대금결제의 주요 매매조건에 대해 정확한 이해를 할 필요가 있다. 그리고 양자는 이들 조건에 대해 분명히 합의해 두어야 한다. 불확실한 상태에서 매매계약을 체결하게 되면 나중에 클레임을 발생시키는 요인이 된다.

제2절 무역클레임의 해결방법과 상사중재

1. 무역클레임의 해결방법

무역클레임은 다음과 같은 방식으로 진행된다. ① 클레임 청구는 당사자에 의해 이루어진다. (그러나 당사자는 계약당사자일 수도 있지만 제3자나 보험회사, 운송회사가 될 수도 있다.) ② 클레임의 제기기간에 클레임은 제기되며 내용은 계약체결 시에 결정된다. ③ 클레임의 사유가 발생하였을 때 클레임을 제기하는 당사자는 가능한 빠른 시일 내에 통지하여야 한다. ④ 클레임이 제기되었을 때 클레임의 상대방은 계약과 내용을 검토한 후 그에 대한 대응을 통보하여야 한다.

일단 제기된 무역claim에 대해서는 그 책임의 소재를 밝혀 당사자 간에 타협하여 화해(amicable adjustment)하는 것이 보통이다. 그러나 당사자 간에 타협을 보지 못하는 경우에는 제 3자의 조정(conciliation)이나 알선(intermediation)으로 해결점을 찾는 방법이 이용된다. 이것은 양 당사자가 선정한 제3자가 사정을 청취하여 조정안을 제시, 분쟁을 해결하는 것인데 조정은 법적 구속력이 없기 때문에 어느 한쪽이 이것을 승낙하지 않는 경우에는 중재기관에 의한 중재(arbitration)의 방법을 취하든가 소송(litigation)으로 해결할 수밖에 없다.

2. 상사중재

상사중재란 분쟁당사자들의 합의로 법원의 판결에 의하지 않고 제3자인 중재인의 판결에 복종함으로써 클레임을 해결하는 방법이다. 상사중재는 당사자의 합의에 의하여 재판에 대한 요청을 포기하고 상사중재원 등과 같은 제3자의 판정에 복종하는 것이다.

즉 거래당사자 간의 합의(중재계약)에 따라 장래에 발생할 분쟁의 전부 또는 일부를 법원의 판결에 의하지 아니하고 사인인 제3자를 중재인으로 선정하여 그 중재인의 판정에 맡기는 동시에 그 판정에 복종함으로써 당해 분쟁을 최종적으로 해결하는 자주법정제도를 말하며, 국가공권력을 발동하여 강제집행할 수 있는 권리가 법적으로 보장되어 있다.

1) 상사중재의 장점

(1) 단심제

중재는 제3자가 분쟁의 심리 이후에 내린 판정이 최종 판정이 되며 이는 법원의 확정판결과 동일한 효력을 갖는다. 법원에서 3심 까지 가는데 2~3년 때로는 더 장기화 될 수 있지만, 중재는 단심제 이기 때문에 평균 6개월 이내로 종결 될 수 있음. 소액거래인 경우 즉시해결도 가능하다.

(2) 유용성(flexibility)

분쟁에 대한 판정시한을 합의함으로써 신속하게 해결할 수 있다.. 분쟁은 분쟁에 맞는 사적 절차와 방식을 다양하게 적용 할 수 있으며, 상황에 따라 절차진행을 탄력적으로 할 수 있다.

(3) 전문성

분쟁의 대상이 고도의 전문성을 요구하는 경우(특허, 고도의 기술이 접목된 제품) 이를 그 분쟁의 전무가난 유능한 경험자를 제3자로 선택하여, 현실적으로 공감할 수 있는 판정을 기대할 수 있다. 그러나 분쟁의 대상이 법 해석을 요구하는 경우 법률 비전문인들이 해석하기에는 무리가 있다.

(4) 비공개

재판은 공정성을 위하여 공개 형식을 취하지만, 중재는 비공개로 진행하기 때문에 기업의 비밀 유지를 보장한다.

(5) 중재인의 선정 및 배척

당사자의 분쟁을 공정하게 처리하기 위해 당사자가 스스로 중재인을 선정할 권리를 부여 하거나 배척할 수도 있다.(중재법 제12조). 중재인은 본인판단에 적용할 관련 법 및 절차를 결정하고, 판정부의 구성원은 중재단사자에 의해 1인 또는 3인이 선택된다.

2) 상사중재의 단점

(1) 결과의 불확실성

중재가 법률 또는 판례 등에 의존하지 않고 선과 형평(ex aequo et bono) 또는 우의적 중재(amiable composition)에 의할 경우에는 더욱 결과를 예견할 수 없다.

(2) 실체적 진실 발견의 어려움

중재판정부는 실체적 진실을 발견하는데, 국가의 공권력을 도움 받지 못함으로써 증인심문이나 증거조사가 소송보다는 어려움이 있다.

(3) 다수 당사자의 분쟁해결의 어려움. 다수 당사자가 분쟁해결을 위한 준거법, 절차, 중재인 선정에 대하여 합의를 이끌지 못할 경우 분쟁해결이 어려울 수도 있다.

3. 중재합의

"중재합의"라 함은 계약상의 분쟁인지의 여부에 관계없이 일정한 법률관계에 관하여 당사자 간에 이미 발생하였거나 장래 발생할 수 있는 분쟁의 전부 또는 일부를 중재에 의하여 해결하도록 하는 당사자 간의 합의를 말하며, 이를 중재계약이라고도 한다. 그러나 경우에 따라서는 당사자 간의 중재합의를 구체적으로 명시하고 있는 문서, 즉 중재합의서를 의미하기도 한다.

국제상사분쟁을 중재로 해결하기 위해서는 중재합의가 체결되어야 하는 것은 당연하다. 이러한 중재합의는 무역계약과 마찬가지로 낙성·불요식의 계약적 성격을 가짐으로 구두에 의한 중재합의도 가능하다. 그러나 전화나 구두에 의한 합의는 후에 분쟁이 발생하는 경우 입증의 어려움이 있다. 그러나 대부분의 국가에서는 그 형식적 요건으로서 중재합의의 서면화를 요구하고 있다. 이것은 중재가 재판관할의 포기로써 이루어지기 때문에 서면에 의한 경우에만 중재합의가 유효한 것으로 인정하여 법원에서 중재판정의 집행을 용이하게 하기 위함이다. 따라서 당사자가 중재합의를 할 때 당해 준거법이 일정한 방식을 요구하고 있는지를 고려하여야 한다.

1) 중재합의의 효력

(1) 중재합의의 분리·독립성의 의의

주된 계약이 계약위반 등을 이유로 무효가 된 경우에는 중재조항도 동시에 무효가 되는지의 여부가 문제로 될 수 있는데 일반적으로 주된 계약이 그 계약에 관한 당사자의 권리·의무를 규정하고 있음에 반하여, 중재조항은 주된 계약에 관련하여 발생하는 분쟁을 중재에 의하여 해결하는 것을 규정하고 있는 바, 주된 계약과는 분리·독립한 부수적 계약이다.

중재합의의 분리·독립성에 관한 이론에 따르면, 중재조항이 다루는 문제는 주된 계약이 취급하는 문제와 법적 성질을 달리한다. 그 이유는 중재조항은 분쟁이 발생하는 경우 일정한 장소를 중재지로 하여 상설 국가법원이 아닌 중재인에게 분쟁의 해결을 부탁하겠다는 당사자 간의 권리·의무를 규정하고 있기 때문이다.

이와 같이 주된 계약이 당사자의 계약위반 등을 이유로 종료하여도 이와는 관계없이 중재합의는 유효하게 존속된다는 분리·독립성의 원칙은 국제적으로 광범위하게 인정되는 중재의 기본원칙이다.

(2) 직소금지

분쟁 당사자 간에 중재합의가 존재하는 경우 동 중재합의가 부존재·무효·실효 또는 이행불능인 경우를 제외하고는 당해 분쟁을 법원에 제소할 수 없고 반드시 중재로 당해 분쟁을 해결하여야 한다는 원칙이다.

이러한 규정은 강행규정으로서 법원에 재량권이 부여되어 있지 않으므로 법원은 당사자로 하여금 중재에 부탁하도록 반드시 명령을 내려야 한다. 이는 국제적으로 통일된 해석원칙으로서 국내법에 우선하여 적용되는 것이라고 할 수 있다.

법원에의 직소금지를 인정하고 있는 이유는, 당사자 간에 분쟁을 중재로 해결한다는 유효한 중재합의가 존재한다는 것은 법원의 재판권을 포기 한다는 당사자 간의 합의가 존재한다는 것을 묵시적으로 인정하는 결과가 되기 때문이다.

(3) 방소항변

중재합의가 있음에도 불구하고 일방이 소를 제기한 경우 타방 당사자는 법원에 당해 소송청구권의 배제를 요청할 수 있는데 이를 방소항변 또는 본안전항변이라고 한다. 중재합의의 가장 중요한 효력은 법원의 재판권을 배제하고 이러한 방소항변의 효력을 발생시키는데 있다.

한국중재법은 중재합의 대상인 분쟁에 관하여 소가 제기된 경우에 피고가 중재합의존재의 항변을 하는 때에는 법원은 그 소를 각하하여야 한다. 다만, 중재합의가 부존재·무효이거나 효력을 상실하였거나 그 이행이 불가능한 경우에는 그러하지 아니하다.

4. 상사중재의 절차

중재절차는 중재법의 강행규정에 반하지 아니하는 한 당사자들은 중재절차에 관하여 합의 할 수 있으나 당사자의 합의가 없는 경우 중재판정부가 중재법의 규정에 따라 적절한 방법으로 중재절차를 진행할 수 있다.

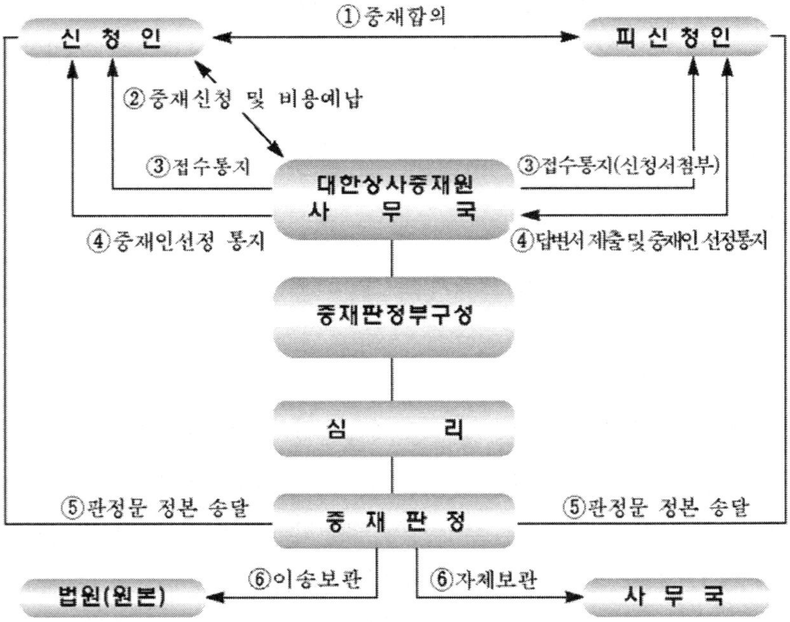

5. 외국중재판정의 승인과 집행

중재판정이 외국에서 이루어진 경우 중재절차에 따라 적법하게 이루어 졌다면 당해 중재판정은 반드시 이행되어야 하며, 뉴욕협약 체약국은 당해 외국중재판정이 국제공공질서에 반하지 않는 한 이를 구속력있는 것으로 승인하고 집행하여야 한다.

일반적으로 승인(recognition)이란 「특정한 법률관계 또는 사항에 대하여 공적인 권위 또는 권한에 의하여, 그 존부 또는 정부를 확인·비준 또는 시인 하는 행위」를 의미한다. 즉 중재판정은 법원으로부터 승인을 받아야만 기판력을 가지게 되는 것이다.

집행(enforcement)이란, 강제집행(law-enforcement)을 지칭하는 법률용어로서, 사법상의 청구권을 국가권력의 행사에 의하여 만족시킬 것을 목적으로 하는 법률상의 절차를 말한다.

1) 뉴욕협약의 국제적 효력

뉴욕협약은 체약국간의 외국중재판정의 승인 및 집행을 상호보장하고 있으므로 체약국내에서 내려진 중재판정은 다른 체약국에서도 그대로 집행된다. 한국의 헌법은 헌법에 의하여 체격·공포된 조약과 일반적으로 승인된 국제법규는 국내법과 같은 효력을 가진다.

2) 뉴욕협약의 승인과 집행요건

외국중재판정의 승인과 집행을 얻기 위해서는 승인과 집행을 청구하는 당사자는 신청서와 정당하게 인증된 판정문 원본 또는 정당하게 증명된 그 등본과 중재합의서의 원본 또는 정당하게 증명된 그 등본을 집행기국 법원에 제출하여야 한다. 이는 외국중재판정의 승인 및 집행을 위한 적극적 요건으로서 외국중재판정의 승인 및 집행을 신청하는 당사자가 그 입증책임을 부담하고, 승인 및 집행을 거부하고자 하는 상대방 당사자는 이에 대한 거증책임을 부담하여야 한다.

이 협약이 적용되는 중재판정의 승인 또는 집행에 있어서는 내국중재판정의 승인 또는 집행에 있어서 부과하는 것보다 실질적으로 엄중한 조건이나 고액의 수수료 또는 과징금을 부과하여서는 아니 된다.

3) 뉴욕협약의 승인과 집행 거부사유

외국중재판정의 승인 및 집행을 요구받고 이를 거부할 수 있는 경우는 오직 뉴욕협약 제5조가 적용될 경우에 한한다. 이를 요약하면, 첫째 당사자가 무능력자이었든가 또는 중재합의가 무료인 경우, 둘째, 중재절차보장의 결여, 즉 중재인 선정 또는 중재절차에 대하여 적절한 통지를 받지 못하였거나 또는 기타 이유에 의하여 방어하는 것이 불가능하였던 경우, 셋째 중재판정부의 관할권이 결여되었던 경우, 넷째 중재판정부의 구성 또는 중재절차가 당사자 간의 합의 또는 관련 합의가 없는 경우에는 중재지법에 따르지 않는 경우, 다섯째 중재판정이 당사자를 구속하지 않았거나 또는 중재판정이 취소 또는 정지된 경우를 들 수 있다.

참고문헌

[국내문헌]

강원진, 최신 국제상무론, 두남, 2013.

강한균·박석근·안영철 외2명, 국제통상학원론, 삼영사, 2008.

김희철·이신규, 무역학개론, 두남, 2009.

박희종·권영민, 국제통상정책론, 두남, 2009.

이시환, 신무역보험론(제5판), 대왕사, 2012.

이은섭, 국제무역의 법적 환경, 부산대학교 출판부, 2001.

이승영·이민영·유승균, 글로벌마케팅 비교문화적 접근, 보명BOOKS, 2012.

정철호·권융·이우영·박재진, 국제무역과 통상, 효민, 2006.

이찬구, 해외직접투자와 다국적기업론, 에코노미아, 1984.

이효구, 새 외환론, 박영사, 1986.

정구현, 한국기업의 글로벌 경영, 위즈덤 하우스, 2008.

정도영, 국제경제, 박영사, 1986.

조동성, 21세기를 위한 경영학, 서울경제경영, 2007.

하웅수·안영철, 국제무역의 이론과 실무, 두남, 2011.

경제기획원, 경제백서 1985~86.

__________, 주요 경제지표 1980~86.

__________, 주요 해외경제지표 1986.

매일경제신문사, 주간매경 각호

산업연구원, 세계경제동향 각호

__________, 지역정보시리즈 각호

전국경제인연합회, 전경련 각호

중앙일보사, 이코노미스트 각호

한국개발연구원, KDI분기별경제전망 각호

한국무역협회, 무역 각호

___________, 무역동향 각호

___________, 무역연감 각호

___________, 수출과 국민경제, 1987.

한국산업은행, 경제브리프스 각호

한국수출입은행, 수은조사월보 각호

_____________, 주간수은뉴스 각호

한국외환은행, 외한은행월보 각호
한국은행, 조사통계월보 각호
_______, 주간내외경제 각호

[일본문헌]

小宮降太郞·天野明弘, 국제경제학, 岩波書店, 1983.
天野明弘·渡部福太郞, 국제경제론(2판), 有斐閣, 1981.
土屋六郞·田中喜助, 新版 國際經濟學, 學文社, 1982.
日本經濟企劃廳, 經濟白書 各年號
_____________, 世界經濟白書 各年號
日本通商産業省, 通商白書 各年號
東洋經濟新報社, 經濟學大事展, 1980.

[영미문헌]

Branson, W., Macroeconomic Theory and Policy, 3rd ed., Harper & Row, 1989.
Carbaugh, R. T., International Economics, Winthrop, 1980.
Caves, R. E. & Jones, R. W., World Trade and Payments, 4th ed., Little, Brown & Company, 1985.
Chacholiades, Miltiades, Principles of International Economics, McGraw-Hill, 1981.
Chipman, J.S., The foundations of utility, Econometrica, 28, 1960.
El-Agraa, Ali M., The Theory and Measurement of International Economic Integration, St. Martin's Press, 1989.
Fisher, Standley & Dornbusch, R., Economics, McGraw-Hill, 1983.
Gandolfo, G., International Economics I, Springer, 1987.
__________, International Economics II, Springer, 1987.
Heller, H. R., International Trade; Theory and Empirical Evidence, 2nd ed., Prentice-Hall, 1973.
Lindert, P. H. & Kindleberger, C. P., International Economics, 7th ed., Irwin, 1982.
Root, F. R., International Trade & Investment, 5th ed., South-western Publishing Co., 1984.
Salvatore, D., International Economics, Macmillan Publishing Co., 1983.
Silberberg, E., The Structure of Economics; A Mathematical Analysis, McGraw-Hill, 1981.
Södersten, B., International Economics, 2nd ed., St. Martin's press, 1980.
Takayama, Akira, International Trade, Holt, Rinehart and Winston, 1972.
Takayama, Akira, International Trade, Holt, Rinehart and Winston, 1972.

찾아보기

저자 약력

■ 하웅수

- 부산대학교 경제통상대학 무역학부 교수(1980~2013)
- 현) 부산대학교 경제통상대학 무역학부 명예교수
- e-mail : wsha@pusan.ac.kr
- 전공분야 : 국제경제

■ 안영철

- 독일 비르츠부룩대학교 박사과정 수료(경제학박사)
- 현) 인제대학교 국제경상학부-경영통상학과 강사
  부산대학교 경제통상대학 강사
- e-mail : 613973@pusan.ac.kr
- 전공분야 : 국제경제

■ 이양기

- 부산대학교 대학원 무역학과 박사과정 수료(경제학박사)
- 한국무역통상학회, 한국국제상학회, 한국관세학회 이사
- 현) 부산대학교 경제통상대학 무역학부 조교수
  부산대학교 경제통상연구원 부원장
- e-mail : yangkee21@pusan.ac.kr
- 전공분야 : 국제통상거래

인 지

최신 무역학원론

초 판 1쇄 인쇄 —— 2014년 3월 11일
초 판 1쇄 발행 —— 2014년 3월 13일
지은이 —— 하 웅 수 · 안 영 철 · 이 양 기
펴낸이 —— 전 두 표
펴낸데 —— 도서출판 두남
서울시 강동구 성내로6길 34-16 두남빌딩
신 고 : 제25100-1988-9호
TEL : 02) 478-2065, 2066, 2067, 2311
FAX : 02) 478-2068
E-mail : dunam1@unitel.co.kr
http://www.dunam.co.kr

정가 26,000원

ISBN 978-89-6414-520-3 93320